D1881952

# दास्तानगोई

# दास्तानगोई

महमूद फ़ारूक़ी
मोहम्मद काज़िम

राजकमल प्रकाशन
नयी दिल्ली पटना इलाहाबाद

ISBN : 978-81-267-2230-3

**मूल्य** : ₹ 395

© महमूद फ़ारूक़ी, मोहम्मद काज़िम

**पहला संस्करण** : 2012
**पहली आवृत्ति** : 2014

**प्रकाशक** : राजकमल प्रकाशन प्रा. लि.
1-बी, नेताजी सुभाष मार्ग, दरियागंज
नई दिल्ली-110 002

**शाखाएँ** : अशोक राजपथ, साइंस कॉलेज के सामने, पटना-800 006
पहली मंजिल, दरबारी बिल्डिंग, महात्मा गांधी मार्ग, इलाहाबाद-211 001
36 ए, शेक्सपियर सरणी, कोलकाता-700 017

वेबसाइट : www.rajkamalprakashan.com
ई-मेल : info@rajkamalprakashan.com

**आवरण** : मुग्धा सदवानी

**मुद्रक** : बी.के. ऑफसेट
नवीन शाहदरा, दिल्ली-110 032

DASTANGOI
*by* Mahmood Farooqui, Mohammad Kazim

इस पुस्तक के सर्वाधिकार सुरक्षित हैं। प्रकाशक की लिखित अनुमति के बिना इसके किसी भी अंश को, फोटोकॉपी एवं रिकॉर्डिंग सहित इलेक्ट्रॉनिक अथवा मशीनी, किसी भी माध्यम से, अथवा ज्ञान के संग्रहण एवं पुनर्प्रयोग की प्रणाली द्वारा, किसी भी रूप में, पुनरुत्पादित अथवा संचारित-प्रसारित नहीं किया जा सकता।

## इंतिसाब

*सैयद मोहम्मद हुसैन जाह, अहमद हुसैन क़मर, मीर बाक़र अली,*
*अंबा प्रसाद रसा, मुंशी नवल किशोर, शमसुर्रहमान फ़ारूक़ी*

*और*

*उन हज़ारों गुमनाम दास्तान गोयों*

*के नाम*

*जो अदीब भी थे, अदाकार भी, शायर भी थे फ़नकार भी,*
*जिनकी बदौलत ये नेमते-गिराँबहा हम तक पहुंची।*

*बातें हमारी याद रहीं, फिर बातें न ऐसी सुनिएगा*
*पढ़ते किसी को सुनिएगा, तो देर तलक सर धुनिएगा*

## दास्तानगोई

दास्तान ए अमीर हमज़ा की वो दास्तानें
जिनके 250 से ज़्यादा shows हो चुके हैं
और जो हिन्दुस्तान और दुनिया के दूसरे मुल्कों में
धूम मचा रही है

# अनुक्रम

बादशाह अकबर के हमज़ानामा से

दानिश हुसैन और महमूद फ़ारूक़ी दास्तान सुनाते हुए

महमूद फ़ारूक़ी और दानिश हुसैन दास्तान सुनाते हुए

महमूद फ़ारूक़ी और हिमांशु त्यागी जदीदे दास्तानगोई के इब्तेदाई दौर में

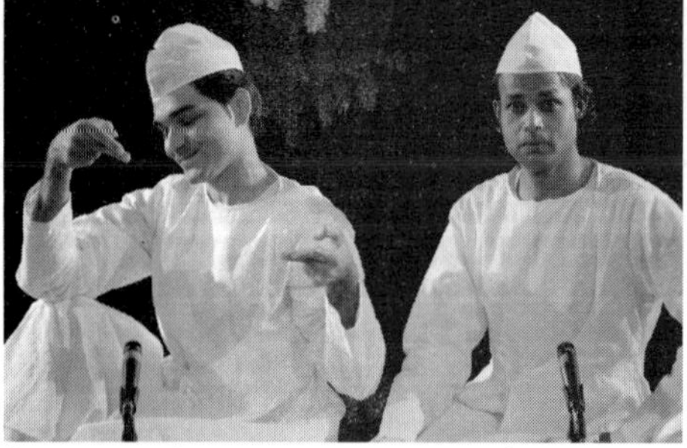

शैख़ उसमान और राणा प्रताप कलवारिन के नैन नक़्श बयान करते हुए

राजेश और रसिका अमर अय्यार की अय्यारी बयान करते हुए

मनु एवं नदीम दास्तान सुनाते हुए

अंकित एवं योजित दास्तान सुनाते हुए

नसीरूद्दीन शाह न्यूयार्क में सती बनकर दास्तान सुनाते हुए

हनीफ़ रामे की बनाई हुई तिलिस्म होशरूबा की तस्वीरें

# दास्तान सराई का आग़ाज़े नौ

दास्तानें, और ख़ास कर दास्ताने अमीर-हमज़ा की छियालीस जिल्दें जो (एक जिल्द के सिवा, जो 1917 में शाये हुई) नवल किशोर प्रेस से 1883 से लेकर 1909 के दरमियान छपीं, हमारे अदब का बेशबहा और इन्तेहाई नादिर सरमाया हैं। दास्ताने अमीर-हमज़ा की ये जिल्दें अपने हुस्नो-ख़ूबी, बयानिया की रंगारंगी, क़ूव्वते ईजाद के ग़ैरमामूली इज़हार, नस्र के तनव्वो और लचक दार क़ूव्वत, हर तरह की सिन्फ़े नज़्म की कसरत और सबसे बढ़कर अपनी तख़ययुलाती वुस्अत की बिना पर दुनिया का सबसे अज़ीमुश्शान ज़बानी बयानिया कहलाने की मुसतहक़ हैं।

अगरचे बहुत से मुल्कों में अब भी दास्तान सुनाने का रवाज है, और ख़ुद हमारे मुल्क की बाज़ ज़बानों, मसलन तमिल और राजस्थान की मारवाड़ी में ज़बानी दास्तान सुनाने का चलन बाक़ी है। उत्तर प्रदेश के बाज़ ज़िलों में आल्हा ऊदल की मंजूम दास्तान सुनाने वाले अब भी मिल जाते हैं। लेकिन दास्ताने अमीर हमज़ा इन सब से बढ़ चढ़ कर है। इसकी ख़ास वजह ये है के इसके ख़ास किरदारों में बहुत से अरब और ईरानी हैं तो बहुत से हिन्दुस्तानी भी हैं। दास्तान बनाने और दास्तान कहने की हिन्दुस्तानी रवायतों ने भी इस पर गहरा असर डाला है। इस तरह ये दास्तान एक तरफ़ तो रंगारंग वुस्अत और तख़य्युल की बेमिसाल परवाज़, और बयानिया क़ूव्वत के ग़ैर मामूली इज़हार का नमूना है तो दूसरी तरफ़ ये हिन्दुस्तानी और मुस्लिम तहज़ीब के इमतिज़ाज का आला नमूना भी है। और ये इमतिज़ाज ऐसा है कि इसने बिल्कुल नई फ़न्नी सूरत को ख़ल्क़ किया है। ये दास्तान अपनी मौजूदा शक्ल में हिन्दुस्तानी और ना-मज़हबी है जिसकी तह में मुसलमानी तसव्वुरे कायनात भी कारफ़रमा है।

दास्तान गोई जब शुरू हुई तो इसमें रज़्म, यानी जंग और मुहिमजूई और तलाशो-दरयाफ़्त का उन्सुर नुमाया था। बहुत जल्द ही इसमें बज़्म यानी इश्क़ और आशिक़ी, मौसीक़ी, रक़्स और नग़मा, समाजी महफ़िलें वग़ैरह भी शामिल हो गईं। उसी ज़माने में अय्यारी का उन्सुर भी शामिल होना शुरू हुआ और बहुत जल्द उसने दास्तान में तक़रीबन मरकज़ी जगह इख़्तियार कर ली। अय्यार का अस्ल काम दुश्मन को फ़रेब देकर शिकस्तयाब करना, ख़ुफ़िया ख़बरों का मालूम करना, हीरो के दुख-सुख, जंगो-अमन, इशक़ और माशूक़, हर मामले में उसके साथ साथ रहना था।

इसी वजेह से अय्यारों में तेज़रवी, भेस बदलना, चोरी और जालसाज़ी, मसख़रापन वग़ैरह सिफ़ात भी शामिल होती गईं। शुरू की दास्तान में जादू, तिलिस्मबंदी, देव, परी वग़ैरह का उन्सुर बहुत कम था। हिन्दुस्तानी दास्तान गोयों ने दास्तान के उस उन्सुर को तिलिस्म का नाम दिया और उसको बेहद तरक़्क़ी दी। चुनांचे अब जब हम दास्तान के बारे में खयाल करते हैं तो शायद सबसे पहला नाम जो हमारे ज़ेहन में आता है वो "तिलिस्म" का नाम होता है। बहरहाल, अब दास्तान की शेरियात चार चीज़ों से इबारत मानी जाती है: (1) रज़्म (2) बज़्म (3) तिलिस्म और (4) अय्यारी। इन अनासिर के दरमियान तवांजुन क़ायम रखना, और उनको बयान करने में तनव्वो की कसरत, ये भी हिन्दुस्तानी दास्तान गोयों के कारनामे हैं।

हिन्दुस्तानी दास्तान गोयों का एक कारनामा ये भी है के दास्ताने अमीर हमज़ा जो अपनी आम सूरत में ईरान और कोहे क़ाफ़ के मुल्कों में ज़्यादा से ज़्यादा डेढ़ दो हज़ार सफ़हात में समा जाती थी, हिन्दुस्तान में आते ही फैलना शुरू हुई। देहली, फिर रामपुर, फिर लखनऊ में दास्तान गोयों ने उसे इतना बढ़ाया के उसका एक रूप जो मुंशी नवल किशोर की तवज्जोह से मुरत्तब हो सका (जैसा की ऊपर मज़कूर हुआ) छियालीस जिल्दों में समाया और हर जिल्द में कोई एक हज़ार सफ़हात हैं। इस तरह, चन्द लाख अल्फ़ाज़ की ये दास्तान हमारे पास दो करोड़ से ज़्यादा अल्फ़ाज़ में फैल कर महफ़ूज़ हो गई। और इस ख़ज़ाने के अलावा रामपुर और लखनऊ में (इसी सिलसिलाए हमज़ा की, और इस सिलसिले के बाहर की भी) कई ग़ैर मतबूआः दास्तानें मौजूद हैं।

दास्तान के मैदान में हिन्दुस्तान का तीसरा कारनामा मीर मोहम्मद तक़ी ख़्याल की "बोस्ताने ख़्याल" है जो देहली में 1730 के आस पास फ़ारसी में लिखी गई। ये महज़ एक शख़्स का कारनामा है और अगरचे ये हज्म और पेचीदगी और किरदारों की कसरत के ऐतबार से दास्ताने अमीर हमज़ा की बराबरी नहीं कर सकता, लेकिन इसने दास्ताने अमीर हमज़ा पर असर ज़रूर डाला। फिर नौ-नौ लम्बी चौड़ी जिल्दों में इसके दो उर्दू तर्जुमे भी हुए एक देहली में और एक लखनऊ में।

लिहाज़ा दास्तान और ख़ास कर दास्ताने अमीर हमज़ा को आज ज़बानी बयानिया की दुनिया में हिन्दुस्तान का अज़ीमुश-शान अतिया कहना चाहिए। और उसकी मतबूआः सूरत को सामने रखें तो उसे हिन्दुस्तानी तहरीरी अदबियात का भी बहुत बड़ा कारनामा कहने में भी कोई तकल्लुफ़ न होना चाहिए। वो लोग जो दास्तान को हक़ीर समझते हैं या अगर हक़ीर नहीं समझते तो उसे ग़ैरअहम या ग़ैर तरक़्क़ी याफ़्ता कहते हैं, उन्हें अपने मुल्क के अदब से मोहब्बत नहीं है।

दास्तान के बारे में ये ख़्याल ग़लत है के ये उस ज़माने की यादगार है जब "इंसानी तहज़ीब अपने बचपन में थी। लिहाज़ा दास्तान एक ग़ैर तरक़्क़ी याफ़्ता सिन्फ़े सुख़न और नॉवेल के मुक़ाबले में इकहरी चीज़ है।" हक़ीक़त ये है के दास्तान भी नॉवेल ही

की तरह तरक़्क़ी याफ़्ता सिन्फ़ है। बलके अगर ये बात धयान में रखी जाए के दास्तान की उम्र हज़ार बारह सौ बरस की हो रही है और नॉवेल को बाक़ायदा सिन्फ़ का दर्जा हासिल किए अभी मुश्किल से ढाई तीन सौ बरस हुए हैं तो हम कह सकते हैं के नॉवेल के मुक़ाबले में दास्तान बहुत ज़्यादा तरक़्क़ी याफ़्ता सिन्फ़ हैं। जदीद नॉवेल के बहुत बड़े नज़रिया साज़ मीख़ाईल बाख़्तन (Mikhail Bakhtin) की ये बात बिल्कुल सही है के नॉवेल तो अभी इरतेक़ाई मनाज़िल तय कर रहा है। इससे ये भी साबित है के दास्तान का इरतिक़ा बहुत बड़ी हद तक ज़हूर पज़ीर हो चुका है। बहुत से बहुत ये कहा जा सकता है के दास्तान का आग़ाज़ ज़मान-ए-क़दीम में हुआ। लेकिन इसका मतलब ये नहीं निकलता के ये ग़ैर तरक़्क़ी याफ़्ता, या ज़ेहनी और तहज़ीबी ऐतबार से नफ़ासत यानी Sophistication की हामिल नहीं है। आख़िर यूनान में अलमिए का आग़ाज़ तो और भी पुराना है। हमारे मुल्क में भी ड्रामा का आग़ाज़ कुछ नहीं तो दो हज़ार बरस पहले हुआ। खुद हमारी अस्नाफ़ में ग़ज़ल और क़सीदा कम से कम पंद्रह सोलह सौ बरस पुरानी अस्नाफ़ हैं तो क्या हम उन्हें ग़ैर तरक़्क़ी याफ़्ता क़रार देंगे क्योंके ये पुरानी हैं?

हमारे यहाँ ले दे कर एक कलीमुद्दीन अहमद साहब ने ग़ज़ल को "नीम वहशी सिन्फ़े सुख़न" बताया। अगरचे उनके दलाइल बोदे थे और आज उन्हें कोई तस्लीम नहीं करता, लेकिन क़सीदे को तो कलीमुद्दीन अहमद साहब भी नीम वहशी नहीं कह सके, हालांके ग़ज़ल और क़सीदा की उम्र एक है। दूसरी बात ये के कुछ लोगों ने दास्तान को इसलिए ग़ैर तरक़्क़ी याफ़्ता या ग़ैर अहम बताया के उनके ख़्याल में दास्तान ने जब इरतिक़ा हासिल किया तो नॉवेल वजूद में आया। यानी जिस तरह साइंसदाँ लोग कहते हैं के बंदर की इरतिक़ाई सूरत इंसान है, लिहाज़ा बंदर का मर्तबा इंसान से कम है इसी तरह दास्तान की इरतिक़ाई शक्ल नॉवेल हैं, लिहाज़ा दास्तान का मर्तबा नॉवेल से कम है। ये बात बिल्कुल ग़लत है। दास्तान अलग सिन्फ़े सुख़न है और नॉवेल अलग सिन्फ़े सुख़न। नॉवेल और दास्तान अलग अलग चीज़ें हैं। ये मुमकिन है के दास्तान ने नॉवेल पर कुछ असर डाला हो, लेकिन नॉवेल ने दास्तान पर कोई असर नहीं डाला।

ये ख़्याल ग़लत है के अस्नाफ़े सुख़न का इरतिक़ा होता है, और ये इसी तरह होता है जिस तरह हयातियाती (Biological) अश्या में होता है। इरतिक़ा का असर इंसान की बनाई हुई चीज़ों पर नहीं होता। लिहाज़ा नॉवेल को दास्तान की तरक़्क़ी याफ़्ता या इरतिक़ा याफ़्ता शक्ल नहीं कह सकते। अस्नाफ़ में जो तबदीलियाँ आती हैं उन्हें इरतिक़ा नहीं कह सकते, तरक़्क़ी भी नहीं कह सकते। तौसीअः कह सकते हैं। वरना मीर की ग़ज़ल के मुक़ाबले में ग़ालिब की ग़ज़ल को, और ग़ालिब की ग़ज़ल के मुक़ाबले में नासिर काज़मी या अहमद मुश्ताक़ की ग़ज़ल को ज़्यादा तरक़्क़ी याफ़्ता, या ज़्यादा इरतिक़ा याफ़्ता कहना पड़ेगा। ज़ाहिर है के ये मुहमल बात होगी। लेकिन नॉवेल को दास्तान की तौसीअः याफ़्ता शक्ल भी नहीं कह सकते। अव्वल तो

वो अलग अलग अस्नाफ़ हैं और दूसरी बात ये के वसीअ से वसीअ तर नॉवेल भी दास्ताने अमीर हमज़ा के एक हिस्से "तिलिस्मे होशरुबा" (दास्तान गोः मोहम्मद हुसैन जाह और अहमद हुसैन क़मर) की बराबरी नहीं कर सकता। यहाँ तो ये आलम है के विक्रम सेठ के नॉवेल Suitable Boy को अंग्रेज़ी का सबसे बड़ा यक जिल्दी नॉवेल कहा गया है और विक्रम सेठ का ये नॉवेल किसी तवील दास्तान, मसलन शैख़ तसद्दुक़ हुसैन की "आफ़्ताबे शुजाअत" की एक जिल्द के बराबर भी नहीं है।

दास्तान और नॉवेल में बुनियादी फ़र्क़ ये है के दास्तान को ज़बानी सुनाते हैं और नॉवेल को चुप चाप से पढ़ते हैं। दास्तान अगर लिखी हुई भी हो तो वो पहले ज़बानी सुनाई जा चुकी होती है या फिर वो इस मक़सद से लिखी जाती है के इसे ज़बानी सुनाया जाए। मोहम्मद हुसैन जाह दास्तान ("तिलिस्मे होशरुबा") लिख रहे हैं, लेकिन उनकी दास्तान पहले ज़बानी सुनाई जा चुकी है, एक बार नहीं सैंकड़ों बार। और अब भी वो लिख इस तरह रहे हैं के उनके बक़ौलः

*के तहरीर में लुत्फ़े तक़रीर हो*

जो तहज़ीबें अपनी अहम रवायतों और अदबी कारनामों को पहले ज़बानी सूरत में बनाती हैं, उनके यहाँ लिखे हुए लफ़्ज़ की अहमियत बहुत कम होती है। उनके हिसाब से, वो बात जो ज़बानी बताई जाए (यानी मलफ़ूज़ हो), इस बात से बरतर होती है जो लिखी जाए (मकतूब हो)। यही वजह है के अलबानिया के शोहर-ए-आफ़ाक़ नॉवेल निगार इस्माईल क़ादरी के नॉवल Broken April में एक किरदार कहता है के "काग़ज़ पर लिखे हुए लफ़्ज़ सिर्फ़ उन लफ़्ज़ों की लाशें हैं जिन्हें ज़बानी बयान किया, या गाया जाता है।" नॉवेल और दास्तान के इस फ़र्क़ को मलहूज़ न रखने की वजह से हम लोगों और हम लोगों ही ने नहीं, बहुत से मग़्रिबी नक्क़ादों ने भी दास्तान की असल अहमियत और नौईयत को समझा नहीं और ये हुक्म लगा दिया के नॉवेल के मुक़ाबले में दास्तान मफ़जूल है।

ये बात अफ़्सोस का मौजिब है के दास्तान गोई के उरूज ही के ज़माने में उसका ज़वाल भी शुरू हो गया। इस ज़वाल की वजहें बहुत सी हैं, और ये भी मुमकिन है के बाज़ वजहें अभी हमने पूरी तरह समझी भी न हों। लेकिन इसमें कोई शक नहीं के अंग्रेज़ी तहज़ीब के दबाव ने हमारी तहज़ीब के बहुत से अहम अनासिर को हमसे अलग कर दिया, या हमें मजबूर किया के हम उन्हें हक़ीर समझें। दास्तान भी उन्हीं अहम तहज़ीबी मज़ाहिर में से थी जिसे हमने गंवा दिया।

अब तो हम ये भी ठीक से नहीं जानते के दास्तान बनाने और दास्तान सुनाने का तरीक़ा क्या था। दास्तान गो लोग क्या थे, कौन थे, कितने पढ़े लिखे थे, उन्होंने तरबियत कहां से हासिल की? ये सब बातें हमारे लिए कमो-बेश नापैद हैं। मरसिया भी चूंकि ज़बानी बयानिया की एक क़िस्म है, इसलिए मरसिया ख़्वानी के फ़न से हम कुछ बातें दास्तान गोई के फ़न के बारे में हासिल कर सकते हैं। लेकिन मरसिए की मज़हबी

अहमियत और हैसियत की बिना पर मरसिया ख़्वानी के फ़न का हर पहलू हमारे लिए शायद कारआमद न हो। और मुश्किल ये भी है के मरसिया ख़्वानी के फ़न के बारे में भी हमारी मालूमात बहुत कम हैं। दास्तान गोई में फ़ारसी में सत्तरहवीं सदी के निस्फ़ अव्वल में अब्दुननबी फ़ख़्रुज़्ज़मानी की एक किताब और अरबी में उनीसवीं-बीसवीं सदी के कुछ सय्याहों के बयानात के अलावा हमारे पास कुछ नहीं। उर्दू दास्तान गोई के बारे में उर्दू के आख़िरी दास्तानगो मीर बाक़र अली देहलवी (वफ़ात 1928) को देखने वालों के दो मुख़्तसर बयानात के अलावा हमारे पास कुछ नहीं।

ऐसी सूरत में दास्तान गोई के आग़ाज़े नौ की उम्मीद करना एक तरह की हिमाक़त ही थी। लेकिन मैंने इस हिमाक़त के लिए कुछ होनहार नौजवानों को तैयार करना चाहा तो सब से पहले मेरी निगाह महमूद फ़ारूक़ी पर पड़ी। महमूद फ़ारूक़ी उर्दू ख़ूब जानते हैं। फ़ारसी भी थोड़ी बहुत जानते हैं। आक्सफ़ोर्ड और कैम्ब्रिज के पढ़े हुए हैं और सबसे बढ़कर ये के अदाकारी, टेलीविज़न, फ़िल्म इन सब मैदानों में दर्क रखते हैं। ये उनकी सआदतमंदी है के उन्होंने हामी भर ली और फिर एक और अदाकार दोस्त हिमांशु त्यागी को भी तैयार कर लिया। मैंने "तिलिस्मे होशरुबा" से कुछ सफ़हात कई जगहों से निकाल के उन्हें दिए के उन्हें देखें क्या उनको वो दास्तान के तौर पर बयान कर सकते हैं? हर चंद के पुराने दास्तान गोयों के बारे में सुना जाता है के वो दास्तान फ़िल बदीह बनाते और सुनाते थे, लेकिन उन नौ मश्क़ों के लिए ये ज़रूरी था के वो लिखी हुई दास्तान के टुकड़े ज़बानी याद करके सुनाएं। (रतन नाथ सरशार ने "तिलिस्म होशरुबा" की एक जिल्द की तक़रीज़ में कुछ ऐसी इबारत लिखी है जिससे अंदाज़ा गुज़रता है के उस ज़माने में भी नए दास्तान गो भी ज़बानी याद करके सुनाते थे।)

महमूद फारूक़ी ने एक तरमीम पेश की, जो मैंने बखुशी मंजूर कर ली, के एक के बजाए दो दास्तान गो हों। यानी इसी दास्तान का कुछ हिस्सा एक सुनाए और बीच बीच में दूसरा दास्तान गो अपने हिस्से को सुनाए। इस तरह एक तो ये फ़ायदा होगा के एक ही दास्तान गो को लम्बी चौड़ी इबारत याद न करनी पड़ेगी, दूसरा फ़ायदा ये होगा के दो तरह की आवाज़ें और तरज़ें दास्तान गोई में कुछ तनव्वो पैदा कर देंगी जो जदीद सुनने वालों के लिए शायद ज़्यादा खुश्गवार हो।

दास्तान गोई के आदाब के बारे में जो कुछ मूझे मालूम था और जो कुछ मैं अपने अंदाज़े से समझ सकता था, उनकी रोशनी में महमूद और हिमांशु को मैंने दास्तान गो बनने की राह पर लगा दिया। सबसे पहली ख़ुशी इस बात की हुई के दास्तान गोयों ने अदाकारी की सलाहियत और तजुर्बे को काम में लाते हुए दास्तान गोई को इस तरह इख़्तियार कर लिया गोया ये उनका फ़ितरी काम था। उर्दू न जानने के बावजूद हिमांशु त्यागी ने (और बाद में दानिश हुसैन ने, के वो भी उर्दू से बे-बहरा हैं) तलफ़्फ़ुज़, लहजा, आवाज़ के ज़ेर-ओ-बम, मुख़्तलफ़ किरदारों और सूरते हालात के मुताबिक

ज़बान का इस्तेमाल, इन सब चीज़ों में ग़ैर मामूली दर्क का इज़हार किया। दास्तान गोई की पहली महफ़िल इंडिया इण्टरनेशनल सेन्टर, नई देहली में मुंअक़िद हुई। विलियम डैलरिम्पल की सदारत थी। पूरा हॉल खचा खच भरा हुआ था और सामईन में भारी अकसरियत ग़ैर उर्दू दानों की थी। इसके बावजूद दास्तान का बयानिया इस क़दर जाबिर (झुका देने वाला) और दास्तान गोयों की अदायगी इस क़दर उम्दा थी के सारा हाल वाह वाह, सुब्हानल्लाह, क्या बात है! क्या ख़ूब! के नारों से गूंज रहा था।

फ़िर तो दास्तान गोई के जल्से जगह जगह होने लगे। मुल्क के तूलो-अर्ज़ में, पाकिस्तान में, फिर न्युयार्क में जलसे हुए और बेहद कामियाब हुए। बड़ी ख़ुशी की बात है के मुम्बई और न्युयार्क की महफ़िलों में नसीरुद्दीन शाह भी बतौरे दास्तान गो शरीक हुए। इस तरह इस फ़न का वक़ार और बढ़ा है। दास्ताने अमीर हमज़ा के साथ कभी कभी "जदीद दास्तान" पेश की गई, यानी जदीद वाक़ेआत के बारे में दास्तानी रंग के बयानिए तैयार और पेश किए गये।

ये बात मलहूज़ रहे के महमूद फ़ारूक़ी और उनके साथियों ने अस्ल दास्तान अमीर हमज़ा का एक छोटा सा भी हिस्सा नहीं पेश किया है। "तिलिस्मे होशरुबा" से बाज़ छोटी दास्तानें, या मनाज़िर निकाल कर लेकिन उन्हें कमो-बेश बेजिन्सिहि सुनाया है। लिहाज़ा ये दास्तानें नहीं, "दास्तान ज़ादियाँ" हैं। उम्मीद है कभी पूरी दास्तान पेश करने की भी नौबत आएगी। ज़ाहिर है के पूरी दास्तान कई महफ़िलों और कई जगहों पर सुनाई जाएगी, तब कहीं जाकर पूरी होगी।

महमूद फारूक़ी ने अब तक जो दास्तानें पेश की हैं, उनका ये मुख़्तिसर मजमूआ उर्दू और देवानागरी दोनों रस्मुलख़त में पेश किया जा रहा है, जो बड़ी ख़ुशी की बात है। मुझे उम्मीद बल्कि यक़ीन है के ये मजमूआ दास्तान गोयों की तादाद में इज़ाफ़ा करेगा। लेकिन महमूद फ़ारूक़ी को मुबारकबाद देने के साथ में ये बात ज़रूर कहना चाहता हूं के दास्तान गोई और फ़िल्म या ड्रामे के मुकालमे अदा करने में कई फ़र्क़ हैं। ये मुमकिन है के किसी ज़बान को न जानने वाला एक्टर भी सुन सुना कर इस ज़बान के मुकालमे बोल दे और कामियाब रहे। या सीख कर और मश्क़ करके ग़ैर अल्फ़ाज़ का सही तलफ़्फ़ुज़ सीख ले। लेकिन दास्तान में ज़बान जिस सतह पर और जिस तनव्वो से इस्तेमाल होती है वो सतह और तनव्वो फ़िल्म या ड्रामे में मौजूद नहीं। लिहाज़ा दास्तान गो को अगर फ़ारसी और उर्दू दोनों नहीं, तो उर्दू पढ़ने और समझने पर ज़रूर क़ादिर होना चाहिए।

मैं दुआ करता हूं के दास्तान गोई की ये छोटी सी नहर जो महमूद और उनके साथियों ने इस संगलाख़ ज़माने की ज़मीन में काटी है, किसी वक़्त जल्द ही एक जूए बेकरां बन जाए।

इलाहाबाद
अगस्त 2009

**–शम्सुर्रहमान फ़ारूक़ी**

# शौक़े आवारगी में

बक़ौल बड़े अब्बू, 'ये आवारा घूम रहा था तो मैंने इससे कहा के भई इससे तो अच्छा है तू लोगों को दास्तान सुना.' तफ़्सील इस इज़्माल की ये है के ये बात है तक़रीबन सन दो हज़ार की। उन दिनों मैं राह पे लगने के वास्ते भटक सा रहा था। केम्ब्रिज में Ph.d को ख़ैरबाद कहके और NDTV में ज़िंदगी की वाहिद बाज़ाब्ता नौकरी को धता बता के बम्बई की गोया खा़क सी छान रहा था। 'ख़ाक सी' इसलिए के ज़माना अब इतना बदल गया है के न वो ख़ाक बची जो बाक़ायदा छानी जाए न वो ख़ाकसार जो उसे पूरे इन्हिमाक से छान सके।

बहरसूरत बड़े अब्बू यानी शम्सुर्रमहान फ़ारूक़ी साहब, का एक रोज़ फ़ोन आया के अमरीका में एक ओसामा ख़ालिदी साहब हैं जो दास्तानों पे कोई फ़िल्म सी बनाना चाह रहे हैं और उन्हें कुछ मदद दरकार है तो तुम क्या उनकी मदद करोगे। मैं बख़ुशी तैयार था। हालांके डॉक्यूमेंट्री और दास्तान दोनों उस वक़्त मेरी तमन्नाओं से बहुत दूर थे मगर जानने वाले जानते हैं के बम्बई में भटक रही आत्माओं के लिए काम आख़िर काम है। मगर एक आम उर्दू क़ारी की तरह दास्तानों का तसव्वुर मेरे ज़ेहन में भी बहुत गुन्जलक सा था। मीर अम्मन देहलवी की 'बाग़ोबहार उर्फ़ क़िस्सा चहार दरवेश', कुछ अलफ़ लैलवी से अफ़साने, बचपन में रखी हुई कुछ मोटी पुरानी किताबें जिन्हें उर्दू सुधारने के वास्ते पढ़ने की तकलीफ़ दी जाती थी, मजमूई तौर पर कोई रूखी सी, खोई हुई, क़दीम और बेमज़ा रिवायत।

फिर बात शुरू हुई फ़ारूकी साहब की दास्ताने अमीर हमज़ा पे मुफ़स्सल तहक़ीक़ी किताब पढ़ने से। "साहिरी, शाही, साहब क़िरानी", कोई 528 सफ़हों की ये तस्नीफ़ अपने आप में इस क़दर दिलचस्प, फ़िक्र अंगेज़ और रसीली थी के यक़ीनन किसी दास्तान से कम न थी। तब से मैं कोई तीन दफ़ा इसे पढ़ चुका हूं और मेरी राय में ये जदीद हिंदुस्तान की बेहतरीन non-fiction यानी ग़ैर अफ़सानवी किताबों में से एक है। इस किताब ने कई दरीचे वा किए, हिंदुस्तानी और उर्दू अदब, तमद्दुन, सक़ाफ़त और Colonial यानी नौआबादियाती निज़ाम के गहरे और देरपा असरात

बाल्कि नुक़्सानात के बारे में। एक इतना बड़ा शाहकार, छियालीस जिल्दों या 45 हज़ार सफ़हात पर फैली एक अनोखी दास्तानी रिवायत, उसके किरदार, उसका असलूब, उसकी ज़बान, उसका तख़य्युल, आदमी किस किस चीज़ पे दम भरे। और सबसे बढ़के उसका मुज़ाहिराती पहलू यानी ये के ये इस क़दर देवक़ामत देवमालाई दुनिया ज़बानी बयानिए से उपजे थे। यानी इसके सुनाने वाले और इसके बनाने वाले दोनों एक ही क़बील के फ़नकार थे। अदब और अदाकारी, Form और content, फ़नकार और उसका मवाद कुछ इस तरह से यकजा था के सिर्फ़ मौसीक़ी में मुश्किल से ये हम आहंगी नज़र आती है। तो कोई चार सालों तक मैं इसके अतराफ़ में घूमता फिरा। कभी अख़्बारों में लिखके, कभी सिर्फ़ बतिया के, कभी documentary की funding के लिए apply करके। मगर मैं तब तक सिर्फ़ उसके ऊपर या उसके बारे में फ़िल्म बनाने के बारे में ही सोच रहा था। अभी तक दास्तानों को हाथ नहीं लगाया था। जानने वाले जानते हैं के documentary बनाना इस मामले में किस क़दर जोखिम का काम है के माली तआवुन के लिए आपको तरह तरह के इदारों के आगे-पीछे घूमना पड़ता है जिन सबके अपने अपने agendas हैं। तो documantary तो न बनी मगर उसपे काम करने के वास्ते मैं सराय नाम की एक अजीबो ग़रीब दुनिया से ज़रूर जा टकराया जो इस सफ़र का मील का पत्थर साबित हुई।

सराय एक संगम भी है, सफ़ीना भी, सफ़र भी है, पड़ाव भी। CSDS (Centre for Research in Developing societies) से मुन्सलिक, एक ऐसा इदारा जहां शहर, शहरियत, आर्ट, सिनेमा, थ्योरी, फ़लसफ़ा, ज़बान, अदब और फ़नूने लतीफ़ा सब पे मुशतरका तौर पर काम होता है। बातें होती हैं, अड्डे जमते हैं और बात से बात निकलती है। नए मीडिया पर नए मीडियम्स के ज़रीये देने वाले ऐसे मश्वरे जो तन्क़ीद, अशाअत, मुज़ाहरे, आर्काइव्ज़, किताबों, रिसालों से नए शहरों और नई शहरियतों पर जामेअ और बारीक नज़र रखते हैं। नज़र, नज़रिया, नज़रिया साज़ी और बदलते दौर की अक्कासी, सराय में ऐसा बहुत कुछ था जिसकी मेरे जैसे मुसाफ़िर को तलाश थी। बतौर एक : Independent fellow यानी कह लीजिए तो आज़ाद मुहक़्क़िक़ के। मैंने 2004-05 में पहली बार संजीदगी से मुतालआ शुरू किया दास्तानों का। पर दास्तानगोई तब तक मेरे लिए माज़ीए बईद की ही एक सिन्फ़ थी जिसे मैं दुनिया के सामने लाना चाहता था। खुद दास्तानें सुनाने के बारे में मैंने तब तक सोचा भी न था।

तो सन 2005 में मैंने पहली बार तिलिस्मे होशरुबा पढ़नी शुरू की। आठ जिल्दों में फैली तिलिस्मे होशरुबा, दास्ताने अमीर हमज़ा का सबसे मशहूरो मारूफ़ दफ़्तर यानी हिस्सा या सेक्शन। पहली जिल्द पढ़ते पढ़ते ही मुझे उसकी बेपनाह ज़बानी कुव्वत का पहला बराहे रास्त तजुर्बा हो चला। इत्तेफ़ाक़न उन्हीं अयाम में

मैंने एक नोट लिखने के बाद अपने दोस्त प्रशानतो सेन की वालिदा बीनू सेन को दिया जो उन दिनों वज़ारते स्टील में सेक्रेट्री थीं। उन्होंने अपने शौहर P.C. Sen, जो उन दिनों IIC (India International Center) के Director थे, से ज़ोर दे के कहा के इसके बारे में कुछ करना चाहिए। तो प्रोबीर अंकल ने मुझे बुला के कहा के क्यों न मैं IIC में इस मौजू पे एक lecture-demonstration दूं। फिर मैंने फ़ारूक़ी साहब से रूजू किया और उन्होंने ये फ़ैसला किया के इस सिन्फ़ की तवानाई का सबसे आला मुज़ाहरा उसको सुना के ही किया जा सकेगा। तो IIC के प्रोग्रामिंग डिपार्टमेंट ख़ासकार तेते, फ़ारूक़ी साहब, सराय और अनूशा के मश्विरों से उस पहले प्रोग्राम का ख़ाका तैयार हुआ जो 5 मई 2005 को IIC में पेश हुआ। उस शाम पहले Willam Dalrymple ने ज़बानी रिवायतों पे कुछ तब्सिरा किया फिर फ़ारूकी साहब ने दास्तानों पे तक़रीर की और फ़िलबदीह ऐसी उम्दा, सलीस और दिलकश तक़रीर की के उसने सुनने वालों का दिल जीत लिया। फिर मैंने और मेरे पुराने स्कूल के दोस्त और थियेटर के साथी हिमांशु त्यागी ने साथ मिल के तिलिस्मे होशरुबा की जिल्दे अव्वल से दो दास्तानें पेश कीं जो इस मजमूए में शामिल हैं। अल्हम्दो लिल्लाह वो शाम इस क़दर कामयाब हुई और दास्तानगोई इतनी सराही गई और ऐसी वाहवाही हुई के आज छे सालों बाद भी उसकी गूंज और उसकी गर्मी मेरे अंदर समाई हुई है और दास्तानगोई का सिलसिला अब तक जारी है।

मैंने पहले शो के बारे में इस क़दर तफ़सील से इसलिए लिखा है के बहुत दफ़ा चीज़ें हो जाती हैं अपने आप। फ़ारूक़ी साहेब, सराय-Sen family, तेते सबने खुद ब खुद से मुहर्रिकात पेश किए के दास्तानगोई की पहली जदीद महफ़िल अमल में आई। ये सब न होता तो शायद मैं इतने बड़े पैमाने पर दास्तान सुनाने का बीड़ा न उठाता, शायद वो Show ही न होता या इस तरह से न होता क्योंकि मैं पहले थियेटर कर चुका था, खुद साख़्ता तौर पर और उस वक़्त मेरे अंदर इतनी एनर्जी नहीं थी के मैं कोई थियेटर बुक कराता, जगह-जगह से permission लेता, publicity कराता और audience का इंतेज़ाम करता, जो देहली में थयेटर करने वालों का आम सरदर्द है। हालांकि जब मैंने performance की ग़रज़ से पहली बार दास्तान बआवाज़े बुलंद पढ़ीं तो मुझे अंदाज़ा हो गया था के ये चीज़ और इसके ज़रीए मुझे बहुत सुर्ख़रूई मिल सकती है। बहरहाल, बात का लुब्बेलुबाब ये है के जो चीज़ जिस तरह से हुई, शायद वो इसी तरह से हो सकती थी, और उस सफ़र के रफ़ीक़ों को याद न करना और उन्हें दाद न देना कमज़र्फ़ी होगी।

और अब मुल्क भर में पाकिस्तान में अमरीका में, दुबई में, श्रीलंका में दो-ढ़ाई

सौ से ज़ायद शो हो चुके हैं।

तब से अब तक कई और लोग इस सफ़ में शामिल हो चुके हैं। हिमांशु 2006 में बम्बई मुंतक़िल हो गऐ तो दानिश मेरे साथ हुए और इस तरह जुड़े के अब यक़ीन करना मुश्किल है के उनके बग़ैर भी मैंने दास्ताने सुनाई थीं, फिर देहली में फ़ौज़िया दास्तानें सुनाने वाली पहली ख़ातून हुईं, फिर 2009 में नसीरुद्दीन शाह हमारे हमसफ़र हुए और हमने अमरीका और बंबई में काफ़ी शो किए, फिर उसी साल बंबई में वर्कशाप की तो मज़ीद दास्तानगो सामने आए जिनकी तफ़सील हमारे Blog (www.dastangoi.blogspot.com) पर मौजूद है। अब तक कुल दस-ग्यारह लोग मेरे साथ इस मुहिम में शामिल हो चुके हैं और दीगर लोग तैयारी में जुटे हैं।

आज के दौर में दास्तानगोई क्या है और उसे क्या होना चाहिए इस सवाल का मेरे पास कोई तसल्लीबख़्श जवाब नहीं है। अगले दौर के दास्तानगो जब दास्तानें सुनाते थे तो सुनने वालों को उनकी ज़बान और उनकी दास्तान दोनों का भरपूर इल्म होता था। आज जब हम उन्हीं दास्तानों को सुनाते हैं तो सुनने वाले न उन किरदारों से वाक़िफ़ हैं न उस ज़बान से जिसमें ये सुनाई जा रही हैं। ज़ाहिर है वो इसका लुत्फ़ अलग मायनो में और अलग तरीक़ों से लेते हैं। मुझसे दासतानों की मुश्किल उर्दू के बारे में बारहा सवाल किया गया है के जो चीज़ आज आम फ़हम तो क्या ख़ास फ़हम भी नहीं रही है और जिसे अच्छे से अच्छे उर्दू वाले भी नहीं समझ सकते उसे क्यों न आसान कर दिया जाए। एक अवामी फ़ार्म, वो फ़ार्म जो कभी अवामी था, इतनी मुश्किल ज़बान क्यों अपनाए? मेरे पास इस सवाल का कोई जवाब नहीं है। ये ज़रूर है के ये अज़ीम दास्तानें क़िस्से कहानियां जो सुनाने वाले जिस जुबान में सुना गए हैं उससे कैसे छेड़ख़ानी की जाए। Shakespeare भी समझ में आज नहीं आते मगर क्या हम उसकी ज़बान को paraphrase कर के आसान बना के सुना दें, और मौजूदा हिंदुस्तान में उर्दू जिस तरह के हाशिए पर ढकेली जा चुकी है उसके मद्देनज़र ऐसी ज़बान और ऐसी दास्तानें लोगों को सुनाना क्या खुद अपने आप में एक सियासी अमल नहीं है? मज़ीद ये के अगर किसी जुम्ले या शेर की खुबसूरती लोगो तक नहीं पहुंच रही है तो क्या महज़ ज़बान या अल्फ़ाज़ बदल देने से हम वही ख़ुबसूरती लोगों तक पहुंचा सकते हैं? ज़बान से लज़्ज़त उठाने का जो फ़ेल है, बल्कि सुनने का जो अमल है, उसमें हर्फ़ हर्फ़ का मतलब समझना कितना ज़रूरी है? यक़ीनन हमारा जो पेशकश का अंदाज़ है, जो हाव-भाव है, जो हमारा बयान है वो सब कुछ लोगों को समझाने की ज़िम्मेदारी और बोझ से मुबर्रा या आज़ाद नहीं है। और बातों को समझाने का ये फ़ेल सिर्फ़ ज़बान तक महदूद नहीं है। दास्तान के किरदारों, उसके तहरीकों, उसकी दुनिया, उसकी इस्तेलाहात या टर्मिनॉलोजी, उसका action, ये सब समझाना पड़ता है और ये सब हमारी पेशकश का एक अहम हिस्सा है।

तो सवाल ये उठता है के अगर इसके Content यानी मवाद को निकाल दिया जाए तो फिर form क्या बचेगा? क्या कोई आज़ाद सिन्फ़ या genre है जिसे हम दास्तानगोई कह सकते हैं जो मौजूदा थियेटर या मौजूदा अदाकारी के मैदानों से जुदा है। ये मानना ही पड़ेगा के आज के दौर में दास्तानगोई थियेटर की एक सिन्फ़ है कोई आज़ाद genre नहीं। इसको सुनाने वाले और सुनने वाले दोनों जदीद थियेटर के ही परवर्दा हैं और उसी की फ़सीलों के तहत इसे अक्सर पेश किया जाता है। स्टेज का, रौशनी का, sound का जो इहतेमाम है वो थियेटर के क़रीब हैं। ख़ामोशी, सुनने वालों और सुनाने वालों का clear separation, ये भी ताम झाम थियेटर के ही हैं और इसके बेशतर सुनाने वाले भी थियेटर के ही पसमंज़र से उभरे हैं। तो उनके मुज़ाहरे में acting यानी अदाकारी के औज़ार ज़्यादा हैं, बयानिए या narration के जौहर कम। मगर हां इम्तेज़ाज दोनों का है। और ये चीज़ शायद इसे अदाकारी के और तारीक़ों से मुमताज करती है। दो लोग बैठ के कभी खुद को, कभी एक दूसरे को, कभी सुनने वालों को कुछ सुनाते हैं और एक दूसरे को अलग अलग अंदाज़ से मुख़ातिब करते हैं, कभी किसी को शामिल करते हैं, कभी किसी को ख़ारिज करते हैं, इस तरह सामईन का दायरा लगातार बदलता रहता है।

इस फ़ार्म को पकड़ने के लिए या इसे पुख़्तगी देने के लिए मैंने कुछ और कहानियां इसी ज़मीन में तर्ज़ दी हैं। बिनायक सेन की गिरफ़्तारी पर इहतेजाज के सिलसिले में तिलिस्मी अलामतों के ज़रीए उनका अहवाल सुनाया, अंबरीश सात्विक की किताब Perineum के लिए गालियों और फ़हश मुहावरों और तरकीबों से अंग्रेज़ी राज की एक allegory और तक़्सीमे हिंद की एक लम्बी दास्तान नुमा रूदाद जो बहुत मक़बूल हुई और इस किताब में शामिल है। गोया इस फ़ार्म के ज़रीए बिलवास्ता और बिलावास्ता तरीक़ों से बहुत कुछ, बल्कि सब कुछ कहा सुना जा सकता है। सुनाने वालों की महारत और सुनने वालों के ज़ौक पर मुन्हसिर है के वो इसे कहां ले जा सकते हैं।

मेरी तमन्ना है के उर्दू या उर्दू आमेज़ ज़बान में रामचरित मानस लोगों को सुनाऊं, संस्कृत के नाटकों को वापस ले आऊं, Homer की Odyssey सुनाऊं, हिन्दी उर्दू, की तारीख़ सुनाऊं, सियासत की, रियाज़त की, सयाहत की, फ़साहत की, रहगत की, ख़लवत की, संतों की बानियां, बेकेट के ख़ुदकलामी मुकालमे, ताक़त की मुहज़ोरियों की रूदाद ऐसी ऐसी चीजें सुनाऊं के दिलों के ख़रावे हों रोशन। अल्लाह तौफ़ीक दे, बन्दा बशर है, आसी है।

दास्तानगोई के सफ़र में गोया ये किताब एक पड़ाव है। और एक दावतनामा है के लोग इसे पढ़ें, पढ़ के लुत्फ़ उठाएं, सुनाने की तरग़ीब दें और लें ताकि बात हमसे आप तक, आप से औरों तक और औरों से दुनिया तक पहुंचे। इस किताब

का सिर्फ़ ये मक़सद है के जो भी दास्तानों तक उर्दू में नहीं पहुंच सकता वो भाखा में और नागरी में इन्हें पढ़े, याद करें और लोगों को सुनाएं।

इस किताब को तैयार करने में काज़िम भाई ने जो लाजवाब तआवुन दिया है उसके लिए मैं बेहद शुक्रगुज़ार हूं। किताब की तदबीन में दानिश ने भी ख़ासी मदद की और इसके लिए उनका भी शुक्रिया। अंकित चढ्ढा ने बड़े फ़रहंग तैयार करने में मदद की और फिर प्रूभ भी बड़े इन्हियाक से देखे, उनका भी शुक्रिया। दास्ताने अमीर हमज़ा के पैंतालीस हज़ार सफ़हात सुनने वालों और सुनाने वालों के इंतज़ार की लौ जगाए हुए हैं।

ओखला, दिल्ली
मई 2010

**—महमूद फ़ारूक़ी**

# दास्तान, दास्तानगो और नाज़िरीन

''दास्तान इस क़िस्म का बयानिया है जिसका ताल्लुक़ उन अस्नाफ़ से है जो ज़बानी सुनाई जाने के लिए लिखी जाती थी...लेहाज़ा दास्तान और इस तरह की दूसरी बयानिया अस्नाफ़ का ज़बानी सुनी जाने वाली शै होना आज बाज़ लोगों के लिए अजीब बात हो तो हो, लेकिन उस तहज़ीबी माहौल में जिसमें दास्तान वजूद में आई, ये मामला किसी भी सतह पर अजनबियत का हामिल न था।''

इन ख़्यालात का इज़हार 1998 में शम्सुर्रहमान फ़ारूक़ी ने देहली यूनिवर्सिटी में निज़ाम-ख़ुतबा पेश करते हुए किया था। इसके बाद उन्होंने दास्ताने अमीर हमज़ा की तमाम जिल्दों का न सिर्फ़ मुतालेआ किया बल्के उसके तमाम गोशों को उजागर करते हुए ''साहरी, शाही और साहब क़ेरानीः दास्तान अमीर हमज़ा का मुतालेआ'' पेश किया और चार जिल्दों में उर्दू के क़ारईन को उसके असरारो-रुमूज़ से वाक़िफ़ कराने की कोशिश की। जिसके नतीजे में उर्दू वालों पर न सिर्फ़ दास्तान के फ़न्नी गोशे उजागर हुए हैं बल्के दास्तान के सिलसिले में दिलचस्पी भी बढ़ी है।

दास्तान का ज़िक्र करते हुए ''फ़सान-ए-अजाइब'' और ''बाग़ो-बहार'' के इलावा दूसरी दास्तानों पर गुफ़्तगू नहीं होती थी या बाज़ औक़ात ''बोस्ताने-ख़्याल'' को याद कर लिया जाता था। वजेह शायद ये हो के ये दास्तानें शाया होकर किताबी शक्ल में पहले मंज़र आम पर आ गईं और हमारे नाक़िदों ने अक्सर शाया शुदा मवाद को ज़्यादा अहमियत दी है और ज़बानी बयान कुनिंदा या पेश करने वाले फ़न को नहीं के बराबर गरदाना है, ड्रामे से अदमे-तवज्जही उसकी मिसाल है। चूंकि दास्ताने अमीर हमज़ा या तिलिस्मे होशरुबा सुनाई जाती रही हैं इस लिए इसके ज़बानी बयान कदो मतान को हमने अहमियत नहीं दी। अक्सर सिक्काबंद नाकिदों के ज़ेहन में ये बात घर कर गई है के ज़बानी सुनाया जाने वाला या पेश करने वाला फ़न नीम अदबी या बचकाना होता है, इसमें संजीदगी नहीं होती। हक़ीक़त से दूर होता है, ख़्याली और फ़र्ज़ी बातों को बयान किया जाता है, इसलिए अदब में इसकी कोई ख़ास अहमियत नहीं। लेकिन हम ये नज़रअंदाज़ कर देते हैं के किताबों को पढ़ने के बजाए सुनने का अमल दिलों को ज़्यादा बेहतर गिरफ़्त में लेता है, के शाया हुई किताबों

के क़ारईन से कई सौ गुना ज़्यादा सामईन व नाज़िरीन तक न सिर्फ़ बयान और पेश किए जाने वाला फ़न/मतन पहुंचता है बल्कि उनके दिलों और ज़ेहनों पर असरअंदाज़ होता है, उनके ज़ेहनों में महफ़ूज़ होता है जो देरपा भी होता है। ये भी हक़ीक़त है के बाज़ औक़ात इन फ़ुनून में ज़ाहिरी तौर पर ख़िलाफ़े-अख़्लाक़ बातें नज़र आती हैं लेकिन ये ज़िंदगी की हक़ीक़त होती है। इन लवाज़िमात को ज़िंदगी से निकाल दिया जाए तो न सिर्फ़ ज़िंदगी रूखी और फ़ीकी हो जाएगी बल्के बदरंग भी नज़र आएगी। गोया ये फ़नून ज़िंदगी को बनावटी तौर पर नहीं बल्कि जैसी होती है वैसी ही पेश करने की कोशिश करते हैं। अंग्रेज़ों के आने की यही वजेह है के उनके ज़माने में बयान और पेश किए जाने वाले अस्नाफ़ अवाम में न सिर्फ़ मक़बूल रहे बलके वो उनकी राहनुमाई भी करते रहे हैं। इसकी मिसाल हमारे दास्तानों और ड्रामों में जाबजा मिल जाएगी।

अब अगर क़दीम दास्तानों को देखते हैं तो ये पाते हैं के ये सोलहवीं सदी से सुनाई जाती रही हैं लेकिन उनके शाया होने का सिलसिला पहले पहल उन्नीसवीं सदी के इब्तेदाई दौर में शुरू हुआ लेकिन दास्ताने अमीर हमज़ा को नवलकिशोर प्रेस ने दास्तानगो मोहम्मद हुसैन जाह, अहमद हुसैन क़मर और शैख़ तसद्दुक़ हुसैन की मदद से 1881 में शाया करना शुरू किया और ये सिलसिला 1960 तक जारी रहा। दास्ताने अमीर हमज़ा 46 जिल्दों पर मुश्तमिल है। ये तमाम जिल्द एक जगह नहीं मिलतीं लेकिन शम्सुर्रहमान फ़ारूक़ी ने अपनी अनथक कोशिशों के बाद इसे न सिर्फ़ यकजा किया बल्के इसके मुतालेआ के बाद इस पर चार जिल्दों में अपने मुतालेआ का निचोड़ पेश कर दिया है।

मौजूदा दौर में इन दास्तानों को देखते हैं तो मालूम होता है के इसकी ज़बान बहुत मुश्किल है और इस ज़बान को समझने वाले कम लोग ही रह गये हैं। साथ ही साथ इन दास्तानों में जो किरदार पेश किए गये हैं वो न सिर्फ़ नामानूस हैं बल्के मसनूई लगते हैं। लेकिन चूंकि यही दास्तानें पहले सुनाई जाती थीं। इस लिए इसे किताबी शक्ल में महफ़ूज़ किया गया और आज इस क्लासिक को अवाम तक पहुंचाने के लिए इसकी तजदीद ज़रूरी थी। गोके इसे पेश करना न सिर्फ़ मुश्किल बल्कि जोखिम भरा अमल था जिसे निहायत ख़ुश उस्लूबी से महमूद फ़ारूक़ी, दानिश हुसैन और उनके साथियों ने आसान कर दिखाया, जिसका डंका न सिर्फ़ हिन्दुस्तान बल्कि आलमी सतह पर बज रहा है।

जदीद दौर में अब दास्तान न सिर्फ़ सुनाने का फ़न रह गया है बल्कि पेश किए जाने का फ़न बनता जा रहा है। हालांके आज भी न सिर्फ़ दो दास्तानगो एक तख़्त पर बैठ जाते हैं और बग़ैर किसी इज़ाफ़ी लवाज़िमात के दास्तान सुनाना शुरू कर देते हैं। दास्तान वही पुरानी होती है लेकिन चूँके मौजूदा दास्तानगो अदाकारी के

इज़ाफ़ी तक्नीक से वाक़िफ़ हैं इस लिए अब दास्तानगोई में सिर्फ़ तय किए हुए अलफ़ाज़ नहीं होते बल्कि इसके पेशकश के दौरान होने वाले तमाम अवामिल इसका जुज़ बन जाते हैं और अब सिर्फ़ अलफ़ाज़ की बहुत ज़्यादा अहमियत नहीं रह जाती। चेहरे के तअस्सुरात, लिबास, रौशनी या दूसरे छोटे छोटे लवाज़िमात कभी कभी बहुत अहम काम कर जाते हैं। पहले चूँके बड़ी महफ़िलें होती रही होंगी और रौशनी का भी माकूल इंतेज़ाम नहीं हो पाता होगा लेकिन अब न सिर्फ़ महफ़िलें मुक़ाबिलतन छोटी और रौशनी का माकूल इंतेज़ाम होने की वजेह से छोटे छोटे हरकातो-सकनात के साथ साथ चेहरे के मामूली तअस्सुरात को भी बख़ूबी नाज़िरीन के सामने पेश किया जा सकता है और ये मौजूदा दास्तान को मज़ीद मुतअस्सिर कुन तरीक़े से पेश करने में मदद भी करता है।

इस किताब में शामिल बारह दास्तानों में से ग्यारह दास्तानें दास्ताने अमीर हमज़ा की इन्हीं जिल्दों से माख़ूज़ हैं। इन माख़ूज़ दास्तानों के मुतालेआ के बाद इसमें तब्दीली महसूस होगी और वो तब्दीली ज़माने के लिहाज़ से बामानी और अहम हैं क्योंके हम जानते हैं के दास्तान सुनाने का फ़न है और हर सुनाने वाली चीज़ मिनो-अन नहीं पेश की जा सकती। इस लिए यहां दास्तान के उस मतन को पेश किया जा रहा है जिसे महमूद फ़ारूक़ी और उनके साथी मुसलसल सुना रहे हैं। इस किताब में एक नई दास्तान भी शामिल है। ये जदीद दास्तान महमूद फ़ारूक़ी ने तैयार की है, जिसके मुतालेए के बाद ये एहसास होता है के दास्तान का दौर ख़त्म नहीं हुआ है बल्कि अब भी दास्तानें तैयार की जा सकती हैं और दास्तान तैयार करने के लिए तिलिस्म का होना लाज़मी नहीं है। रज़्मो-बज़्म और कशमकश की मदद से न सिर्फ़ नई दास्तानें तैयार हो सकती हैं बल्के किसी भी मौज़ू पर अच्छी और कामयाब दास्तानें तैयार की जा रही हैं। मिसाल के तौर पर तक़्सीमे-हिन्द, बेनायक सेन, बेअंत सिंघ, फ़ैज़ अहमद फ़ैज़, वग़ैरह दास्तान को पेश किया जा चुका है।

**दास्तानगोः**

दास्तानगोई की इब्तेदा पर नज़र डालते हैं तो पाते हैं के सोलहवीं सदी में दास्तान सुनाई जाती थी। यानी सोलहवीं सदी में दास्तानगो मौजूद थे और वो हमज़ानामा की दास्तानें सुनाया करते थे और उस दौर में बाज़ाब्ता दास्तानगो की तरकीब इस्तेमाल होती थी। उन्नीसवीं सदी तक आते आते न सिर्फ़ शेमाली हिन्द बल्कि जुनूबी हिन्द में भी दास्तानगोई का रिवाज हुआ और दास्तानगोई एक फ़न की हैसियत इख़्तियार कर गया। अब न सिर्फ़ दास्तानें बाज़ाब्ता पेश की जाने लगीं बल्कि दास्तानगोई की

तर्बियत भी दी जाने लगी। उस्तादी ओ शार्गिदी का रिवाज भी शुरू हुआ और फिर दास्तानगोयों का सिलसिला चल पड़ा। इस सिलसिले में मोहम्मद हुसैन जाह (1891-93 के दर्मियान फ़ौत हुए) मीर अहमद अली, अम्बा प्रसाद रसा (1790-1886), मोहम्मद अमीर ख़ां, शैख़ तसद्दुक़ हुसैन (1911-17 के दर्मियान फ़ौत हुए), अहमद हुसैन क़मर (1845-1901), सैयद इस्माईल असर और मीर बाक़र अली (1928 में फ़ौत हुए) वग़ैरह अहम दास्तानगो हैं।

इन तमाम दास्तानगोयों में मीर बाक़र अली ने दास्तानगोई के फ़न को जो जेहत अता की वो दूसरों के हिस्से में नहीं आई। उनकी दास्तानगोई का ज़माना वही है जो पारसी थियेटर के उरूज का ज़माना है। गोया दोनों रिवायत साथ साथ नज़र आती हैं। पारसी थियेटर के अदाकार जदीद तक्नीक से आरास्ता होने की कोशिश करते नज़र आते हैं। तो मीर बाक़र अली दास्तानगोई की रिवायत के अज़ीम अदाकार की सूरत में दिखाई देते हैं। दास्तानगोई के फ़न में उन्होंने बेशबहा इज़ाफ़ा किया। उनकी दास्तानगोई के दौरान अदाकारी का बेहतरीन नमूना देखने को मिलता है। हालांके वो बहुत दुबले पतले थे लेकिन किरदार को पेश करते वक्त अपने जिस्म के हरकातो-सकनात और चेहरे के तअस्सुरात से राजा और रंक का फ़र्क़ साफ़ तौर पर दिखा देते थे। नाज़िरीन उनके ज़रीआ पेश किए गये हर किरदार को मुकम्मल सूरत में महसूस करते थे। मुख़्तिलफ़ मर्द किरदार के साथ साथ औरतों के किरदार को भी इस फ़न्कारी से पेश करते थे के हक़ीक़त का गुमान होता था। नाज़िरीन उनकी बयानिया के साथ सफ़र करते थे और उनके ज़रीआ बयान किए गये वाक़िआत व हादसात को मुकम्मल सूरत में अपनी नज़रों के सामने पेश होता हुआ महसूस करते थे। गोया वो सुन नहीं रहे बल्कि देख रहे हैं। 1928 में मीर बाक़र अली के इंतेक़ाल के साथ दास्तानगोई के सुनहरे दौर का ख़ात्मा दिखाई देता है। 2005 में तक़रीबन अस्सी साल के बाद दास्तानगोई का दोबारा जन्म हुआ और शम्सुर्रहमान फ़ारूक़ी की तहरीक पर इक्कीसवीं सदी में इसे अज़सरे नौ शुरू करने का सेहरा महमूद फ़ारूक़ी के सर जाता है।

4 मई 2005 की शाम इंडिया इन्टरनेशनल सेंटर के हाल में शम्सुर्रहमान फ़ारूक़ी और William Dalrymple की मौजूदगी में तिलस्मे होशरुबा से दो दास्तानें पेश की गईं। उस दिन दास्तानगोई की न सिर्फ़ अज़सरे-नौ शुरूआत हुई बल्के अवाम एक भूली बिसरी रिवायत और बयानिया फ़नपारे से वाक़िफ़ हुई और अवाम को एक बार फिर ये एहसास हुआ के ये रिवायत कितनी अहम और मज़बूत है। और फिर ये सिलसिला उतनी ही तेज़ी से चला के अब पूरी दुनिया इसकी गिरफ़्त में नज़र आ रही है। आज भी महमूद फ़ारूक़ी और दानिश हुसैन की क़यादत में ये सिलसिला चल रहा है। बक़ौल शम्सुर्रहमान फ़ारूक़ी :

"महमूद फ़ारूक़ी और उनके साथी दास्तानगोई से ज़्यादा दास्तान ख़ानी की मंज़िल के फ़न्कार हैं यानी उन्होंने दास्तानगोई किसी उस्ताद से सीखी नहीं है बल्के वो दूसरों की लिखी हुई दास्तान के अजज़ा अपने जौहर क़ाबिल के बल बूते पर अवाम के सामने पेश करते हैं।"

(साहरी, शाही, साहब क़ेरानीः दास्तान अमीर हमज़ा का मुताला, जिल्द दोम, पृ. 14)

जिस तरह अठ्ठारहवीं सदी में बहुत से दास्तानगो ने नए दास्तानगो तैयार करने का सिलसिला शुरू किया था उसी तरह महमूद और दानिश ने नए नए दास्तानगो को तर्बियत देने का सिलसिला शुरू किया है। पहली दास्तानगो ख़ातून फ़ौज़िया थीं। फिर इस सफ़र में नसीरुद्दीन शाह उनके साथ हुए और अब हिन्दुस्तान के मुख़्तिलफ़ हिस्सों में इनके साथ साथ राजेश कुमार, शैख़ उस्मान, राना प्रताप, मनु सिकंदर ढींगरा, योजित सिंह, कुलजीत सिंघ, श्रुति पार्थसारथी, अंकित चढ्ढा, नदीम शाह और आरती जैन पूरे मुल्क में घूम घूम कर दास्तान सुना रहे हैं।

क़दीम दौर में सिर्फ़ एक दास्तानगो दास्तान सुनाया करते थे। लेकिन इक्कीसवीं सदी में अब दो दास्तानगो बयकवक़्त दास्तान सुनाते हैं। इससे न सिर्फ़ दास्तान सुनाने में मदद मिलती है, बल्के दास्तान को नाज़ेरीन तक ज़्यादा पुरअसर और दिलचस्प अंदाज़ में पहुंचाया जा रहा है। एक से ज़्यादा किरदार को निहायत फ़न्कारी से पेश किया जा रहा है। गोया ये तजदीद दास्तानगोई की उम्दा मिसाल है।

## नाज़िरीनः

कोई भी पेश किया जाने वाला फ़न उस वक़्त तक मुकम्मल नहीं होता जब तक उसे नाज़िरीन के रूबरू पेश न कर दिया जाए। गोया फ़न, फ़न्कार और नाज़िरीन मिलकर ही किसी पेश किए जाने वाले फ़न को मुकम्मल करता है। किसी एक की भी ग़ैर मौजूदगी में फ़न अधूरा ही रहता है। गोया ये तीनों मिलकर एक ऐसी वहदत बनाते हैं जिसके ज़रीआ एक दूसरे की मानवियत का एहसास होता है और ये तीनों मिलकर ही मानवियत की परतें खोलते हैं, मुख़्तलिफ़ मुक़ाम पर मुख़्तलिफ़ नाज़िरीन के होने की वजेह से एक ही फ़नपारे की मुख़्तलिफ़ जेहतें खुलकर सामने आती हैं। शम्सुर्रहमान फ़ारूक़ी लिखते हैं :

"दास्तानगो कभी अकेला नहीं होता। दास्तान चूंके बयानिया है इसलिए इसका हक़ीक़ी वजूद सामईन, या कम से कम एक सामे के बग़ैर क़ायम ही नहीं हो सकता।"

(शम्सुर्रहमान फ़ारूक़ी, दास्तान अमीर हमज़ाः ज़बानी बयानिया, बयान कुनिंदा और सामईन, पृ. 131)

"दास्तानगो और उसके सामईन में हमआहंगी का रिश्ता होता है। दास्तानगो या तो वही कहता है जो उसके सामईन सुनना चाहते हैं या फिर उन्हें अपना हमख़्याल बनाकर अपनी बात यूँ कहता है जैसे वो सामईन ही की बात कह रहा हो।"

(शम्सुर्रहमान फ़ारूक़ी, दास्तान अमीर हमज़ाः ज़बानी बयानिया, बयान कुनिंदा और सामईन, पृ. 133)

"दास्तान अवामी और पंचायती सिन्फ़े-सुख़न नहीं है। लेकिन इसकी एक बहुत बड़ी क़ूव्वत इस बात में ज़रूर है के वो अपने सामईन से हमआहंगी के बाइस हम जैसे आम लोगों को एक ऐसा तसव्वुरे-हयात दे देती है जिसकी रौशनी में इंसानी और ग़ैर इंसानी दोनों काईनातों के मानी थोड़े बहुत आसान लगने लगते हैं।"

(शम्सुर्रहमान फ़ारूक़ी, दास्तान अमीर हमज़ाः ज़बानी बयानिया, बयान कुनिंदा और सामईन, पृ. 141)

इन इक़्तेबासात में लिखे गये लफ़्ज़ 'सामईन' को आज 'नाज़िरीन' में बदल देते हैं तो इसकी मक़बूलियत और बढ़ जाती है। हम जानते हैं के किसी भी महफ़िल में मौजूद नाज़िरीन की हरकातो-सकनात और उनके ज़रीआ दिए गये तअस्सुरात से फ़नकार को न सिर्फ़ तवानाई मिलती है बल्के वो इसके पूरे पेशकश की रहनुमाई करता है। अच्छे नाज़िरीन की मौजूदगी किसी भी पेशकश को अच्छा बना सकती है और ख़राब नाज़िरीन किसी भी पेशकश को ख़राब बना सकते हैं। यही वजेह है के दास्तानगोई के नाज़िरीन भी दास्तानगोई और दास्तानगो पर असरअंदाज़ होते हैं। दास्तानगो नाज़िरीन के तअस्सुर की मुनासबत से अपनी तवानाई का इस्तेमाल करता है। एक ही दास्तान को मुख़्तलिफ़ नाज़िरीन की मौजूदगी में मुख़्तलिफ़ तरीक़े से पेश कर सकता है और करता भी है। बाज़ औक़ात दास्तानगो याद की हुई दास्तान को मिनो-अन सुना देते हैं तो अक्सर दास्तान में कुछ इज़ाफ़ा और कुछ कमी भी करते चलते हैं। गोया हर पेशकश मुख़्तिलफ़ होती है, यानी नाज़िरीन ख़ुद पेशकश को तय करता है। चूंकि हर परफ़ार्मेंस सय्याल होता है, इस लिए नाज़िरीन के सांचे की मुनासबत से खुद को ढाल लेता है। बाज़ औक़ात हरकातो-सकनात के साथ साथ उसकी ज़बान तक बदल जाती है और दास्तानगो के पेश किए गये दास्तान के गवाह ये नाज़िरीन हो जाते हैं। नाज़िरीन की पसंद व नापसंद से दास्तान को तवील या मुख़्तसर किया जा सकता है और ये काम अच्छे और कुहना मश्क़ फ़नकार बख़ूबी करते हैं।

ज़माना क़दीम में सामईन कैसे होते थे और दास्तानों की मजलिस का इहतेमाम किस तरह का होता था इसके बारे में कोई इल्म नहीं है। लेकिन मौजूदा दौर में नाज़िरीन का ज़ौक़ इस क़द्र बदल चुका है के अब मुशायरा जैसी तहज़ीब याफ़्ता महफ़िल में भी तालियां पीट कर दाद देते हैं। बक़िया महफ़िलों का आलम तो और भी दिगरगूँ है। ऐसे माहौल में जदीद दास्तानगो ने अपनी कोशिशों से ये माहौल तैयार किया है

के दास्तानगोई की महफ़िलों में नाज़िरीन तालियां बजाने के बजाए वाह वाह, सुब्हानल्लाह का विर्द करते नहीं थकते, गोया ये दास्तानगो न सिर्फ़ दास्तान पेश करने का काम कर रहे हैं बल्के नाज़िरीन को तहज़ीब याफ़्ता बनाने का काम भी बख़ूबी अंजाम दे रहे हैं।

इस किताब में शामिल दास्तानों को मुख़्तलफ़ तरह के नाज़िरीन के दर्मियान पेश किया जा चुका है। यानी एक जानिब इंडिया इन्टरनेशनल सेंटर, इंडिया हैबिटेट सेंटर में पेश किया गया तो दूसरी जानिब पुरानी देहली की गलियों में भी कामियाबी के साथ पेश किया गया। दोनों मुक़ाम के नाज़िरीन के फ़र्क़ से हम सब वाक़िफ़ हैं, लेकिन इन दास्तानगोयों का कमाल है के दोनों मुक़ाम पर बराबर दाद मिली और इसे बार बार पेश करने की फ़रमाइश की गई। एक जानिब हिन्दुस्तान के मुख़्तलफ़ शहरों में कई बार सुनाया गया तो दूसरी जानिब ग़ैर ममालिक बशुमूले-पाकिस्तान, अमेरिका, श्रीलंका वग़ैरह के नाज़िरीन के सामने कामियाबी के साथ पेश किया गया। वहाँ भी इन तमाम दास्तानों को इतनी ही मक़बूलियत मिली जितनी हिन्दुस्तान ओ पाकिस्तान में। यानी अब दास्तान ज़बान की सरहद से बाहर निकल कर अपना दायरा वसीअ कर रहा है। अब नाज़िरीन का दास्तान की लिखी जाने वाली ज़बान का जानना ज़रूरी नहीं रहा। इस लिए अब दास्तानगो पर बड़ी ज़िम्मादारी आयद हो जाती है के वो किस तरह उन नाज़िरीन तक दास्तान को पहुंचाए जो दास्तान की लिखी जाने वाली ज़बान से नावाक़िफ़ हैं।

पहले ज़माने में नाज़रीन का ख़याल नहीं के बराबर रख्खा जाता था लेकिन अब नाज़रीन को नज़र अन्दाज़ नहीं किया जा सकता। फ़न के ऐतबार से भी इसमें काफ़ी तब्दीली आ गई है। और अब दास्तानगो और नाज़रीन के दरमेयान का फ़ासला ख़त्म हो गया है और नाज़रीन पेशकश का अहम तरीन हिस्सा बन गये हैं। साथ ही साथ आज के नाज़रीन माफ़ौकुल फ़ितरी और जादूई असरात के सेहर से वाकिफ़ नहीं हैं, इस लिए उनके रूबरू इन वाकेआतो हादसात को पेश करना और उन्हें उन पर यक़ीन दिलाना ज़्यादा मुशकिल काम है और ये मुशकिल काम आज के दास्तानगो कर रहे हैं और नाज़रीन जानने और समझने के बावजूद इस पर यक़ीन करते हुए इन दास्तानगो के साथ सफ़र करते हैं।

## किताब का इस्तेमाल

स्टेज से सुनाई जा चुकी इन दास्तानों को यहाँ इस ग़रज़ से यकजा किया गया है ताके लोग इन्हें पढकर लुत्फ़अंदोज़ हो सकें और दास्तान से दिलचस्पी रखने वाले अगर चाहें तो इन्हें याद करके दूसरों को सुना सकें या दास्तानगोई की महफ़िल सजा

सकें। दास्तान को समझने की ग़रज़ से किताब के आख़िर में मुश्किल अलफ़ाज़ के मानी दर्ज कर दिए गये हैं, यहां दास्तान के हवाले से उनके मानी दर्ज हैं। इन अलफ़ाज़ की तफ़्सील जानने के लिए बेहतर होगा के डिक्शनरी देख ली जाए।

दास्तान शुरू करने से पहले मुनासिब होगा के अमीर हमज़ा और अफ़रासियाब या दूसरे किरदारों के बारे में नाज़रीन को बता दिया जाए, ताके दास्तानगोई के दर्मियान जब इन किरदारों का ज़िक्र आए तो नाज़रीन को समझने में परेशानी न हो। दास्तानगो की सहूलियत के लिए इसकी तफ़्सील किताब के शुरू में मौजूद है। चूंकि इस किताब में शामिल ज़्यादा तर दास्तानें तिलिस्म होशरुबा से ली गई हैं इस लिए ये भी मुनासिब होगा के हर दास्तान से पहले अफ़रासियाब का बयान नाज़रीन के सामने पेश कर दिया जाए। अफ़रासियाब का बयान भी किताब में मौजूद है।

दास्तान की शुरूआत साक़ीनामे यानी शराब पिलाने वाले की तारीफ़ से होती रही है इसलिए दास्तानगो से गुज़ारिश है के वो इस रिवायत को क़ायम रखते हुए दास्तान सुनाने से पहले साक़ीनामा ज़रूर सुनाएं। किताब के शुरूआती हिस्से में दो साक़ी नामे दिए गये हैं। दास्तानगो इनमें से कोई एक साक़ीनामा सुना सकते हैं।

दास्तान से दिलचस्पी रखने वाले क़ारईन की ख़िदमत में यह किताब इस उम्मीद के साथ पेश की जा रही है के इस से उन के अन्दर न सिर्फ़ दास्तान के पढ़ने का शौक़ पैदा होगा बल्कि नये दास्तानगो भी सामने आएंगे।

**—मोहम्मद काज़िम**

दिल्ली यूनिवर्सिटी
अगस्त 2010

# तम्हीदे दास्तान गोई

ख़्वातीनो हज़रात! दास्तानगोई की इस महफ़िल में आपका ख़ैरमक़दम है। दास्तानगोई नाम है उस फ़न का जिसमें दास्तानें बयान की जाती हैं। दास्तानें यूं तो बहुत-सी सुनाई गई, हज़ारों सालों तक, पर उन दास्तानों में सब से ज़्यादा मशहूर हुई अमीर-हमज़ा की दास्तान। अमीर हमज़ा, अमीर बातौक़ीर, साहेब क़िराँ, बेटे सरदारे ख़ाना ए काबा, ख़्वाजा अब्दुल मुत्तलिब के हैं और हुज़ूर पाक मोहम्मद स0 के चचा लगते हैं और वो इन दास्तानों में मुक़ाबला करते हैं उन सरदारों और बादशाहों और जादूगरों से जो ख़ुद को खुदा कहते हैं या दूसरे खुदाओं को मानते हैं और इन मुहिमों और मार्कों में उनके बचपन का साथी और शहंशाहे अय्यारान अमर अय्यार उनका मददगार है।

हाज़ेरीन! दास्ताने अमीर हमज़ा को सुनने और सुनाने की रिवायत यूं तो दुनिया के तमाम मुल्कों और ख़ित्तों में फैली है। बोसनिया से लेकर अल्जज़ायर तक, मराक़श से लेकर इंडोनेशिया तक, मगर इस फ़न ने सबसे ज़्यादा तरक़्क़ी पाई हिन्दुस्तान जन्नत निशान में।

उन्नीसवीं सदी में जब इस जुबानी रिवायत के छपने छपाने की दाग़-बेल पड़ी तो लखनऊ में मुंशी नवलकिशोर ने वहां के सब बड़े दास्तान गोयों को जमा करके उनसे ये दास्तानें लिखवाई।

हाज़िरीन! हिन्दुस्तान जन्नत-निशान के उन दास्तान गोयों का कमाल देखिए के वो दास्तानें जो दुनिया भर में महज़ एक जिल्द में मशहूर थीं उसको उन्होंने इतना फैलाया, इतना फैलाया के वो फैलते फैलते छियालीस जिल्दों में जा फैली और हिन्दुस्तान जन्नत-निशान के अज़ीम तरीन अदबी कारनामों में गिनी गई।

पर वक़्त की गर्दिश ने वो जुल्म ढाये के आज इस बेशक़ीमती विरासत को हिंदुस्तान और आलमे उर्दू हिंदी ने यकसर फ़रामोश कर दिया है, तो दास्तानगोई की ये महफ़िलें और उसका आग़ाज़े नौ एक नज़रानाए अक़ीदत उन अज़ीम फ़नकारों के नाम के जो शायर भी थे, फ़न्कार भी, अदीब भी थे अदाकार भी। ये नज़राना ए अक़ीदत सैय्यद मुहम्मद हुसैन जाह के नाम, अहमद हुसैन क़मर के नाम, मीर बाक़र अली के नाम अंबा प्रसाद रसा के नाम और जनाब शमसुर्रहमान फ़ारूक़ी के नाम की जिनकी बदौलत वो हम तक पहुंची और हमसें आप तक पहुंच रही है...।

# वज़ाहत

वाज़ेह हो के दास्ताने अमीर हमज़ा के सात दफ़्तर हैं और बग़ैर मुलाहिज़ा उन दफ़तरों के मुश्किल हैं के अमीर, अमर और अफ़रासियाब वगैरह के नाम समझ में आये। बिईन ख़्याल गुज़ारिश है के अमीर हमज़ा बेटे सैयद ख़्वाजा अब्दुल मुत्तलिब, सरदारे ख़ाना-ए-काबा के हैं और अमर उनका अय्यार है और अमीर हमज़ा ने अपने पोते को बादशाह लश्कर का किया है के नाम उसका साद बिन कुबाद है और आप सिपहसालारी लश्कर की करते हैं। अमीर हमजा बादशाहे जलील-उल-क़र्द ज़मुर्रेद शाह बख़तरी से के जिसको लक़ा भी कहते हैं और उसने दावा खुदाई का किया है, से लड़ते हैं और उनका पोता असद जादूगरों के बादशाह अफ़रासियाब के तिलिस्म, तिलिस्मे होशरफबा में अमर के साथ आया हुआ है। और उन दोनों के दरमेयान जंग चल रही है। बहुत से जादूगर अफ़रासियाब का साथ छोड़कर अमर के साथ शामिल हो गए हैं जिनमें बहार जादू, सुर्ख़मू और महरूख़ बहुत बड़ी जादुगरनियां हैं। महरूख़ अमर अय्यार की तरफ़ से लश्कर की सरदार और सिपहसालार तय हुई है। अफ़रासियाब जादूगरों की फ़ौज भेजता रहता है और अय्यार अय्यारी से उनको हराते रहते हैं। इस तरह जादू, अय्यारी और दास्तानों का सिलसिला हमेशा चलता रहता है।

# बयान अफ़रासियाब का

जो जानता है वो जानता है जो नहीं जानता वो जान ले के तिलिस्मे होशरुबा का बादशाह और मालिक है अफ़रासियाब और उसकी अमलदारी में 60 हज़ार मुल्क जादूगर और जादुगरनियों के आबाद हैं के बादशाह उन मुल्कों के सब अफ़रासियाब के मुतीअ और मिनक़ाद हैं और तिलिस्मे होशरुबा के तीन हिस्से और मुक़ाम हैं।

पहला हिस्सा है परदा-ए-ज़ुल्मात, यानी अंधेरे का पर्दा जिसके पीछे बुज़ुर्ग अफ़रासियाब के, बड़े बड़े जादूगर हर वक़्त जादूगरों के ख़ुदा सामरी और जमशेद की इबादत और तपस्या में मस्रूफ़ रहते हैं और नए नए जादू इनाम में पाते हैं।

दूसरा हिस्सा उसका है तिलिस्मे बातिन यानी नज़रों सें छुपा हुआ तिलिस्म के जहाँ अफ़सर, सिपहसालार और बड़े बड़े सरदार रहते हैं।

और तीसरा हिस्सा उस तिलिस्मे होशरुबा का तिलिस्मे-ज़ाहिर है यानी वो तिलिस्म जो सबको दिखाई देता है ज़ाहिर और बातिन के दरमियान सेहर यानी जादू से एक दरिया खींचा के जिसको दरयाए ख़ूने रवाँ कहते हैं और उसपर एक पुल धुएं का बना है और दो शेर अंदर धुएं में पुल के ऊपर खड़े हैं और एक इमारत तीन दर्जे की धुएं की पुल के ऊपर खड़ी है।

पहले दरजे में उस धुएं की इमारत के परीज़ादे शहनाईयाँ और क़रनाईयाँ मुंह से लगाए खड़ी हैं। दूसरे दरजे में उस धुएं की इमारत के परियाँ झोली में मोती भरे खड़ी दम बदम उछालती हैं के मोती दरिया में गिरते हैं और दरिया की मछलियाँ उनको मुंह में लिए तैरती फिरती हैं।

तीसरे दरजे में उस धुएं की इमारत के बड़े बड़े क़द्दावर जवान क़ौम के हबशी दो दो सफ़ें बाधें खड़े बाशमशीरे बरहना आपस में लड़ते हैं के ख़ून उनका बह कर दरिया में गिरता है के पानी उस दरिया का वही ख़ून है जिसके सबब से नाम उसका दरिया-ए-ख़ूने रवाँ है और नाम पुल का पुले-परीज़ादाँ है और अफ़रासियाब के पास सैकड़ों क़िले हैं जिनमें हज़ारों कुंए हैं और उनमें लाखों मच्छर पलते हैं जो पल के पल में साहिर बनके लाखों लाखों की फ़ौज में बदल जाते हैं और तिलिस्मे होशरुबा का बादशाह अफ़रासियाब अपनी मलेका-हैरत के साथ उसपे हुकूमत करता है और अफ़रासियाब के बनाए हुए सैरगाहें और इमारतें और सराएं और बाग़ उस तिलिस्म में जाबजा मौजूद हैं और वो ख़ुद हवा के तख़्त पे सवार तिलिस्म की सैर करता फिरता है।

# तिलिस्माती चीज़ें

गिलीम : एक ऐसी चादर जिसे ओढ़ कर अमर अय्यार दुनिया की नज़रों से ओझल हो जाता है। कोई उसे नहीं देख सकता वो सब को देख सकता है, ये चादर पैग़म्बर हज़रत ख़िज़र अलैहिस्सलाम ने उसे तोहफ़े में दी थी।

ज़ंबील : देखने में एक छोटी सी गठरी जिसकी चौरासी घुंडियां हैं पर अमर उसका मुंह खोल दे तो छोटी से छोटी सूई से लेकर बड़े से बड़ा शहर इसमें समा जाए। हज़ारों लोगों को उसमें क़ैद कर रखा है।

जाले इलियासी : पैग़म्बर हज़रत इलियास अलैहिस्सलाम का अमर को दिया हुआ तोहफ़ा जिसमें हर चीज़ समा जाती है।

किताबे सामरी : जादूगरी के खुदा सामरी की अता की गई किताब जिसमें पूरे तिलिस्म का हाल नज़र आता है, कौन कहां, किस हाल में है और क्या कर रहा है। अफ़रासियाब और हैरत अक्सर उससे मदद लेते हैं।

लौहे तिलिस्म : एक ऐसी तख़्ती जो तिलिस्म के साथ वजूद में आती है। इसमें तिलिस्म के सारे राज़ लिखे हैं। और तिलिस्म को तोड़ने वाले यानी तिलिस्म कुशा का नाम भी लिखा है। सिर्फ़ तिलिस्म कुशा ही उस तख़्ती को पढ़ सकता है। और बग़ैर लौह हासिल किए हुए तिलिस्म फ़तह नहीं हो सकता।

बीर : मरे हुए इंसानों को ज़िंदा करके साहिर उन्हें अपना ताबे बना लेता है। ऐसे न ज़िंदा न मुर्दा शख़्स को बीर कहते हैं, साहिर के मरने पर बीर आज़ाद हो जाता है और किसी काम का नहीं रहता।

ज़फ़ीले अय्यारी : एक ऐसी ज़फ़ील यानी सीटी जो सिर्फ़ अय्यार सुन सकते हैं। एक दूसरे को बुलाने के लिए अय्यार इसका इस्तेमाल करते हैं।

कमन्द : अय्यार रस्सी की कमन्द लगाने में माहिर होते हैं और उसके लिए उसके पास अलग अलग तरह की रस्सियां और कमंद तैयार रहती हैं।

बैज़ाये बेहोशी : बेहोशी की दवा भरा हुआ अंडा जिससे आदमी बेहोश हो जाता है। अय्याराएं और अय्यार उस अंडे के अंदर बेहोशी की दवा जिसे हुबाबे-ए-बेहोशी कहते हैं, का अक्सर इस्तेमाल करते हैं।

तख़्ते सहर : एक ख़ास क़िस्म का तख़्त जिसे हवा में उड़ाया जा सकता है। इसका इस्तेमाल अक्सर जादूगर करते हैं।

सरापा : सर से ले कर पैर तक औरत के हुस्न का बयान जो फ़ारसी और उर्दू शायरी में अक्सर बरता जाता है और जो संस्कृत की शेरी रिवायतों से बहुत मुतअस्सिर है।

साक़ी नामा : शराब पिलाने वाले यानी साक़ी की तारीफ़ में कही गई नज़्म। दास्तान की शुरूआत हमेशा साक़ी नामा से होती है।

पुतला : आटे या मायदे या फ़ौलाद से बना हुआ एक इंसान नुमा चीज़ जो जादूगरों की ख़िदमत में मौजूद रहते हैं।

ताइराने सेहर : सेहर की चिड़िया जो हर जादूगर के साथ रहती है और उसके जीने मरने की ख़बर अफ़रासियाब को देती है।

तिलिस्मे बातिन : तिलिस्म होशरुबा के अंदर का छुपा हुआ हिस्सा जहां किसी बाहरी आदमी के लिए पहुंचना नामुमकिन है।

तिलिस्मे ज़ाहिर : तिलिस्म होशरुबा के सामने का हिस्सा जो आम लोगों को दिखाई देता है। अक्सर हैरत और अय्यारों की फ़ौज के दर्मियान यहीं पर मुक़ाबला होता है।

तख़्ते तिलिस्म : अफ़रासियाब का ख़ास तिलिस्मी तख़्त जो एक बड़े महल के बराबर है और जिस में परियां, परिज़ादियां, ख़िदमतगार और फ़ौजें हमेशा तैयार रहती हैं। तिलिस्म का ख़ास तोहफ़ा।

तोहफ़ा-ए-तिलिस्म : तिलिस्मे होशरुबा के खुदाओं और अज़ीम बुज़ुर्गों के अता कर्दा तोहफ़े जिन पर कोई जादू असर नहीं कर सकता। अफ़रासियाब अक्सर उसका बेजा इसतेमाल करता है।

# अहम किरदार

| | | |
|---|---|---|
| अमीर हमज़ा | : | अमीर बा तौक़ीर, साहेब क़िराँ दुनिया में सच्चाई और सच्चे दीन को फैलाने के लिए पैदा हुए। हज़रत मुहम्मद के चचा। मुल्कों, दुनियाओं, समुंदरों का सफ़र करके हर जगह हक़ और सच्चाई का बोलबाला करते हैं। |
| अमर अय्यार | : | अय्यारों का बादशाह। अमीर हमज़ा का दूध शरीक भाई, इंतहाई दरजे का मक्कार, कंजूस और लालची। लाखों शागिर्द हैं, जादू नहीं जानता पर बहुत से तोहफ़े पैग़म्बरों ने उसे दिये हैं जैसे ज़ंबील, गिलीम, जाले इल्यासी। जादूगर और दुश्मन उसके नाम से थर-थर कांपते हैं। |
| लक़ा | : | ज़मुर्रद शाह बाख़्तरी उर्फ़ ख़ुदावंदे लक़ा। खुदाए बातिल या झुठा ख़ुदा। अमीर के हाथ शिकस्त खाके मुल्कों-मुल्कों भागता है। जहां जाता है वहां के बादशाह उसे खुदा तस्लीम करते हैं फिर अमीर आके जंग करते हैं और उसे हराते हैं। |
| अफ़रासियाब | : | जादूगरों का बादशाह, तिलिस्मे होशरुबा का मालिक और ख़ालिक़ जिसमें साठ हज़ार बादशाह उसके मातहत हैं। |
| हैरत | : | अफ़रासियाब की मलेका, अज़ीम साहेरा, अमर अय्यार के ख़िलाफ़ अफ़रासियाब की तरफ़ से साहिरों के लश्कर की सरदार और सिपहसालार। |
| मेहतर क़िराँ/बर्क़ फ़िरंगी/ जांसोज़/ज़िरग़ाम शेरदिल | : | अमर के चार बड़े शागिर्द : नामवर अय्यार, दुनिया भर में मशहूर, जादूगरों के लिए मलिकुलमौत। |

| | |
|---|---|
| मेहरुख़ | : अफ़रासियाब की साहिरा जो साथ उसका छोड़कर अमर से मिल गई और उसके लश्कर की सिपहसालार है। |
| बहार | : हैरत की बहन, साहिरा बेबदल, हुस्न उसका बेनज़ीर, जब चाहे बहार पैदा कर दे। अफ़रासियाब उसका आशिक़ है। पर वो भी अमर के साथ मिल गई है। |
| सरसर | : अय्यारा, अय्यारों का निस्वानी रूप, अफ़रासियाब की नौकर है, हर वक़्त अय्यारों से मुक़ाबला करती है, अमर के शागिर्द उसकी निस्बत से उसे उस्तानी कहते हैं। उसकी खुद भी कई निस्वानी शागिर्द हैं। |
| शहज़ादा असद/क़ासिम नुरुद्दहर/ईर | : अमीर हमज़ा के बेटे और पोते। |
| सामरी और जमशेद | : तिलिस्म के खुदावंद, जादूगरों के ख़ुदा। उनकी इबादत करके जादूगर नए नए तोहफ़े और जादू इंआम में पाते हैं। |
| मुसव्विर | : नबीरा ए सामरी यानी सामरी के पोते। |
| ख़्वाजा अब्दुल मुत्तलिब | : अमीर हमज़ा के वालिद, मक्का में क़बीला हाशिम के सरदार और हुज़ूर पाक मोहम्मद स. के दादा। |
| अज़लम अशदर नशीन जादू | : कोहे नीलम पर रहने वाला ज़बरदस्त जादूगर जो हमेशा अशदर के पेट में रहता है और अशदरों की फ़ौज को अपने साथ रखता है। |
| महताब जादू | : बयाबाने रख़शां का राजा जो अय्यारों को पकड़ने के लिए जादू की चिड़िया बनाता है। |
| आस्मान शोला ख़ार जादू | : एक ऐसा जादूगर जो अपने साथ एक आस्मान रखता है जिससे आग की चादर निकलती है जो ज़मीन में समा कर पूरे आलम को जला डालती है। |
| नाफ़रमान, शकील, सुर्ख़ मू और आफ़त | : बड़े बड़े जादूगर जो अफ़रासियाब का साथ छोड़ कर अमर के साथ शामिल हो गये हैं। |

| | | |
|---|---|---|
| शदीद, अज़ाब, शराब ख़्वार और मुक़्क़र्निस | : | अफ़रासियाब के ज़रिये भेजे गये जादूगर जिन्हें अय्यार हलाक कर देते हैं। |
| आज़र | : | अफ़रासियाब का एक सरदार जिस के पास ऐसी जादूई तस्वीर है जो अय्यारों के सामने आते ही उनकी शक्ल में बदल जाती है। |
| असद ग़ाज़ी | : | अमीर हमज़ा का पोता, होशरुबा का तिलिस्म कुशा लेकिन लौह मिले बग़ैर वो कुछ नहीं कर सकता। |

# साक़ीनामा

## (1)

*नाज़ो के उठाने वाले साक़ी*
*रिंदों के छकाने वाले साक़ी*
*आबाद तुझी से अंजुमन है।*
*आराइशे महफ़िले सुख़न है*
*फिर रिंद हुए हैं तेरे बेताब*
*एक और दे जामे बादा ए नाब*
*वो जाम जो रश्के जामे जम हो*
*वो मय के ना जिसका नशा कम हो*
*वो नशआ के जो दिखाए नैरंग*
*तक़रीर में हो तिलिस्म का ढंग*
*वो आज पिलादे जाम साक़ी*
*जिसमें के हो तेरा नाम साक़ी*
*अक़लीमे सुख़न को मैं करूँ सर*
*मद्दाह रहें मेरे सुख़नवर*
*ज़ीनत दिहे बाग़े कामरानी*
*ऐ जाह बने मेरी कहानी*
*वो फूल झड़ें मेरी ज़बां से*
*हर सफ़हा न कम हो बोस्तां से*
*मुश्ताक़ हैं ऐहले बज़्म ऐ जाह*
*सब देख रहे हैं देर से राह*
*आग़ाज़े बयां करों यहां से*
*रौनक़ दो सुख़न को दास्तां से*

(2)

वो दारू पिला साक़िये मै परस्त
के जो एक ही जाम में कर दे मस्त
बहाना न कर बादह ख़ारों से तू
हवाले कर अब साग़रे मुशके बु
फिरें मस्त बड़ मारते हर तरफ़
चलें रिंद बनकारते हर तरफ़
तेरे फ़ैज से हूँ मैं जादु कलाम
फुसूं साज़ मशहुर हो मेरा नाम
वो फ़िक़रे दूँ में ज़ाहिदे .ख़ुशक को
चलें मैकदे की तरफ़ मस्त हो
सिखा मुझ को साक़ी वो अय्यारियाँ
करूँ जाकर वाइज़ से मक्कारियाँ
न हो हुरमते दुख़ते रज़ का ख़्याल
बने रिंद का क़ौल सेहरे हलाल
ज़रा जाह फिर मैकदे को चलो
के राहे तिलस्मात दरयाफ़त हो
ब बज़्मे सुख़न तूतीए .ख़ुशनवा
बदीं ज़मज़मा शुद तरन्नुम सरा

# दास्तान भेजना अफ़रासियाब का आज़र को जादू की तस्वीर के साथ और मरना उसका अय्यारों के हाथ

आरिज़े शाहिदे बयान इस तरह फ़रमाते हैं के जब तिलिस्म के बादशाह अफ़रासियाब को पता चला के अमर अय्यार ने महताब जादू को क़त्ल कर डाला तो वो ग़ुस्से से थर-थर कांपने लगा और इस गज़ब से दरख़्त को देखा के वो जलने लगा। खुद भी शोला बनकर उस आग के अंदर ग़ायब हुआ और बाद लम्हे के जो बरामद हुआ तो एक तख़्ती हाथ में थी और उस पर सूरत एक हसीना जमीला की बनी थी। अफरासियाब ने दस्तक दी, ज़मीन शक़ हुई और एक साहिर निकला, निहायत बदसूरत, उसने वो तख़्ती उस साहिर को देकर हुक्म दिया के ऐ आज़र जादू जल्द रवाना हो, अमर अय्यार महताब को क़त्ल करके हनौज़ उसी जंगल में है, उसे तलाश करके गिरफ़्तार कर ला और उसके पहचानने को ये तस्वीर दी जाती है। जो शख़्स तुझसे राह में मिले पहले तू इस तस्वीर को देख लेना। ये तस्वीर गो के औरत की है मगर जो शक्ल अय्यार तबदील करके आयेगा और उसकी जो सूरत अस्ल में होगी वैसी ही ये तस्वीर हो जायेगी और अगर वो अय्यार ना होगा तो ये तस्वीर जैसे इस वक्त औरत की है वैसी ही रहेगी। आज़र जादू वो तख़्ती तस्वीर की लेकर रवाना हुआ और महताब के जंगल में-पहुंचकर चारों तरफ़ अमर को ढूंढने लगा।

लेकिन अमर भी उसी जंगल में एक मुक़ाम पर बैठा दिल से कह रहा था के ऐ अमर के देखिये अंजामेकार यहाँ आने का क्या होता है, लाखों साहिर मौजूद हैं कहां तक क़त्ल हो सकेंगें। मुक़दमा-ए-तिलिस्म है नहीं मालूम लौहे तिलिस्म कहां है। खुदा जाने शहज़ादे पर क्या गुज़री किधर गया है, ज़िंदा है या मर गया। इस सोच में अमर बैठा था के एक साहिर को हर तरफ़ तजस्सुस कुनान देखा के जैसे किसी को ढूँढ रहा हो। अमर ने दिल से ख़्याल किया, इस हरामज़ादे को भी मारना चाहिये। जो साहिर कम हो वही सही, ये सोचकर एक साहिर की सूरत बनाकर चला और आज़र जादू ने देखा के एक जादूगर मुहीब सूरत के जिसके कान, आँख, नाक से शोले आग के निकलते हैं, चला आता है। आज़र जादू ख़ुद करीब उसके गया और पुछाः तुम कौन हो?

अमर ने कहाः पहले अपना नाम बताइये।

आज़र ने नाम अपना बता दिया और कहा के अमर को ढूंढने आया हूँ।

अमर ने कहाः मैं भी इसी फ़िक्र में हूँ, मेहताब जादू का अज़ीज़ हुँ। जैसे ख़बर उसके मरने की सुनी है तलाश उसी की करता हूँ।

आज़र बोलाः चलो हम तुम मिलकर फ़िक्र करें। अमर उसके साथ हुआ और इस फ़िक्र में था के काबू पाऊं तो क़त्ल करूँ लेकिन आज़र जादू को ख़्याल आया के शहनशाह ने कहा था के जो राह में मिले पहले तू तस्वीर को देख लेना। ये सोचकर उसने तस्वीर को देखा, तस्वीर ने सूरत असली अमर की पैदा की थी-लोमड़ी सा सर, ज़ीरा सी आँखे, ख़ुबानी से कान, कुल्चे की तरह गाल, तागा सी गर्दन, रस्सी की तरह हाथ पांव, नीचे का जिस्म 6 गज का ऊपर का 3 गज का। ये हुलिया-ए-मुबारक देखकर आज़र जादू घबराया और समझा के कोई अय्यार है के मक्कारी से सूरत जादुगर की बनायी। वरना असल सूरत उसकी ऐसी है जैसी इस तस्वीर ने सूरत बदली। ये देखकर कुछ सहर पढ़ा के अमर के हाथ पैर की क़ूव्वत जाती रही और एक ज़ंजीर झोली से अपनी निकालकर अमर के हाथ पैर बांधे और लेकर चला। अमर ने हरचंद कहा के ऐ बिरादर मुझको क्यों बिना सबब आज़ार देता है।

उसने कहाः ओ मक्कार तू मुझसे अय्यारी करता है। तेरा ही नाम अमर है, मुझे तेरे हाल की ख़बर है।

अमर को गुस्सा आया और कहाः बच्चा अब बचते नहीं मालूम होते हो, कोई दम में जहन्नुम रसीद हुआ चाहते हो। एक लाख चौरासी हज़ार अययार दाख़िले तिलिस्म हुए हैं। कोई ना कोई आकर क़त्ल करेगा।

आज़र ने कहाः मैं सबको क़त्ल करूंगा तेरे धमकाने से ना डरूंगा।

ग़रज़ अमर को लेकर चला।

दुर से ज़िरग़ाम शेरदिल ने देखा के उस्ताद को कोई साहिर पकड़े लिये जाता है। ये छुड़ाने की फ़िक्र में कोस भर आगे निकल गया। एक जगह एक अहीर गाय भैंस चरा रहा था, उसके सामने सूरत बदलकर आया और कहाः देखो झाड़ी में भेड़िया बैठा तेरी गाय को ताक रहा है।

अहीर घबराकर झाड़ी की तरफ दौड़ा। ज़िरग़ाम ने पुश्त की तरफ से कमन्द मारी हलक़े कमन्द के गर्दन में पच्ची हुये अहीर के मुँह से भी बोला ना गया। ज़िरग़ाम ने ज़मीन पर गिराकर बेहोशी मुँह पर मल दी, अहीर बेहोश हो गया, कपड़े उसके उतारकर आप पहने, अंगोछा सर पर बांधा और धोती बांधकर, मिरज़ाई पहनकर उसकी शक्ल देखकर अपनी शक्ल बनायी और लकड़ी लेकर गाय वग़ैरह चराने लगा। अहीर को झाड़ी में छुपा दिया, इस अरसे में आज़र जादू मय अमर यहां आ पहुंचा।

चुंकि धूप भी थी और दूर का चला हुआ आता था, अहीर को देखकर कहा के तेरे पास लुटिया और डोरी हो तो पानी लाकर मुझ को पिला दे।

अहीर ने कहा : गुसइयां, घाम से चले आते हो, कहो तो दुध दुहकर लाऊं। वो पियो, जल ना पियो।

आज़र ने कहा : अच्छा ले आ।

अहीर ने एक गाय को चुमकार कर पास बुलाया और दूध दुहा और पीतल की लुटिया में भरकर बेहोशी मिलाकर आज़र को दिया। आज़र ने चाहा के पीयूं मगर ख़्याल में आया के महताब को दो अय्यारों ने मिलकर मारा है, ऐसा ना हो के ये भी अय्यार हो। तस्वीर को देख लो, ये सोचकर तस्वीर को देखा उसकी सूरत बसूरते अस्ल ज़िरग़ाम की हो गयी थी। उसने फौरन ज़िरग़ाम को सहर पढ़कर क़ैद किया, हर चंद ज़िरग़ाम ने कहा के मैं अहीर हूं। मुझ पर क्यों ज़ुल्म करता है, नेकी का एवज़ यही है?

उसने कहा ऐ नालायक़ तू बड़ा मक्कार है, मैं ख़ूब पहचानता हूं। ये कहकर जिस ज़ंजीर में अमर बंधा था उसी में उसे भी बांधकर आगे बढ़ा। अमर ने कहा मैं कहता ना था के हज़ारों अय्यार तिलिस्म में आये हैं, अब हम दो को गिरफ़तार किया तो क्या, कोई दम में हलाक हुआ चाहता है। मुनासिब है के हमारी इताअत कर। आज़र जादू दिल में डरा के ये सच कहता है, अय्यार सब तरफ फैले हैं, देखिये क्यों कर तिलिस्मे बातिन में पास शहनशाह के पहुंचता हूं। लाज़िम है के अब जो राह में मिले बग़ैर तस्वीर देखे उससे बात ना करूं, ये सोचकर आगे रवाना हुआ।

मगर-अय्यार जो हर तरफ फैले हैं और दम बदम मुक़ामे बुलंद पर जाकर एक दूसरे का हाल दरियाफ़त कर लेते हैं, उसमें से बर्क़ नें एक जगह दूर से देखा के एक साहिर दो अय्यारों को गिरफ़तार किये जाता है। देखकर पहाड़ के दर्रे में बैठकर लहंगा, फरिया और सब सामाने अययारी किसवत से निकालकर सूरत अपनी ज़ने महे जमाल की बनाई, हाथ पांव महावर से रंगे, पोर पोर छल्ले पहने, लहंगा गिंगाम का पहना, चुनरी सुर्ख़ रंगी ओढ़ी, सिंदूर मांग में भरा, पटिटयां पार के काजल आंखों में लगाया, बिंदिया और टीका माथे पर लगाया, झुमके और मुर्कियां कानों में पहनी, हाथों में पहुंचियां, पावों में कड़े और दसों पैर की उंगलियों में अनवट बिछवे पहनकर बेहोशी की दवा मिली बोतल शराब की हाथ में लेकर ऐसी सूरत बदली के जैसे कलवारिन होती है मगर वो हुस्नो जमाल, रंगों रोग़ने अय्यारी से दुरुस्त किया :

*सुंदर रूप स्वरूप यामिनी*
*यूं लुचकै जिसे होंठों में लीजै*
*ज्यों मोर सुजीवन के संग*

*दिखै दुखी छब दिखै ही छजै*
*पान खवात महार ऊसा रंग*
*चाहे तो चंद्र को न दीजै*
*अटुक और बनाओ बनै न*
*बनै ठग बैठे मुख को*
*देखा ही कीजै*

अल हासिल वो दिलफ़रेब घूंघट निकाले, अठखेलियां करती तरफ़ आज़र जादू के चली :

*वो इस तरह से अचपली आती थी*
*क़यामत जिलौ में चली आती थी*

आज़र जादू के सामने से जब होकर निकली, उसने देखा एक मेह पारा जिसमें शोख़ी-ओ-नाज़ो अदा भरी है, रश्कदिहे हूरो परी है। मस्ताना चाल चलती, दिले आशिक को पांव से मलती, चली आती है:

*है नामे ख़ुदा अदा छड़े कुछ ज़ोरो तमाशा-ये आपकी रंगत।*
*गात ऐसी फबन क़हर फबन और झुमकड़ा-और उस पे मलाहत।*
*जादू है निगह छब है ग़ज़ब नूर है मुखड़ा-और क़द है क़यामत।*
*ग़ारत गरे दीं वो बुते काफ़िर है, सरापा-अल्लाह की क़ुदरत।*

देखते ही आज़रजादू घायल हुआ और कहाः बी कलवारिन ज़रा इधर आओ थोड़ी शराब देती जाओ।

उस नाज़नीं ने ज़रा सा घुंघट हटाकर मुस्काकर उसकी तरफ़ देखा और कहाः ये शराब बिकाऊ नहीं है।

आज़रजादू ने उसके रूख़ेज़ेबा को देखा अक़्लोहोश खोया, क़रीब गया और कहाः कहां जाती हो।

उस ग़ुन्चालब ने मुस्कुराकर कहाः जहां मेरा जी चाहता, तुम पूछने वाले कौन हो? कोई कोतवाल हो?

आज़रजादू ने देखा के ये हंस-हंस कर बातें करती है, मालूम होता है के राज़ी है। ये समझकर हाथ पकड़ लिया। उसने हैं हैं करके कहाः देखों कोई आ जायेगा, मैं बदनाम हो जाऊंगी, तुम्हारा कुछ ना जायेगा।

आज़र जादू ने कहाः ज़रा चलकर सामने सायादार दरख़्त के नींचे हमतुम दोनों बैठें, शराब पीयें, दो दो बातें करें, फिर चली जाना, जल्दी क्या है। हमारी तुम्हारी मुलाक़ात हो जायेगी, हमेशा इताअत करफंगा, जो कुछ कमाऊंगा वो दूंगा।

वो नाज़नीं खिलखिलाकर हंसी और कहाः मुलाक़ात अपने घर वालों से करो, क्या मेरे ख़ाविंद नहीं हैं? मैं ऐसे राहगीरों से बात नहीं करती।

आज़र मिन्नतें करने लगा, पांव पर सर धरने लगा, कहाः मैं इसी तिलिस्म में रहता हूं। मुसाफ़िर नहीं हूँ। मुसाहिबे अफ़रासियाब हूं।

उस महवश ने कहाः तुम कोई हो, मैं ऐसी शोख़दीदा नहीं हूं जो यकायक मर्दों के दम पर चढ़ जाऊं।

आज़र समझा ये नाज़े माशूक़ाना करती है। जिस ज़ंजीर में अमर और ज़िरग़ाम बंधें थे उसे अपनी कमर से बांधा और कलवारिन को गोद में उठाकर चला। वो नहीं-नहीं किया की उसने दरख़्त के नीचे लाकर उतारा और कमर से अपनी चादर खोलकर बिछायी अमर और ज़िरग़ाम को दरख़्त से बांधा, उस माशूक़ा को बैठाया और कहाः मेरी जान तुझ पर जाती है, मेरे पहलु में बैठकर दिले ग़मगीन को शाद कर।

*उस माह पैकर ने ठंडी सांस भरकर ये शेर पढ़ाः*

*हम आज़मा चुके हैं बहुत सर्द ओ गरमे इश्क़*

*उसको फ़रेब दो के जो नाकरदा कार हो*

आज़रजादू ने गले लगाया और बोसा लेने को मुंह बढ़ाया, उसने हाथ से मुँह हटा दिया कहाः बस बस, मुझसे ऐसी बाते ना करों, ये मुँह देखे की मोहब्बत है, मर्दों की ज़ात बेमुरव्वत है। ख़ैर अगर मुझसे दारोमदार मंजूर है, तो क़सम सामरी की खाओ के किसी औरत से तेरे सिवा बात न करूंगा।

आज़रजादू ने कसम खाई। कलवारिन ने जाम शराब से भर कर दिया, उसने जब जाम हाथ में लिया ख़्याल आया तूने तस्वीर को नहीं देखा, लाज़िम है के तस्वीर को देख ले फिर इस महबूबा के संग ऐश कर। ये सोचकर तस्वीर देखी, उसने सूरत असली बर्क़ की पैदा की। आज़र जादू ने कुछ सहर पड़कर कलवारिन पर फूंका के अय्यारी का रंगोरौग़न उड़ गया और बर्क की सूरत असली हो गयी। यानी लंबा तड़ंगा अंग्रेज़, कंजी आंखें, भूरे बाल बंदर जैसा लाल लाल चेहरा, सर पर हैट, बदन पर कोट और पीछे की जेब में लंदन में रहने वाले बीवी बच्चे की तस्वीर। उसने उसको भी ज़ंजीर से बांध लिया और कहा के अय्यारों ने तार बांधा है, क़दम क़दम पर आकर धोखा देते हैं। अमर ने कहा : ओ हरामज़ादे, अब क्या बच भी जायेगा, कोई आन में क़त्ल हुआ चाहता है।

आज़र ख़ौफनाक हुआ मगर उन तीनों अय्यारों को लेकर चला। दूर से जांसोज़ ने देखा पीछे पीछे चला, इत्तेफ़ाक़न एक जंगल में किसी साहिर का बाग़ बना था। निहायत सरसब्ज़ ओ आरास्ता फूलों से भरा, आज़र जादू अज़बस के थका मांदा था, उस बाग़ के अंदर आया और एक चमन में ठहरा। जांसोज़ ने उसे बाग़ में जाते देखकर अपनी सूरत एक माली की सी बनाई, बेलचा हाथ में लिया, क़ैंची दरख़्तों की सरतराशी करने की कमर में अड़सी, फूल झोली में भरे और बाग़ में आया। जंगल से एक दरख़्त खोदता लाया, चमन में बोया, आज़रजादू समझा के ये इस बाग़ का

बाग़बान है, दरख़्त लेने गया था अब आया है। पास जाकर कहाः ऐ माली, ये बाग़ किसका है?

उसने नाम बनाकर कहाः मलका बनफ़शाँ जादू का है।

आज़र समझा के तिलिस्म में हज़ारहा साहिर रहता है। कोई बनफ़शाँ भी होगा। ये सोचकर ख़ामोश हो रहा लेकिन माली ने दो एक गुलदस्ते और गुर्दे बनाकर टोकरी में लगाये, बीच में उसके मेवा रखा और सामने आज़र के डाली लगायी। उसने कुछ रूपया इनाम दिया डाली से मेवा निकालकर चाहा के खाऊं फिर याद आया के तस्वीर देख लूं। तस्वीर जो देखी वो बशक्ले असल जांसोज़ बन गयी। उसने कहाः ओ नाबकार बाग़बान, तू मुझे फ़रेब देता है। मालूम हुआ के तू भी अय्यार है।

जांसोज़ ने चाहा के भाग जाऊं मगर उसने सहर करके उसे भी गिरफतार किया और उसी ज़ंजीर से बांधकर मारे खौफ़ के उस बाग़ में ना ठहरा। फिर उन सबको लेकर चला, जब कुछ राह तय की तो ख़्याल किया के मैं कहीं मख़्फ़ी होकर बैठूं और अर्ज़ी शहनशाह को लिखुं के मुझे अय्यारों ने घेरा है। चार को तो मैंने गिरफ़तार किया है लेकिन अभी मालूम होता है के बहुत हैं। हुज़ूर साहिरों को मेरी मदद के लिये भेजें और इन क़ैदियों को मंगवा लें के मैं उनके सबब से उड़कर नहीं चल सकता। अगर अकेला हूँ तो उड़कर बज़ोरे सहर आप तक पहुँचू। बस ये तसव्वुर करके चला के कोई जगह आफ़ियत की मिले तो बैठूं।

लेकिन अबकी बार नज़र कर्दा ए शाहे मर्दान शेरे खुदा मेहतर क़िरान ने दूर से देखा के एक साहिर उस्ताद को मय तीन अय्यारों के गिरफ़तार किये लिये जाता है। बहरे अय्यारी में ग़ोताज़न हुआ और गौहरे मक़सद हासिल किया के ऐ क़िरान चार ये अययार पै दर पै वास्ते क़त्ल उस नाबकार के गये, क्या सबब हुआ जो गिरफ़तार हुये? मालूम होता है कुछ उसके पास ऐसा सहर है के जो सामने आता है पहचान लेता है। ऐसी कोई फ़िक्र करो, ना मुँह से बोलो ना उसके पास जाओ और मार डालो। ये सोचकर गुलशने मक्कारी की सैर करने लगा। आख़िर गुले मुराद से दामन भरकर उसके आगे की राह तजवीज़ करके के इधर ही से आयेगा जाकर ठहरा और जंगल से लकड़ियां काटकर जल्दी जल्दी लकड़ी से सुतून बनाये और छत पर पत्तियां बिछा दी और सारी छत पर बेलदार दरख़्त की बेल बिछा दी। ये मालूम होता था के मड़ई किसी फ़क़ीर की है। ग़रज़ उस मड़ई के दरवाज़े पर सेली तागे ठनके मनके से दुरुस्त होकर तहमद बांधकर अलिफ़ आजादी क़श्क़ा की तरह माथे से नाक तक खींचकर तिलक पेशानी पर देकर बैठा। एक ठेक आगे रख ली, गिर्द अपने बड़ी-बड़ी लकड़ियां सुलगा लीं और दवा दाफ़ओ बेहोशी रुई में भरकर नथुनों में रखी के धुंआ ख़ुद पे असर ना करे। सेरों बेहोशी लकड़ी में डाली के धुंआ चारों तरफ़ फैला बीच में लकड़ियों के आप बैठा, बाद थोड़े अर्से के आज़रजादू चारों अययारों को लिये आकर

पहुंचा। देखा के एक फ़क़ीर बैठा अपनी मौज में झूम रहा है। ठेक रखी है, धूनी रमाये है। दसपना ठेक में घुरसा है, मड़ई के एक तरफ़ तुलसी का पेड़ लगा है, आसनी बिछी है, सामने चिलम गांजा पीने की रखी है, नारियल धरा है, तपशी मालूम होता है। आज़रजादू ने ये देखकर आगे बढ़के पालागन की, हाथ बांधकर खड़ा हो गया, कहाः महाराज कुछ अशीस दीजिये, अय्यार मेरी फ़िराक़ में फिरते हैं, खेम कुसल से अफ़रासियाब के पास पहुंच जाऊं।

उस फ़क़ीर ने उसकी बात सुनकर उसकी तरफ़ बनिगाहे क़हर घूरा, आज़र ने देखा के आंखे लाल लाल हैं, मारे ख़ौफ के बैठ गया, यहां तक के ख़ूब धुआं बेहोशी का उसके दिमाग में पहुंचा उस वक्त फ़क़ीर ने कहाः ओ अहमक़ मैं भी अय्यार हूं तुझे कत्ल करने यहां बैठा हूं। आजर यह कलाम सुनकर घबराया और चाहा के उठकर पकड़ लूं, बेहोशी दिमाग में पहुंच चुकी थी, उठते ही गिरा। क़िरान ने उठके बुग़दा मारा के सर के हज़ार टुकड़े हुये। बर्फ़बारी संगबारी होने लगी हौलख़ेज सदायें आने लगी। बाद लम्हे के आवाज़ आयी के कश्ती मुरा नामे मन आज़रजादू बूद, सर से उसके एक तायरे खुशरंग निकला-अफ़सोस अफसोस कहता तरफ़ अफ़रासियाब के चला और अमर और तीनों अययार रिहा हुये। क़िरान ने तस्लीम की। अमर ने शाबाशी कही और सब अययारों को रुख़सत किया। हर एक अलग अलग रवाना हुआ और सेहरा में जाकर एक दूसरे की नज़र से छिप गया-मगर वो तायर जो सर से आज़र के निकला था बाग़ेसेब में पास अफ़रासियाब के पहुंचा और बाआवाज़े बुलंद पुकार कर कहाः ऐ बादशाहे तिलिस्म आज़रजादू मारा गया।

अफ़रासियाब ये ख़बर सुनकर थर्राने लगा, मारे गुस्से के होंठ चबाने लगा और एक साहिर से कहाः फ़लां सेहरा में लाश आज़र की पड़ी है तुम जाकर उसे दफ़ना देना और जो तस्वीर मैंने उसे दी थी वास्ते गिरफ़तार करने अययारों के वो उसके पास होगी उसे लाकर मुझे दे देना।

ये कहकर अफ़रासियाब मशग़ूले मय नौशी हुआ और वो साहिर लाश आज़र जादू की दफ़न करके और तस्वीर लेकर फिर गया। इस अर्से में रात तमाम हुई और साहिरे मशारिक़ झोली ज़र्रारे ऐ शुआअ की लिए चर्ख़े शोबदा बाज़ पर आया...यानी सुबह हो गई...

तो हाज़रीन ये थी दास्तान भेजना अफ़रासियाब का आज़र को जादू की तस्वीर के साथ और मरना उसका अय्यारों के हाथ।

# दास्तान अमर अय्यार और अमीर हमज़ा के बचपन की

इत्फ़ाले सवारे क़तरा हाये मदाद मैदाने क़िरतास में यूँ जौलान हैं तलाशे मज़ामीने दिल्चस्प अमीरो अमर के मकतब में हर तरफ़ दवाँन है के जब अमीर हमज़ा और अमर पाँच साल के हुए, ख़्वाजा अब्दुल मुत्तलिब ने एक मुल्ला के पास जो बनी हाशिम के लड़कों को पढ़ाता था इन दोनों लड़कों को भी पढ़ने को बैठाया। मकतब ख़ाने में ब तरीक़े रस्में मुल्क के भिजवाया। पहले दिन तो बिस्मिल्लाह पढ़ाई गई, मुवाफ़िके रिवाजे ज़माना के तक़रीब शादी की अमल में लाई गई। जब दूसरे दिन मुल्ला उनको सबक़ देने लगा, अमीर ने तो जो कुछ मुल्ला ने बताया उसको पढ़ा लेकिन अमर से जब उसने कहा के बोल अलिफ़। "बोला" : रास्त ओ बरहक़ है"।

मुल्ला ने कहाः मैं कहता हूँ के अलिफ़ कह, तू कहता है रास्त ओ बरहक़ है। यह क्या बात है? कैसा अहमक़ है।

अमर ने कहा के जो आप कहते हैं मैं उसका जवाब देता हूँ, जो बात मैं समझता हूँ वही ख़िदमते आली में अर्ज़ कर रहा हूँ - यानि आप कहते हैं अलिफ़, मैं कहता हूँ रास्त ओ बरहक़ है। इसमें सरे मू फ़र्क नहीं मुतलक़ है। यानी अलिफ़ सीधा है और अलिफ़ का अदद एक है और ज़ात वहदहू ला शरीक़ की भी वाहिद है। अगर यह ग़लत कहता हूँ तो आप तादीब और तंबीह फ़रमाईये। मुझे क़ायल कीजिए और किसी तौर पर समझाईये-आप इसमें क्या कहते हैं। क्या ख़ुदा वाहिद नहीं हैं, कोई और भी उससे शिरकत रखता है? उसके सिवाये और कोई शाने वहदानियत रखता है? ग़रज़ के ब हज़ार ख़राबी अमर ने ज्यों-त्यों पहली तख़्ती पढ़ी।

जब दूसरी तख़्ती की नौबत पहुँची के अलिफ़ ख़ाली, बे के नीचे एक नुक़्ता, ते के ऊपर दो नुक़्ते, से के ऊपर तीन नुक़्ते की -बारी पढ़ाने की आई तो और भी अमर की तबियत घबराई। मिज़ाज ने शरारत दिखलाई, हमज़ा से कहने लगाः

तुम को इख़्तियार है इस मुल्ला के पास पढ़ो,अपनी औक़ात ज़ाया करों, मैं तो नहीं पढ़ने का, ऐसे इल्म से बाज़ आया। मैं क़ायदा पढ़ने को आया हूँ या हिसाब समझने को किताब लाया हूँ। अगर अलिफ़ ख़ाली है तो मुझको क्या, किसी के पास एक, दो या तीन नुक़्ते हैं तो मुझे क्या परवाह।

ख़ुलासा यह के अमर ऐसी ही शरारत आमेज़ बातें कहा करता था। सबक़ को बातों में उड़ाता था।

एक दिन क्या हुआ के मुल्ला के पास किसी ने नयाज़ में ढेर सारी बिरयानी एक क़ाब में भेजी। मुल्ला ने उसे सूंघा, तबीयत हरी हो गई। अमर को बुला के कहा के बेटा इसे मेरे घर ले जाके मुल्लानी बी को दे देना और रास्ते में हरगिज़ इसे मत खोलना के इसमें एक मुर्ग़ा है वो उड़ जाएगा। अमर उसे लेकर चला, जब बाज़ार में पहुंचा चाहा के खोलकर देखूं कैसा मुर्ग़ा है। जब बिरयानी देखी तो तबीयत ललचाई, खूब जी भर के खाई बाक़ी बाज़ार के कुत्तों को खिला दी। फ़िर क़ाब में पत्थर भर के उसे ढांका और चादर से बांधकर मुल्ला के घर पहुंचा और उसकी बीवी से कहाः मुल्ला जी ने कहा है, आज रात को खाना मत बनाना और पड़ोसियों को भी खाने की दावत दे देना और क़ाब मत खोलना। वो ख़ुद आकर खोलेंगे।

शाम को मुल्ला ख़ुश ख़ुश बिरयानी के ज़ायके को याद करता घर को चला। जितने जल्दी वो घर पहुंचना चाहता था आज बाज़ार में उतने ही लोग उसे रोक रहे थे, कोई कुछ पूछता था, कोई कुछ, कोई बेकार की बातों में और कोई ख़ैरियत-ख़ैरियत कह कर वक़्त ज़ाया करता था।

घर जब पहुंचा तो भीड़ नज़र आई, अक़्ल चकराई, बीवी से खाने का इस्तेफ़सार किया तो वो लगी कोसनेः

हाय हाय अभी से सठिया गए हो, तुम्हीं ने तो कहलाया था रात का खाना मत बनाना और सबको दावत पे बुला लेना। अब मुल्ला की तबीयत घबराई, क़ाब मंगा के जो देखा तो तबीयत मितलाई।

किसी तरह माफ़ी-माज़रत करके मेहमानों को रवाना किया और खुद बीवी बच्चों के साथ, फ़ाक़ा करके पेट दाब के भूखा ही सो रहा।

मुल्ला उस शब को ख़्वाजा अब्दुल मुत्तलिब के पास गया और अमर का शिकवा हद से ज़्यादा किया और तमाम अहवाल कहा :

ना तो आप सबक़ लेता है और न हमज़ा को पढ़ने देता है। अगर हमज़ा को पढ़वाना मंज़ूर है तो उसे और किसी के सुपूर्द कीजिये वरना मैं यह आफ़त अपने सर न लूंगा। उन दोनों लड़कों को भी बुलवा लीजिये-

ख़्वाजा ने चाहा : अमर को और कहीं पढ़ने को बैठा दें।

अमीर ने क़ुबूल न किया बल्के ये बात सुनकर रो दिये और कहने लगे:

जहाँ अमर जायेगा वहाँ मैं भी जाऊँगा। नहीं तो एक लफ़्ज पढ़ने का ज़ुबान पर न लाऊँगा।

ख़्वाजा लाचार हो कर चुप रहे। एक दिन का वाक़्या है के जब दोपहर को मुल्ला और लड़के सब सो गये, अमर ने मुल्ला की पगड़ी उठाई और ले जाकर कल्लू हलवाई

के पास गिरवी रखकर पाँच रूपये की मिठाई लाकर मदरसे में रख दी और ख़ुद सो रहा। मुल्ला ने उठकर जब ढेर सारी मिठाई देखी तो दिल में ख़ुश हुआ मगर साथ ही अमर की चालाकी के तरफ़ ख़्याल गया। सब लड़कों को जगा कर पूछा ये कैसी मिठाई है और कहाँ से आई है? सबने लाइल्मी ज़ाहिर की। हक़ीक़त हाल किसी को मालूम न थी।

अमर को जगाकर पूछा तो उसने जवाब दियाः

बाबाजान ने नेयाज़ मानी थी, सो यह शीरीनी लेकर आये थे। दो एक आशना भी और हमराह लाये थे। आपको सोते से जगाना बेअदबी समझे, चलते वक़्त मुझसे कह गये थे के जब मुल्ला साहब सोकर उठे उस पर फ़ातेहा दिलवा कर तक़सीम करवा देना और मेरा हिस्सा ख़ुद ले लेना।

मुल्ला ने पूछाः फ़ातेहा किसके नाम पर पढ़ूँ, इसका सवाब किसको बख़्शूँ।

बोलाः बाबा पग्गड़ के नाम पर।

मुल्ला ने कहाः यह कैसा कलाम है। बेजोड़ किसका नाम है।

बोला : फ़कीरों के ऐसे ही नाम हुआ करते हैं। ऐसे ही नामों से उनके पीर उन्हें पुकारा करते हैं। मटका पीर, चिराग़ दिल्ली, भूले बाबा।

मुल्ला ने फ़ातेहा देकर उपर से अच्छी-अच्छी मिठाई पहले आप ही नौश फ़रमाई बाक़ी अमर ने सब लड़कों को बाँट दी और आप भी खाई और उस मिठाई में जिसको मुल्ला साहब ने तनावुल फ़रमाया था अमर ने कुछ जमाल घोटा मिला दिया था। थोड़ी देर बाद मुल्ला साहब के पेट में क़ब्ज़ और दर्द शुरू हुआ। क़राक़र और पेच पर पेच होने लगा। मुल्ला को शिद्दत से दस्त आने लगे। पैख़ाने तक जाना दुशवार हो गया। हाथ-पाँव थरथराने लगे।

मुल्ला ने अमर से पूछाः

अरे इस मिठाई में क्या मिला हुआ था के जिसके खाने से मेरा हाल ऐसा पतला हुआ।

अमर ने कहा : हज़रत को तमाम क़ायदे में से 'रे' ऐसी याद (पाद) है के सुख़न तकिया हो गया है। मैं भी लाम, क़ाफ मुँह से निकालुँगा के मुझको यही क़ायदा ख़ूब अज़बर हुआ है। और मिठाई तो हम सबने खाई है के डकार तक नहीं आई है अगर मिठाई के खाने से हज़रत का हाल पतला हुआ है तो हम लोगों को क्या हुआ है। मगर हाँ अगर ये हो तो हो मस्ल मशहूर है, के किसी को बैंगन पच जाये किसी को न पचे, या आप ने मेरे जाने के पहले उपर-उपर की शिरीनी किसी लड़के से उड़वाई होगी या बे ऐतमादी और बे ऐहतयाती में वो मिठाई खाई होगी। बाबा पग्गड़ ऐसे न थे के कोई उनसे बे ऐतक़ाद होवे और उसके मेंदे में किसी तरह का फ़साद न होवे और सिवाय इसके आप काहे को हौके के मारे बहुत सी खा गये के हज़म में फ़ितूर हुआ, तहलील में क़ुसूर हुआ।

अमर की शरारत अमीर ने दरयाफ़्त कर के मठ्ठा मगँवाया, मुल्ला को दिलवाया और कहा के शीरीनी की हरारत हुई है, उसने गर्मी की है। आप दही नौश फ़रमाईये और दिल में और तरह का बिस्वास न लाईये। ख़ुदा-ख़ुदा कर के मुल्ला की जान बची। इस बलाये नागाहानी से फ़ुरसत मिली। जब चार घड़ी दिन बाक़ी रहा, मुल्ला ने लड़कों को छुट्टी दी, सभों ने अपने- अपने घर की राह ली। मुल्ला ने अपना जुब्बा, अमामा संभाला, देखें तो पगड़ी कहीं नहीं मिलती, खो गयी। नाचार कमर बंद का अमामा सर पर बाँध के घर को चला। जब हलवाई की दुकान के क़रीब पहुँचा तो हलवाई पगड़ी लेकर दौड़ा और कहने लगाः

हज़रत को पगड़ी भेज कर मिठाई मँगवाना क्या ज़रूरी था, पाँच रूपये भी ऐसे हैं के मुझको आप का ऐतबार न होता, पाँच दिन के वास्ते क़रार न होता। दामों की बिल्कुल ज़रूरत नहीं। जब ख़र्च आया करे भिजवा दिया कीजीये। ये दुकान आप ही की है। जब जिस क़िस्म की मिठाई को जी चाहे, मंगवा लिया कीजिये।

मुल्ला ने ये जुमला सुनकर कुछ कलमात ज़माना साज़ी के उसके जवाब में कहे। और पगड़ी लेकर मजबूरन पाँच रूपये जेब से निकालकर उस के हाथ धरे और जी में सोचा के ये वही मिठाई है के अमर ने आज फ़ातेहा दिलवाई है। शब बख़ैर अमर की ख़ैर नहीं। सुबह को अमर है और मैं हूँ। कोड़ा है और उसकी पुशतो कमर।

उस दिन का हाल सुनिये के सुबह होते ही सबसे पहले अमर मदरसे में आया और बिछौने को झाड़-झोड़ मुल्ला का मसनद तकिया लगाकर किताब खोल के ज़ोर-ज़ोर से पढ़ने लगा। मुल्ला ने भी उसको मदरसे में देखा, दिल में कहा के इस पर मेरा खौफ़ ग़ालिब हुआ है के आज सबसे पहले आया है, इस वक़्त इसको कुछ न कहा चाहिये, भुलावा दिया चाहिये। मुल्ला ने सबको सबक़ देकर कहाः मैं हमाम में जाता हूँ। बहुत जल्द वहाँ से फराग़त करके आता हूँ। तुम लोग बैठे हुऐ पढ़ो और अपना अपना सबक़ याद करो।

और ख़ेज़ाब तय्यार कर के अमर के हाथ पहले से हमाम में भेज दिया और पीछे आप रुख़ हमाम का किया। अमर ने राह में फ़ुरसत पा कर पैसा भर हरताल ख़ूब बारीक पीस-पीस कर ख़ेज़ाब में मिला दिया। थोड़ी देर में मुल्ला जी हमाम में गये। वो ख़ेज़ाब ढ़ाड़ी मूछों में लगाकर एक साअत के बाद गर्म पानी से जो मुंह धोया, मूंछ-दाढ़ी का सफ़ाया हो गया। अशके निदामत से मुंह धोया, मुल्ला शर्मिंदगी से पानी-पानी हुआ। हर एक से मुंह छिपाने लगा। रात को एक बुर्क़ा चेहरे पर डाल के ख़्वाजा अबदुल मुत्तलिब के ख़िदमत में गया। और सूरत अपनी दिखा कर ख़ूब मूँह पीटा और रो कर कहाः अमर ने इस बुढ़ापे में मेरी ये शकल बनाई, इस अख़ीर सिन में मुझे ज़िल्लत दिखाई। मारे शर्म के किसी को मुंह नहीं दिखा सकता हूँ। किसी दोस्त आशना के पास क्यों कर जा सकता हूँ।

और तमाम क़िस्सा और उसमें पगड़ी और मिठाई और उसमें जमाल घोटे डाल देने का बयान किया। ख़्वाजा ने उनको तो उज़्र कर के रूख़्सत फ़रमाया और अमर को सज़ा दे कर घर से निकाल दिया। अमीर से कहाः अगर कभी तुमने अमर का नाम लिया तो हम तुम से बहुत आज़ुर्दा होंगे। बेटा ऐसे नालायक़ शरीर को अपने पास कोई बैठाता है, शोहदे, लुच्चे को कोई घर में बुलाता है। ऐसे आदमी की सोहबत में इंसान बदनाम होता है। सोहबते बद का बदतर अंजाम होता है।

अमीर को अमर के जुदाई कब गवारा थी। दो शबाना रोज़ तक भूखे प्यासे रहे, कोठे पर जा-जाकर रोया किये। ये ख़बर ख़्वाजा अबदुल मुत्तलिब को पहुँची। चार-नचार अमर को बुलवा कर तक़सीर माफ़ की। अमीर के हवाले किया और एक रुक्क़ा मुल्ला को सिफ़ारिश में लिख दिया।

मुल्ला ने क़सूर माफ़ किया और बदसतूर अमर फिर मदरसे में दाख़िल हुआ। मगर ख़्वाजा ने शर्त कर दी थी के तीन दिन तक एक-एक रोटी पर गुज़ारा करना पड़ेगा। अल्लाह-अल्लाह ख़ैर सल्लाह, ख़ुदा-ख़ुदा कर के पहला दिन गुज़रा। जब एक रात फ़ाक़े से गुज़री तो दूसरे दिन अमीर ने अमर से कहा के अब तो भूख के मारे अपना काफ़िया तंग है। फ़ाक़े के सबब तबियत का और रंग है। कुछ खाने की फ़िक्र किया चाहिये, किसी तरह पेट भर लिया चाहिये। अमर ने कहा आप यहां इत्मीनान से बैठिये, गुलाम खाने का इतंज़ाम करता है। देखिये तो कैसी-कैसी नेमतें हूज़ूर को इस मक़ाम में खिलवाता है। ये कह कर शहर की तरफ़ रवाना हुआ। एक क़साई की दुकान से दो हाथ आँत लेकर मुल्ला के घर के पिछवाड़े पहुँचा। उसकी मुर्ग़ियाँ घूरे पर चढ़ती थीं। वो पकड़नी शुरू कीं। इस तरह से के रूदे के एक सिरे पर गिरह देकर घूरे पर फ़ेंका। जब मुर्ग़ी निगल गयी, दूसरे सिरे की तरफ़ फूंकना शुरू किया। आँत जब फूल गयी। मुर्ग़ी के गले में गिरह पड़ी, फंदा लगा, फ़ौरन पकड़ के ज़िबह किया और साफ़ करके, एक रूमाल में बांध लिया जब 15-16 मुर्ग़ियाँ रूमाल में बाँध चुका और कुछ लेने देने की तदबीर सोचा। चार-पाँच पत्थर पिछवाड़े से घर की छत पर फेंके और आप मुन्तज़िरे वक़्त खड़े रहे। मुल्ला की औरत ग़ुल मचाती हुई घर से बाहर निकली। अमर ने दूसरी तरफ़ से घर में उसके घुस के कोठरी देखना शुरू किया। वहां एक हाँडी में मुर्ग़ियों के अंडे जो जमा थे लेकर अपनी राह ली। आगे बढ़ के एक कबाबी से उन मुर्ग़ियों के कबाब भुनवाये और अंडों के हलवे ख़ागीने बनवाये और पाँच रूपये की शीरमालें और नहारी उससे ली और ख़ान में रखी और उस पर कबाब और हलवा रख कर अपनी चादर को कसा और सर पर रखकर कबाबी और हलवाई और नानबाई से कहाः अपना आदमी मेरे साथ कर दे, मेरे हमराह चले, कुछ देर न होगी उसी वक़्त तुम्हारे आदमी के हाथ दाम भिजवा दूँगा। और ख़्वाजा अबदुल मुत्तिलब से के उनके यहां एहबाब की दावत है, तुझे मज़ीद इनाम दिलवा दूँगा।

उसने जो इनाम और ख़्वाजा का नाम सुना, फ़िल फ़ौर अपना आदमी अमर के साथ किया, ज़रा भी तकरार न की, सौदा देने में ज़रा भी इनकार न की। अमर ने थोड़ी दूर जाकर उस आदमी से कहा के तुम आगे बढ़ो, ख़्वाजा के दीवान-ख़ाने में चलकर बैठो, मुझे पनीर वग़ैरह लेना है, लेकर आता हूँ। तुम्हे अभी क़ीमत दिलवाता हूँ। वो तो उस तरफ़ को गया और आप मदरसे की तरफ़ रवाना हुआ।

जब मदरसे में पहुँचा, खाना देखकर सभों का दिल ख़ुश हुआ। उसको जो खोला सबकी लार टपक आईं। पकवान देखते ही मुल्ला की तमअः हरकत में आई, हाथ बढ़ाया, कबाब उठाया, मूँह में रखना चाहता था के ख़्याल आया के इसके हाथों बाबा पग्गड़ का फ़तिहा करवा चुका हूँ और दाढ़ी मूँछ पहले ही मुंडवा चुका हूँ। ख़्याल करते ही फ़ौरन पगड़ी पर हाथ रखा, साफ़ा सर से उतार कर देखा और दुरूस्त पाया फिर अबा, क़बा, आमामे के बंद-बंद देखे, जूतियाँ ताकीं, बिस्तर खंगाल कर पहले तो सब सामान यकजा किया। सब सलामत पाया, फ़ौरन कबाब की तरफ़ हाथ बढ़ाया लेकिन अमर की सूरत देखते ही जी में डर आया। मुल्ला अमर की चालाकियों से वाक़िफ़ था ही, कहा के ठहरो। पहले ये इरशाद हो के खाना किस फ़ितरत से आया है, कौन सी चलाकी और अय्यारी को काम फ़रमाया है।

अमर ने कहा: अव्वल तआम, बाद अज़ कलाम, पहले खाना तनावुल फ़रमाईये, बाद उसके ऐसे कलमात ज़ुबाने मुबारक पर लाईये। ख़्वाजा अब्दुल मुत्तलिब ने आप की दावत की है के आपने उनका मान रखा, हमको मदरसे में दुबारा दाख़िल किया।

मुल्ला ने आधी रोटी और आधा कबाब एक-एक लड़के के हाथ में देकर बाहर भेज दिया और ख़ुद सब पकवान सामने सजा के, बग़ैर बिसमिल्लाह किये खाना शुरू किया। मगर अमर की अय्यारी देखिये के मुल्ला की लालच से वाक़िफ़ था, अपना और अमीर का हिस्सा अलग क़र लिया था। दोनों एक जगह छुप कर खाने लगे।

अब उस आदमी का हाल सुनिये जिसको कबाबी ने कबाब की क़ीमत के वासते अमर के साथ किया था। ख़्वाजा अब्दुल मुत्तलिब के पास गया और कहाः उस्ताद ने बाद आदाबे तसलिमात के अर्ज़ किया है के हुज़ूर ने अमर के मारफ़त जो कबाब मँगवाये थे उसकी क़ीमत के वासते गुलाम को भेजा है।

ख़्वाजा हैरान हुए। बोले, कौन से कबाब, कहां के कबाब।

उधर मुल्ला सामने कबाब शीरमाल, हलवा और मुर्ग़ा देख के दीबानाबार कभी कबाब उठाता था, कभी शीरमाल पकड़ता था, बस नहीं चलता था के सारा गाल दोनों हाथों से बैक वक़्त ठूँस ले। मुर्ग़े की टाँग उठा के मूँह में रखा था और चबा भी न पाया था के यकायक दिल दहला देने वाली सदा सुनाई दी मुल्ला ने जो उपर देखा तो चीख़ती चिल्लाती बीवी की शकल दिखलाई दी। मुल्ला अपनी बीबी से बहुत डरता

है, फ़ौरन हाथ झाड़ के खड़ा हो गया। उसकी घिघ्घी बंध गयी। बोटी जो मूँह में थी, आधी अन्दर, आधी बाहर। ऐसा फंदा पड़ा के जान के लाले पड़ गये।

बीवी ने जो लवाज़मात और मुर्ग़े के ख़ान देखे, उसकी हालत और दिगर गूँ हो गई।

''हाय-हाय घर में डाका पड़ गया दिन दहाड़े सब मुर्ग़ियाँ कोई चुरा ले गया, अंडे तक नहीं छोड़े कमबख़्त ने, और तू यहाँ बैठकर नान क़ोरमा उड़ा रहा है।

अब जो मुल्ला ने सुना के घर की सब मुर्ग़ियाँ चोरी हो गई, बोटी जो गले में अटकी थी दिल में जाकर लगी। फटी आवाज में बोलाः अमर, अमर।

लाठी उठाकर अमर को पकड़ने जो बाहर निकला पीछे से बीवी बोलीः अबे हरामख़ोर, अब ये दिन आ गये हैं के शार्गिदों को भेज कर मुर्ग़ियाँ चोरी करवाता है। पेट है के भरसाईं है।

मुल्ला घुटी-घुटी सॉसों, फटी-फटी आखाँ से हाथ पैर छितराये अभी अमर को बाहर आकर ढूँढ ही रहा था के बीवी ने पीछे से आकर धौल जमाईं, मुल्ला मूँह के बल गिरा, दामन झाड़ता उठा और ख़्वाजा अब्दुल मुत्तलिब के घर की तरफ़ दौड़ा। पीछे-पीछे बीवी दौड़ी।

मुल्ला और उसकी बीवी ख़्वाजा के पास पहुँच कर अपना दुखड़ा रो ही रहे थे के नानबाई पहुँचा और कहा हूज़ूर अमर आप का नाम लेकर पाँच रूपये की शीरमालें ले गया है, के तब तक हलवाई भी हलवे के हिसाब करने पहुँचा। ख़्वाजा ने कहा, हरामज़ादा मेरा नाम ले कर पूरी बाज़ार उठा लाया है और मुल्ला से पूछा के आख़िर अमर है कहाँ? उस पर हलवाई बोला के मैं ने उसको और अमीर को कोहे क़ुबैस पर जाते देखा है।

ख़्वाजा ने हलवाई, नानबाई कबाबी को अपने अपने हरजाने की क़ीमत दिलाई और अमर की तलाश में ढ़ेरों कारिन्दे भेजे।

अमर अमीर को लेकर जो चला तो उसे वरग़ला कर कहने लगाः हुज़ूर यहाँ से क़रीब एक ऐसा बाग़ जन्नत निशान है के आप के बाग़ की बहार उसके आगे ख़िज़ाँ है।

अमीर ने पूछाः कितने फ़ासले पर और किधर है।

बोलाः यहां से क़रीबतर है।

अमीर अमर के साथ उस तरफ़ चले और ख़रामा-ख़रामा उस बाग़ में पहुँचे। देखा तो वाक़ई तख़ता-तख़ता हर किस्म के फ़ूल में खिले हुऐ हैं। और चंद दरख़तों में ख़ोशे ख़ुरमों के लगे हुए हैं, नहरें खूबसूरत उस रविश में जारी हैं। क्यारियाँ और पटरियाँ हर तख़्ते की नफ़ीस प्यारी प्यारी हैं। उस बाग़ के मेवे देखने वाले के मूँह में पानी भर आये। एक ख़ुरमा जो उसमें का खाये तो लज़्ज़त और मेवों की भूल जाये।

अमर इधर-उधर फिर के मेवे तोड़-तोड़ कर अपना पेट भरने लगा। थोड़ी देर में चन्द ख़ोशे ख़ुरमें के तोड़ कर खाता हुआ अमीर के सामने आया। अमीर ने फ़रमाया के हम भी उन ख़ुरमों का ज़ायक़ा चखें। ज़बान को लज़्जत बखशें। अमर बोलाः बैठो साहब किस किस मेहनत से दरख़्त पर चढ़ के यह ख़ुरमें लाया हूँ, जान पर खेल कर आया हूँ सो आप न खाऊँ इनको खिला दूँ। अगर खाने का शौक़ है तो दस्ते ख़ुद, दहाने ख़ुद। आप भी उस दरख़त के नीचे तशरीफ़ ले जाइये, अपने हाथ से तोड़ कर खाईयें।

अमीर ने जो दरख़्त के पास जाकर चढ़ने का क़स्द किया तो अमर बोलाः ऐसे काम का आदमी ग़ुलाम है, न की आप ऐसे मोटे आदमियों का दरख़त पर चढ़ना काम है। अगर तुम्हारा ये बदन मेरा होता तो दरख़त को जड़ से उखाड़ा होता।

अमीर को अमर के कहने पर कुछ ग़ैरत सी मालूम हुई। तैश आया। तने दरख़त पर धक्का जो मारा, तने दरख़्त ज़मीन पर गिर पड़ा, जड़ से उखड़ गया।

अमर बोलाः इस दरख़्त का गिराना तकल्लुफ़ नहीं रखता है। ऐसे पतले दरख़्त का गिरा देना हक़ीक़त क्या है। मैं भी चाहता तो गिरा देता। अभी आप को अपनी ताक़त दिखा देता। यह दरख़त किरम ख़ुर्दा था। इसका उखाड़ना हक़ीक़त क्या।

ये सुन कर अमीर का ग़ज़ब बढ़ा। एक और दरख़्त को जड़ से उखाड़ फेंक दिया।

अमर बोलाः ये भी दरख़्त घुन्ना था। मगर हाँ वो जो सामने दरख़्त पेशे नज़र है। अलबत्ता मज़बूत तनावर है। उसको उखाड़ना अलबत्ता काम है। गिराना उसका बेशक ज़ोर आज़माई का मक़ाम है। उखेड़ते ही मालूम होऐ।

अमीर को तैश आया। उस दरख़्त को भी उखाड़ डाला। तब अमर कहने लगाः ओ अरब तुझको क्या हुआ है। क्यों पराया बाग़ उजाड़े डालता है। अपने ज़ोर के सामने किसी को नहीं समझता कुछ भी, खौफ़ ख़ुदा का है या नहीं। इतने में बाग़बान दौड़ा-दौड़ा आया। और कहाः ये दरख़्त कैसे गिर गये।

अमर ने कहाः यकायक ऐसे ज़ोर से आँधी आई के पहले तो कुछ शाख़े टूटी बाद उसके तीनो एक ही झोंके में एक बार ही ज़मीन पर गिड़ परे।

उसने कहाः यहाँ तो इतनी भी हवा नहीं चली के पत्ता भी हिलता। एक फूल हो या फल दरख़त के नीचे हमें मिलता बाग़ में ऐसी हवा कहां से आई के दरख़्तों को गिरा गई।

बाग़बान बेचारा दरख़तों से लिपट कर ज़ोर-जोर से रोने लगा के औक़ात उरा बिचारे की उन्हीं दरख़तों पर थी।

अमीर को उसके हाल पर रहम आया, उसको तसल्ली और दिलासा देते हुए फ़रमायाः

तीन अंगूठियां हाथ से उतार कर दरख़्तों के बदले इनायत कीं। बाग़बान बाग़-बाग़ हो गया। दिल से हज़ारों दुआऐं देने लगा, अशजारे उम्मीद नये सिरे से हरे हुऐ। बाग़बान जब वहां से चला, अमर कूद के उसके पास गया और अलग ले जाके बोलाः

तू लड़कों को फुसला कर अंगूठियां ले लेता है। अबे पता है हम कितने बड़े आदमी के बेटे हैं। ला एक अंगूठी मुझे दे नहीं तो तुझे पकड़वा के क़ैद में डलवा दूंगा। भला जब तक मुझे शरीक न करेगा तब तक तुझे शुतुर बेमहार देख तो कैसा तेरी नाक में दम करूँगा। उसने डर के मारे एक अंगूठी अमर को दी और अपना रास्ता लिया।

जब घर में आये तो ख़्वाजा ने अमीर को तसल्ली और तशफ़्फी देकर फ़रमायाः

बाबा ख़बरदार अब अमर का नाम तुम जबान पर मत लाना। और उसको अब कभी अपने घर न बुलवाना। शरीफ़ज़ादे ऐसी सोहबते बद से परहेज़ करते हैं। ऐसे मुफ़तरी, के साथ की निशिस्तो बर्ख़ास्त से गुरेज़ करते हैं। वो तुम्हें बदराह और बदनाम करेगा। तुम्हारे आबा-ओ-अजदाद का नाम डूबो देगा।

अमीर को बे अमर कहाँ चैनो आराम था। बे एख़्तेयार रोने लगे। और ख़्वाजा ने हर चंद समझाया, बुझाया, कुछ जवाब न दिया। चुपके ही रहे और सात दिन तक खाना न खाया। दाना-पानी कुछ मूँह से न लगाया। तब तो ख़्वाजा अब्दूल मुत्तलिब घबराये के अमीर हमज़ा की जान मुफ़्त जावेगी। नाचार फिर अमर की तलाश को आदमी भिजवाये लेकिन अमीर से कहा के अब अमर के कहने पर अमल न करना। उस नालायक की बातों को ख़्याल में न लाना।

तो हाज़रीन होनहार बिरवान के होत चिकने पात...इसी तरह की अय्यारियां, चालाकियां करके अमर अय्यार बड़ा हुआ और आगे चल के शहंशाहे अय्यारान कहलाया।

तो यहां ख़त्म होती है दास्तान अमर अय्यार और अमीर हमज़ा के बचपन की।

# दास्तान अमर का सती बन कर आना और बचाना आफ़त जादू को

गुलगूना कुशाने आरिज़े शाहिदे बयान इस तरह फ़रमाते हैं के तिलिस्मे होशरुबा के बाहर कोहे अक़ीक़ पर अमीर हमज़ा और लक़ा की जंग जारी है। अफ़रासियाब बराबर लक़ा की मदद करता रहता है। अमीर हमज़ा ने जब उसकी भेजी हुई साहिरा हसीना जादू को क़त्लो ग़ारत किया और लक़ा की शिकस्त हुई तो आख़िर लक़ा शिकस्त खा कर क़िलऐ-कोहे-अक़ीक़ में चला गया और साहिर तरफ़ तिलिस्म के भागे और बहुत से मारे गए। अमीर ने तमाम असबाब हरीफ़ का लूट लिया और बारगाहे सुलेमानी लेकर जहाँ पहले इस्तादा थी वहीं बरपा कराई, लश्कर उतारा बाज़ारें खुलीं, पहाड़ पर से नामूस बादशाह वगैरह सब दाख़िले लश्कर हुए, हर एक की ज़ख्म दोज़ी हुई, चालाक ने हिर्ज़-ए-हैकल अमीर को दी उसे ख़िलअत अमीर ने दिया, इस तरफ़ से लक़ा के शैतान बख़तियारक ने अर्ज़ी सुलेमान से फिर लिखवाई के ऐ-अफरासियाब अब और किसी को बेहरे इमदाद अपने खुदावंद के रवाना करो किस लिए के हसीना ने ख़ुदावंद की ये ख़ता के वो पिसरे हमज़ा पर आशिक़ हुई लिहाज़ा खुदावंद ने उसको ग़ारत कर दिया, अब खुदावंद मुंतज़िर हैं, जल्द तामीले हुक्म बजा लाना, ये लिख कर पहाड़ पर रखवा कर नक़्क़ारा बजवा दिया, पंजा पैदा हुआ, अर्ज़ी उठा ले गया लेकिन हाल तिल्सिम का सुनिए के पंजा उठाकर बर्क़ लामेअ को पास अफ़रासियाब के बाग़े सेब में लाया, उसने रद्दे सहर कर के होशियार किया और हक़ीक़त हाल ज़ुबानी उसकी सुनकर फ़र्ते नदामत से सर धुना, बर्क़ लामेअ को उसके मुल्क की सिम्त रूख़्सत किया और चाहा के बर्क़ चश्मक ज़न को तलब करके बहरे मुक़ाबला-ए महरुख़ रवाना करूँ, उस वक्त एक साहिर ज़बरदस्त आफ़त जादू नाम मुक़र्रिबे बारगाहे शाही, सरदार ज़ी-एहतराम हाल पर शाह के हंस पड़ा, अफ़रासियाब रंजीदा बैठा था उस को बेजा ख़ंदाज़न होते देखकर बग़ज़ब तमाम फ़रमाया: ऐ बेअदब बजाए अफ़सोस ओ गिरया हाल पर अपने मालिक के हंसता है।

आफ़त ने कहा: ऐ-बादशाह मैं अमर और महरूख़ के इक़बाल को देखकर हंसता हूँ के कैसे-कैसे मुलाज़िम और जां-निसार सामरी ओ जमशेद के यादगार उन लोगों

के हाथ से ज़िल्लत उठाते हैं और भाग-भाग आते हैं हक़ीक़त तो ये है के अमर पर फ़तहयाब होना मुशकिल है।

अफ़रासियाब इन कलमाते ला-ताइल से आगे हो गया और कहाः बदसीर नालायक़ दूर हो आज से दरबार में न आना तू शौकत हरीफ़ की ब्यान कर के मेरे एहले दरबार की दिल शिकनी करता है जादाए सवाब के ख़िलाफ़ क़दम धरता है।

आफ़त साहिर मुअज़्ज़ज़ है उस को सुख़्नाने दरूशत की ताब न आई और गोया हुआः ऐ अफ़रासियाब इसी ग़रूर और इस्तकबार से सामरी ने तुझ पे ये बला नाज़िल की है केः

*ग़रूर जिसने किया मूरिदे इताब हुआ*
*मुआल्लिमुल मलकूत आज तक ख़राब रहा*

इन ज़िल्लतों को भी उठा कर तू बाज़ नहीं आता, मैं सच कहता हूँ के अमर को तू क़त्ल न कर सकेगा बल्के दीन भी उसका मुझे सच्चा मालूम होता है।

अफ़रासियाब ने कहाः मालूम हुआ के तू भी शरीक अमर का है जभी उसकी तारीफ़ो तरफ़दारी करता है, ख़ैर इस बदज़बानी का मज़ा भी तुझ को चखाता हूँ, देखूँ के अमर क्यों कर तुझे बचाता है।

ये कह कर अपने मुलाज़िमों को के हज़ारों साहिर उस वक़्त हाज़िरे दरबार थे हुकुम दिया के इस गुस्ताख़ को गिरफ़तार करें के साहिर आफ़त को क़ैद करने उठे उसने भी चाहा के सहर करूं लेकिन ये तन्हा था वो बहुत थे कुछ बस न चल सका और साहिरों ने फ़ौरन क़ैद कर लिया। अफ़रासियाब ने हुकुम किया के दरयाए ख़ूने रवाँ के पार इसे ले जाओ और गुंबदे नूर के सामने तिलिस्मे ज़ाहिर में जो मैदान वसीअ है वहाँ लकड़ियों का अम्बार कर के उसे सामने लश्करे महरूख़ के जला दो के वो भी इसका हाल ख़राब देखे और वहाँ तक अय्यार वग़ैरह सब आ सकते हैं, देखूँ के इसको क्यों कर छुड़ा ले जाते हैं। आज शब भर ये तीरा-ए रोज़गार उसी मैदान में क़ैद रहे कल सुबह को मा बदौलत भी गुबंदे नूर पर जिधर महरूख़ का लश्कर दिखाई देता है इस तरफ़ के कमरे में आकर बैठेंगे और सैर उसके जलने की और हसरत करना उस के मददगारों का मुलाहेज़ा करेंगे।

ये हुकम सुनकर कई हज़ार साहिर आफ़त को मुक़य्यद करके बहिफ़ाज़ते तमाम ले चले, तमाम तिलिस्म बातिन में ग़ुलग़ुला पड़ गया और आफ़त के घर में भी ये ख़बर पहुंची ज़ौजा उसकी मल्का हिलाल सहर अफ़गन जादू मय कई सौ कनीज़ाने ख़ुश जमाल के रोती पीटती चली के दीदारे आख़री अपने शौहर का देख लूँ और जितने दोस्त और मुलाज़िम आफत के हैं वो सब गिरयाओ नालां बामूए परेशां चाक गिरेबान रवाना हुए लेकिन ख़ौफ़ से शाहे तिलिस्म के कोई पास नहीं जाता है बल्के

सब दूर दूर चले जाते हैं, जिस वक़्त के क़ैद उसकी दरिया से पार उतरी सारे तिल्सिमें ज़ाहिर में ग़ुलग़ुला पड़ गया और ताइराने सहर ने ख़बर जाकर हैरत को पहुँचाई। ये भी सवार हुई के इस हाल को चल कर देखूँ। सब अफ़सराने फ़ौज साथ हुए नक़्क़ारे तिलिस्मी बजने लगी। मुनादी ने निदा कीः जो शख़्स शहनशाहे तिल्सम से सरकशी करेगा, यही हाल उसका भी होगा।

शुदा शुदा ये ख़बर लश्करे महरूख़ में भी पहुँची महरूख़ ने सुना के आफ़त जादू हमारी मोहब्बत में जलाया जाता है। अमर ने भी सुना सब के सब बेक़रार हो गए और महरूख़ ने नफ़ीरे सहर बजाई कुल लश्कर तैयार हुआ चाहा के जाकर आफ़त को छीन लाऊं मगर अमर ने कहाः ऐ-मल्का फ़ौजे बादशाहे तिल्सिम से तुम मुक़ाबला अगर कर सकती तो हम फिर शाहे तिलिस्म को क़त्ल न कर डालते, ये मुसीबत क्यों उठाते, भला तुम क्यों कर आफ़त को छीन लाओगी। इस से बेहतर है के सरदाराने लश्कर बज़ोरे सहर कुछ ज़मीन ग़र्क़ हो जाएं और कुछ आसमान की तरफ उड़ें और छुप कर बरसरे मौक़ा ठहरें जब मेरे नारे की सदा सुनें और अफ़रासियाब को बेहोश देखें उस वक़त क़त्लो ग़ारत आग़ाज करें और थोड़ा लश्कर यहाँ रहे और थोड़ा सरदारों के साथ जाए और कमीन गाह में बैंठे और सब इंतज़ाम परदाए शब में तुम करना, इतना दिन जो बाक़ी है उसे गुज़रने दो वरना हाल खुल जाएगा लेकिन मैं अभी जाता हूँ और फ़िक्र अय्यारी की करता हूँ।

ये कह कर रवाना हुआ और सेहरा में पहुँचकर ज़फ़ीले अय्यारी बजाई। सब अय्यार एक जगह जमा हुए उनसे सारा हाल कहा। सब ने अमर से बयान किया के हम ये अय्यारी करेंगे जो अय्यारियाँ के अय्यारों ने ब्यान कीं वो अमर ने पसन्द कीं के हाल उनका आइंदा मज़कूर होगा और सब अय्यार चले। अमर भी एक सिम्त रवाना हुआ और इस तरफ़ साहिरान आफ़त को लिए हुए इसी मैदान में पहुंचे, हैरत भी वहाँ आई और एक तरफ़ ठहरी और अज़ बसके हुकमे अफ़रासियाब था के शब भर मुक़य्यद रख कर अम्बारे हीज़म लगाना इस वजह से जब मातम कदाए दहर में उरूसे रोज़गार ने लिबासे स्याह पहना और शामे ग़म ने बसद अलम मुँह दिखाया केः

*आबिदे ज़िंदा दारे शबे महताब*
*रिश्ताए कहकशां को ले ब सफ़ा*
*दाना ए अख़्तरान पिरोने लगा*
*उसको तस्बीह की थी इसलिए फ़िक्र*
*ता करे अपने किबरिया का ज़िक्र*

आफ़त के वास्ते चौकी और पहरा मुक़र्रर हुआ। एक तरफ़ हैरत का ख़ेमा इस्ताद हुआ, ये भी फ़ेरोकश हुई। एक साहिर तदबीर जादू नाम जंगल कटवा कर हर सिम्त से मंगवा कर लकड़ियाँ अम्बार करने लगा, लश्कर का तलाया हर तरफ़

फिरता था और इस तरफ़ महरुख़ ने हस्बे नसीहते ख़्वाजा निस्फ़ फ़ौज को हमराह लिया और बराहे मख़्फ़ी रवाना हुई और क़रीब उस बियाबान के पहुँचकर साहिर सिम्ते ज़मीन-ओ-आसमान जा कर छुपे और ख़ुद कमीन गाह में ठहरी। लेकिन अय्यार जो मशवरा कर के चले थे इन में से बर्क़ फरंगी क़रीब उस मैदान के जब आया उसने तदबीर को लकड़ियों की तदबीर करते देखा, सूरत अपनी एक हीज़म कश की ऐसी बनाई और तबर कांधे पर रख कर सामने तदबीर के आया कहाः मैं एक दरख़्त काट रहा था उस में से एक शोला निकला और वो शोला परी बनकर नाचने लगा, मैं भागा। आप भी चल कर देखिए।

तदबीर को ताज्जुब हुआ और बर्क़ के हमराह चला। बर्क़ उस को तनहाई में लाया और हुबाबे बेहोशी उस के मुँह पर लगा कर उसे बेहोश कर दिया और ग़ार में कपड़े उतारकर बन्द कर के उस की सूरत आप बनकर आया और हर सिम्त इंतज़ाम लकड़ियाँ जमा कराने का करने लगा, अब लकड़ियों को इस तरह अम्बार कराया के बीच अम्बार उसके जोफ़ रखा ऐसा के अगर चाहें तो दो आदमी उस जोफ़ में उतर कर जिधर चाहें चले जाएं। ये तो इस काम में मसरूफ़ है के क़िराँ भी यहाँ आया और लकड़ियों का अम्बार देखकर एक जगह जंगल में बैठ कर नक़ब खोदने लगा के नीचे लकड़ियों के जाकर निकले उस वक़्त ज़िरग़ाम ओ जानसोज़ भी आए और सूरत साहिरों की बना लकड़ियों के ढेर पर रोग़न बेहोशी आमेज़ और बेहोशी डालने लगे। ये सब तो अपने-अपने काम में मसरूफ़ हैं।

लेकिन ज़िक्र अमर का सुनिए के ये जो मश्वरा करके चला किनारे-किनारे दरियाए ख़ूने रवां के रवाना हुआ, यहां तक के क़रीब एक बाग़ के पहुँचा, देखा गुलशने निगारीं है, रशक दिहे बहिशते बरीं है, दरख़्त सरकशीदा ओ बुलंद हर निहाल फ़ैज़े बाग़बाने अज़ल से निहालों अरजुमंद लेकिन हर तरफ़ उदासी छाई है, हर एक गुल गिरेबां चाक है न वो रानाई है न ज़ेबाई हैः

*हमसरे लाजवर्द थी जो दीवार*
*उसमें रख़्ने पड़े हज़ार हज़ार*
*थीं जो सिक़फ़ी मुनक़्क़शो रंगीं*
*हैं अबाबील आशियाना गुज़ीं*
*गेरूआ फ़ाख़्ते का पैराहन*
*है सरे कंगरा न गोरो ग़ज़न*
*शाख़ पर बुलबुले हज़ीं यकसू*
*कर रही है सदाए फ़ा-ते-बरू*

अमर जब अंदर बाग़ के पहुँचा एक गोशे में ठहर कर नज़ारा कुनां हुआ, अजीब मामला नज़र आया याने मल्का हिलाल सहर अफ़गन ज़ौजा आफ़त की जो ग़मे शौहर

में घर से चली थी तिल्सिमे ज़ाहिर में ये बाग़ उसकी सैर गाह है इसलिए यहाँ ठहरी है के शब भर रंजो मातमो नौहाओ शेवन करे और सुबह को अपने शौहर के पास जाकर अपनी भी जान दे। लिहाज़ा अमर ने देखा के कई सौ औरतें स्याह पोश मल्का को घेरे मसरूफ़े गिरयाओ बुका है और बीच में वो ग़ैरते माहे ताबान अलम में मुबतेला अपने शौहरे हज़ीं को याद कर के बिलबिलाती है और रोती है के:

*बेदे मजनू का इक दरख़्त वहाँ*
*जिसके साए में आशिक़ों को अमां*
*न तो दुनिया की कुछ ख़बर उसको*
*न तो परवाए यादे सर उसको*
*थी वो बेज़ार अपने जीने से*
*काम था ख़ूने दिल के पीने से*
*गाह जाना का नाम लेती थी*
*गाह दिल थाम थाम लेती थी*
*गाह पहरों ख़मोश रहती थी*
*गाह बादे सबा से कहती थी*
*ऐ सबा हो गुज़ार गर वां तक*
*याने ज़िन्दां में मेरे जानां तक*
*कहियो एक नामुराद मरती है*
*नज़अ में तुझको याद करती है*
*देख कर इस तरह उसे मायूस*
*बर्ग मलते थे वाँ कफ़े अफ़सोस*

अमर ने बैन करते जो सुना समझा के ये ज़ौजाए आफ़त है। फौरन बाग़ में छुपकर सूरत अपनी एक ज़ईफ़ा औरत की बनाई के सर सफ़ेद कूज़ा पुशत लकड़ी हाथ में लिए रोती हुई, ऐ फरज़ंद कहती हुई सामने उस नाज़नीन के पहुंची और सर से पा तक बलाएँ लीं गले लगाकर खूब रोई और कहाः मैं आफ़त की खिलाई हूँ।

ग़रज़ बाद रोने पीटने के कहाः ऐ-मल्का दरेबाग़ तक तुम तन्हा मेरे साथ चलो, मैं एक तदबीर को बहरे रिहाई तुम्हारे शौहर के जाती हूँ, तुम भी वो कैफ़ियत सुनलो।

हिलाल सब को छोड़ कर अकेली बुढ़िया के साथ चली। अमर ने उस को तन्हाई में ला कर हुबाबे बेहोशी मुँह पर मारा के बेहोश हो गई, पस पैरहन उसका लेकर अपनी सूरत मिस्ल उसी के बनाई और उसे ज़म्बील में रख लिया। वहाँ से जब फिर कर उसी जगह आया के वो कनीज़ें खड़ी थीं यकायक पुकारा के "सतः सतः" उस वक्त कनीज़ें अनीसे जलीसें क़दम पर गिर कर समझाने लगीं के ऐ नाज़ुक बदन ये

सिनो साल तेरा जलने के क़ाबिल नहीं, तू क्यों सती होगी, वास्ता सामरीओ जमशेद का इस बिरहा की आग को दिल से बुझा।

हिलाल ने जवाब दियाः

*जिसे इश्क़ का तीर कारी लगे*
*उसे ज़िंदगी क्यों न भारी लगे*

सारी उम्र आतिशे फ़िराक में जलने से ये बेहतर है के अपने दिलदार के साथ जलकर नाएरा ऐ मुहाजरत से ठण्डी रहूं:

*लाज़िम है सोज़े इश्क़ का शोला अयां न हो*
*जल बुझे इस तरह के मुतलक़ धुआं न हो*
*ये कहकर ज़ार ज़ार रोई और पुकारीः*
*आह करूं तो जग जरे जंगल जरे जाए*
*ये पापी जियरा ना जरे के जीमां आह समाए*

और कनीज़ों से हुक्म किया के लाओ असबाबे उरूसी के इस रात को सामाने आख़री और विसाले जावेदानी करलें और मुलाक़ाते रूहानी के लिए आरास्ता हो लें। कनीज़े कशतियाँ लिबासो ज़ेवर की सामने लाईं। हिलाल ने अपनी जुल्फ़ों को संवारकर और बालों को बिखेर कर पुशत पर डाला, हर बाल में मोती पिरो दिया ये मालूम होता था।

बक़ौल कवीश्वरः

*चुपके चहू झार मानो मोर पंखदार फूलन की दार दो सौतन विचारे है*
*मीन मनहार किधौ नागन के नाग किधौं नार कवँल के सौहैं संवारे हैं*
*काजर सूँ कारे अंधियारे सूँ अंधायारे प्रेम प्रीत ऊपर डारे सदा सूं सिधारे है*
*लाम्बे लहकारे गोरी पीठ ऊपर डारे सोने की दीवार ऊपर चोटी के पिनारे हैं।*

और मिस्सी की डली और पान का लाखा इस तरह जमाया के दिल अहल का घड़ी-2 करके लूट लिया बल्के लाख ने जान अश्शाक़ पर न्यौछावर किया केः

*कबिगंग कहा, कहिए एमा याही ही गुन राजत उर्वसी कै*
*जाऊं से दरसै मुस्कियान सो कान भए बिस तीरै कमनैती कै*
*चंदर के आनन है तिल राजत ऐसे बिराजत दांत मिस्सी कै*
*फूलन की फूलवारिन में मानो खेलत हैं छयौना जिप्सी कै*

और सर से पा तक सुर्ख़ लिबास ज़ेबे जिस्म फ़रमाया, शोलाए आतिशे इश्क़ को दूना भड़काया, गात को उभार कर जौबन का आलम दिखाकर दिले आशिक़ को बेताब बनाया केः

संबौ कीसैं हखा किधौं अनार बारह कीसैं श्री फल के ठाठ मानो नारंगी लगाइन हैं।

*हीया फाटक कै ठाठ पीछै दरियाई कीसै मृदंगी के संग दिया उल्टी धराईन हैं।*

*खेलने कै गेंद आई चकवा चकवी बिछोहा होत तेरे भुजन में कुंज की सी छाई हैं।*

*कहत प्रेम दास रहिए प्रेम ही के साथ काम चोट काढ़िबे को तोमरी लगाइन हैं।*

अलमुख़्तसर जब इस तरह आरास्ता ओ पैरास्ता हो चुकी कनीज़ाने ख़ुशरौ यासमन बू ने सती की पूजा की और हार फूलों के, दोनों मिठाईयों के गिर्द उस नाज़ुक बदन के ढेर कर दिए और तख़्त पर मल्का सवार हुई, कहारों ने तख़्त उठा लिया। हिलाल ने क़हक़हा लगाया और बक़ौल शाएरः

*हंसत खेलत अब चली हैं साईं के दरबार*

एक नारियल लिए दमबदम उसको उछालती रवाना हुई। जिधर से वो तख़्त निकला तमाम साहिराने तिल्सिम रिआया बराया सब का मजमा साथ हुआ, हर एक मुराद और मिन्नत मांगने लगा, पूजा होने लगी। सती के हाथ से प्रसाद के तलबगार हुए चाहते थे के असीस दे और सती जब ख़ल्क़ का मजमा ज़यादा देखती थी तख़्त ठहरा कर मुज़म्मते दुनियाए दूं हर एक को सुनाती, हरि से ज्ञान ध्यान लगाने की ताकीद करती के बच्चा जो अपने हरि से पीत करे और घर में जिस के वो बसै हृदय में समाए, तन मन उसी के नाम पर सौंपे, उसको प्राण छोड़ना आसान हो, जब चोला छूटे तब सुख पाए। संसार में प्रीत की हर इच्छा सम्पूर्ण हो जिस से हरि से भेंट रहे एक हो जाएः

*आलिफ़ एक बूरंगी साई*
*हर घट में वा की पर छाईं*
*जहाँ देखो तहाँ रूप है नियारा*
*ऐसा है बहुरंगी प्यारा*
*वजहन कहे तो क्या कहे*
*कछु कहने की नहीं बात*
*समुंद्र समायों बूँद में*
*अचरज बड़ौ दिखात*

डफ़ली और बांसुरी सामने तख़्त के बजती थी सती किसी को फूल तोड़ कर देती किसी को ख़ाक पूजा पर की अगियारी के हवाले करती कलामे नसीहता-ना-फ़रमाती रवाना थी, यहाँ तक के नाएरऐ फिराक़े शाहिदे शब में जलता हुआ गुम्बदे मशरिक़ से नय्यरे ताबां निकल कर तख़्ते फ़लक पर सवार हुआ और जिगर सोज़ी आलम को दिखने लगाः

*एक तरफ़ से अयां हुआ खुरशीद सुबह को ले के जाए नमाज़ सफेद*
*तालिबे ताअते आला हुआ याने खुद शकले सजदा गाह हुआ*

सुबह होते होते सती उसी मैदान में जहाँ अंम्बारे हीज़म है पहुँची और अफ़रासियाब भी अपनी ख़्वाब गाह से उठ कर गुम्बदे नूर पर आकर जल्वा-गर हुआ और इस तरफ़ आफ़त जादू आफ़त में मुबतेला बा दिले हज़ी रूजूए दरगाहे ख़ुदावंद में इस्तेग़ासा कर रहा था के ख़ुदावंद मैं भी मिस्ले महरूख़ के मुतीए इस्लाम हुआ हूं। मुझ पर इस आफ़त को दूर कर दे और वास्ता ख़ासाने खुदा का दिलायाः

*सगरौ संसार पुकारत है, जिबरील के अंतर तू ही सिखायौ*
*तीन सौ बरस नबी जी से आगे नाहर से सलमान को छुड़ायौ*
*भीर पड़ी जब धीर कै तब अंतर मार कै सैन चलायौ*
*मैं बिनती करूँ सिंह इलाह के मेरे है बार को बेर लगायौ*

ये दुआ कर रहा था के यकायक हंगामा हुआ और तख़्त सती का वहाँ आया सारी ख़लक़त उसी तरफ़ चली और तख़्त को घेरा। पूछना शुरू किया के हमारे यहाँ औलाद कब होगी। किसी ने कहाः मैं मुहताज हूँ मुझे धन दौलत कब मिलेगी। इसी तरह सब सवाल करते थे और जवाब सती से पाते थे इस ग़ाफ़िला को देखकर अफ़रासियाब ने साहिराने दरबार से हाल पूछा के ये क्या माजरा है, एक ने अर्ज़ की के ज़ौजए आफ़त जादू शौहर के साथ जलने आई है। ये सुनकर उसने भी सती को अपने रूबरू तलब किया और उसके जमाले दिलफरेब को देखकर ग़श कर गया, बहुत समझायाः ऐ नाज़नीन, मुल्को माल ले, मुझे अपना शैदा जान कर जलने से बाज़ आ।

इस माहवश ने जवाब दियाः ऐ-बादशाह जब इस बिरह की आग ठण्डी हो तब चोला सुखी रहे धन दौलत लक्ष्मी सब ख़ाक है केः

*लकड़ी जल कोयला भई और कोयला जल भई राख*
*मैं पापन ऐसी जली न कोयला भई न राख*

यह कहकर तख़्त से कूद कर आफ़त के पास आई उसको बहुकूमे शहंशाह साहिर अंम्बारे हीज़म पर बिठा चुके हैं के सती ने वहाँ पहुँच कर उसको गोद में लिया। उस वक़्त साहिरों ने आकर सती के हाथों पर काजल पार कर इमतेहान लिया के यो जल जाएगी या इश्क़ इसका झूठा है, देखें इश्क़ की आग उसके तन मन को जला चुकी है या नहीं, ग़र्ज़ जब काजल हथेली पर पारा, सती बैठी हंसी की।

उस वक़्त इस मैदान में एक अंबोहे ख़लायक़ था हैरत मय तमाम साहिराने नामी के गिर्द अंम्बार के खड़ी थी के यकायक ज़िरग़ाम ने जो इंतज़ाम करते फिरते थे कुप्पे घी और तेल के सब में बेहोशी मिली हुई थी लकड़ियों पर ला कर उंडेले और बर्क़ ने पौला जला कर आग लगा दी। यकायक शोला बुलंद हुआ और चार सिम्त से आग भड़की उस वक़्त अमर जो आफ़त को लिए बैठा था उसे जाल में लपेट कर ज़ंबील में रख कर उसी जौफ़ में कूदा जो बर्क़ ने बनाया था। जब तहे ज़मीन पर पहुँचा

वहाँ क़िराँ नक़ब लगाए बैठा था उसने कमंद मारकर अमर को घसीट लिया और बराहे नक़ब जहाँ से नक़ब लगाई थी उस मोहरे पर निकला, इस अरसे में सारे अंबार में आग लगी और बेहोशी का रौग़न और मनों बेहोशी जो उस पर पड़ी थी उसका धुआँ कई सौ कोस तक फैला जितने साहिर जमा थे और हैरत मय फ़ौज के छींके मार कर बेहोश हो कर गिरे। उस वक़्त अमर और क़िराँ खंजर खींच कर दौड़े और नारा बुलंद कर के बेहोश साहिरों पर गिरे और सर काटने लगे। इन सब के नथुनों में फूल दाफ़ए बेहोशी चढ़े हैं के खुद बेहोश न हो जाएं फिर तो बर्क़ फ़िरंगी और ज़िरग़ाम और जां-सोज़ सब साहिरों के सर काटते थे और इनके नारे की सदा सुनकर महरूख़ और बहार और नाफ़रमान और सुर्ख़मूँ वग़ैरा कोई ज़मीन से और कोई आसमान की तरफ से पैदा हो कर आफ़त बरपा करने लगे। ना-रंज और तरंज गोले फ़ौलादी लगाते थे के साहिरों के सीने टूटते थे और शोले उनके मरने से और ज़्यादा बुलंद थे अंधियाँ उठती थीं और धुआँ बेहोशी का ऐसा बुलंद हुआ के अफ़रासियाब के कमरे में जाकर घुटा और अफ़रासियाब कमरे पर नीचे को झुका हुआ ये हंगामा देखता था के यकायक बेहोश हो के क़लाबाज़िया खाता हुआ तरफ़ नशेब के चला के पुतले ज़मीन से पैदा हुए उन्होंने शहंशाह को रोका। इस अरसे में अंदर कमरें के सब अहले दरबार भी बेहोश हुए लेकिन महरूख़ की फ़ौज कमीन गाह से जो निकली उसने और तमाम सरदारों ने थोड़े अरसे में हज़ारों बल्के लाखों आदमी हलाक किए, एक तलातुम डाल दियाः

*खींची महरूख़ ने सहर की तलवार*
*शोले उठने लगे हज़ार हज़ार*
*सायक़े बिजलियाँ गिरी हर सू*
*हो गए ढेर कुश्ता हाए अदू*
*जब के वो बर्क़ जगमगाने लगी*
*पुश्त गावेज़मीं चुराने लगी*
*वो चमकना जो याद आता है*
*महर गरदूं पे थरथराता है*

दरियाए ख़ून जारी हुआ अमर असबाब लश्करे हरीफ़ का लूटता फिरता है जो मरता था उसका पैरहन वग़ैरह लेता था के इस हंगाम में पुतले आकर हैरत को मैदाने क़त्ताल से उठा ले गए और अफ़रासियाब को भी होशियार कर दिया। उसने आँख खोल कर हंगामाए महशर बरपा देखा, सारी फ़ौज को ख़ाको ख़ून में ग़लतां पाया हैरत को होशियार कर के मारे नदामत के पर परवाज़ पैदा करके सिम्ते जुलमात चला गया।

तो हाज़रीन यहां ख़त्म होती है दास्तान अमर का सती बन कर आना और बचाना आफ़त जादू को।

# दास्तान अमर अय्यार का हैरत बनकर लौहे तिलिस्मी का सब राज़ हासिल कर लेना और बर्क़ फ़िरंगी का चकमा देना अफ़रासियाब को

सुख़न साज़ाने मानी-ए-दिलफ़रेब इस तरह फ़रमाते हैं के लौहे तिलिस्म वो तख़्ती है जिसमें तिलिस्म को तोड़ने के सब राज़ और तरीक़े लिखे होते हैं और साथ ही तिलिस्मकुशा यानी तिलिस्म जीतने वाले का नाम भी। अमीर हमज़ा का पोता असद गाज़ी होशरूबा का तिलिल्म कुशा है लेकिन लौह मिले बग़ैर वो कुछ नहीं कर सकता।

तो हाज़रीन बहुत तरकीबों के बाद अमर और असद ग़ाज़ी तिलिस्म कुशा वो लौह हासिल कर लेते हैं जिसमें तिलिस्मे होशरूबा का सारा राज़ लिखा है मगर अफ़रासियाब की अय्यार बच्ची सर सर शमशीर ज़न अय्यारा उसको वापस ले आती है। अब अमर और बर्क़ वग़ैरा अफरासियाब के दरबार में पहुँचते है।

अमर एक कनीज़ बना वहां खड़ा है, सोच रहा है क्या करूँ, के तभी देखा के दूर पहाड़ से एक सांड चिंघाड़ता हुआ चश्मे-ज़दन में जस्त करता हुआ अफ़रासियाब के दरबार में दाख़िल हुआ और उसके पास आके खड़ा हुआ। अफ़रासियाब ने उसकी पीठ पे प्यार से हाथ फेरा फिर कुछ उसके कान में कहा। अमर ये माजरा देख कर दिल में सोचा न जाने ये गधा इस सांड से क्या कह रहा है के सांड ने अपना मुंह खोला। अफ़रासियाब ने लौहे-तिलिस्म उसके मुंह में रख दिया। वो सांड सलाम करता हुआ जस्त करता सहरा की तरफ़ ग़ायब हो गया।

अफ़रासियब ने ताव दे के कहाः मैंने लौहे-तिलिस्म हिफ़ाज़त से रखने के लिए भेज दी। अब कोई साहब मुझसे इसका ज़िक्र न करें, न इसका हाल मुझसे पूछें। ये कहकर मयनोशी करने लगा।

अमर ये हाल देख कर फ़िक्र में था के क्या करूँ।

आख़िर हैरत के सामने पहुँचा। उसकी कनीज़ की शक्ल बनाये हुए कहाः वारी मैं भूल गई थी, एक बात आपसे कहनी है। ज़रा तख़्लिये में आईये तो अर्ज़ करूँ। हैरत उठ खड़ी हुई। अमर को अपनी कनीज़े ख़ास, हमदमे इख़्तिसास जानकर हाथ

थाम लिया। पर्दा उठाकर उस ख़ेमे में आई जहाँ छपरखट लगा हुआ है। अमर ने कहाः हुज़ूर बैठ जाईये। एक बात ये है हुज़ूर के ये बादशाह अफ़रासियाब रोज़ रात को शराब पीके जो आपसे बेरुख़ी करते हैं और मुँह फेर लेते हैं तो उसकी वजह एक गडरिया बच्चा है जिसे हुज़ूर ने बचपन से पाला है। वो मर्दुवा उनको ख़ूब रंग दिखाता है और उसी की सोहबत की वजह से वो आपसे ऐसे रूठे-रूठे से रहते हैं।

ये सुनकर हैरत ग़ुस्से से कांपने लगी, कहाः अगर ऐसा है तो वो बहुत रंज उठायेंगे, मुझको ज़िन्दा न पायेंगे।

अमर ने देखा मलका को गुस्सा आ चुका है, चेहरा सुर्ख़ हो गया है, ख़ासदान से गिलौरीं निकालकर कहाः हुज़ूर, गुस्सा न कीजिये, कहने वाले झूठ सच में बात उड़ा देते हैं, हम भी उनको समझायेंगे। ग़ुस्से में मुँह खुशक हो गया। गिलौरी नौश फ़रमाईये।

हैरत ने गिलौरी खाई, पान खाते ही कलेजा खुश्क़ हो गया, घबरा कर कहाः अरे मेरे कलेजे में आग लगी, बुवा ये कैसी गिलौरी थी। हड्डियां जलने लगी।

अमर ने कहाः उठ के टहलिये।

मलका हैरत उठी बेहोशी काम कर चुकी थी, लड़खड़ा कर बेहोश हुई। अमर ने फ़ौरन सूरत अपनी हैरत की बनाई, हैरत को ज़ंबील में रखा फिर हैरत बन कर सामने अफ़रासियाब के पहुँचा। अफ़रासियाब बढ़ा के मैं हाथ थामूं। कहाः ख़बरदार जल्लाद, अगर मुझको हाथ लगायेगा तो ख़ून पानी एक करूँगी, सांखियां खा लूंगी, कुएं में डूब मरूंगी। जब तुम को मेरा ऐतबार नहीं है तो जोरू शहर कैसा। मुझे मुण्डी काटा निगोड़ा दुश्मन जानता है, राज़ की बाते मुझसे छुपायी।

अफ़रासियाब ने बेक़रारी में सर पाँव पर हैरत जादू के रख दिया। गले में हाथ डाले चाहा गले लगाये। हैरत नक़ली ने दाढ़ी नोच डाली। कहाः बस अलग से बात कीजिये और दिल से कहते हैं के ऐ ख़्वाजा अय्यारी क्या बुरी चीज़ है जोरू इसकी बनकर आये ख़ुदा आबरू बचाये।

अफ़रासियाब ने कहाः मलका ये बता दो वो राज़ मैने तुम्से कौन सा छुपाया, जिस पे तुमको गुस्सा आया।

हैरत ने कहाः ऐ शहंशाह आप ना इंसाफ़ हैं, आपके सामने कहना न कहना दोनों बेकार है।

अफ़रासियाब ने कहाः मलका बयान करो, जानोमाल मेरा तुमहारे सपुर्द है।

उन्होंने कहाः नामुंसिफ, मैं चाहती थी इस राज़ को तो अपने दिल में रखूं जब किसी दिन बिरादरी जमा हो चौधरी से कह कर तुम्हारा हुक़्क़ा पानी बंद कराऊँ के तुमको कच्ची पक्की दोनों देना पड़े।

ये कहकर अफ़रासियाब के गिरेबान में हाथ डाला कहाः क्यों साहब लौहे तिलिस्म का हाल मुझसे छुपाया, हम लौहे तिलिस्मी को लेकर क्या करते अगर हमको मालूम होता हम जाकर अमर अय्यार को आगाह करते, सुनो साहब दो बातों में फ़ैसला है।

अगर मैं दुश्मन हूँ तो बस मुझको जाने दो, मैं अपने मैके जाऊँ। तुमको शैतान के हवाले किया, अगर दुश्मन नही हूँ तेरी जोरू वफ़ादार हूँ, कोई आज तक बुरा भला करम नहीं किया तो साफ़ बतला लौहे तिलिस्मी किसके पास है और कहां है, वर्ना अपनी जान दूंगी।

अफरासियाब ने कहाः मलका ज़रा सी बात का तूने बतंगड़ बना दिया है, मैंने तुमसे इस वास्ते नहीं कहा के साबिक़ में मैंने मख़मूर और बहार और बाग़बान को राज़दान किया था वो लोग अमर अय्यार से मिल गए अब लौहे तिलिस्मी मैंने बड़ी मुश्किल से पाई इस वजह से लौह छिपाई।

हैरत ने अपना मुँह पीट लिया और कहाः ओ ज़ालिम बेमुरव्वत मुझको बहार और मख़मूर से मिसाल देता है, वो लौंडिया बादियां नैन मटका कर निकल गई, बतला तो मैं कहाँ जाऊंगी अगर तू मरेगा तो तेरे साथ सती हूंगी, जहन्नुम तक तेरा साथ न छोड़ूंगी बस अब जल्दी साफ़ बताओ वर्ना ये अल्मास की अंगूठी चबा जाऊंगी।

अफ़रासियाब ने हाथ थाम लिया कहाः मलका ऐसा इरादा न करना मैं हाल बयान करता हूं मगर इसका ज़िक्र किसी से न करना।

ख़्वाजा ने हंस के कहाः मैं तो अमर से कह दूंगी, असद ग़ाजी को साथ लेकर जाऊँगी, तिलिस्म फ़तह कराऊंगी, तुम्हारा जी चाहे तो बयान करो न जी चाहे न कहो, मैं तो दुश्मन दुश्मन दुश्मन।

ये कहके उलटे हाथ से तमांचा मारा। अफ़रासियाब गाल सहला के रह गया। ख़्वाजा ने कहाः अब बयान करो।

ऐ मलेका बगोशे होश सुनो। अगर कोई क़सद करे के ताबा लौहे तिलिस्मी जाए। अव्वल जिस तख़्त पे हम तुम दोनों बैठते हैं उसी तख़्त को अपनी जगह से हटाए। मेरे जूड़े में चाबी है उसे पाये इस क़ुफ़्ल को खोले अंदर एक तहख़ाना बरआमद होगा। जिसकी कई हज़ार सीढ़ियां, अंदर उसके घुप अंधेरा, उन सीढ़ियों को तय करे तो सेहरा में एक रास्ता खुले, उस सेहरा में न इंसान, न हैवान, न चरिंद, न परिंद, ऐसा ही कोई ज्याला हो गर्मी और भूक से मर जाए। बाद कई मंज़िल के एक तिलिस्मे दर बंद मिलेगा। बादशाह उसका कई लाख फ़ौज का मालिक, बाद उसको ख़त्म करने के लौहे तिलिम्सी का रास्ता खुले। अब तुम्हीं बताओ मलेका किस में इतना बूता है के इस महल में अव्वल हमको बोहोश करे। हमारे जूड़े से चाबी

निकाले, तख़्त हटाए, सुरंग में जाए, सेहरा को तय करे, तिलिस्मे दरबंद को फ़तह करे और लौहे तिलिस्मी का खोजे रास्ता।

हैरत नक़ली जमाही भरती हुई बोली अब जाने भी दीजिए। बादशाह मैं क्या करूंगी ये सब राज़ जान के और आपने तो बातों बातों में ऐसा लगाया के मैं थक के चूर हो गई। लीजिए शराब का जाम नोश फ़रमाइए और हम और आप आराम करते हैं।

ये कह कर कश्ती शराब की पेश की, जामे शराब में बेहोशी भर के अफ़रासियाब को दी, अफ़रासियाब खुश हुआ के हैरत का गुस्सा जाता रहा, ग़ट ग़ट जाम पी गया, लड़खड़ाता हुआ तख़्त से उठा और छपरखट पर गिरके बेहोश होकर सो रहा।

अमर ने फ़ौरन हैरत को अपनी ज़ंबील से निकाला उसे अफ़रासियाब के पहलू में सुलाया। फिर देखा बर्क़ फ़रंगी एक कनीज़ बना हुआ पड़ा सोता है। उसे होशियार किया और कहाः

बेटा बर्क़ में लौहे तिलिस्मी की तलाश में जाता हूं, तुम कनीज़ समन आरा बन के दरबार में रहो। अफ़रासियाब को बातों में लगाओ ताके मुझे इतनी मोहलत मिल जाए के मैं आगे जा सकूं।

ये कह कर अफ़रासियाब के पास आया उसके जूड़े से चाबी निकाली, बर्क़ और अमर ने मिलकर तख़्त को हटाया, क़ुफ़्ल खोला अमर मशाल जला कर तहख़ाने में गया। बर्क़ ने तख़्त को वापस लगाया। चाबी अफ़रासियाब के जूड़े में वापस रखी और आकर चुपके सो रहा।

यकायक गिरेबाने सेहर चाक हुआ अफ़रासियाब आँखे मलता हुआ उठा, कहाः ऐ अफ़रासियाब किस मुहब्बत से पिलाई शराब और माद्द-ए हैजानी के लुत्फ़ उठाये, लेकिन शराब का अंजाम होता है ख़राब उस वक़्त दिल कबाब हुआ, नाहक़ का पेचों ताब हुआ, शराब का नशा ऐसा हुआ के मैं ग़ाफ़िल सो गया, फिर आँख खुली, हैरत को बड़ा रंज हुआ होगा।

हैरत को जगाने लगाः मलका ए आलम उठो दिन चढ़ आया, धूप निकल आई।

इस अर्से में मलका नैरंग जादू हैरत की ख़ास मुसाहिब उठी, सामने आई, बराय तसलीम ख़म हुई, अफ़रासियाब ने कहाः मलका नैरंग हैरत को उठाओ, आज हमसे बहुत ख़फ़ा हैं।

नैरंग जादू क़रीब आई, तलवों से आंखें मलीं, मलका हैरत ने चश्में नरगिसी वा की, घबरा कर आँख खोली, हैरान परेशान, चहार जानिब निगरां, निहायत इंतशार दिले बेक़रार, दम बदम हैरान अपने हाले पुर मलाल पर इबरत के, ऐ हैरत मैं तो जंबील में अमर के थी, क्या क्या अजायब देखे फिर तक़दीर न दिखाए, अम्र ने

ताकीद कर दी थी ये ज़ौजाए अफरासियाब है इस को कोई न सताये, इस पर भी हज़ारों लौंडिया चांव चांव करती थी, हज़ारों गालियां दी, हाथ फैला फैला कर कोसती थी, कहती थीः इस कमबख़्त नालायक़ को खुदा ग़ारत करे, इसका सत्यानास जाये, इस का धगड़ा हमारे शहंशाह से लड़ता है।

इन हालात को याद करके हैरत की दमबदम हैरत बढ़ती जाती है, उठते ही सर झुका लिया, अफ़रासियाब की जानिब से मुँह फेर कर बैठी। अफ़रासियाब समझा, मलका मेरे सो रहने पर आजुर्दा है, आज दिन को राज़ी कर लूंगा। इस ख़याल से अफ़रासियाब भी चुप रहा। नैरंग जादू बलाएं ले रही है। हैरत ने हैरान होकर नैरंग को देखा। आँखों में आँसू भर लाई, ख़ामोश सर झुकाकर तख़्त पे बैठ गई।

नैरंग ने अफ़रसियाब से कहाः क्यों ऐ शहंशाह आज मलका बहुत रंजीदा मालूम होती है।

अफ़रासियाब ने कहाः ऐ नैरंग बात ही कुछ ऐसी है क्या कँहू? गोयम मुशकिल व न गोयम मुशकिल।

नैरंग ने कहाः फ़रमाइये लौंडियों से क्या परदा है।

अफ़रासियाब ने कहाः- रात से मलका का मिज़ाज बिगड़ा हुआ है, कहती है के मुझसे राज़ को छुपाते हैं। ख़ैर मैने उस राज़ को भी बतला दिया। असल में सारा ग़ुस्सा ये है के रात को मैं नशे में शराब के सो गया। उन्होंने जगाया। मेरी आँख न खुली।

ये सुनते ही हैरत ने चीख़ मारी और कहाः यारों ये तो बतलाओ मैं ज़िंदा हूं के मुर्दा और यह सब मेरी ग़ुलाम हैं। मैं अपने ही दरबार में हूं।

अफ़रासियाब ने कहाः और नयी बात सुनिए।

नैरंग ने कहाः शहंशाह ख़ामोश रहिये। मैंने मलका को कभी ऐसा बदहवास नहीं पाया। जाने क्या बात हुई। हैरत से कहने लगीः मलका मैं हुज़ूर की लौंडी नैरंग बाई हूं। हम सब हुज़ूर की कनीज़ हैं। ये किस मुक़दमें में हैरत है। दिले पुर तरद्‌दुद की क्या कैफ़ियत है।

हैरत ने कहाः ऐ नैरंग मेरी तो कुछ समझ में नहीं आता के क्या होता है। ये अपनी हांके जाते हैं। कौन सी शराब, कौन सी लड़ाई? रात को तो मैं यहां थी ही नहीं।

अफ़रासियाब ने कहाः लो और सुनो अब तो ये रात को यहां थी ही नहीं, ऐ मलेका तुमने कल पूरे दरबार के सामने क्या क्या गुल खिलाए थे। संख्यां खा लूंगी। मर जाऊंगी, मुझे अपने मैयके भेज दो, कैसा तुमने मुझे शर्मिंदा किया।

हैरत ग़ुस्से से बोलीः ऐ शहंशाह आप क्या बे सर पैर की कहते हैं। मैं तो रात भर अमर अय्यार की ज़ंबील में थी। क्या क्या माजरे देखे, ख़ुदा दुश्मनों को

भी उनसे बचाए। मैं तो अब तक यही समझ रही थी के इसी ज़ंबील में क़ैद हूं, ये तो नैरंग ने मुझ से कलाम किया तो मुझे यक़ीन आया के मैं अपने ही दरबार में हूं।

अफ़रासियाब ने कहाः चेह खूब! तुमने तो ऐसी आफ़त बरपा कर रखी थी के लौहे तिलिस्मी का राज़ बताओ, लौहे तिलिस्मी का राज़ बताओ, के अपने आपे में नहीं थी, सब होश हवास खो बैठी थीं, तलाक़ की धमकी देती थीं। ख़ैर मैंने वो राज़ भी तुमको बता दिया तब तुम्हें चैन पड़ा।

हैरत चीख़ मार के बोलीः ऐ शहंशाह मैं कहे जाती हूं के मैं रात को यहां न थी, अमर अय्यार की ज़ंबील में थी पर आप अपनी कहे जाते हैं।

अब अफ़रासियाब को एक हरास हुआ, अच्छा फिर वो कौन था जिसे मैंने ग़िरफ़तार किया।

हैरत ने कहाः मेरी जूती जाने। मुझे अपनी ज़िंदगी की फ़िक्र है के आपकी इन ख़रमस्तियों की।

अफ़रासियाब ने तड़प के जूड़े पर हाथ डाला और कहाः अरे देखो कुंजी तो यहीं मौजूद है।

हैरत ने कहाः कुंजी हो या न हो पर मैं कह चुकी के मैं अमर अय्यार की ज़ंबील में थी, क्या क्या मज़ालिम न सहे वहां, हज़ारों लौंडियां मुझे धमकाती थीं, क्या क्या दिल दहलाने वाले मंज़र दिखाई देते थे।

अब अफ़रासियाब बेचैन हुआ और पूरे दरबार में खलबली मच गई। कोई कहता थाः ओ हमारी बी बी अमर अय्यार की ज़ंबील में क़ैद हुई। सत्यानास हो उस मूज़ी का, फूल सा चेहरा कुम्हला गया है।

कोई कहता थाः अरे इस नाज़ुक सी जान पे क्या क्या ज़ुल्म हुए।

अब अफ़रासियाब के हाथ पांव फूलनें लगे के मैंने लिलिस्म का हाल किस को बता दिया।

इस अरसे में हाज़िरीन को याद है के बर्क़ फ़रंगी भी कनीज़ बना हुआ दरबार में मौजूद है।

अब जो दरबार में हलचल हुई। बर्क़ तड़प कर आगे आया और एक मोटा सा जादूगर ताक कर अपने पास खड़ा कर लियाः

भैय्या मेरे पास खड़े रहो, दरबार में जो बातें होती हैं उससे मेरा जी घबराता है।

जब बर्क़ ये इंतेज़ाम कर चुका तो चिल्ला के बोलाः हुज़ूर सुनिए। लौंडी को सब हाल मालूम है, मैंने सब माजरा देखा है।

अफ़रासियाब बोलाः क्या देखा है बयान कर।

तो बा आवाज़े बुलंद पुकार कर कहाः ऐ शहंशाह, सुनिये लौंडी को सब हाल मालूम है, नाहक़ सब साहब हुल्लड़ करते हैं। बगोशे होश समाअत फ़रमाईये, लफज़्न-लफज़्न बयान करूँ

अफ़रासियाब ने कहाः ख़बरदार, ख़ामोश।

सब आहालियाने दरबार खामोश हुऐ।

अफ़रासियाब ने कहाः हाँ बी समन आज़ार, बयान करो क्या मारका गुज़रा।

बर्क़ बोलाः "हुज़ूर अव्वल शब को मैंने देखा के वो सारबानज़ादा मलकाऐ हैरत बना हुआ था। आपसे कुल तिलिस्म का हाल पूछा।। जब आप सब राज़ बयान कर चुके तो आपको शराब पिला कर बेहोश किया। मलेका हैरत को आप के पहलू में लिटाया फिर अपने शार्गिद बर्क़ फिरंगी को ज़म्बील से निकाल कर होशियार किया और उससे कहाः बेटा बर्क़, मैं लौहे तिलिस्मी की तलाश में जाता हूँ। तू कनीज़ बन कर अफ़रासियाब के साथ जाना, उसको बातों में लगाना, मलेका बहार और महरूख़ को ख़बर पहुँचाना। हुजूर मैं छुप के देखा के बर्क़ और अमर ने मिलकर तख़्त उठाया, फर्श हटाया। अमर तो सुरंग में चला गया, ख़ुदा जाने उस पर क्या गुज़री मगर बर्क़ कनीज़ बनकर आप के साथ दरबार में आया। हुज़ूर कुल यही मारका गुज़रा। लौंडी ने सब हाल अपनी आँखों से देखा।

अफ़रासियाब ने कहाः हरामज़ादी तू चुपके देखा की, गुल क्यों न मचाया, मुझे क्यों न जगाया।

उसने कहाः हुज़ूर उसमें एक बायस था। बचपन में नानी अम्मा ने मुझसे कह दिया था के ख़बरदार कभी किसी की चुग़ली न करना, चुग़ली करना बहुत बुरी बात है। हुज़ूर इसी वास्ते मैं ख़ामोश रही। मैंने बुर्जुग़ों की बात याद रखी, चुग़ली न की।

अफ़रासियाब ने कहाः हरामज़ादी, उल्लू की पठ्ठी, तू मूझे जगा देती तो मैं उसे गिरफ़तार कर लेता न।

उसने कहाः हुज़ूर ये मुझे मजूंर न था, एक बेचारा तीन रूपये का प्यादा पकड़ा जाता, आप उसे कत्ल करते, ख़ून किसकी गर्दन पर आता। नानी अम्मा मुझे घर से निकाल देती।

अफ़रासियाब ने कहाः हरामज़ादी को जूतियाँ मारो, लगता है अमर अय्यार से मिल गयी है। अपनी कहे जाती है।

बर्क़ ने कहाः अबे बेवक़ूफ़ साफ़ साफ़ तो कहता हूं, मैं अपने उस्ताद को काहे गिरफ़तार करवाता नहीं पहचानता, अबे मैं बर्क़ फ़िरंगी हूँ, बर्क़ फ़िरंगी।

मनम बर्क़ रफ़तार व ख़ंजर गुज़ार।

अपने नाम का नारा बुलंद करके बर्क़ ने जो मोटा सा जादूगर अपने पास खड़ा किया था उसे तड़प कर ख़ंजर मारा। गर्दन उसकी तन से जुदा हुई, दस्तूर है के

जादूगर के मरने से अंधेरा होता है, अंधेरा तमाम दरबार पे छाया और आवाज़ आई।

कुश्ती मुरा नामे मन मक्कार जादू बूद

बर्क़ इस अंधेरे में कूदता, फलांगता दरबार से निकल गया और अफ़रासियाब हमेशा की तरह हाथ मलता रह गया।

तो हाज़रीन यहां ख़त्म होती है दास्तान अमर अय्यार का हैरत बनकर लौहे तिलिस्मी का सब राज़ हासिल कर लेना और बर्क़ फ़िरंगी का चकमा देना अफ़रासियाब को।

# दास्तान अमर अय्यार और मेहताब जादू की

सुख़न साज़ाने मआनी-ए दिलफ़रेब इस तरह फ़रमाते हैं के जब अय्यारे बेनज़ीर वाला तदबीर हुनर परवर ख़्वाजा अमर और चारो अय्यार अलग-अलग तिलस्म की जानिब चले जाते थे, बराहे मुख़तलिफ़ सहरा को तय करके सरहदे तिलस्म में आए लेकिन एक दूसरे का हाल जोयाँ रहा, साहिरों की सुरत बनाकर चार तरफ़ तिलिस्म में फिरना शुरू किया, कहीं सहराए सरसब्ज़ देखा, किसी तरफ़ दरयाए ज़ख़्ख़ार मौजज़न पाया, पहाड़ों की दाँग, तिलिस्म पर किये नये नये स्वांग हर तरफ़ बंगले साहिरों के बने, चौकियाँ जादुगरों की बहुकमे अफ़रासियाब बैठीं, साहिर सहर करते आग और पत्थर बरसाते, अलग़रज़ अय्यार अलैहदा अलैहदा सब कैफ़ियत देखते चले जाते हैं के एक मक़ाम पर जो अमर आकर पहुँचा, सहराए अजीब वहाँ देखा के घास के बदले कोसों तक मुक़ैश उगा है, जंगल सारा चाँदी का है। अमर ने अपने दिल से कहाः ये सारा जंगल मुमकिन होता तो मैं ज़ंबील में रख लेता, हाए क्या करूँ कुछ बस नहीं, क्यों कर इसे उठाऊँ।

इसी फ़िक्र में तसव्वुर किया के जहाँ तक हो सके घास यहां की काट लूं, बस हंसिया ज़ंबील से निकालकर घास काटने लगा मगर हर तरफ़ फिर फिर कर देखता जाता के ऐसा न हो के कोई आ जाए। और जल्दी जल्दी काटे जाता था। कुछ थोड़ी घास काटी थी के यकायक सदा आईः

बाश ए दुज़्दे मक्कार, मैं तेरी तलाश में था, अब कहाँ जाएगा ।

अमर ने यह आवाज़ सुनकर गरदन उठाई और कहाः अफ़सोस क्या तक़दीर बुरी है।

नाचार उठकर जो निगाह की तो सामने से एक साहिर को आते देखा के सारा बदन चाँदी का है, बाल सर के मुक़ैश के हैं, असबाब सहर का लिए काले साँप सर से लपेटे ललकारता है।, अमर उसे देखकर भागा। उसने सहर पढ़कर दस्तक जो दी, पाँव अमर के ज़मीन में चिमट गए, आगे न जा सका, वो साहिर तलवार खींच कर क़रीब आया और कहाः तेरा ही नाम अमर है, अफ़रासियाब को फ़िक्र तेरी बेशतर है मैंने तेरी गिरफ़तारी को ये जंगल बज़ोरे सहर चाँदी का बनाया है। आख़िर तुझे पाया, अब शहनशाह के पास सर तेरा काट कर ले जाऊँगा, इनाम पाऊँगा।

अमर ने कहाः मैं अमर नहीं हुँ घसियारा हुँ, मुसीबत का मारा हूँ।

उसने कहाः तू मुझसे मककारी करता है, अफ़रासियाब पहले ही ख़बर तेरी दे चुका है।

ये बातें होतीं थीं के और अय्यार जो अलग हैं उन में से मेहतर क़िराँ ने एक बुलन्दी पर से ये माजरा देखा और एक अय्यारी सोचकर रवाना हुआ। यहाँ ये साहिर के नाम इसका मुक़र्ररनिस जादु है, अमर को क़त्ल किया चाहता था के एक सिम्त से सदा आईः भाई ज़रा ठहरना।

मुक़र्ररनिस ने जो देखा के एक साहिर जिसके गले में साँप लिपटे हैं, त्रिसुल लिए, मुंदरे कान में पहने है, पुकारता चला आता है। मुक़र्ररनिस ठहर गया, वो साहिर क़रीब आया और कहाः इस चोर से जब तक माल मेरा क़बूल न करा लीजिये उस वक़्त तक क़त्ल न फ़रमाइए। ये मेरे घर से सारा असबाब उठा लाया ख़बरदार असबाब तो दरकिनार देखिए ये मोती अकेला रह गया इसकी जोड़ी का ये चुरा लाया।

ये कहकर एक मोती बराबर मुर्ग़ी के अंडे के निकालकर मुक़र्ररनिस को दिखाया। ये देखते ही फ़रेफ़ता हुआ और कहाः भाई ये तुमने नायाब चीज़ पाई है, ज़रा मुझे दो तो अच्छी तरह देखूँ ये तुम कहाँ से लाए।

उस साहिर ने कहाः भाई इसको ज़रा मुँह की भाप दे लो फिर इसकी चमक और आबोताब देखो।

मुक़र्ररनिस ने उस मोती को दहन के क़रीब लाकर मुँह की हवा देना शुरू की। वो मोती टूट गया और जैसे फुलझड़ी छूटती है उस तरह से धुआँ उस में से निकला। मुक़र्ररनिस के दिमाग़ में मुँह और नाक की राह से जा कर पेचीदा हुआ और वो चक्कर खाकर ज़मीन पर गिरा और बेहोश हो गया। उस साहिर ने के जो मोती लेकर आया था एक नारा बुलंद कियाः

*सरीउस्सैर चुँ बादे बहारी*
*जहाँ सरहंग चूँ ख़ंजर गुज़ारी,*
*ब मैदाने अशदर आतिश फ़ेशानम,*
*मनम महेतर क़िराँ शेरे ज़ियानम*

ये नारा करके एक बुग़दा मारा के मुक़र्ररनिस जादु का सर फट गया। एक हंगामा अज़ीम बरपा हुआ। वो जंगल चाँदी का सब मिट गया, बयाबाने हौलख़ेज़ दिखाई दिया। अमर ने रिहाई पाई, किराँ को गले से लगाया और अय्यारी की तारीफ़ की।

क़िराँ ने कहाः ये सब हुज़ूर ही की तरबियत का असर है, अब फ़रमाइये किया इरादा है, चलने का क़स्द किधर है।

अमर ने कहाः बेटा अलग-अलग चलना सलाह है, तुम अपनी राह लो, खुदा हाफ़िज़, जाओ।

क़िराँ सलाम करके रवाना हुआ और अमर एक तरफ चला।

लेकिन ख़बरे मरगे मुक़र्ररनिस जादू, सहर के ताइरों ने अफ़रासियाब को पहुँचाई, उसने फ़िलफ़ौर दसतक दी, एक पुतला फ़ौलाद का पैदा हुआ। उससे कहाः ये नामा मेरा मेहताब जादू के पास बयाबाने रख़शाँ में ले जा।

पुतला नामा लेकर चला और बयाबाने रख़शाँ में पास मेहताब के आया, नामा दिया, उसने पढ़ा। लिखा थाः ऐ महताब जादू, अमर और चार अय्यार मुक़र्ररनिस को मार कर तुम्हारे जंगल की सरहद में आए हैं उनको गिरफ़तार करना, ख़बरदार ग़ाफिल न होना।

पुतला तो नामा देकर चला गया, मेहताब ने बिना बर एहतेयात एक मकान बीच सहरा में बज़ोरे सहर बनाया और उसे ख़ूब आरास्ता किया, फ़र्शे मुकल्लफ़ बिछवाया, पलंगे मुरस्सा फ़र्श पर लगाया। कोई सामाने राहत ऐसा न था जो वहाँ मौजूद न किया, चन्द साहिर दरवाज़े पर पहरा देने बैठे और एक चाँद काग़ज का काटकर दरवाज़े पर उस मकान के लगा दिया और कुछ ऐसा सहर पढ़ा के चाँद माहे फ़लक की तरह रोशन हुआ। मेहताब कमरे में मकान के बैठ कर मयनोशी करने लगा, फिर उसके ख़्याल में आया के अय्यार शकल बदलकर आते हैं। पहचाने नहीं जाते हैं, इस से बेहतर है के वो तदबीर करूँ के जिस तरह की सूरत बनाकर अय्यार आए पहचान लिए जाऐं। ये सोचकर कुछ काग़ज़ की चिड़ियाँ कतरीं और ऐसा सहर पढ़ा के वो सब ज़िन्दा होकर उड़ीं और कमरे की कार्निस पर जा बैठीं। ख़ासियत उनमें यह रखी के जब अमर आये एक चिड़िया कार्निस से गिर के उसका नाम बताए और चिड़िया जल जाए, फिर जब और कोई आए दुसरी चिड़िया गिरे और उसका नाम बताए और जल जाए। इस तरह अब जो अय्यार या ग़ैर शख़्स आएगा चिड़िया उसका नाम बतला देगी। ये सहर बना कर महताब जादू ब इत्मीनान-ए-तमाम बैठकर तमाशा देखने लगा।

उधर अमर और किराँ वग़ैरा अय्यार जंगल मुक़र्ररनिस जादु का तय करके उसके सहरा में आए और अमर ने दूर से देखा के बीच जंगल में एक मकान बना है और चाँद बड़ा सा निकला हुआ है, ये मालूम होता है के जैसे आसमान का चांद है बल्के वो भी मुक़ाबिल उसके माँद है, दरवाज़े पर साहिर बैठे हैं, कढ़ाव चढ़े हैं, पकवान पकता है, साहिर डफ़लियाँ बजाते हैं, भजन सामरी की तौसीफ़ में गाते हैं, अमर ने ये माजरा देखकर तसव्वुर किया के ये हरामज़ादे मज़े से बैठे हैं, इनको चलकर हलाक कर, इस सहरा को इनके जसदे नापाक से पाक कर। यह सोचकर एक साहिर की सूरत अपनी बनाई और रवाना हुआ। जब क़रीब उस मकान के पहुंचा साहिरों के गाने की तारीफ़ की, उन्होंने पूछाः तुम कहाँ रहते हो, क्या नाम रखते हो?

अमर ने कहाः मुझे नै नवाज़ जादु कहते हैं और कोहे क़िलमाक़ का रहने वाला हूँ।

साहिरों ने कहाः अच्छा बैठो और कुछ गाना सुनाओं।

अमर बैठ गया और ऐसा बिरहा गाया के महताब अन्दर कमरे के बेक़रार हो गया और दरवाज़े से कमरे के सर निकालकर साहिरों से कहा के इस गाने वाले को यहाँ ले आओ।

साहिर अमर को अन्दर मकान के लाए। जब अमर ने क़दम अन्दर कमरे के रखा, एक चिड़िया ने नाम बता दिया। अमर गिलीम ओढ़कर नज़र से ग़ायब हो गया। मेहताब ने देखा के अब वो गवैय्या नहीं है। साहिरों से कहाः वो गवैय्या न था अमर था। चिड़िया को बोलते सुनकर छुप गया। तुम सब जाकर बहुत होशियारी से बाहर बैठो।

साहिर ये कैफ़ियत देखकर हैरान हुए और बाहर आकर बाहम मशवरा किया के अब कोई शख़्स आए उसे गिरफ़तार कर लेंगे।

ख़ुलासाए कलाम ये सब बहोशियारी तमाम बैठे और अमर यहाँ की सब हक़ीक़त दरयाफ़्त करके उस जगह से दूर जंगल में निकल गया और ज़फ़ीले अय्यारी बजाई। अय्यार जो जा बजा मुनतशिर थे उनमें से बर्क़ फिरंगी ने ज़फ़ील की सदा सुनकर आप को पास अमर के पहुँचाया और कहाः उस्ताद ख़ैरियत तो है।

अमर ने कहाः ऐ फ़रज़न्द! मैं मुनासिब जानता हूँ के तुम अपनी सूरत मेरी शकल की तरह बनाओ और ये सामने मकान बना है, साहिरों का मजमा है इस तरफ़ जाओं वो लोग तुम्हें अमर समझ कर गिरफ़तार करेंगे, इस लिए के वहाँ सहर की चिड़िया बोलती हैं और अपने जाने का सब हाल कहा और कहाः जब तुम पकड़ लिए जाओगे, साहिरों को इतमिनान हो जाएगा के अमर को हम ने गिरफ़तार कर लिया है, फिर मैं जाकर अय्यारी करूँगा और तुम्हें छुड़ा लूंगा।

बर्क़ ने कहाः बहुत ख़ूब।

और उसी वक़्त अपनी सुरत को अमर की तरह बनाया और साहिरों की तरफ़ रवाना हुआ।

जब क़रीब उनके पहुँचा, वो तो मशविरा कर ही चुके थे अब जो आएगा उसे गिरफ़तार कर ही लेंगे। बर्क़ को अमर समझ कर क़ैद कर लिया और शोरो ग़ुल जो उसके क़ैद करने से हुआ, मेहताब ने कमरे से पुछा के किसे गिरफ़तार किया। साहिरों ने कहाः आप पहचानिए कौन है, हम तो जानते हैं के अमर है।

मेहताब ने कहाः यहाँ लाओ मैं पहचानूं।

बर्क़ को सामने उसके ले गए। जैसे ही बर्क़ ने क़दम अन्दर क़मरे के रखा चिड़िया गिर कर पुकारी के बर्क़ आया और जल गई। महताब ने कहा के क्यों अय्यार तेरा नाम बर्क़ है?

उसने कहाः नहीं मेरा नाम अमर है।

साहिर ने जवाब दिया: मेरी चिड़िया झूठी नहीं है।

बर्क़ ने कहा: भला मेरा नाम बर्क़ होता और मैं अपनी तई अमर बतलाकर क्यों मुसीबत में मुबतिला करता। क्या मैं नहीं जानता के अमर के सब तिलिस्म में दुश्मन हैं। अच्छा अगर आप मुझे अमर नहीं जानते न सही।

मेहताब ने दिल में सोचा के ये भी सच कहता है कोई इतने बड़े मुजरिम के नाम से अगर बरी होता होगा तो वो अपने तईं बचाएगा न के और गुनहगार बनाएगा। ये ख़्याल करके कहा: अच्छा ऐ अमर तुने अपने तईं छुपाया क्यों नहीं, कह दिया होता के मैं बर्क़ हूँ।

उसने कहा: मेरे कहने से क्या होता है। आप सहर से दरयाफ़्त कर लेते, आप को सब तरह की सहर पे कुदरत हासिल है।

मेहताब ने कहा: तक़रीर तेरी सच्ची है मगर मेरे सहर ने जो नाम तेरा ख़िलाफ़ बताया, शायद तेरा नाम अलावा अमर के बर्क़ भी हो, बर्क़ ने कहा मेरा असली नाम तू बर्क़ है और मशहूर अमर है।

महताब ने कहा क्यों मैं न कहता था के सहर मेरा ग़लत नहीं, अब ज़ाहिर हुआ के तु भी सच्चा है और सहर भी दुरुस्त है मगर एक इम्तिहान और कर लूं। के तसवीर अमर की मेरे पास शहनशाह ने भेजी है इस से तेरी सूरत मिला लूँ।

ये कहकर संदुक़चे से तसवीर निकाल कर मुताबिक़ की। कुछ सरे मू अमर की सूरत में और उस क़ैदी की शकल में फ़र्क़ न पाया। यक़ीन कामिल हुआ के ये अमर है। बहुत ख़ुश होकर एक तरफ़ बंधवा दिया।

लेकिन अब हाल अमर का सुनिए के जब बर्क़ गिरफ़्तार हो चुका और उन्होंने दूर से ये सब माजरा देखा पस अपनी सूरत एक ज़ने हसीना जमीला की बनाई के जिसके जमाले जहाँ आरा को देखकर फ़रते हिजाबो नदामत से बदरे कामिल भी घटकर हिलाल हो जाए, सरासर शोलए नुर, कुदरते ख़ुदा का ज़ुहूर, हूरो परी कहना ख़ता, हुस्न ऐसा किसी ने देखा न सुना, शोख़ी ओ करिश्मा और नाज़ो अदा, हर एक अपने अपने मौक़े पर खुशनुमा पेशानी चौदहवीं रात का चाँद थीं बल्कि चाँद की भी रौशनी उसके आगे माँद थी:

*चश्मे ग़जाली सुरमा आगीं आहु-ए-रमख़ोरदा किशवरे चीन,*
*चश्मे तू जादूस्त या आहूस्त या सययादे ख़ल्क़,*
*या दू बेदामे सियाह नरगिसे शहलासत ईन*
*लबे लालीं दुर्ज-ए याक़ूत, रुख़सारे ताबनाक आइनाए सिकन्दरी, दनदान सिलक गोहर,*
*तेरे दनदाने लब ने कर दिया बेक़दर आलम में*
*गुहर को लाल को याकुत को हीरे को मरजाँ को*

बाज़ू, क़ूव्वते बाज़ुए नाज़ो अदा, कलाई बिल्लौरीं के जिसके देखने से उश्शाक़ को कल आई, जब आसतीन से बाहर आई गोया शमा फ़ानूस से निकल आईः

*ये उसके है साइदों का आलम*
*के जिसने देखा हुआ वो बेदम*
*नयामें तेग़े क़ज़ाए मबरम*
*लक़ब है क़ातिल की आसतीन का*

सीना गनजीनाए नूर शिकम, तख़ताए बिल्लौर, छातियाँ अनमोलः

*सोहन मोहन मन हरन कंचन बरन अडोल*
*कड़े करारे चिकने ऊँचे गोरे गोल*
*बल्केः*
*हुसने रोज़ अफ़ज़ूं ने गुनजाइश न पाई सीने में*
*बन गया अगिंया के परदे में सिमट कर छातियाँ*

और नाफ़ का शिकम में ये आलम हैः

*है नूर का दरिया शिकम साफ़ नहीं है*
*गिरदाब यमे हुस्न में है नाफ़ नहीं है*

साक़ेपा का वो नूरानी आलम के बेदिल जिसकी याद में सरबज़ानू हैं लाख फ़िक्र करें मगर उसे न पाएँः

*ले सर से ताबनाफ़ तो था नूर का बदन*
*राने बनाईं गूँध के मैदा शहाब में*

पाए नाज़ुक की सिफ़त क्या बयान हो, मालुम होता थाः

*सानए आलम ने जब तेरा बनाया कालबद*
*पाँव संदल के बनाए और अगर की एड़ियाँ*

अलगरज़ इस हुसनो जमाल से अपनी सूरत को आरास्ता ओ पैरासता किया।

लिबास सुर्ख़, सोने के ज़ेवर अपने क़दे ज़ेबा पर मुज़य्यन ओ मुजल्ला किया, कंगना कलाई में बांधा और पैराहन को ता बदामन चाक किया, जुल्फ़े मुश्कफ़ाम रुख़े अनवर पर बिखेर कर धूंधट बनाया, ये मालूम होता था के माहेताबाँ अबरेसियाह में आ गया है। इस सूरत से ज़ार ज़ार मनिन्दे अबरे नौ बहार के रोता हुआ अमर रवाना हुआ और जहाँ मेहताब जादू कमरे में बैठा जंगल की कैफ़ियत देख रहा था उसके सामने की झाड़ियों में रोना शुरू किया और शोरो फ़रियाद बुलंद करके शिकवा फ़लके बेमहर और मुज़म्मते दुनियाए फ़ानी करने लगाः

*हाँ दिलाकर नज़र बदीदए गौर,*
*देख दुनयाए बेसबात का तौर*

*भूल मत देख देख आराईश*
*नहीं दुनिया मुक़ामे आसाईश*
*कोई बज़्में तरब का बानी है*
*कहीं मातम है नौहा ख़ानी है*
*कहीं चौथी है और चाला है*
*कहीं अफज़ाले हक़ तआला है*
*है कहीं शादीए हिना बनदान*
*और कहीं शोरे मरगे फ़रज़ंदान*
*है ये दुनियाए दूँ का सररिश्ता*
*नविश इस का है नैशे आग़ुशता*

और चिल्लाया कि क्यों, ए चरख़े कज मदार, ओ ऐ गरदूने नाहंजार, ये तो बता के मैंने तेरी क्या ख़ता की थी के जिसके बदले और पादाश में तूने मुझको ये सज़ा दी है, अफसोस सद हज़ार अफ़सोसः

*जो गुल न खिलने पाये थे फूल उनके हो गए*
*मसनद से दूल्हा उठते ही तकिये में सो गए*

इस तरह तड़प कर बिलबिला कर अमर रोया के दिले संग आब हो गया और शोरो मुसीबता कान में मेहताब जादू के पहुँचा। उसने झाड़ी की तरफ़ जो बग़ौर देखा, एक उरूसे शबे अव्वल को के माह ताबिन्दए फ़लके सुस्न है, खुसूफ़ के रंज ओ महन में मुबतिला पाया, लिबास सारे जिस्म का तार तार है, दशनए ग़म से सीना फ़िगार है, सर के बाल परेशान हैं, तनहाई के आलम में अपने हाल पर गिरयाँ ओ नालाँ है। मेहताब उसे देखकर दर पए हक़ीक़त हुआ और साहिरों को हुक्म दिया के इस औरत को बदिलदारी ए तमाम लाओ। साहिर हुक्म सुन कर चले, जब क़रीब पहुँचे वो नाजुक अंदाम साहिरों को देख कर गिरती पड़ती और तरफ़ चली, हर चन्द मिन्नत से कहा के हमारे मालिक तुम्हें बुलाते हैं, मगर उसने कुछ जवाब न दिया। साहिरों ने महताब से उसके समाअत न करने की हक़ीक़त कही। ये उस रश्के खुरशीदे ख़ावरी को देखकर बेक़रार हुआ था, ख़ुद उठ कर चला और झाड़ी के पास जब आया फिर वो गुलफ़ाम उफ़ताँ ओ ख़ेज़ाँ भागी। उसने बढ़कर हाथ पकड़ लिया और उसके रूख़े ज़ेबा ओ सरापाए खुश अदा को बनज़रे ग़ौर देखा। शुआए तनवीरे हुस्न की चमक से नज़र खीरा हुई :

*वह सुबहे जबीन थी सुबहे जन्नत*
*हर चीन थी मोजाए लताफ़त*
*बीनी के क़रीब कब थे अबरू*
*शाहबाज़ ने वा किए थे बाज़ू*

*आंखें उस्तादे सामरी थी।*
*नशे में शराब के भरी थी*

देखते ही दस्तो पा की क़ुव्वत जाती रही, जी सनसना गया, क़रीब था के ग़श आ जाए लेकिन अपने तई संभाला और कहाः ऐ ग़ैरत दिहे बुताने आज़री, वास्ता ख़ुदावंदे सामरी का, अपने हाले पुर मलाल से मुझे आगाह कर के तू किस कुलज़ुमे हुस्न की गौहर है और किस दुर्ज-ए-गिराँ बहा की जौहर है। इस तरह क्यों ज़ारो नज़्ज़ार है, क्या तुझे आज़ार है।

उस ज़ोहरा जबीन ने यह कलाम सुनकर एक आहे सर्द दिले पुर दर्द से भरी और इस तरह फूट कर रोई के मेहताब जादू का दिल भर आया और मिन्नतें करने लगा।

उस वक़्त उस आक़िला ने कहाः मैं क्या अपना हाले ज़ार बताऊँ और किस किस रंज का इज़हार करूँ। जिनके हम तलिबे दीदार हैं, उनकी सूरते ज़ेबा मुल्के अदम में जाकर देखेंगे, हाय वो हमें छोड़ कर पैवंदे ख़ाक हुए। मैं उन्हें अच्छी तरह जी भर कर देखने भी न पाई के वो दुनिया से चल बसेः

*उनको रोता हूं जो थे अपने हँसाने वाले*
*गोर में सोते हैं पहलू के सुलाने वाले*

यक़ीन है के हमारी क़ब्र पर पसे मुरदन नरगिस आयेगी, पता कुशतए इनतेज़ार का बताएगीः

*पढ़ूं ग़ज़ल वो जुनूँ ख़ेज़ जिसके सुनने से*
*रहे न एक गिरेबाँ में किसी के तार*
*हमारी क़ब्र पे कहती थी कल ये बुलबुले ज़ार*
*उठो उठो के फिर आई चमन में फ़सले बहार*
*मैं उसकी आखें हूँ जिस शख़्स का ये मरक़द है*
*के ज़ेरे ख़ाक भी अब तक है हसरते दीदार*

ऐ अज़ीज़! मैं एक साहिरे जलीलुल क़द्र की बेटी हूँ के नाम उसका ऐब जादू था। हमेशा से पेशाए तिजारत करता था। मैं अपने चचा के लड़के पर आशिक़ हुई के नाम उसका माह सीमा जादू था। अभी हनौज़ सबज़ा भी रुख़सार पर आग़ाज़ न हुआ था। ऐन शबाबो जवानी के दिन थे, मरने वाले बहुत कमसिन थे। जब मेरे बाप ने माजराए मोहब्बत मेरा निसबत उराके सुना, मुझे उसके साथ मनसूब करके शादी की फ़िक्र की। ख़ुलासाए कलाम जिस रोज़ मेरी बारात थी उस रोज़ एक जंगी जो मुझ पर एक मुददत से फ़रेफ़ता था और मैं उसके क़ब्ज़े में न आती थी, मेरी शादी की ख़बर सुनकर रात को मय दस बीस कज़्ज़ाकों के आकर कूदा, मेरे शौहर को के हनौज़ उसने शरबते वस्ल न पिया था के ज़ाएक़ा तलख़ीए मर्ग का चखाया

और मेरे वालदैन और चचा सब को क़त्ल किया। में उसी हँगामए आफ़ते जां में भाग कर सहरा नवर्द हुई। ये कहानी मेरी है, अब कुछ अरसे की इस जहांने फ़ानी में मैं भी मेहमान हूँ, इस ग़म से जान दूँगी।

मेहताब जादू यह क़िस्साएं जांकाह सुनकर रोने लगा और अपनी ज़बान को बहरे तसकीन उस ग़ुंचा दहान के खोलाः ऐ माशूक़े सरापा नाज़ जो मर गए उनका ग़म ता कुजा केः

*किसी की मर्ग पर ऐ दिल न कीजिए चश्मे तर हरगिज़*
*बहुत सा रोइए उन पर जो इस जीने पर मरते हैं*

अब तुझे लाज़िम है के मेरे कलबए अहज़ान को अपने क़ुदूमें मुसर्ररत लुज़ूम से चलकर आबाद करे और उमरे अज़ीज़ बमुसाहिबत मुझे ऐसे आशिक़े जाँबाँज़ के बसर बेख़ातिर शाद करेः

*व गर न तू रूक रूक के मरजाएगी*
*इसी तरह जी से गुज़र जाएगी*

मैं भी अफ़रासियाब का मुसाहिब हूँ। मालिके तिलिस्म, साहिबे ताक़त, हर क़िस्म हूँ तमाम, उम्र भर ग़ुलामी करूँगा और अच्छी तरह रखुँगा, वरना येः

*हुसनों जवानी और उस पर ये ग़म*
*सितम है सितम है सितम है सितम*

उस नाजुक बदन ने ये बातें सुनकर कहाः मैं शोरीदा सरे बख़्त किसके यहाँ रहने के क़ाबिल हूं।

मेहताब जादू ने बहुत क़समें दीं और पाँव पर सर रखा, मिन्नतें कीं। उस सरापा नाज़ ने कहाः भला साहब तुम्हारा नाम क्या है, पेशा क्या करते हो, काम क्या है, तंख़्वाह कितनी है?

उसने कहाः महताब जादू मुझे कहते हैं, यहाँ से सरहदे कोहे लाजवर्द तक के साहिर मेरी इताअत करते हैं।

इस क़मर पैकर ने जब नाम उसका सुना, कानों पर हाथ रख कर कहाः मैं साहिर के नाम से डरती हूँ, कारख़ाना सहर का देखकर मेरे दम पर बनती है, साहिर हज़ार हज़ार बरस का सिन रखते हैं, जब चाहते हैं फ़ौरन औरत बन जाते हैं, जब जी चाहता है मर्द बन जाते हैं।

मेहताब ने यह कलाम सुनकर दिल में कहाः तूने नाहक़ अपने तईं साहिर इज़हार किया, अब मतलब सारा फ़ौत हो गया, कहाः ऐ दिलदार में तेरे निसार कभी तेरे रूबरू सहर न करूँगा और अभी कमसिन हुँ, सिर्फ़ तीन सौ पचीस बरस का सिन रखता हुँ। उस ग़ारत गरे ईमान ने कहाः क़सम खाओ के कभी मैं साहिरी न करूँगा।

मेहताब ने क़सम जमशैद की खाई के कभी इस क़ौल से न फिरूँगा। उस वक़्त ये महबूबा मेहताब के साथ हुई और वो लिए हुए उसी मकान में आया। जैसे ही उस गुलफ़ाम ने अंदर कमरे के क़दम रखा कार्निस से एक चिड़िया गिरी और ज़मीन पर गिरकर पुकारी अमर आया और जल गई।

मेहताब ने अपने दिल में कहाः मैं अमर को एक बार क़ैद कर चुका हुँ, तसवीर मिलाई, वो भी मुताबिक पाई थी, अब ये चिड़िया झूठी है।

इधर तो उसने ये ख़्याल किया उधर उस माशुक़ा ने कहाः इन्हीं बातों से मैं न आती थी, लो अब जाती हूँ। सहर के सबब से मेरी जान जाएगी।

महताब तो फरेफ़्ता हो रहा था, कहने लगाः ऐ जानेमन यहाँ अय्यार आते हैं। मैं ने अपनी हिफ़ाज़त को ये चिड़ियाँ तैयार की है के मुझे ख़बर देती है।

उसने कहाः तो मैं बाज़ आई, ये चिड़िया, मुझी को अय्यार बनाती है अब तुम मुझ से परहेज़ करो, मैं अय्यार हूं, ऐसा न हो मैं तुम्हें मार डालुँ।

ये कहकर उठकर चली। मेहताब उठकर लिपट गया और ख़ुशामद करके फिर अंदर कमरे के लाया एक चिड़िया और गिरी और पुकारी के अमर आया।

उस नाज़नीन ने कहाः ऐ मेहताब अब कौन ग़ैर शख़्स आया जो इस चिड़िया ने तुझे आगाह किया।

मेहताब ने कहाः मालूम होता है के सहर में कुछ फ़र्क़ पड़ गया और दूसरे ये के तुम डरती भी हो, मैं इस सहर को मिटाए देता हुँ।

ये कहकर कुछ सहर पढ़कर दस्तक दी के सब चिड़ियां ज़मीन पर गिर कर जल गई। कहाः अब बेख़ौफ़ हो कर बैठो।

अमर मसनदे ज़र्रीन पर बैठा। सामने बर्क़ फिरंगी बंधा है के आँख से आँख मिली बर्क़ ने पहचाना के ये औरत नहीं है, उस्ताद है लेकिन यहाँ अमर के लिए मेहताब ने खाना मंगवाया और कहाः तुम भूकी हो खाना खालो, बाद उसके फिर हम तुम दादे ऐश दें और आराम करें।

इस ग़ुंचा दहन ने कहाः मैंने कई दिन से शराब नहीं पी, हवास मेरे दुरुस्त नहीं हैं अब न मुझे भूक है और न पयास है, शराब की तलाश है, अपना यह तकल्लुफ़े दावत मौक़ूफ़ रखो और एक जामे शराब मुझे दोः

*न मुझे तख़्तो चतर अफ़सर दे*<br>
*न मुझे दौलते सिकन्दर दे*<br>
*जामे जम रख दे ताक़े कसरा पर*<br>
*मेरा चुल्लू शराब से भर दे,*

मेहताब ने उसी वक़्त कशती शराब की सामने लाकर रख दी के लो जिस क़दर जी चाहे पियो। इस गुल अन्दाम ने जामे मय-ए-अर्ग़वानी लबरेज़ करके उसे दिया।

मेहताब ने कहाः तुमने बड़े अरसे से नहीं पी, पहले तुम पियो।

उसने कहाः मैं भी पीती हूँ तुम लो तो सही।

ये बातें होती थी के वहां अफ़रासियाब को ख़्याल आया, मेहताब को मैं ने लिखा था, उसका कुछ हाल न मालूम हुआ, अमर को उसने गिरफ़्तार अब तक नहीं किया ये क्या सबब है, लाओ किताबे जमशेद सामरी देखकर उसकी कैफ़ियत दरयाफ़्त क़रूँ। बस किताब उसने देखी तो ज़ाहिर हुआ अमर औरत बना हुआ पास मेहताब के बैठा है। उसे क़त्ल किया चाहता है। यह देखकर उसने कुछ सहर पढ़ा, एक पुतला ज़मीन से निकला, उस से कहाः जल्द जाकर मेहताब से कह दे के ये औरत जो तेरे पास बैठी है अमर है और जो बंधा है वो बर्क़ अय्यार है। कह के दोनों को पकड़ कर मेरे पास लाए।

पुतला यह हुक्म सुनकर चला और यहाँ अमर ने मेहताब की आँख बचाकर थोड़ा सा सुफ़ूफ़े बेहोशी मुँह में रख लिया था और जामे शराब में भी बेहोशी मिलाई और उसे दिया। अभी मेहताब ने जाम न पिया था के ज़मीन थर्राई। अमर समझ गया के कुछ आफ़त आई, इस अरसे में पुतला ज़मीन से फ़रस्तादा-ए-अफ़रासियाब निकला। अमर उसे देखकर मेहताब से ऊई कह कर लिपट गया। उसने कहाः डरो नहीं।

मगर अमर ने रुख़्सार पर रुख़्सार रखकर मुँह से सुफ़ूफ़े बेहोशी जो फूंका, उसकी नाक में गया, छींक आई और मेहताब बेहोश हो गया। इधर पुतले ने कहाः ऐ मेहताब यह अमर है। हुकमे शहनशाह है इसे गिरफ़्तार कर ले, हर चन्द पुतला पुकारा किया मगर मेहताब बेहोश हो चुका था सुनता कौन। नाचार पुतला बढ़ा के मैं महताब के क़रीब जाकर हुकमें शहनशाह अदा करूँ। अमर ने पुतले को आते देखकर जाले इलयासी उस पर मारा के पुतला जाल में फँसा। अमर ने जाल से एक जगह पुतले को बाँध दिया और बर्क़ को खोल दिया और मेहताब को मार डाला। आवाज़े दारोगीर आने लगी, ग़ुल, हँगामा और शोर बुलन्द हुआ, तारीकी हो गई, मुलाज़िम मेहताब के जो चन्द साहिर बाहर बैठे थे वो दौड़े। इस अंधेरे में जिसने क़दम कमरे में रखा अमर और बर्क़ ने नीमचे मारे के गरदन कट गई, और ज़ियादा शोले उठने लगे, बहुत साहिर मारे गए जो दो एक बचे वो मारे डर के बाहर से बाहर भाग गए के नहीं मालूम अंदर क्या आफ़त है। अलग़रज़ बाद कुछ देर के वो आफ़त दूर हुई। अमर ने पुतले को जाल से निकाल कर छोड़ दिया और कहा जाकर उस मसख़रे आफ़रासियाब से कह देना के मा बदौलत ओ इक़बाल तुझे अनक़रीब क़त्ल किया चाहते हैं। पुतला ये हाल सुनकर जाल से छुटते ही भागा और अमर ने जो कुछ मेहताब का मालो असबाब था वो लूट कर दाखिले ज़ंबील किया। बर्क़ को लेकर सहरा में आया। बर्क़ ने कहाः उस्ताद फ़रमाइए क्या क़सद है।

कहाः बेटा अपनी राह लो, अलग-अलग चलो वक़्त पर आना।

बर्क़ सलाम करके एक सिम्त जुसतो ख़ैज़ करता हुआ रवाना हुआ और अमर एक तरफ़ को चला लेकिन पुतले ने ख़बरे मरगे मेहताब जादु अफ़रासियाब से जाकर कही और अपना जाल में गिरफ़तार होना, जो कुछ गुज़रा था सब बयान किया। अफ़रासियाब को ये हाल सुनकर गैज़ो ग़जब तारी हुआ और ख़ुद क़स्द किया के जाकर अमर को पकड़ कर लाऊँ। अहले दरबार ने दसत बसता अरज़ किया के ऐ शहनशाहे साहिरान एक छोटे और अदना शतिरे हमज़ा को गिरफ़तार करने जाना हुज़ूर के मुनासिब नहीं, बहुत बंदगाने हुज़ूर ऐसे हैं के हमज़ा तक की गिरफ्तारी को काफ़ी हैं। चे जाए के एक अय्यार उसकी क्या हक़ीक़त है। आप मालिके तिलिस्म हैं, किसी मुलाज़िम को अपने एक सहर ऐसा तालीम फ़रमा कर बहरे गिरफ़तारीए अमर रवाना फ़रमाइए के अय्यार जिस रंगो क़ता से सामने आएँ वो पहचान ले और गिरफ़तार करके हाज़िर हुज़ूर करे। अफ़रासियाब अरज़ उनकी सुनकर समझा के यह लोग सच कहते हैं और बनिगाहे ग़ज़ब बाग़ के एक चमन की तरफ़ देखा। वो चमन उसकी गरमीए आतिशे निगाह से जलने लगा और ख़ुद भी शोला बनकर उस आग के अन्दर ग़ायब हुआ। बाद लम्हे के जो बरआमद हुआ सब ने देखा के एक तख़्ती जवाहर की उसके हाथ में हैं। उस तख़ती पर एक तसवीर ज़ने हसीना की खिंची थी के अफ़रासियाब ने दसतक दी, ज़मीन शक़ हुई और एक साहिर निकला निहायत करीह बदहैअत था, उसने वो तख़ती उस साहिर को देकर हुक्म दियाः ऐ आज़र जादू जल्द रवाना हो, अमर अय्यार मेहताब जादू, को क़त्ल कर हनौज़ उसी जंगल में है, उसे तलाश करके गिरफ़तार कर ला और उसके पहचानने को ये तस्वीर दी जाती है। जो तुझे राह में मिले पहले तू इस तसवीर को देख लेना, ये तसवीर गो के औरत की है मगर जो शकल अय्यार तबदील करके आएगा और उसकी जो सूरत के असल में होगी वैसी ही ये तसवीर हो जाएगी और अगर वो अययार न होगा तो ये तसवीर जैसी इस वक़्त औरत की है वैसी ही रहेगी।

आज़र जादू तख़्ती तस्वीर की लेकर रवाना हुआ और मेहताब के जंगल में पहुंच कर चार तरफ़ तलाश अमर की करने लगा।

तो हाज़रीन यहां ख़त्म होती है दास्तान अमर अय्यार और मेहताब जादू की।

# दास्तान अमर अय्यार की हैरत के शहर में आने की, लूटपाट करने की, शहर में ग़दर मचाने की और आसमान शोला ख़ार जादू को मारने की

तो सुख़न साज़ाने मानी ए दिलफ़रेब इस तरह फ़रमाते हैं के अफ़रासियाब ने जब किताबे सामरी देखी और पता लगा के अमर अय्यार हैरत के शहर शहरे नापुरसान में छिपा हुआ है तो वो बाग़े सेब में आया और एक माश का दाना सेहर पढ़कर आसमान में फेंका और पुकाराः 'ऐ आसमान शोला ख़ार जादू, हाज़िर हो।'

यकायक एक आसमान तमाम बाग़ पर छाया, चमक बिजली की ज़ाहिर हुई और एक साहिर के जिसका सारा बदन आग का था, मुंह से शोले आग के निकलते थे। उस आसमान समेत चक्कर खाता हुआ आकर ज़मीन पर उतरा, और अफ़रासियाब को सलाम किया। उसने कहाः ऐ आसमान शोला ख़ार जादू, अमर अय्यार हैरत के शहर में है, और उसे ढूंढ कर गिरफ़्तार कर ला।

ये हुक्म पाकर आसमान शोला ख़ार जादू उड़ता हुआ रवाना हुआ और अपने ..समान समेत सिम्ते मुल्के हैरत चला।

इधर तो ये बलाये नागहानी तलाश में अमर के जाती है, उधर अमर का माजरा सुनिये के हैरत के शहर में, शहर से कुछ दूर एक ग़ार में छुपा बैठा है। वहाँ से तीन सुरंगें खोद रखी हैं। एक सुरंग बनिये की कोठरी में जाती है। एक कलवार यानी शराब बनाने वाले की दुकान में खुलती है और एक सुरंग नानबाई की दुकान में खुलती है। शराब, कबाब और रूपया तीनों का इतेज़ाम कर के मस्ती से ग़ार में बैठा है।

इसी कैफियत में दूर से देखा के एक धोबी बैल पर लादी लादे कन्धे पर मैले कपड़ों की गठरी रखे जामदानी का अंगरखा पहने, हाथों में चाँदी के कड़े पड़े हुऐ बमूजिबे मिस्ल धोबी का छैला आधा उजला, आधा मैला बना हुआ, बिरहा गाता आता है और पीछे उसके बहुत से धोबी बैलों पर कपड़े लादे और बैलों के गले में घंटिया पड़ी हुई, किसी किसी बैल पर धोबन टाँगे फैलाऐ सवार, डोरी नाथ में बँधी हुई, हाथ में लिऐ हुऐ, घुमा-घुमा कर बैल को मारती जाती। और किसी बैल पर पाटा और तनाव के बाँस लदे, पीछे उसके धोबी, पतीला भट्टी चढ़ाने का, और नाँदा सौदन

करने का कन्धे पर औंधाए, लड़के का हाथ पकड़े, भैया-रे-भैया रे कहता चला आता है।

अमर की तमअ उनको देख कर जुंबिश में आई और गिलीम ओढ़ कर ग़ार से बाहर निकला। और क़रीब उनके पहुँच कर इस क़दर तवक़्क़ुफ़ पज़ीर हुआ के धोबी बीच चौक में उस शहर के पहुँचे। अमर ने ज़ंबील की घुंडियां खोलीं और गिलीम उतारी। आदमियों के मजमें में ठहर कर एक लादी पर जो सबसे आगे थी जाले इलयासी मारा और ज़ंबील में रख ली। आप अलग जा खड़ा हुआ। धोबी ने जो देखा के लादी बैल पर नहीं है घबरा कर दो-चार मर्द-आदमी के गेरेबान में हाथ डाला के तुमने लादी उतारी है। सब धोबी जमा हो गये और गालियाँ उन शरीफ़ बेचारों को देने लगेः ऐ कमीने, हम मारे-घूसों के तुम्हारा पलीथन निकाल देंगे।

एक बोलाः वो कल रसीद करूँगा के मग़ज़ान फट जायेगा।

दूसरे ने कहाः झाड़ के झाड़ वो थापड़ जमाऊँगा के चेहरा बिगड़ जायेगा। मुझे भी टाल-टाल के कोई और बनाया है के माल घुमा दिया, लादी टहला दी, मार मार के बख़ियाँ उखेड़ दूँगा।

उस हँगामें का वो ग़ोग़ा बलन्द हुआ के साकिनाने शहर और दुकानदार सब जमा हो गये। और धोबी, और लड़के, और धोबिन बैल एक जा ठहरा कर उन मर्द-आदमियों के गिर्द जमा हुए। अमर ने फ़ुर्सत जो पाई, कतरा कर बैलों के पास गया और जाल मारकर मय बैल और लादियाँ सब नज़रे ज़ंबील कर के गिलीम ओढ़ कर ठहरा। इधर वो बेचारे भले मानुस हैरान थे के या अल्लाह हम किस आफ़त में फँसे और लोगों का उस पर हुजूम, एक कहता था के ये किस आफ़त के चोर हैं। जो दिन दहाड़े इतनी बड़ी लादी ग़ायब कर ले गये। कोई कहता था के अरे चोट्टो इस धोबी पर रहम करो, ये बेचारा मर जायेगा, ग़रीब आदमी है। कोई कह रहा था के ये धोबी मलका हैरत का है। उसका माल चुरा लेना दिल्लगी नहीं है, टुण्डियाँ कस जायेंगी सीधे बँधे क़ैद में सड़ जायेंगे।

इसी तरह हर शख़्स अपनी-अपनी कहता था। वो लोग चुपके खड़े थे। कुछ न कहते थें इस असना में धोबी के जहाँ बैल खड़े थे उधर देखा, बैलों को ना पाया। सब धोबियों से आके कहा के भैय्या, बैलों समेत कोई लादियाँ ले गया। ये सुनना था के सबने दुहाई देना शुरू की और शोर ऐसा मचाया के शहर का कोतवाल मय अपने प्यादों के दौड़ा और आकर सारा माजरा सुनकर मय चंद उन राहगीरों के जिनको पहले पकड़ा था और धोबियों को लेकर हैरत के पास चला।

जब क़रीब बाग़े मलका सब पहुँचे, धोबी पुकारे के दुहाई मलकए आलम कीः हम आप के ज़ेरे हिमायत लूटे गये। हुज़ूर के पोशाक भी चोर ले गये। आज तक तिलिस्म में ये अंधेर न था जो अब है।

हैरत ने जब शोरो ग़ुल फ़रियाद का सुना, मुलाज़मीन से पूछाः ये हंगामा कैसा है?

ये कह ही रही थी के अर्ज़ हुई : कोतवाले शहर उम्मीदे बारयाबी हैं। मलका ने सामने उसको तलब कर के सब कैफ़ियत सुनकर उन दो आदमियों को सामने अपने बुलवाया और कहाः तुमने ये क्या हरकत की?

वो रोने लगे और अर्ज़ रसा हुएः हुजूर चोरी कभी न करेंगे। चाहे मारे फ़ाक़ों से मर जायें।

हैरत ने उनके इन्कार से ज़मीन पर दो हथ्थड़ मारा और एक पुतला उसमें से निकला। पुतले से पूछा के कपड़े धोबियों के किसने लिए हैं। पुतले ने हँस के जवाब दियाः मालिकाए आलम रोज़-ब-रोज़ नादान बनती जाती है। सिवाये अमर के और भी कोई लेने वाला है। ऐ मलका आप को होशियार रहना चाहिये। वो शख़्स इस शहर में आया हुआ है के जिस के निस्बत ये बजा हैः

*वो चोर के जो ज़हर भी नागिन से चुरा ले*
*जो सांवले चेहरों के भी तिल शब में निकाले*
*जो दौड़ते क़ासिद के भी जूतों को झटक ले*
*जो भागते घोड़ो के भी नालों को चुरा ले*

ये कहकर वो पुतला ज़मीन में फिर समा गया। और मलका ने कोतवाल से कहाः ये मर्द आदमी सब बेक़सूर हैं, इन्हें रिहा कर दे। लादी धोबियों की अमर अय्यार ले गया है। उन धोबियों को हमारी सरकार से दो-तीन सौ रूपया दिला दे के बैल वग़ैरा ख़रीद लें और जिनके-जिनके कपड़े गये हैं उनको क़ीमत दें।

कोतवाल ने हुक्मे मलका की तामील की। रूपया लेकर धोबी अपने घर गए और कोतवाल शहर में आकर इंतेज़ाम करने लगा।

इस असना में अमर एक साहिर बन कर एक बज़ाज़ की दुकान पर गया और उमदा-उमदा थान कपड़े के देखने की तलब किये। बज़ाज़ ने थान सामने लाकर डाल दिये। उसने देखते-देखते उनको ग़ायब कर दिया। बज़ाज़ ने ग़ुल मचाया और चाहा गिरिफ़तार करें। अमर ने गिलीम ओढ़ ली। अब बज़ाज़ हैरानवार दुकान से उतर कर दूसरे दुकानदारों को दुकान सुपुर्द कर के ढूंढने चला। अमर ने उसको जाते देख कर बहुत जल्द उस की सी सूरत बना कर दुकान पर आकर, सारी दुकान लूट ली और बज़ाहिर कोठरी में ताला लगाया। दुकानदार समझे के दुकान बंद कर चोर की तलाश में जायेगा। अमर वहाँ से हटकर गिलीम ओढ़ कर ठहरा। इस अरसे में बज़ाज़ हर सिम्त चोर को ढूंढ कर जो आया, दुकान बंद पायी। ताला खोल कर जो देखा, सब माल और गठरियाँ नदारद। सर पीटता बाहर निकला और साथ के दुकानदारों से लड़ने लगाः मैं तुम्हे सौंप गया था, तुमने मेरा असबाब लिया है।

दुकानदार कहते हैं: अभी तू पलट कर आया था, दुकान बंद कर के फिर चला गया। हम क्या जाने तेरा माल कहाँ है?

बज़ाज़ कहता है: मैं आया ही नहीं तुम क्यों झूठ बोलते हो। तुम को मेरा माल देना होगा।

ख़ुलासा ए कलाम इस क़दर थूथक हुआ के सब बज़ाज़ और जौहरी वग़ैरह उस बज़ाज़ को अपनी अपनी दुकान से उठ कर पीटने लगे। अमर ने उन सबको मसरूफ़े फ़ितना-ओ-फसाद देखकर दुकानें ख़ाली पाँई। गिलीग उतारी और जाल आकर मारा। बहुत दुकानों को लूट कर ज़ंबील में भरा और गिलीम ओढ़ कर अपना रास्ता लिया। दुकानदार जब लड़-भिड़ कर दुकानों में आये, सब असबाब ग़ायब पाया। और ज़्यादा शोरो ग़ोग़ा मचाया। कोतवाल दौड़ कर आया, सब हाल सुनाया दुहाई-तिहाई का शोर बुलन्द पाया। सबको लेकर मलका के पास आया। मलका एक बार तो पुतले को बुला कर मालूम कर ही चुकी थी, उसने सब जौहरियों, आढ़ितियों, बनियों को रूपया दिलवा कर हुक्म दिया: दुकानें अपनी-अपनी बंद रखों। एक चोर इस शहर में आया है के वो सबको देखता है और कोई उसको नहीं देख सकता। फ़िल जुमला वही सबको लूटता है। अगर अब अपने माल की तुम आप हिफ़ाज़त न करोगे, तो कुछ समाअत यहाँ न होगी।

ये कहकर कोतवाल को हुक्म दिया के ढ़िंढोरा तमाम शहर में पिटवा दे, यानी जो कोई अपने माल की हिफ़ाज़त न करेगा और असबाब उसका तलफ़ होगा तो सरकार कोई सुनवाई उसकी फ़रियाद की न करेगी। हाँ, उस चोर का बंदोबस्त गिरिफ़तार करने का सरकार कर रही है। जब वो क़ैद होगा, उस वक़्त शायद चोरी का माल उससे बरामद हो तो वापस किया जाऐगा। तो लाज़िम है के ता गिरफ़तारी उस चोर के निगहबानी सब अपनी आप करे। कोतवाल ये सुनकर रुख़सत हुआ। और मुनादी को हुक्म दिया के ढ़िंढोरा तमाम शहर में पिट गया। फिर तो तमाम शहर में हलचल पड़ गयी। दुकानें बन्द हो गयी, रिआया ए शहर ने असबाब अपना-अपना तहख़ानों में रखा। औरतों ने गहना अपना ज़मीन में गाड़ा। हर तरफ़ एक आलम हू का नज़र आने लगा। कुत्ते गली कूचों में भौकने लगे, सन्नाटा हो गया और हज़ारहा साहिर तलाश में अमर की निकला। कोई कहीं छुप के बैठा, और कोई पचास आदमियों को लेकर हर तरफ़ फिरने लगा। अमर ये कैफ़ियत देख कर फिर ग़ार में जाकर बैठा। बराहे नक़ब नानबाई की दुकान से जाकर शीरमाल और कबाब लिये। कलवार के यहाँ से शराब लेकर अपनी जगह पे आया, खाना खाया, शराब पी और आराम पज़ीर हुआ।

यहाँ तो ऐश का ये आलम है, उधर हैरत का माजरा सुनिये के बाग़े सेब में परेशान बैठी थी यकायक आसमान तमाम बाग़ पर छाया। चमक बिजली की ज़ाहिर

हुई और आसमान शोला ख़ार जादू फ़लक पर से चक्कर खाता हुआ ज़मीन पर उतरा। हैरत उसे देखकर मुरासिमे ताज़ीम बजा लाईं। मसनदे पुर तकल्लुफ़ पर बैठाया। जाम शराब का भर कर दिया। उसने कहाः ऐ मलका, मैं अमर अय्यार को गिरफ्रतार करने आया हूँ। बाद उसकी गिरफ़्तारी के ऐशो इशरत करूंगां। अभी शराब भी न पियूँगा।

हैरत ने कहाः ख़ूब हुआ जो तुम आए। मुझे यक़ीन है। तुम उस चोर को ज़रूर गिरफ़तार कर लोगे। मैं तो सैकड़ों साहिरों को अपने भेज चुकी कहीं पता नहीं मालूम होता।

उसने कहाः ऐ मलका, जब तुम्हें पता नहीं मिलता है के ज़ौजऐ शाहे तिल्सिम हो फिर मैं भला क्या कर सकूँगा।

हैरत ने कहाः अरे इसमें क्या मुकर्रर है, एक काम हमसे न बना तुमसे रास्त आया। हम तुम दोनों एक हैं, कुछ जुदाई थोड़ी है।

ये तक़रीर शोला सुनते ही उठा और बाग़ के कोने में के जहाँ बहुत से दरख़्त घने लगे थे आकर ज़मीन लेपी, लौंग और हार रखे और माला लेकर जपना शुरू किया। बाद साअत भर के सर उठा कर कहाः ऐ मलका, अमर आसमान पर नहीं है। ये कहकर, सहर पढ़ने लगा। लमहा भर के बाद गोया हुआ के ज़मीन पर भी नहीं है। इस तरह अब की जो सहर पढ़ा, मालूम हुआ के ज़ेरे ज़मीन है। उसने फिर सहरख़ानी आग़ाज़ की। अब के दरयाफ़्त हुआ के सिमते मशरिक़ एक ग़ार में बैठा है। ये मालूम करते ही उठा, के मैं अभी जाकर पकड़े लिये आता हूँ । हैरत दिल में डरी के ऐसा न हो के ये भी मारा जाये। ये सोच के कहने लगी के मैं भी साथ चलती हूँ और हमराह हुई। साथ उसके ज़मुर्रेद जादू और याक़ूत जादू, साहिरों और जादूगरों का एक ग़ोल हमराह हुआ। शोलाख़्वार ने कहा भीड़ देखकर अमर भाग जायेगा। अच्छा मैं ऐसा सहर करता हूँ के वो जहाँ छुपा बैठा हो बिलबिला कर बाहर निकल आये। और जब वो तहे ज़मीन से बाहर निकले, साहिर उसको गिरफ़तार कर लें।

ये कहकर दरे बाग़ पर सब को लेकर आया और एक नारियल अपने आसमाने सहर की तरफ़ मारा के वो आसमान चक्कर खाने लगा। और एक चादर आग की उसमें से गिर कर चार तरफ़ फैली और अंदर ज़मीन के समा गई। धुआँ तहे ज़मीन से निकलने लगा और यहाँ ग़ार में इस क़दर गरमी अमर को मालूम हुई के दम घुटने लगा। प्यास की शिद्दत हुई, ज़ंबील से पानी निकाल कर पिया। इस अर्से में धुआँ ग़ार में घुटा, वो मुक़ाम अमर के लिये चाहे बाबिल बन गया। अमर यहाँ ठहर न सका। नक़ब की राह से बनिये के घर गया। कोठरी में ठहरा, देखा यहाँ ज़मीन भी तपती है और शररबेज़ है। अमर गेहूँ के बोरे में जा बैठा। क्योंके बोरे में बैठने का

ठिकाना पहले ही कर रखा था। वहाँ हरारत कम हुई और तिशनगी भी। किस लिये के शोला ने ज़मीन गर्म होने का सहर किया है और बोरे ज़मीन से बुलन्द हैं। अंदर तबक़ाए ज़मीन इस क़दर गर्म हुआ के तंदूर हो गया। और जिस तौर पर भाप मौसमे सरमा में कुऐं से निकलती है उस तरह धुआँ निकलने लगा। और हर तरफ़ फैला। ज़मीन के तफ़तीदा होने से अज़ों समा शोला ख़ेज़ बन गया। ख़ल्क़त शहर की घबराई हर एक की ज़बान पर उफ़-उफ़ जारी हुआ। फ़रियाद हर शख़्स पुकारने लगा। अब ज़मीन से धुआँ निकलता था और फ़लक से चादर आग की गिर कर अंदर ज़मीन के समाती थी। हवा गर्म चलती थी, रिआया ए शहर घरों में और तहख़ाने में छिपती थी और अपनी जान बचाती थी। कुँए शहर के ख़ुश्क हो गये थे, अजब हाल था।

साहिराने नामी गरामी बज़ोरे सहर अपनी जान बचाते थे। सदहा ऐसे थे जो हलाक हो गये, शहर में शोरे गिरियाओ, मातम जो बरपा हुआ तो हैरत ने कहाः ऐ शोला इस सहर को बंद कर। उसने जवाब दिया के यक़ीन है शिद्दते गरमा से अमर मर गया होगा।

हैरत ने मुस्कुराकर कहाः मेरी दानिस्त में उसका बाल भी बांका न हुआ होगा उसको ऐसा वैसा न समझना, वो सरबुरंदा ए जादूगरान और रेशतराशन्दये साहिरान है, जल्द उसकी गिरफ़तारी की तदबीर करो और इस सेहर को बंद करो के इसमें तो मेरी रय्यत हलाक हुई जाती हैं।

आस्मान शोला ख़ार ने कहने से हैरत के सहर गर्मी का बंद किया। और एक जगह ठहर कर ज़मीन को लेप दे कर ख़ूने ख़ूक से चौका देकर सहर पढ़ने लगा और माश के आटे के पुतले बनाकर गिर्द चौके के रखे। माश पढ़कर उन पर मारे के पुतलों ने फुरैरी ली और बाद लम्हे के जानदार होकर सामने आये, सलाम किया। उसने हुक्म दियाः ज़मीन में समा जाओ और लोगों के मकानों में, कोठरियों में निकलो और कोई ग़ार और गुफा और नशेब न छाड़ो सब जगह जाकर तलाश करो। जिस जगह अमर को देखना मुझे आके ख़बर करना। ख़बरदार कोई कोताही न हो।

ये हुक्म सुनकर क़रीब सौ पुतले ज़मीन में समा गये और रिआया ए शहर के घरों में, मकानों में कोठरी वग़ैरह में आकर ढूंढना शुरू किया। इत्तफ़ाक़न जहाँ अमर बैठा है उस कोठरी में बनिये ने रूपये पैसे रखने का संदूक रखा है। उस वक़्त बनिया बिक्री का कुछ रूपया रखने कोठरी में आया और रूपया गिन कर ग़ल्ले में डाल कर चला गया।

अमर ने खनकार जो रूपये की सुनी बेचैन हो गया और जब बनिया कोठरी बंद कर के चला गया अमर बोरे से निकला और ग़ल्ले का सदूंक़ जाल मार कर बोरे में जागा चाहता था के यहाँ भी एक पुतला तहे ज़मीन से निकला। अमर जाल लेकर चला

के पुतले पर मारूँ मगर पुतला उसको देखकर जल्दी ज़मीन में समा गया। अमर समझा के ये मुझे देख गया है मक्कार कोई आफ़त बरपा करेगा। ये सोचकर बोरे में जाकर नक़ब में गया और नक़ब का मोहरा मिट्टी से लेप कर नानबाई के मकान में आया और कोठरी में छुप कर बैठा।

उधर पुतले ने जाकर शोलाख़्वार को ख़बर दी के अमर बनिये के मकान में कोठरी में छुप कर बैठा है। मेरे सामने रूपया लेकर बोरे में छुपा है। शोलाख़्तार ये ख़बर सुनकर हैरत से गोया हुआः आप ठहरिये मैं अभी गिरफ़तार कर के लाता हूँ। ये कहकर रवाना हुआ और पुतले को हमराह लिया। यहाँ तक के बनिये के घर पर आया बनिया समझा के यह सरदार ज़बरदस्त है कोई मन दो मन ग़ल्ला ख़रीदने आया है ये समझ कर अर्ज़ करने लगाः हुज़ूर क्या लीजियेगा, मैं सबसे कम दाम में आप के हाथ बेचूगाँ।

शीलाख़्वार ने उसकी बात का कोई जवाब न दिया और दर्राना घर के अदंर चला गया। बनिया समझा के शहर में ग़दर तो पड़ा ही है मालूम होता है के ये लूटने आया है। ये सोच के ग़ुल मचाने लगाः दुहाई है सरकार की, घर लूटे लेते हैं, अरे ये क्या अंधेर है, दिन दहाड़े डाका पड़ता है, दौड़ो फ़रियाद को पहुँचो, मारे डालते हैं।

उसकी आवाज़ सुन कर बनिये सब दौड़े, उस वक़्त पुतले ने कहाः अबे बनिये चुप रह, ग़ुल क्यों मचाता है, जब लूटें जब ही कहना, इस क़दर चीख़ना, अबे तेरी कोठरी में चोर छुपा बैठा है, हम उसको क़ैद करने आये है, अब तेरे ग़ुल से अजब नहीं के वो भाग गया हो।

पुतले के इस कलाम से बनिया ख़ामोश रहा और शोलाख़्वार कोठरी खोल कर अंदर गया। पुतले ने पूछा वो दुज़्द किस बोरे में है। पुतले ने बताया-उसने पहले सहर का हिसार कर दिया के अमर निकल न जाये फिर बोरा गिरा कर सब गेहूँ हाथ से उलट-पलट कर देखे और पुतले से कहाः अबे वो क्या सूई था जो नहीं मालूम देता है। तू कैसा देख गया था।

पुतले ने कहाः मैं ज़रूर देख गया था, अब चाहे चला गया हो। शोला ने और भी बोरे चाक कर के हाथों से अनाज हटा-हटा कर देखे, कहीं पता न मिला। उसको ग़ुस्सा आया। सहर पढ़ के पुतले पर फूँका के वो पुतला जल गया। आप कोठरी से बाहर निकला। बनिया अपना ग़ल्ला लुटा हुआ देख कर सर पीटने लगा के हाय, मेरा रूपया चोर ले गया। आख़िर नाचार गेहूँ समेट कर बोरे में फिर भरे और बोरा खड़ा करके बाहर आया। लेकिन हैरान था के चोर आया किधर से।

इधर नानबाई के मकान में भी एक पुतला निकला। अमर ने उसको देखकर गिलीम ओढ़ ली लेकिन पुतला भी देख चुका था। उसने जाकर शोलाख़्वार को ख़बर दी के अमर नानबाई के मकान में कोठरी में था, मुझको देखकर छुप गया है।

शोलाख़्वार पुतले के हमराह नानबाई के मकान पर आया। तो भी ग़ुल मचाने लगा। पुतले ने मना किया के भाई चुप रहो, घर में चोर बैठा है। ये सुनकर नानबाई ने कोठरी खोली लेकिन अमर पहले ही पुतले को देखकर नक़ब का मूँह बन्द करके कलवार के यहाँ चला गया था। उस वख़्त शोलाख़्वार ने हर चन्द तफ़तीश की, कहीं सुराग़ अमर का न पाया। पुतले पर ख़फ़ा हुआ के मुझको सब जगह दौड़ाता फिरता है, सही ख़बर नहीं लाता। यह कहकर एक माश सहर पढ़कर मारा के ये पुतला भी जल गया। और आप कोठरी से निकल कर सहरे ताज़ा की फ़िक्र में था के एक पुतला अमर को कलवार के वहाँ देख आया और कहा के मेरे साथ चलिये मैं बतला दूँ। ये पुतले के हमराह हुआ मगर वहाँ अमर ने भी पुतले को देखा। अमर कलवार की दुकान से फिर बनिये के यहाँ आया। और बोरे सरकुशादा दुरूस्त कर के रखे, आप बोरे में उतर कर बैठा। इस अर्से में पुतला शोला को लेकर कलवार के यहाँ आया। कलवार ने अर्ज़ किया के आप मालिक होकर आज क्या है के जो सबके दरों में घुसते फिरते हो। शोलाख़्वार ने कहाः तेरी कोठरी में चोर छिपा बैठा है, उसे गिरफ़तार करने आये हैं।

कलवार बोलाः तुम्हारी ख़ूब बन पड़ी है। इसी बहाने से लूटते फिरते हो। मैनें सुना था अभी बनिया दुहाई दे रहा था।

शोला को यह तक़रीर सुनकर बहुत ग़ुस्सा आया लेकिन ज़ब्त करके ख़ामोश हो रहा। दो चार दुकानदार बुलाकर खड़े कर लिये। और उनसे कहा के मैं इसकी कोठरी में जाता हूँ, तुम गवाह रहना कोई चीज़ इसकी तल्फ़ नहीं हुई। ग़रज़ के अंदर जाकर हर सिम्त ढूंढा, कहीं पता अमर का न पाया, ग़ुस्से में आकर उस पुतले को भी जलाया। और वहाँ से निकलकर एक जगह ठहर कर सहर की दस्तक दी, के एक ताऊस हवा में उड़ता हुआ आया और आकर ज़मीन पर उतरा। उससे पूछा के कहीं पता अमर का नहीं मिलता है, तू बतला के वो कहां है? ये सुनकर वो ताऊस अपनी मिनक़ार खोलकर ख़ूब हँसा और कहने लगा के अमर ने नक़ब शाख़ दर शाख़ खोदी है। एक कलवार की कोठरी में, दूसरी नानबाई के यहाँ और तीसरी नक़ब बनिये के मकान में। फ़िल जुमला जब तू उसे ढूंढ़ने जाता है, वो एक जगह से दूसरी जगह चला जाता है। फ़िलहाल बनिये की कोठरी में बोरे के अंदर है। ये कहकर ताऊसे सहर उड़ गया। और शोला ने ज़मीन लेप कर ऐसा सहर पढ़ा के तीनों मोहरे नक़ब के बंद हो गये। और माश के आटे के सांप बना कर बज़ोरे सहर उनको ज़िंदा कर के हुक्म दिया के उस ग़ार में जाओ, जहाँ सुरंग गई हो उसकी तरफ़ एक-एक साँप जा के बैठे और मोहरे नक़ब के रोके।

हुक्म सुनकर साँपों ने जाकर दहन हाए नक़ब रोके। उधर शोला ने सब पुतलों को जो ज़मीन में समाये हुए थे बुला लिया और अपने हमराह लेकर बनिये के मकान

पर आया। बनिये ने कहाः साहब अभी तो आप तलाशी लेकर गये थे, फिर क्यों आ गये।

शोला ने कहाः चुप रहो, चोर भागकर फिर से तेरी कोठरी में आया है।

बनिये ने जवाब दियाः चोर बड़ा ज़बरदस्त है, जब देखो तब मेरे ही घर में फिर-फिर के आता है। एक बार तो ग़ल्ला ले गया। अब के देखिये क्या लेता है।

यह कहकर कुफ़्ल कोठरी का खोला। अमर ने जो सदा बातों की सुनी चाहा के नक़ब में चला जाऊँ। जैसे ही नक़ब में क़दम रखा साँप ने फुंकार मारी। अमर ने जल्दी पाँव हटा लिया और ख़्याल किया के यक़ीन है राह नक़ब की बज़ोरे सहर बंद की गई है। आख़िर बोरे में आकर करवट के बल लेटा ज़ंबील की चौरासी घुण्डियाँ वा करके मुहँ उसका ख़ूब फैला दिया के ज़म्बील के अदंर का हाल जो कोई बाहर से देखे तो बख़ूबी उसको दिखाई दे। ग़रज़ के अपने जिस्म को गेहूँ से पोशीदा कर के चुपका बैठ रहा। उधर शोला सब बोरे झाँक कर और हाथों से अनाज हटा कर देखता हुआ जिस बोरे में अमर है उसमें आकर देखने लगा। जिस दम ऊपर के कुछ गेहूँ हटाये, अमर तो नज़र न आया लेकिन अजब तमाशा देखा के एक जंगल, निहायत सर-सबज़ो शादाब बना हुआ है और उसमें दरख़्ते बारदार मिसले सर्व क़द्दान मस्त मीनाए जवानी के झूमते हैं। सामने उस सहराए मीनाफ़ाम के कई शहर सेहत आबाद, मीनू सवाद नज़र आते हैं अजायब, ग़रायब लोगों के तमाशे उन मुल्कों में दिखाई देते थे। कहीं तमाशबीनों का हुजूम, कहीं सौदे वालों की धूम है। किसी जा दुकानें सजी है, कहीं परियों की हँसी, दिल्लगी है। इमारतें मुरतफ़ा और सर बुलंद हैं। काशानाएं सिपहिर से ज़्यादा अर्जुमंद हैं। शोला ने आप जो ये सैरो कैफ़ियत देखी आप मारे हँसी के लोट गया कहने लगाः ये अमर भी बड़ा साहिर है के जादू के ज़ोर से उसने ऐसा तिलिस्म इस बोरे में बनाया है और मालूम होता है वो अपने ही बनाये हुऐ तिलिस्म में जा छिपा है। लेकिन मैं भी ऐसा साहिर नहीं हूं के उसके बनाये हुए तिलिस्म में न जा सकूँ और उसे ढूंढ कर न ला सकूँ।

ये कहकर बोरे पर चढ़ कर उसी जंगल और मुल्क जो नज़र आते थे, सीध ताक कर धम से कूदा और फ़ौरन ज़ंबील में चला गया।

अमर ने घुंडियाँ ज़ंबील की बंद कीं और ख़्याल किया के जब तक ये नाबकार ज़िंदा है नक़ब का रास्ता बंद रहेगा और तुम निकल न सकोगे। ये सोचकर पहले ज़ंबील से उसका सर निकाला और बेहोशी मूँह पर मल के बेहोश किया। बाद उसके ज़ंबील से खींच कर फ़िल फ़ौर ज़िबह कर डाला। फिर तो अल हफ़ीज़, अल अमान वो शोर, वो ग़ोग़ा बुलंद हुआ के यक़ीन था तबक़ा जमीन का शक़ हो जायेगा। आग कोठरी में लग गई। पुतले जल गये, पत्थर तमाम शहर में बरसने लगे। अमर नक़ब में कूद गया, यहाँ के साँप, साहिर के मरने से पहले ही जल गये थे। ये तो अपनी

ग़ार में पहुँच कर साहिर की सूरत बना कर निकला। और उधर बनिये की कोठरी में जो शोर बरपा हुआ और आग लगी, बनिया समझा के यक़ीनन कोई आफ़त बरपा हुई। घबरा कर हमराह अपने लड़के और जोरू वग़ैरह के घर बार छोड़ कर भागा और कहता जाता थाः अरे भागो आफ़त आई, हाय मार डाला, अरे लूट लिया, वाए ग़ज़ब घर बार सब लूट लिया।

उसके ग़ुल मचाने और भागने से रिआया ए शहर जो पहले ही खौफ़ज़दा हो रही थी और ढिंढ़ोरा सुन चुकी थी, अब हर शख़्स यही समझा के यक़ीन है डाका पड़ा। या अमर को छुड़ाने उसके तरफ़दार आ गये और क़त्लो ग़ारत करते हैं। ऐसा कुछ जानकर तमाम शहर में भगदड़ पड़ी, दरवाज़े घरों के बन्द हो गये। लोग दुकानें और घर बार छोड़-छोड़ कर भागे, अमर बशक्ले साहिर ग़ार से निकला। दुकानें ख़ाली पा कर और शहर में तलातुम देखकर जाल मार-मार कर लूटना शुरू किया और जिस अकेले साहिर या दो-चार को भागते जाते देखा, ललकार कर कहा के बाशिद रूक ऐ दग़ाबाज़! और ख़ंजर खींच कर जस्त की एक के कन्धे पर सवार हुआ दूसरे का सर उड़ा दिया। जिसके कन्धे पर चढ़ा है वो ऐसा घबराया के न सहर उसको याद आता है, न अमर को पकड़ता है। अमर ने इस तरह जिसको जहाँ पाया हलाक किया। गली कूचों में लाशें जो भागने वालों ने देखी, जी छूट गये। बदहवास हो कर जिसका जिधर मूँह समाया उधर भागा। और जादूगरनियाँ मूहँ ढ़ाँप कर रोने लगी और कहती जाती थीं: या सामरी, या जमशेद अमर के हाथों से हमारी और हमारे वारिसों की जान बचाओ।

ग़रज़ के थोड़े अरसे तक अमर ने खूब लूटा और ग़ोग़ाऐ अज़ीम जो शहर में बरपा हुआ। हैरत नंगे सर और नंगे पाँव बाग़ से निकलकर दौड़ी। देखा तो शहर के मकानों में जा बजा आग लगी है। रय्यत भागी जाती है, रोना पीटना घर घर पड़ा है। आफ़त और हंग़ामा बरपा है। इस असना में कुछ साहिर रोते हुऐ आऐ और कहाः ऐ मलका आसमान शोलाख़्वार जादू को अमर ने मार डाला और सारा शहर लूट लिया।

हैरत यह सुनते ही चीख़ें मार कर रोने लगी और सर पीटती हुई चलीः हाय लोगों वो शहनशाह का बहुत प्यारा था। मैं अब अफ़रासियाब को क्या मूँह दिखाऊँगी। उसकी लाश तो बता दो के कहाँ है। कुछ साहिरों ने बताया के बनिये के घर पे पड़ी है।

हैरत ने जाकर, शोलाख़्वार की लाश उठाई और तख़्ते सहर पर डाल कर नालाओ गिरियां अफ़रासियाब के पास चली।

लेकिन इस दया दिविश और क़त्लो क़मा में वो सारा दिन तमाम हुआ और देवे शब ने किसवते ज़िलाम और लेबासे नीलीफ़ाम दरबर कर के सरीरे सल्तनत पर

आलम के ग़लबा पाया। और अमीरे लशकरे ज़ंगबार ब अज़्मे शबख़ूं ख़ेलो तबार पर अलमे अब्बासी बुलन्द फरमाया। यानी रात हो गई।

तो हाज़रीन यहां ख़त्म होती है दास्तान अमर अय्यार की हैरत के शहर में आने की, लूटपाट करने की, शहर में ग़दर मचाने की और आस्मान शोला ख़ार जादू को मारने की।

# दास्तान अज़लम जादू और बर्क़ फ़िरंगी अय्यार की

अमर और उसके शागिर्द एक एक करके अफ़रासियाब के भेजे जादूगरों का ख़ात्मा करते रहते हैं। उसकी मलिका हैरत साहिरों की बड़ी फ़ौज लेकर तिलिस्मे ज़ाहिर में अमर की फ़ौज से मुक़ाबला कर रही है। जब अय्यार एक और बड़े सरदार को मार डालते हैं तो हैरत परेशान होकर अफ़रासियाब को ख़त भेजती है। तिलिस्मे बातिन के बाग़े सेब में। तो जनाब हैरत ने नामा इस तमाम माजराए हैरत इंतमा का लिख कर अफ़रासियाब के पास भेजा, वो सहरगाहे सरीरे जहांबानी पर ख़्वाबेशीरीं से उठकर बैठा था के पंजा-ए सहर ने नामा पहुँचाया! नामा पढ़कर उसको बहुत गुस्सा आया, बरंगे ज़ुल्फ परेशान होकर पेचोताब खाया। फिर अहले दरबार से मुख़ातिब होकर फ़रमायाः समझ में नहीं आता है के इन नमकहरामों में से किसको भेजूँ, जो जाता है अय्यारों के हाथ से मारा जाता है। कहाँ से ऐसा साहिर लाऊँ? जो इस जहान का रहने वाला न हो, आसमान पर रहे और अय्यारों से बचे।

अहले दरबार ने अर्ज़ की के कोई ऐसा साहिर जाए जो जामा-ए-इंसानी में न हो बल्कि किसी और भेस में रहे तो शायद अय्यारों से बचे।

शाहे जादूआन ने कहाः एक तदबीर ख़्याल में आती है, जब मैं कोहे-नीलम पर गया था तो एक साहिर ज़ालिम जादू को लाया था। वो तो मारा गया मगर उसका भाई अज़लम अशदर नशीन जादू नाम है के हमेशा शिकमे अशदर में रहता है। वक़्ते ज़रूरत या वक्ते जंग बाहर निकलता है नहीं तो शिकमे अशदर उसका मसकन है। फ़िलजुमला मैं उसको बुला कर भेजता हूँ।

सबने इस कलाम की ताईद की के बहुत बेहतर है। शाहे तिलिस्म ने एक नामा लिखकर अपने किसी मुलाज़िम के हाथ बिना बरतलब साहिरे मज़कूर रवाना किया। ग़रज़ हसबुत्तलब साहिर आया। सबने देखा चालीस अशदहे पीछे और आगे एक अशदर मुहीब सूरत पैदा हुए और हर अशदर के पेट से एक साहिर निकला सबसे आगे जो अशदर था उसमें अफ़सर अशदर नशीं ख़ुदसर था। सब ने बादशाह को सलाम किया। उसने सब को ख़िलअत दिये और अफ़रार से कहाः तुम जाकर नमक हरामों से मुक़ाबला करो।

और जुमला हाल अय्यारों की फ़ितरत का कहकर हुक्म दियाः ख़बरदार हमेशा शिकमे अशदर में रहना और अय्यारों से अपने तईं बचाना।

ये साहिर हुक्में शाह गोशे जान से सुनकर अशदर में समाकर रवाना हुआ। उसकी महाबत से फ़लके मूज़ी चकराता था। ख़ुदा की मार ज़बान पर लाता, अशदर बरूए हवा उड़ते मुँह से शोला-ए-आतिश निकलते। ये ज़ाहिर था के क़हर-ए-खुदा क़ौमे जनाबे यूनूस पर आया है, आफ़ताब गर्दूं पर थर्राया है। बरूए हवा कोई जानवर ख़ौफ़ से न उड़ता था बल्के सीमुर्ग़ तक कोहे क़ाफ में छुपा था। नसरे ताएर को तअमा-ए-अशदर होने का डर थाः

*के अशदर चालीस उसके थे गिर्द*
*शैतान का वो एक ही था शागिर्द*

बईं अज़मत ओ शिकोह ओ अफ़ई मुजस्सम लशकर-ए-हैरत के क़रीब पहुँचा, मलिका को शाहे जादुआन बज़रियाए नामा मुतल्ला कर चुका था। उसने इसतक़बाल कराया और एक मैदान में सब अशदहों को ठहराया के वो कुंडलियाँ मारकर बैठे और उनके खाने पीने के लिए चन्द ख़ेमा इसी मैदान में ईस्तादा कर दिये। ख़िदमत के लिए चन्द मुलाज़िम मुअय्यन कर दिये, मगर उनको भी तमग़े और मार्का दिए के अय्यारों की पहचान रहे और उनसे कह दिया के जब अज़लम अशदर से निकले और तुम काम के लिए जाओ तो मार्का दिखा देना बाक़ी मार्के छुपाए रखना। किसी से इस राज़ को न कहना। ग़रज़ के इंतिहा-ए-दर्जा का इंतिज़ाम करके बाद फ़िराग़त अज़लम अशदर से निकला और बारगाहे हैरत में जाकर बैठा। सबने उसकी सूरत-ए-नहस को देखकर खौफ़ खाया। दिन भर मयख़्वारी करता रहा। जिस वक़्त मार-ए-आसमान ने मन अपना दहान-ए-मग़रिब में रखा और दश्ते-ए-आलम में अंधेरा फैला, अशदरे शब-ए-तीरां ने मुहरा ए माह रखकर ओस चाटना शुरू किया। यानी शाम जब हुई तो क़रीब-ए-शाम उस नाफ़रमान ने तबल-ए-जंग बजवाया। ताएराने सहर ख़बर लेकर सामने महरूख़ के आए और बाद दुआऐ व सनाए बादशाही के जुमला हाल साहिरों के आने का और तबले रज़्म बजने का हाल अर्ज़ करके किनारे हुए। महरूख़ ने सुनकर फ़रमाया के ये साहिर भी ज़बरदस्त आया है, ख़ुदा इसके शर से हमको बचाए। अच्छा हमारे लशकर में भी नक़्क़ारा-ए-हरब बजे।

दरबार सवेरे बरख़ास्त हुआ। सरदार ख़ेमों में आकर तैयारीए हरब-ओ-ज़रब करने लगे। लश्करों में सहर की दुरूस्ती होने लगी। अज़लम-हैरत से रूख़सत होकर ख़ेमे में आया और दरोग़ा-ए-मतबख़ से मार्का देखकर, खाना खाकर, शिकमे अशदर में जा बैठा। लश्करों में रात भर अशदर हाए-नियाम से मिसले अफ़ई ज़हरदार तलवारें निकली और ज़हर में बुझाई गई ये वो नागनीयाँ है जिनके काटे का मंतर नहीं, एक

ही फुनकार यानि शपाके में जिस्म पर सर नहीं, इसी की चमक की लहर देखकर मार-ए-फ़लक के दिल पर सांप लोटता है। इसी लोहे का पानी नेज़ों उछलता है, इसी में क़हर का कांटा है, ये वो मूज़ी पैआदा है जिसको लहू चाटने की चाट है। ग़रज़ इस रात को हर तरफ़ मार-मार की पुकार थी, साहिरों में भी राजा बासू (वसुदेव) की दुहाई की गुहार थी जंगल के जंगल साँपों से सहर के भर दिये थे। यहाँ तक के तस्मे घोड़ों की रकाब और लगाम के साँप नज़र आते थे। निगाहें-जादुगरों ने ज़हरीली बनाई थीं। आँख भर के देखे और ज़हर चढ़े वो पौनें निगाहों पे बिठाई थीं, मरदुमे दीदा पर ऐसा ज़हर चढ़ा था के जिधर देखो बस बोया हुआ नज़र आता था। ख़ुलासा ये के जब जिस्मे दहर से ज़हर-ए-शब दफा हुआ और मुहरा-ए-आफ़्ताब बसद आबोताब जिस्मे सिपिहिर पर लगाया गया। यानी सुबह हुई।

सुबह दम महरूख़ ओ बहार ब-सद जाहो हशम तख़्ते सहर पर सवार होकर मय फ़ौजे साहिराने दिलावरान सिमते दश्त रवाना हुईं। जुलु में जादूगरनियाँ चली। उस वक़्त उस मालिका-ए ज़ीशान अमर के लशकर की सिपहसालार, साहिरा अज़ीमी की शौकत-ओ-हश्मत का क्या बयान किया जाएः

*सर पे एक ख़ोद धरे जिस पर बड़ी सी कलग़ी*
*ढाल काँधे पर पड़ी हाथ में शमशीरे दो दम*
*ज़िरहे हज़रते दाऊद गले में उसके*
*जबरूत उसका फ़रीदून ओ फ़िरौ जमशेद शियम*
*लम्आ-ऐ-नूरे जबीं उसके से ताले जूँ महर*
*सब रकाब उसके में मौजूद सनादीदे अजम*
*उसके अफ़वाज के घोड़े पे किया ख़ूब जो ध्यान*
*तो वो फनकारे पड़े फिरते हैं मिसले ज़ैग़म*
*उसकी शमशीर की बुर्रिश की हो किस से तारीफ़*
*घाट पर जिसके रहा ख़ून है आदा का जम*

हासिले मराम जाए मसाफ़ पर पहुँचकर ठहरी थी के उस तरफ़ से हैरत बसद किब्रो नख़ुव्वत फ़ौज-ए-साहिरान लिए मैदान में आईं पैर जमने लगे, बिजलियाँ गिरीं, जंगल के दरख़्त जले, बादल सहर के बरसे, गर्दो ग़ुबार साफ़ हुआ, तैयार दश्त-ए-मुसाफ़ हुआ। उस वक्त अशदहे एक तरफ़ से पैदा हुए के बाहम कुफ़्चे लड़ाते और कुलाहाए आतिशीं छोड़ते आते। असर-ए-ज़हर से उनके धूप तक सब्ज़ नज़र आती थी बाहम लिपटे फुन्कारे मारते थे। जब दश्त में पहुँचे यहाँ सफ़ें दुरूस्त हो चुकी थीं। वो अशदर जिसके पेट में अज़लम है सामने हैरत के आया और उससे बाहर निकलकर इजाज़ते-हरब लेकर फिर अश्दहे के अन्दर समाया और इसी तरह वस्त मैदान में पहुँचा। कुलाबे-आतिशीं छोड़े के हर सिम्त आतिश कदा बन गए

धुँआ उन शोलों का ऐसा फैला के लश्करे-महरूख़ अन्धा होने लगा। धुँए से आजिज़ होकर हर एक या दरूद पढ़ता था मगर हारूत वार चाहे मुसीबत में गिरा था। जादूगरनियाँ ज़ोहरा सूरत सेहर पढ़कर बुर्ज बनाए छिपी हुई थीं। फौज में खलबली पड़ गई थी उस वक्त महरूख़ को कुछ बन न आया। जंगे-मग़लूबा का हुक्म देकर तख़्त अपना आगे बढ़ाया। साहिरान नामी मिसल मलका-ए-बहारे-नाफ़रमान वग़ैरह के दूद-ए-सहर से आजिज़ न हुए थे त्रिशूल और नारियल पकड़कर अशदहों पर जा पड़े। उस तरफ़ से चालीस अशदहे जिनके पेट में साहिर थे मूँह फैलाकर चले। उस वक्त वो मैदान असाए जनाबे-मूसा होता तो फ़तह होता शोला-हाए-दहाने अश्दर उनसे ज़मीन कुर्रा-ए-नार थी, हवा शोला-ए-बार थी उन शोलों से धुँआ ऐसा निकलता था के तमाम आलम धुआँधार बन गया था। लश्करियान ने नारंज वा तरंज मारना शुरू किये, हर सिम्त से गोले सहर के लगाते थे, बिजलियाँ गिराते मगर अशदरों पर असर न करती थी और अशदर दम खींचकर सिपाहियों को निगल लेते थे। इस हंगामे मे मलका-ए-बहार ने एक गुलदस्ता मारा के हवा-ए-सर्द के झोंके पैदा हुए और उस हवा ने धुँए को बरतरफ़ करना शुरू किया। आमदे बहार हुई, आग़ाज़े कैफियते लाला ज़ार हुई मगर अज़लम का नाम तो अशदर नशीं है और ये अशदर में जो रहता है इसके सबब से सहरे-बहार ने तासीर न की क्योंके यूँ तो हरेक साहिर बज़ोरे-सहर अश्दहा बन जाया करता है इस पर क्या ख़ुसूसियत थी जो शाहे-जादूवाँन ने भेजा है बस यही उसके लिए शर्फ़ है के अशदर सहर में रहता है। अश्दर पर सहर नहीं असर करता है फ़िल जुमला उसने सहर-ए-बहार के आसार मालूम करके ऐसी फुँकार मारी के शोला-ए-आग निकले और चमनिस्ताने-सहरे-बहार जलने लगे। सेहर जो के रद्द हुआ मलका-ए-बहार पर ग़श तारी हुआ। ख़वासें हवादार पर डालकर ले भागीं, उसके हटने से अश्दर मूँह फैलाकर चलें, माज़अल्लाह वो शोला-ए-ज़हरनाक की लपक ऐसी न थी के किसी को ताब रहती। जिस्म झुलसने लगे जादुगरनियाँ नाज़नीने गुलफ़ाम सियह ताब हो गई। हरारते सहर से बेताब हो गई। ज़हरे अफ़ई का असर ऐसा फैला के इस चरख़े मूज़ी का भी जिस्म नीला हो गया। सबज़ा न था असरे-सुम जिस्मे-अर्ज़ में सरायत कर गया था। ख़िज़्र तक ज़हर मोहरा ढूँढते थे। दिले-कोह से भी नीला नीला पानी बहता था। अश्दहे मूँह खोले इस तरह नज़र आते थे के मैदान में ग़ार दूर से दिखाई देते थे। ऐसे हंगामाए आफ़तख़ेज़ में फ़ौजे-हैरत ने भी हमला किया। बिजलियाँ गिराकर त्रिशूल व पनसूल पकड़कर मार-मार कहते आगे बढ़े। फौज़े-महरूख़ में भगदड़ मच गयी। लश्कर बहुत सा अंधा हो चुका था और बाक़ी इस उम्मीद पर के बारहा आफ़त आई है फिर खुदा ने फ़ज़्ल किया है, ठहरा हुआ था, इस हमला करने से वो भी भागा इस वक्त वो सरदार जो बड़े बहादुर थे लड़ने वाले सरबकफ़ थे, मलका के साथ रह गये और

मलका-ए-महरूख़ ने पा-ए-शुजाहत मुस्तहकम किया। हज़ारहा को उसने भी मारा। उस वक़्त अजब ग़ुलग़ुला-ए-आफ़ते महशर बरपा था के असरे-सुम से सदहा साहिर फूला सूजा मैदान में पड़ा था। हज़ारहा लाशा नज़र आता। धुँआ सहर का छाया था। आफ़ताब तारीकी से गहनाया नज़र आता था। बीरों की सदा हाय मुहीब का शोर मचा था केः

*हवा इस तरह खाती थी पेचताब*
*उड़ी जाती थी जान हर शेख़ो शाब*
*धुँआ सहर का था ये छाया हुआ*
*के ग़ारे-ज़मीं चाहे बाबुल बना*
*चमकना वो रह-रह के वां बर्क़ का*
*जलाता था दिल ख़ुसरवे शर्क़ का*
*चमकना अंधेरे में बिजली का था*
*कन्हैया के मूँह पर गुलाल है मला*
*कहीं दौड़ते फिरते थे अश्दहे*
*दहन मिस्ले-क़ारे-जहन्नुम खुले*
*हवा से जो अंगारे थे गिर रहे*
*मलक आतिशीं तीर थे मारते*
*हुआ था फ़लक इस क़दर संग-दिल*
*बरसती थी हर सिम्त पत्थर की सिल*
*कोई मर के गिरता था जब जादुगर*
*तो, गोश-ए-फ़लक ग़ुल से होते थे कर*

इस क़यामते कुबरा में महरूख़ अशदर बन कर उन अशदरों पर जा पड़ी और ऐसे शोले हाए आतिश बारे दहन से निकाले के वो अशदर पस्पा हुए। उस वक्त अज़लम बशक्ले अशदर सामने आया और पुकाराः ऐ नमकहराम अब कहाँ जाएगी। क्या कुदरत सामरी की जानती है के तू हमारा सामना करती है।

महरूख़ ने जवाब दियाः ओ नामर्दे अज़ली तू मुझ औरत से इतनी बड़ी फ़ौज लेकर लड़ने आया और फिर अशदरे सहर में बैठ कर मुक़ाबला करता है। इसी मुँह पर दावा सहर करने का रखता है, दम शुजाअत का भरता है।

यह कलमा मिस्ले नाविके दिलदोज़ उसके दिल पर लगा। बिफर कर बोलाः मैं क्या अकेले तुझ से लडते डरता हूँ। अच्छा आज मैं फिरा जाता हूँ। कल अकेला मैदान में आकर तुझको बाँध के ले जाऊँगा।

मलेका ने कहाः अकेले आएगा तो वो जूतियाँ खाएगा के हमेशा याद करेगा।

उसको और ग़ुस्सा आया और अपने अशदरों को लेकर फिरा।

मलेका हैरत के पास आकर कहाः ऐ मलका तबले बाज़गश्त बजवाइये। मैं आज न लड़ूँगा।

हैरत ने कहाः क्यों बनी हुई लड़ाई बिगाड़ते हो, जी हारते हो, अब बाक़ी कौन है। सिर्फ़ महरूख़ को मए चूंद सरदारों के पकड़ लेना है। उसने सब हाल महरूख के ताना देने का बयान किया।

हैरत ने कहाः उसने तुझ को फ़रेब देकर अपनी जान बचाई है। इस वक्त धोका ना खा, नहीं तो पछताएगा।

ग़रज़ के हर चंद समझाया। मगर उसने अपने ग़ुरुर में न माना। आख़िर हैरत ने बख़तिर उसके तबले बाज़गश्त बजवाया। और लश्कर लेकर फिरी। मेहरूख़ ने सजदए-शुक्रे ख़ुदा किया के आबरू रह गई। जो सरदार बाक़ी थे उन को लेकर फिरी, जो ज़हर से सूज गए थे उनको उठवा लिया और दाख़िले बारगाह हुई। लशकर को बिलकुल बर्बाद देखा के सब भाग गया है। बाज़ार वीरान हैं, जो सरदार क़ैद हो गए है उनकी बारगाह में जगह सुनसान पड़ी है। ये हाल देख कर अश्के हसरत गिराए और इरादा जान देने का मुसम्मम कर के सेहर तैयार करने की फ़िक्र में बैठी। उस वक़्त अय्यार के लशकर का हाल अबतर देख कर चले गए थें तबले अमान सुनकर आए। बादशाह और लशकर को बहुत परेशान देखा। सब ने तसकीनो-तशफ़्फ़ी की के मलेका हम जाते हैं और काम उस नाहंजार का तमाम करते हैं।

ये कहकर रवाना हुए उस तरफ़ अज़लम फिर कर गया। जो अशदर के सरदारों को निगल गए थे उन्होंने उन्हें उगला और हैरत ने हुक्म दिया के उन सब को उसी ज़िन्दां में ले जाकर क़ैद करो।

जब ये क़ैद हो चुके और लशकर कमर खोल चुका। अज़लम देर तक बैठा रहा बल्के मलेका के साथ ही खाना खाया। फिर अर्ज़ करके के तबले जंग आप बजावाइयेगा मैं कल अकेला लड़ूँगा। ये कहकर अपनी जगह पर आकर शिकमें अशदर में बैठ रहा। मगर अय्यार जो रवाना हुए थे ये सहरा में आए और बर्क़ ने कहा के पहले मैं जाता हूँ। तुम दोनों मेरी ख़बर रखना। ये कह चला। इसके बाद क़िरां व जांसोज़ भी एक तरफ बसूरते मुबद्दिल रवाना हुए लेकिन बर्क़ शक्ल एक साहिरे मुहीब सूरत की ऐसी बना कर गश्त करता हुआ उस जगह आया जहाँ अशदहे मैदान में रहते हैं। यहाँ देखा के अशदहे ख़ाक में लोट रहे है, ख़ुशफ़ेलियाँ करते है और उनके मुँह से जो शोला निकलता है उस शोले से तसवीर पैदा होती है। वो नारंज और तुरंज मुतवातिर उछाल कर ग़ायब हो जाती है। फिर और तस्वीर पैदा होती है। त्रिशूल चार तरफ़ गड़े, गूगल, मिर्च, सिंदूर, चंदन, धूप दीप वग़ैरह जलता है। त्रिशूलों पर हार लपेटे हैं। खुप्पर आग के जलते हैं। बर्क़ यह तमाशा खड़ा देखता था के

यकायक अशदहे के अंदर से एक साहिरे सियाहफ़ाम ख़ुन्नास सीरत, देव सूरत निकला। ये उसकी सूरते नहस देख कर अव्वल तो बर्क़ ख़ौफ़ज़दा हुआ और चाहा के भाग जाऊँ। मगर दिल कड़ा कर के खड़ा रहा। वो उसके क़रीब आकर ललकारा के अरे तू कौन है? बर्क़ ने भी वैसा ही जवाब दियाः अबे क्या पहचानता नहीं। जो तू है वो हम हैं।

उसने कहाः हम चालीस अशदर नशीन हैं, इकतालिसवां हमारा अफ़सर है। तू कहाँ से आया है। अच्छा अगर तू हम में से है तो अशदर तेरे रहने का कहाँ है।

बर्क़ इस तक़रीर से नाचार हुआ। लेकिन तेज़ी से जवाब देता हुआ पीछे तड़प कर पचास कदम पर जा गिरा, यह कहता हुआ के अशदर भी है, तुझे क्यों बतलाएं। उस साहिर ने उसको पीछे भागते देखा, समझा के ये कोई अय्यार है। पुकारा के बस ओ मक्कार पहचाना मैंने तुझ को। बर्क़ इतने अरसे में कहीं का कहीं हो रहा। मगर बसबब मैदान होने के सामना था। वो साहिर समझा के अगर यहाँ से सहर करूँ मुबादा यह भी, कूद फांद कर निकल जाएं क़रीब चलूँ। ये समझ कर पीछे दौड़ा। बर्क़ या तो भागा जाता था या उस को आते देख कर सोचा के यूँ ही सीधे भागे जाओगे तो वो सहर पढ़ कर पकड़ लेगा, लाज़िम है के कहीं छुप रहो। ये सोचकर इधर उधर देखा। चूँकि मैदान तो था ही और लश्कर से भी फ़ासला था एक ग़ार वहाँ नज़र आया ये उसमें उतर गया। वो साहिर जो पीछे आता था उसने देखा के या तो अय्यार सामने जाता था या ग़ायब हो गया। पहले तो वो ये समझा के वो भी साहिर था बज़ोरे सहर छुप गया, मगर जब ग़ार के क़रीब आया सोचा के इस में उतर गया होगा। ये सोच कर झांकने लगा तो बर्क़ ने वहां हलक़ा कमंद का लगा रखा था। वो उसकी गर्दन में आ गया। उसने चाहा के सहर पढ़ कर उसे जला दूँ। मगर बर्क़ इतनी मोहलत कब देने वाला था। उसके गर्दन फंसते ही इस ज़ोर से झटका मारा के हलक़ तालू से चिपक गयी और आंखे निकल आई। सहर पढ़ने के बदले लुढ़कता पुढ़कता हुआ, ढुलक कर ग़ार में गिरा। बर्क़ ने फ़ौरन ख़ंजर से सर काट डाला, अलअयाज़ बिल्लाह हंगामा-ए-दारो गीर बरपा हुआ। आग, पत्थर बरसने लगे। बाद लमहे के आवाज़ आई के मारा शराबख़्वार जादू को।

यहाँ तो हंगामा मचा, लेकिन अशदर उसके रहने का मैदान में जल गया और बीरों ने वहाँ भी ग़ुल मचाया। अज़लम और सब साहिर पबरा कर अशदहों से बाहर निकल आए। और एक दूसरे से पूछता था। के अरे मियां ख़ैर तो है। ऐसे बाख़्ता हवास हुए के अपने साथियों को नहीं शुमार करते ये तो हैरान खड़े हैं के कोई आए तो उससे पूछें के ये ग़ुल कैसा था। और इन सबको अपने सहर पर ऐसा नाज़ है के ये मुतलक़ गुमान नहीं के हममें से कोई मारा गया है ग़रज़ के ये तो ठहरें हैं मगर

वहाँ बर्क़ ने सूरत अपनी मिस्ले-शक्ले-सरसर के बनाई लेकिन हुस्न अपना ऐसा दोबाला किया के सरसर ने ख़्वाब में भी ये सूरत न पाई होगी केः

*रोज़े अज़ल से आज तलक सूरत आफ़रीं*
*मुमकिन नहीं के छुप के तूझे देखता न हो*

चुनांचे आगे हाल उसके हुस्न का बयान होगा। इस वक्त बउजलत लाश उस साहिर की उठाकर उसी मैदान की तरफ चला। यहाँ सब साहिर हैरान खड़े थे के आवाज़े-ख़लखाले पा उनके कान में आई। देखा के एक औरत ब-नाज़ो अदा इस तरफ़ आती है के जिसकी चाल को देखकर ये कहना ज़ेबा हैः

*बला से हो पामाल सारा ज़माना*
*न आए इन्हें पाँव रखना संभल कर*

दिल हाय उश्शाक़ को रौंदती जब क़रीब आई अजब सूरत उस माहे आसमाने ज़ेबाई देखाई दी केः

*गई आँखों के नीचे बर्क़ एक कौंद*
*समन्दे-नाज़ ने डाला वहीं रौंद*
*कहा दिल ने यही देखी जो वो माँग*
*के है ये रात आधी कुछ दुआ माँग*
*हवासो-होश सबके हो गए तार*
*हुए सब माँग चोटी में गिरफ़्तार*
*बहम आँखों से आँखे लड़ गईं ख़ैर*
*अजायब नर्गिसिस्तान की हुई सैर*
*नज़र आया वो मुखड़ा सेब का सा*
*बन्धा कुछ डौल-वाँ आसेब का सा*
*ये रूख़सारों में उसके फ़रबही थी*
*हुई जिससे ख़िजल अकसर बही थी*
*कहूं उसकी जबीं को किस तरह चाँद*
*के उससे लाख हिस्सा चाँद था माँद*
*सुहाना था, कुछ ऐसा रूप उसका*
*के साया चाहती थी, धूप उसका*
*बरंग-ए-गुल नज़ाकत में भरी थी*
*के बस जो बात थी उसकी परी थी*

ये सब साहिर उस सरापा फ़ितना अंगेज़ को देखकर दंग खड़े थे के उसने अज़लम को तस्लीम की और लाश सामने डाल दी। उसने इस्तफसार कियाः ये क्या माजरा है।

उस गुलफ़ाम ने कहाः पहचानिये ये आप ही का रफीक़ है। जो मारा गया है।

इस कलमे से उसको होश आया और ये कहाः ये शराब-ख़्वार जादू की लाश है।

अब सब अफ़सोस करने लगे और अज़लम ने पूछाः कुछ मालूम है के ये क्योंकर मारा गया।

अर्ज़ किया के अय्यारे लश्करे-हरीफ़ सहरा में उसको क़त्ल कर रहा था के मैं आकर पहुँची मगर काम उसका तमाम हो चुका था, मैं लाश उठा लाई हूँ। अज़लम ने कहाः उस अय्यार को क्यों न गिरफ़्तार किया।

उसने कहाः हुज़ूर मैं सरसर अय्यारा शाहे-जादुआन की हूँ और सहर नहीं जानती हूँ। वो अय्यार था मुझको देखकर निकल गया, हर चन्द मैं दौड़ी मगर हाथ न आया, अच्छा अब होशियार रहियेगा मैं जाती हूँ।

ये कहकर कमर कूल्हे का आलम दिखाकर इस तरह चली के :

*ख़रामे-नाज़ तुम्हारा भी एक आफ़त है*
*ज़मीं पाओं तले सर पे आसमाँ न रहा*

अज़लम ने दौड़कर हाथ पकड़ लिया क्यों के ये साहिर रहने वाला कोहे-नीलम का है। उसने नाम अलबत्ता सुना है सरसर अय्यारा का क्योंके हमेशा अशदर में रहता है और यहाँ जब से आया है कुछ देर के लिए बारगाहे-हैरत में गया। तो कुछ ख़्याल तो किया नहीं के ये अय्यारा कौन है इस वजह से अच्छी तरह आगाह नहीं के सरसर किस मरतबा की अय्यारा है और कैसी सूरत रखती है। इस वक्त उसके हुस्ने-दिलावेज़ को देखकर ग़श हो गया और समझा के ये अय्यारा तो है ही उसको बादशाहे-तिलिस्म से माँग लूँगा। आज अपनी ख़िदमत में उसको लाया चाहिए, बस इसी वजह से उसने हाथ पकड़ लिया और कहाः

*गिरे मेरी नज़रों से ख़ूबाने आलम*
*पसंद आ गई तेरी सूरत कुछ एसी*

सरसर ने यह सुनकर त्योरी चढ़ाई और कहाः मियाँ होश में आओ, फ़ाहशाओं से जाकर एसी बातें करो। अरे साहब मैं सारे तिलिस्म में हमेशा फिरती हूँ जो एसी ही उमाती होती तो काहे को मेरी आबरू बचती। न साहब ऐसा बदनज़र मर्दुआ मैंने नहीं देखा। ये कहकर अंगड़ाई लेकर गात को इस तरह दिखाया के उभरा हुआ जौबन दिल गुदगुदाने वाला नज़र आया। ये साहिर बेचैन हो गया और पुकाराः

*मसलता है कोई दिल या इलाही ख़ैर महरम की*
*ग़ज़ब है परदे-परदे में उभरना उनके जौबन का*

फिर उस आफ़ते-जाँ का मिन्नत पज़ीर होनाः ऐ जाने-आलम इतना ख़फा न हो, हमको भी अपना जाँनिसार समझो।

उस अरबीदा जू ने कहाः आप जान अपनी किसी घरवाली पर दीजिए, मुझसे ये चोंचला न कर रखिये।

ये कहके अंगूठा दिखाया के मुए तेरे दीदों में ख़ाक, मैं और तेरे क़ाबिल। अज़लम इस अदा को देखकर मर गया और इस माहे-पैकर से लिपटा।

उसने कहाः हाँ-हाँ देखो मैं कहे देती हूँ। सामरी क़सम अगर मुझको हाथ लगाया तो तेरी जान और अपनी एक कर दूँगी। लोगों ये अंधेर तो देखो दिन दहाड़े ये मर्दुआ सबके सामने मुझको लिए पड़ता है, क्या बेइज़्ज़ती है। फटे मूँह आग लगे एसी मस्ती को।

अज़लम इसके ख़फा होने से ठहरता तो है। मगर दो-एक बातें इस तरह की के ये मरदुआ सबके सामने लिए पड़ता है, सुनकर समझता है के ये नाज़ करती है और वो नाज़नीन भी ख़फगी लगावट आमेज़ करती है। ग़रज़ के ये बातें उसकी सुनते ही अज़लम लिपटा तो था ही गोद में उठाकर ख़ेमे की तरफ ले चला। वो अशवागर तड़पती हुई और कहती हुईः देखो बहुत पछताओगे जो मुझे अकेले में ले जाओगे। मेरी आबरू तो जा चुकी ग़ैर-मर्द का हाथ लग चुका है मगर तुम्हारी भी जान जाएगी मुझको कम न समझना। मैं कोई एसी वैसी नहीं हूँ, धुर्रे उड़ा दूँगी। अरे एसा न हो के कोई अय्यार आ जाए, मुए तू अशदहे में छुपा रह मुझको छोड़ दे।

अज़लम ने एक न सुना और अंदर ख़ेमे में उसको लाया कहाः अय्यार यहाँ आएगा तो क्या कर लेगा। बमुजिबे बैतः

*ये फ़ितना आदमी की ख़ाना वीरानी को क्या कम है*
*हुए तुम दोस्त जिसके, दुश्मन उसका आसमां क्यों हो*

ग़रज़ के उसको मसनद पर बिठाया और ख़ेमा सिर्फ़ उसके खाने-पीने के लिए तो मुक़र्रर ही किया गया है। जो दो एक आदमी बहरे-ख़िदमत हैं उन्होंने उसके आते ही तमग़े अपने अपने दिखाए। उसने कहाः तुम बाहर जाओ और दूर जाकर ठहरो। जब बुलाएं उस वक्त आना।

वो सब बाहर गये और उसके रफ़ीक़ जो अशदहों में रहते हैं वो बाद उसके फिर शिकमे अशदर में समा गये। जब तख़लिया हुआ ये नाज़नीन के बर्क़ अय्यार है दिल में सोचा के पिछले दो बार से जो अय्यारी करने आये थे। तो सरसर आकर दख़ल अंदाज़ हुई थी और अब भी ज़रूर आएगी और लश्कर यहाँ से क़रीब है, तुम्हारे आने की ख़बर हैरत को मुमकिन नहीं जो न पहुँचें। पस वो या ख़ुद आएगी या किसी को भेजेगी, लिहाज़ा लाज़िम है के ऐसी तदबीर करो ताके वो जो आए तो ज़िल्लत पाए। और ये साहिर बचने न पाए। ये सोचकर चारो तरफ़ भौंचक्का होकर देखने लगा उस वक्त ये हाल था केः

*कभी वो आँख इधर है कभी शोख़ी से उधर*
*एक जगह पाओं ठहरता नहीं हरजाई का*

अज़लम ने ये हाल देखकर कहाः ऐ नाज़ुक बदन तुम हैरान चार तरफ़ देखती हो।

उसने कहाः तुमको अपने मज़े से मतलब है। तुम्हें क्या चाहे किसी की जान जाए या इज़्ज़त पर बने, मैं अय्यारा हूँ अय्यारों से लशकरे-हरीफ़ के हमेशा लड़ा करती हूँ और वो भी मेरी ताक में रहते हैं। जहाँ मैं जाती हूँ वहाँ पता लगा कर वो भी पहुँचते हैं।

अज़लम ने कहाः यहाँ आएँगे तो मैं मौजूद हूँ, मजाल नहीं है जो आए।

उसने जवाब दियाः उनको तुम पहचान न सकोगे वो मेरी सूरत बनाकर आएंगे और मुझको अय्यार बताएँगे। और अपने तईं सरसर कहेंगे। बस तुम मेरे दुश्मने-जाँ हो जाओगे और उधर अय्यार मुझको तुमसे सरगरमे मोहब्बतो इख़तिलात देखकर सब में बदकारा और आवारा मशहूर करेंगे।

वो ये कहकर रोने लगीः हाय सामरी कैसी मेरी जान मुसीबत में पड़ी के जान भी गई और इज़्ज़त भी।

ये कहकर इस अंदाज़ से माथा कूटा और हैरतज़दा सूरत बनाई के अज़लम की जान पर बन गई। और हाथ पकड़कर माथे से अलग करने लगा। हज़ारों मिन्नत करके क़समें खाने लगाः ऐ यारे दिल नवाज़ अगर अय्यार अफ़रासियाब भी बनकर आएगा जब भी मैं उसको गिरफ़्तार करूँगा। चाहे वो शाह-ए-तिलिस्म असली क्यों न हो और अगर वो तेरी सूरत बनकर आएगा तो बड़ी सज़ा पाएगा।

ग़रज़ के बर्क़ ने हिफ़्ज़े-मा-तक्क़दुम करके ख़ूब उसको पक्का किया और नाज़ो करिश्मा करने लगा। उसने उसको सरगरमे-इख़तिलात देखकर बोसा लेने के लिए मुँह बढ़ाया, उसने एक तमांचा जड़ा और कहाः मुँह बनवाओ।

उसने तमांचा खाकर हँस दिया और कहाः

ऐ जानी व ऐ माया-ए- ज़िन्दगानी :

*जो दिल लिया है तो फिर उज़्र क्या है बोसे में*
*के लेन देन है ये नक़द कुछ उधार नहीं*

इस ग़ारते-जाँ ने जवाब दियाः

*दिल तेरा और आरज़ू मेरी*
*जान सदक़े हो एसी हसरत के*

अज़लम ने ये सुनकर कहाः ऐ सितमगर मैं अपना हाल क्या बयान करूँ :

*मेरे दिल के ज़ख्मों को क्या देखते हो*
*तुम्हारे ही ये गुल खिलाए हुए हैं।*

ये कहकर चाहा के लिपट जाऊँ। उस ज़ेबे अंजुमन ने अपने तईं सरकाया और जब ये गिरने लगा तो हाथ से रोककर कहाः ज़रा संभलो एसे बेख़ुद न बनो। वो फिर संभलकर बैठा और गोया हुआः

*जौर पर अपने बहुत था नाज़ उसको भी मगर*
*हो गया मुज़्तर तुझे चर्ख़े सितमगर देखकर*

अब यहाँ तो ये हंगामा-ए-नाज़ो अंदाज़ गर्म है मगर वो साहिर जिनको अपने ख़ेमे से बाहर कर दिया था। उनमें से एक बारगाहे मलेका-हैरत में गया इसलिए के इसको सरसर की आवारगी देखकर हैरत हुई के ऐसी फ़ाहशा हो गई है जो हर एक से आशनाई करती है। पस सोचा के मलेका से जाकर सब माजरा बयान करूँ। ग़रज़ के जब ये मलेका के पास आया तो उसने पूछा के क्यों आए, उसने सब हाल सरसर का बयान किया। सरसर असली वहाँ हाज़िर थी वो लगी गालियाँ देने। इस साहिर ने कहाः के मेरी क्या ख़ता है के मैं झूठ कहता हूँ या सच।

हैरत ने भी कहाः हाँ सच है के कोई अय्यार तेरी सूरत बनके वहाँ गया है। जो उसने देखा है कहता है उस बेचारे की क्या ख़ता है। अब तू जा और हाल दरयाफ़्त कर, के क्या माजरा हो रहा है।

सरसर ने कहाः बीबी दो दफ़ा मुझको ज़िल्लत हो चुकी है। मैं न जाऊँगी क्यों के वहाँ अय्यार मेरी सूरत बनकर गया है और अज़लम उस पर आशिक़ हुआ है। अगर मैं गई और फर्ज़ करो के अय्यार को मैंने पकड़ लिया मगर वो अज़लम तो मेरी सूरत पर आशिक़ है वो मुँआ मस्ती में भरा बैठा होगा अगर मुझको दबा बैठा तो मेरी तो मोती की सी आबरू पर पानी फिर गया।

हैरत ने कहाः बी नन्ही फिर तुमने अय्यारी क्यूँ सीखी थी जो इतना डरती हो। आबरू लिए बैठी रहतीं। चल अब बातें न बना जल्द ख़बर ला।

सरसर नाचार ताबेदार दौड़ी हुई चली। मगर इधर-उधर देखती हुई के राह में कोई अय्यार न मिले हर चन्द के दो अय्यार यानी क़िराँ व ज़ांसोज़ फ़िराक़े अय्यारी में लश्कर के हर तरफ फिर रहे हैं मगर उस पर उनका पंजा क़ाबिज़ न हुआ इसलिए के ये दौड़ती हुई बहुत होशियारी से दरे ख़ेमा-ए-अज़लम पर आई। यहाँ के साहिरों ने जो ख़िदमती लोग हैं देखा के एक तो सरसर अंदर है और दूसरी ये और आई। बस यह देखकर पुकारेः बीबी ज़रा ठहरो एक तुम्हारी सूरत की और अंदर है। हमको कुछ फ़रेब मालूम होता है। हम ख़बर कर लें तो जाना।

ये सुनकर सरसर रुकी और एक साहिर ने परद-ए-पास ख़ेमे के जाकर कहाः हुज़ूर एक सरसर और आई है।

ये आवाज़ सुनते ही बर्क़ ने अज़लम के गले में हाथ डाल दिए और कहाः क्यूँ तेरा जी इस वक़्त मुझसे वस्ल करने को चाहता है।

उसने दिल में कहा के अब ये मस्त हुई, बेइख़्तयार गले से लगाया और कहाः ऐ जानेमन मैं तुझ पर हज़ार जान से फ़िदा हूँ।

उसने कहाः अब उस अय्यार की तो ख़बर ले जो मेरी सूरत बनकर आया, मैंने पहले ही कहा था के मैं बदनाम हो जाऊँगी। आख़िर वही सामना हुआ अब मैं पोशीदा हुई जाती हूँ, उसको बुलाकर गिरिफ़तार कर लें।

अज़लम को इस वक़्त सरसर असली का आना बहुत बुरा मालूम हुआ। लेकिन क्या करता, क्यों के एक शख़्स तो आया चाहता है के ये क्यूँ कर औरत से हमबिस्तर हो। ग़रज़ के नाचार माशूक़ा को तो पलंगड़ी के नीचे छुपा दिया और पुकाराः जो आता है उसको भेज दो।

मुलाज़िम ने सरसर को इजाज़त दी। वो अन्दर ख़ेमें में गई, उसको सलाम किया, देखा तो यहाँ और कोई नहीं। हर सिम्त हैरान होकर देखने लगी के वो अय्यार जो मेरी सूरत बनकर आया है वो कहाँ है। ये तो हैरत में है और अज़लम तो पहचानता न था उसने वही सूरत उसकी देखी जैसी औरत उसके पास छुपी हुई है। समझा के बेशक ये अय्यार मेरी माशूक़ा की सूरत बनाकर आया है। ये समझ कर पुकाराः ऐ सरसर आओ बैठो। यहाँ सरसर ने उसको गुलियां मस्ती में देखा के बेताब है, आँखे सुर्ख़ हैं, समझी के तू पास गयी और ये दाब बैठा। ये ऐसा कुछ समझकर पीछे हटी और कहाः मलेका ने कहा है के वो जो मेरी सूरत बनकर आया है वो अय्यार है।

अज़लम ने देखा के ये पीछे हटती जाती है। मालूम होता है के मुझ से डर कर ये अय्यार ही भागा चाहता है। बस अब तो बिल्कुल यक़ीन हुआ के ये अय्यार है और उसी वक़्त सहर पढ़कर फूँका के सरसर बेहिसो हरकत हो गई। उसने उठकर बाँधा और कहा ओ अय्यार तू मुझे भी ऐसा वेसा साहिर समझा था जो धोखा देने आया था। देख तो मैं किस अज़ाबे-अज़ीम से तुझको हलाक करता हूँ।

सरसर चीख़ने लगीः अरे क्यों धोखा खाता है मैं असली सरसर हूँ।

उसने एक न सुना और मारना शुरू किया और उस वक़्त सरसर नक़ली यानी बर्क़ पलंग के नीचे से निकला और पुकारा के और मारिये इस अय्यार को, ये लोग बड़े हरामज़ादे हैं। यह कह कर आप भी आकर मारने लगा और तमाँचे, लातें और जूतियाँ ख़ूब मारी। जब अज़लम फ़र्श पर जाकर बैठा। बर्क़ ज़दो कोब करता है। जब ये जाकर बैठता है अज़लम उठकर मारता है। हर चंद वो चीख़ती है, कोई समाअत नहीं करता है। बल्के चुपके से बर्क़ ने कहाः उस्तानी तुमने मेरी कई अय्यारियों में रख़ना परदाज़ी की, अब यही सजा तुम्हारी है, बल्कि मैं आज तुम्हारी नाक कटवा लूंगा।

सरसर ये सुनकर चाहती है के चीख़े और कहे के देखो यह मुझ से इस तरह कहता है, बर्क़ तमांचे मारने लगता है और ग़ुल मचाता है के उसका कहना समझ

में नहीं आता। ग़रज़ के सरसर की आवाज़ चीख़ते चीख़ते नर्म पड़ गई और मार पड़ने से बदन नीला पड़ गया। क्योंके ये शहज़ादी माशूक़े नाज़ुक अन्दाम जब तमांचा उस पर पड़ा रूख़सार के बरंगे गुल था गुले सौसन बन गया। पैरहन टुकड़े टुकड़े, बाल सर के नीचे। बर्क़ ने जिस्मे पाईं पर ज़र्ब कम लगाई थी के यह बरहना न हो जाए। ग़रज़ के जब सरसर ने देखा के आज बर्क़ मार डालेगा, तू फंस गई है, पस उसने इशारे से मिन्नत करना शुरू किया के मुझको रिहा करादे, मैं तेरे मुक़दमें मैं न बोलूंगी। बर्क़ को अज़ बस के उसका मार डालना भी मंजूर नहीं था और उसने इज्ज़ भी किया। पस उसने अज़लम का हाथ पकड़ लिया और कहाः आओ जाने दो, ये अय्यार अपनी सज़ा को पहुँच गया। हम तुम इसके सामने मज़े करें। फिर इसको मार डालेंगे।

अज़लम इस गुफ़तगू से तो बहुत ख़ुश हुआ और आकर मसनद पर बैठा। बर्क़ ने चाहा के इसको शराब पिला कर सामने सरसर के मार डालूं। ये कहकर यहाँ बैठा।

लेकिन वहाँ सरसर को अरसा जो हुआ हैरत ने बज़ोरे सहर हाल दरयाफ़्त किया। सारी कैफ़ियत सरसर के बंधने और पिटने की मालूम हुईं। बेताब होकर उठी के मैं ख़ुद जाऊँ। जैसे ही चली थी के छींक हुई, बिसवास आया के तू गई और अज़लम तेरे साथ भी इसी तरह पेश आया तो आबरू जाती रहेगी और अगर तूने उसको मार डाला तो शाहे तिलिस्म से रंज होगा, शहंशाह अपने रफ़ीक के मरने से नाराज़ होंगे। ये समझ कर समक जादू नाम अहले दरबार में से एक साहिर को हुक्म दियाः तुम जाओ। अज़लम से कहना के जिस को तुमने बाँधा है ये सरसर असली है और जिसे लिये बैठे हो वो अय्यार है।

ये हुक्म समक सुनकर बज़ोरे सहर उड़ा और ख़ेम-ए-अज़लम में आकर उतरा। अज़लम समझा के फिर कोई अय्यार आया मगर समक पुकाराः ओ नालायक़ क्यों दीवाना हुआ है। ये जो तेरे पास बैठा है ये अय्यार है और जिसको तूने बाँधा है वो सरसर है।

अज़लम ये सुन कर होशियार हुआ और बर्क़ लगा पीटनेः आग लगे इन अय्यारों को मुए क्या क्या बहरूप बना कर आते हैं। अरे! अज़लम ये भी अय्यार है।

अज़लम उठा के मैं समक को भी पकड़ लूं। मगर समक साहिर ज़बर्दस्त है। उसने सहर पढ़ा के अय्यार तो पहले ही बेहिस हो गया और अज़लम पर भी बेहोशी तारी हुई। उसने भी सहर पढ़ा के उस पर से बेहोशी रफ़ा हुई और सोचा के अय्यार की ये मजाल नहीं जो ऐसा सहर कर सके। ये सोचकर उसने ख़ुद सहर पढ़कर बर्क़ के मुँह पर फूंका के रंगो रोग़ने अय्यार छूट गया और शक्ल असली ज़ाहिर हुई। ये हाल देखकर समक के पाँव पर उठकर गिरा और कहाः वाक़ई मैं ग़लती पर था। आप मेरा क़ुसूर माफ़ फ़रमाएं।

ये कह कर बर्क़ को उसने बाँधा और सरसर को खोला और मिन्नत पज़ीर हुआ के बीबी मेरी ख़ता माफ़ करो।

सरसर ने कहाः तू साहिर होकर ऐसा अंधा था के तूने मुझको बेइज़्ज़त किया। अब मैं तेरे ख़ेमे में न आऊँगी।

ये कहकर रवाना हुई। उसने समक से कहाः तुम इस अय्यार को ख़िदमते मलेका में ले जाओ मैं अशदर में जाकर बैठता हूँ। क़सम लो जो बाहर निकलूं।

समक ने कहाः ये मुक़दमा अय्यार का है तुम किसी और के हाथ भेजो, मैं इस बीच में न पड़ूंगा।

उसने कहाः तो अच्छा तुम जाकर मलेका से कहना के उसके क़त्ल करने की निस्बत वो हुक्म भेज दें ताके मैं उस का सर काट डालूं।

समक ने कहाः हाँ ये हो सकता है।

ये कहकर चला। जब दरवाज़े पर पहुँचा यहाँ क़िरान अय्यार मौजूद था, किस लिए के दोनों अय्यारों ने सरसर को उस ख़ेमें में जाते देखा था। पस उस को तो न पाया लेकिन आप साहिर बन कर आया और कहाः हैरत ने भेजा है।

मुलाज़िमों ने कहाः ठहरिये, अन्दर मार पड़ रही हैं, हम अब मौक़ा अर्ज़ करने का नहीं पा सकते।

ग़रज़ के ये ठहरे रहे और सब हाल सरसर का देखा। अब जो बर्क़ गिरफ़्तार हुआ ये बेक़रार हुए के इस असना में समक ख़ेमे से निकल कर चला। क़िरान ने कहाः कह देना के अज़लम मारे गए।

समक यह कलाम सुनकर हैरान हुआ के ये क्या कहता है, क़िरान जस्त करके भाग करके नज़र से गायब हो गया। समक समझा ये भी अय्यार था। ये जान कर बख़ौफे अय्यारान उड़कर रवाना हुआ। लेकिन क़िरान सब गुफ़्तगू अज़लम की सुन चुका था। उसने सूरत बहुत जल्द अपनी मिस्ले समक बनाई और पुशते ख़ेमा पर आकर जस्त कर के अन्दर गया। अज़लम इस अरसे में ख़ंजर खींच कर बर्क़ को ज़िबह करना चाहता है, सिर्फ़ इंतज़ार हुक्में हैरत का कर रहा है। समक नक़ली को आते देखा। अज़बस्के सरसर को पकड़ के ज़लील हो चुका है। उसे समक असली समझकर गोया हुआ के क्यों भाई पूछा था, मलेका ने इस के क़त्ल का हुक्म दिया।

क़िरान ने कहाः यहाँ आओ, दीवार हम गोश दारद, दीवारों के भी कान होते हैं, जो कहा है सुन लो।

वो बर्क़ को छोड़ कर उसके पास आया। क़िरान ने कहाः देखो दरे ख़ेगा से कौन झांकता है।

वो उधर देखने लगा। क़िरान ने चमक कर सर पर इस ज़ोर से बुग़दा मारा के सर उसका शक़ हुआ, तेवर खाकर गिरा। उसने सर काट लिया, शोरो-ग़ुल हुआ और

तारीकी हो गई। वो अशदहे जो मैदान में फिर रहे थे वो उसी के सहर के बनाए हुए थे, सब जल गए। और उनमें जो साहिर थे निकल कर घबरा कर भागे। मुलाज़िम वग़ैरा ख़ेमा छोड़ कर एक तरफ़ को भागे के ये क्या आफ़त आई। अय्यार याने क़िरान और बर्क़ ख़ेमें में आग लगा कर नारे करके भागे, हंगामा बरपा हुआ के मारा अज़लम अज़दर नशीन को। यहाँ तो ये हँगामा हुआ वहाँ सरसर और समक मलेका हैरत से सब हाल कह रहे थे के यकायक ग़ुलग़ुला बरपा हुआ। मलेका ने घबरा कर कहाः अरे ख़बर तो लो यह क्या माजरा है।

लोग चले थे के मुलाज़िम और साहिर भागे हुए आए, पुकारेः ऐ मलेका! अज़लम मारे गए। मलेका ने ज़ानू पर हाथ मारा, अफ़सोस कर रही थी के यकायक फिर ग़ोग़ा बुलंद हुआ। यानी जब ये साहिर मारा गया तो सरदार जो क़ैद थे और उन्हीं के साथ ज़िरग़ाम अय्यार भी क़ैद था वो सब रेहा होकर उड़े और लश्करे हैरत पर गोले सहर के मारने लगे। लश्करी भी होशियार होकर कमर बंदी कर आमादए जंग हुए।

हैरत ने माजरा इस तमाम माजराए हैरत का अफ़रासियाब के पास लिख कर भेजा। शहंशाहे साहिरान तिलिस्मे बातिन में कनारे एक दरियाए ज़ख़्ख़ार के शिकारे माही खेलता था। वज़ीर, अमीर, अफ़सर सब हाज़िर थे। सत्रह सौ नाज़नीनान, दुनिया की ख़ूबसूरत तरीन औरतें हर मुल्क और हर क़ौम की, बाज़ तुरकन, बाज़ फ़िरंगिन, बाज़ बंगालन, बाज़ मराठिन, हूर चेहरा, क़मर रुख़्सार, दूर दर गोश मुरस्सा पोश कश्तियां मैख़ाने के कारोबार के लिए सामने खड़ी थीं। बजरे दरिया में पड़े थे, दास्तान गो दास्तानें सुनाते थे, नाच होता था माहीगीर दाम डाले थे, अजब ऐशो इश्रत की घड़ी थी के वो साहिर लाश अज़लम की और नामा हैरत का लिए वहां आकर पहुंचे। बादशाह कमाही हक़ीक़ते हाल पर आगाही पाकर ग़रीक़े बहरे ग़म हुआ। फ़र्ते अफ़सोस मलकर पुकाराः हाय ग़ज़ब कैसा अंधेर इन अय्यारों ने बरपा कर रखा है। समझ में नहीं आता के क्या करूं और किसको भेजूं?

तो हाज़रीन यहां ख़त्म होती है दास्तान अज़लम जादू और बर्क़ फ़िरंगी अय्यार की।

# दास्तान बहार जादू की

अफ़रासियाब के बड़े बड़े जादूगर उसका साथ छोड़ते रहते हैं या मारे जाते हैं। अमर अय्यार के साथ एक से एक जादूगरनियां शामिल हो चुकी हैं जैसे उसकी मलेका हैरत की बहन बहार जादू। बहार ऐसी कमाल की जादूगरनी है के जब वो सेहर करती है एक मंज़र बहार का पैदा होता है और हर शख़्स उसका दीवाना हो जाता है। ऐसी ही साहेरा है सुर्खमू और महरुख जो अमर की लश्कर की सिपहसालार है।

अफ़रासियाब तीन बड़े जादूगरों, शदीद, अज़ाब और क़हर को अमर के लश्कर पे हमला करने भेजता है। अब दोनों तरफ़ साहिर हैं, लाखों की फ़ौजों का आमना सामना है, तो देखिए जादूगरों के बीच जंग कैसे होती है।

तो जब जंग का ऐलान हुआ तो दोनों फ़ौजें तैयार होने लगीं।

इधर भी दुहुलज़नी हुई और नफ़ीरे सेहर बजी, फ़ौज के अफ़सर सामाने हरब करने लगे। चार पहर रात तैयारी रही, बंगाली बाजे बजाकर पूईं तानी गईं और बीरों को भेंट देकर क़ाबू में किया, चौकियां बुलाई, मोहन भोग हर एक के लगाया, भोग देकर वादा लिया, एक दूसरे ने हरीफ़ के नाम पर मंतर की जाप की, जोत का मटिया उड़ाया, माल की गीली मिट्टी पर नारियल नारी के साग में लपेट कर दिया जलाया, कलाया भुजंगा और कुलचिड़ी और नीलकंठ के ख़ून से जोत उड़ाया गया, चिराग़ की लौ तेज़ की, समसान की मिट्टी, तेली के मुर्दे की राख़, मरघट के ठीकरे, सब जमा करके दस्तक पंढ़त की तैयार की नारियल और तरंज ओ नारंज की लाग मुक़र्रर की, जय सामरी-ओ-जमशेद की बोल कर अगियारी बढ़ाई, रात भर की धूनी रमाकर सो रहे।

इधर बहादुरों ने ख़ंजर हाय आबदार को तेज़ किया, सान देकर संग चटाया, तलवारों की बाढ़ को दुरदुरा बनाया, खांडों के दो दो उंगल के पुट्ठे चढ़वा दिए, बाढ़ हाथ से लिपटने लगी, शमशीर हर एक आइनाए अरूसे मर्ग बन गई, लोहा ऐसा साफ़ हुआ के हर एक आज़िगें दश्ते गुसाफ़ हुआ, रात भर शुजाअत की बातें, जवाँ मरदी की घातें रही।

आख़िर सुबह हुई। दुर्दी पलटन की बजी, लश्कर में तुरई फूंकी, कमर बंदी हुई, अफ़सर सवार हुए, सवारो-पैदल मरने पर तैयार हुए। नक़ीब पुकारेः

ऐ नामवरों! ज़रा तसव्वुर करो अंजाम को हर एक का ठिकाना गोर है। एक दिन मरना ज़रूर है, चाहिये के लड़ के मर जाओ और अपना नाम कर जाओ।

महरूख़ और नाफ़रमान और शकील और सुर्ख़मू ताऊस हाये सहर पर सवार रवाना हुईं।

लशकर महरूख़ का आकर ठहरा था के सामने से बिजलियाँ चमकने लगी। रअद की तरह आवाज़े हैबत नाक पैदा हुई। काले काले बादल जंगल में उमड़े, फ़ौज शदीद और अज़ाब और क़हर लिए मिस्ल दरयाए मव्वाज के बड़े जोशो-ख़रोश से आकर पहुँचे। साहिरों ने बिजलियाँ गिराई, दरख़्त और झाड़ियाँ जल गई, सामने की आड़ हटी, फिर अबरे सहर बरसा, गरदो ग़ुबार बिठाया, सफ आराओं ने सफ़ आराई की। नकीब शाहाने माज़ी का हाल पढ़कर तरग़ीबे-जंग बहादुरों को दिलाने लगे कड़कैत हर सिम्त पुकारते फिरते थे।

*नहीं आज दारा का नामो-निशां*<br>
*सिकंदर की बाक़ी नहीं इज़्ज़ो शान*<br>
*जमा दो क़दम को पलटना नहीं*<br>
*बग़ैर अज़ मरे याँ से हटना नहीं*

नक़ीबों की सदा ने हर एक को मरने की आरज़ू जताई, लड़ने की हवस बढ़ाई, क़हर ने अशदर बढ़ाया और मैदान में आया। आग पत्थर बरसाकर अपनी ऊलुल अज़्मी दिखाकर नहेब दीः ऐ फ़िरक़ा ए नमक हरामान, आओं मेरे मुक़ाबले को के गोशुमाली तुम्हें वाजिबी दी जाए।

अमर की तरफ़ से नाफ़रमान ने अपना ताऊस उड़ाया नाक़फरमान सामने उस नाफ़रमान के आई। सहर चलने लगा, क़हर ने एक नारियल मारा, गोले गोले की तरह आकर रान पर नाफ़रमान के पड़ा, परा तोड़ कर पार निकल गया, ये ज़ख़्मी हुई, उस वक़्त सुर्ख़मू ने तख़त बढ़ाया, इजाज़त लेकर सामने उसके गई, उसने गोला उस के भी मारा, सुर्ख़मू ने वार ख़ाली देखकर अपनी काकुल को परेशान किया और डिबिया याक़ूत अहमर की निकाली और उसको खोलकर सितारे निकाले और हाथ पर रखकर उड़ा दिए के फ़लक की जानिब जाकर ताबिंदा हुए और वहां से तीरे शहाब के मानिन्द टूट कर जो गिरे क़हर को तोड़ कर ज़मीन में चले गए। शोरे क़यामत की तरह सदाएँ आने लगी। महरूख़ के साहिरों ने सहर पढ़कर बीर क़हर के अपने क़ाबू में किए, रान चाक करके ख़ून के छींटे भेंट में दिए, वो आफ़त मिटी।

अज़ाब जादू ने फिर मुक़ाबला किया, इस तरफ से शकील ने अपना अशदर निकाला, अज़ाब ने त्रिशूल के कई हमले किए। शकील ने सब चोटें ख़ाली दीं और

सहर पढ़कर तलवार का वार किया के वो तेग़े सेहर बर्क़ बनकर जो गिरा उसके ख़िरमने हसती को जला दिया। उस वक़्त शदीद बग़ज़बे शदीद मैदान में आया और एक सांप झोली से निकालकर मैदान में फेंका के उस सांप ने शकील को काटा। हर चंद उसने रद्दे सहर किया कुछ न हुआ बेहोश होकर गिरा। महरूख़ ने उठाया, मंगाया और साहिर झाड़ने के लिए मुक़र्रर किए के मर न जाऐ उस वक़्त सुर्ख़मू, फिर मुक़ाबले को निकली, साँप ने उसे भी घेरा, उसने एक ताऊस कागज़ का कतर कर सहर करके उड़ाया के वो ताऊस उड़ता हुआ आया और साँप को मिनक़ार में दाब कर ले गया, दोनों लशकरों से वाह वाह हुई के शदीद को ग़ुस्सा आया और कमान में तीर रखकर सहर पढ़कर मारा, सुर्ख़मू ने दसतक दी, चालीस सिपरें आप से आप सामने अड़ गईं मगर तीर शदीद का सब सिपरों को तोड़ कर सुर्ख़मू के शाने पर लगा के ये भी ज़ख़मी हुई और मैदान से हट गई।

उस वक्त शदीद ने ललकाराः ऐ बहार मैं तुझे गिरफ़्तार करने को आया हूँ, तू आकर मुक़ाबिल हो। कहां तक छुपेगी।

बाहर तख़्त पर बाज़ेबो ज़ीनत जलवागर थी। और कई सौ ख़वास दुर दर गोश मुरस्सा पोश सामने फूलों की डालियाँ लिए खड़ी थी। गुलदस्ते सामने चुने थे के शदीद का पुकारना सुना। फ़ौरन तख़त आगे बढ़ाया और एक गुलदस्ता उठा कर जंगल की तरफ़ मारा के पहाड़ों की जानिब से एक ज़ुलमत मिस्ले शबे देजूर पैदा हुईं और तारीकी तमाम आलम में छा गयी। उस वक़्त बहार ने मुक़ाबा खोल कर अपनी पेशानी पर अफ़शाँ और चाँद टिक्की लगाई उस वक़्त उस तारीकी में एक चाँद और सितारे छिटके हुए दिखाई देने लगे अब ये मालूम होता था के चाँदनी रात है। दिन न ज़ाहिर होता था।

शदीद दस्तकें रद्दे-सेहर पढ़कर देने लगा के बहार ने दूसरा गुलदस्ता मारा, और पुकाराः ऐ बहार आओ।

झोंके हवाए सर्द के आने लगे और लशकरे शदीद के साहिर तालियाँ बजाने लगे के बहार ने तीसरा गुलदस्ता मारा। हज़ारहा औरतें नाज़नीन महजबीन हाथों में साज़ और बाजे लिए पैदा हुई और वो औरतें बाज़ तुरकन, बाज़ फ़िरंगन और हिन्दू और मारवाड़, सब मुल्क की, और हर एक क़ौम की थीं और सब महपारा ग़ैरत दिहे, मेहरो-माह थीं, बस उन्होंने साज़ अपने अपने निहायत ख़ुशआहंगी से बजाए, के लशकरे हरीफ़ इन ज़ोहरा वशों पर आशिक़ हुआ के बहार ने चौथा गुलदस्ता मारा। आँखें एहले लशकर की बंद हुई और मौसम बहार का ज़ाहिर हुआ, अजब लुत्फ़ था के शबे माह में भीनी-भीनी फूलों की ख़ुशबू आती थी और बाग़ओ चमनिस्तान दूर तक दिखाई देते थे, नसीमे मुशक बार हर मीना-ए-शजर से सर टकराती थी, ग़ुंचे चटक कर जमाही लेते थे।

बहार तख़्त से उतरकर दरमियान चमनिस्तान के चली गई और वो ज़ुनाने परी पैकर, जो सहरा से आई थीं, वो भी दाख़िले बाग़ हुई। शदीद और सब अहले लशकर गुलशन के अन्दर जब जाने लगे तो देखा के सामने से बहार ज़ाहिर हुई और उस वक़्त उसके हुस्नो जमाल की ये कैफ़ियत थी के अगर हूर भी देखती तो उसकी कनीज़ हो जाती। बहार को देखते ही शदीद शेफ़ता हुआ लेकिन बहार ने एक ख़वास को इशारा किया के वो नशतर और तश्त लेकर आई और पुकारीः ऐ फ़रेफ़तगाने-जमाले, अदीमुलमिसाले-मल्का-ए-बहार, मेहरे तिमसाल, थोड़ा ख़ून अपने जिस्म का नज़र उस सफ़्फ़ाका के करो, ये नशतर और तश्त हाज़िर है, उसकी रसीद दो।

सदा सुनकर सिपाही शदीद के सब दौड़े और एक दूसरे पर सबक़त लाने की कोशिश करने लगा जो पास उस कनीज़ के आया उसने हाथ की फ़सद खोल दी, तश्त हाथ के नींचे रख दिया के ख़ून उस में गिरने लगा और वो बेहोश हो गया फिर दूसरा आया उस ने भी रगेजान पर नशतर खाया और ये कहता हुआ बेहोश हुआः

*मुरा कुश्ते ओ तकबीरे न गुफ़्ती*
*अजब है संगदिली अल्लाहो अकबर*

अब तुरफ़ा हंगाम ओ बेदाद गर्म था और लाश पर लाश गिर रही थी। एक दूसरे पर पेशक़दमी नश्तर खाने में करता था, इस असना में बहार ने दूसरी कनीज़ से अपनी इशारा किया के शदीद को तलब करे। कनीज़ ने बआवाज़ें बुलन्द कहाः ऐ शदीद मलिकाये-आलम तुम्हें तलब फ़रमाती है, जल्द आओ।

शदीद तरफ़ बहार के कनीज़ की सदा सुनकर चला और बहार उसे आता देखकर वहाँ से फिरी और उस गुलशने सहर में दूर जाकर ठहरी। शदीद पीछे-पीछे बमिन्नते तमाम क़रीब आया, देखा के बहार छड़ी हाथ में लिए गुलगशत कर रही है, जूड़ा तिरछा बंधा है आँचल पल्लू का दुपट्टा सीने से ढलका हुआ है, पाइंचे कलाइचों पर पड़े हैं बराबर रानों के सलवटें पड़ी है, गहना फूलों का पहने सैर में चमनिस्तान के मसरूफ़ है, जैसा हुस्न पहले था। इस वक़्त, सौ हिस्से ज़्यादा है। शदीद दस्त बस्ता सामने खड़ा हुआ। बहार ने एक छड़ी मारी और कहाः हैरत ने मुझे सरेदरबार गालियाँ दी, बुरा भला कहा और तूने कुछ इसका मुआवज़ा न किया।

शदीद ने कहाः ऐ राहते जान मुझे कब ये कैफ़ियत मालुम थी।

बहार ने दो तीन छड़ियाँ और लगाईं और कहाः हरामज़ादे, तूने अब जो ये माजरा सुना तो क्या किया, कुछ भी तुझे मेरा पास हुआ।

उसने अर्ज़ कियाः अगर आप हुक्म दें तो हैरत को जूतियां लगाता सामने लाऊँ।

बहार ने छड़ी से उसे ख़ूब पीटा के मसख़रे हम हुकम दें, जब तू बदला ले, तुझे आप से कुछ हमारी मुहबबत नहीं।

शदीद ने छड़ियाँ सहर की जो खाईं, बेख़ुद हो गया और बाक़ी हवास भी जाते रहे और कहाः ऐ मलका मैं अभी उस ग़ैबानी हैरत को झोंटे पकड़ कर लाता हूँ।

बहार ने कहाः तेरी बात का ऐतबार नहीं बुला अपने अफ़सराने लशकर को।

उसने अफ़सरों को तलब किया। उस वक्त बहार ने उस कनीज़ को जो फ़सद खोलती थी मना किया और सब सरदार पास आए। उसने कहाः तुम सब को इत्तला देती हूँ और रिश्ता-ए-इक़रार तुम्हारे हाथ में बाँधती हूँ के हैरत ने मुझे गालियाँ दी हैं जो उसे जाकर बज़िल्लते तमाम क़त्ल करे वो मेरे वसल से शादकाम हो।

यह कहकर एक एक गजरा फूलों का कनीज़ों से सब के हाथ में बंधवा दिया और शदीद के हाथ में खुद गजरा बांधा बस शदीद और कुल लशकर बेताबाना, शेरे आशिक़ाना पढ़ते रवाना हुए और हज़ारों नशतर खाकर राही-ए-मुल्के अदम हुए। ग़रज़ कुल फ़ौज ख़ेमा ख़रगाह मालो असबाब छोड़ कर तरफ़ गुम्बदे नूर के चले। जब ये जा चुके, बहार ने पेशानी से अफ़शाँ छुड़ाई और सहर पढ़कर दसतक दी के वो आलम बहार और शबेमाह की कैफ़ियत सब बरतरफ़ हुई। आफ़ताब निकल आया, लशकरे मेहरूख़ में नक़कारे फ़तेह के बजे और मालो असबाब लशकरे शदीद अपने क़ब्जे में मेहरूख ने किया। बहार जादू के सर ज़र निसार करती हुई और तारीफ़ करती फ़ौज फिर बारगाह में दाख़िल हुई और ख़िलअत गिरांबहा इनायत किया। लशकर ने कमर खोली, सामाने जश्न किया, थाप तबले पर पड़ी, नाच होने लगा केः

*हुई गाने वालों की एक धुम धाम*
*तमाशाइयों का हुआ अशदहाम।*

यहाँ तो ये सामाने इशरत बरपा है लेकिन शदीद दिवाना वार बसद इज़तरार ज़बूं ज़ार दरयाए ख़ूने रवाँ के पार उतर कर क़रीब गुंबदे नूर पहुँचा और वहीं से गालियाँ हैरत को देने लगाः पकड़ लाओ इस क़हबा को, फ़ाहेशा, हरामज़ादी, मुरदार हैरत नाबकार को। उसने मेरी माशूक़ा को गालियाँ दी हैं और शहरे नापुरसान में आकर लूट शुरू कर दी, जो साहिर मिला उसे हलाक किया, वावेला तमाम शहर में बरपा हुआ। हैरत गुंबदे नूर पर थी जब यह हंगामा उसने सुना तो कहाः साहिरों जाओ और देखो यह क्या माजरा है।

साहिर गए और ख़बर लाए, हैरत ने बारह हज़ार कुसे नवाज़ जो उस गुम्बद के दरजा पाई में रहते हैं और साबिक़ में ज़िक्र उसका हुआ था उन्हें हुक्म दिया के इन सब को रोको। वो साहिर चले और शदीद की फौज से लड़ने लगे। सहर जानिबीन से होने लगा। हज़ारों को क़त्ल किया लेकिन शदीद लड़ता हुआ क़रीब गुम्बदे-नूर के पहुँचा और ऊपर चढ़ने लगा मगर वो गुम्बद तिलस्मी सहरबंद है। शहीद से चढ़ा न गया गिर पड़ा, फिर उठकर चाहा चढ़ जाँऊ फिर गिरा, उसकी तो ये कैफ़ियत है।

मगर हाल अफ़रासियाब का सुनिये के ज़ुलमात में गया और वहाँ से बयाबाने हस्ती में पहुँचा और इस जगह से दरयाए आतिशी तिलस्म को तय किया और क़बरे जमशैद के क़रीब पहुँचा, हाल इन मक़ामात मज़कूर का आगे तसरीह वार बयान होगा, इनशाअल्लाह फ़िलजुमला इस जगह लाखों साहिर मुहीब सूरत क़याम पिज़ीर थे और एक इमारत मुअल्लक़ बरूए हवा तामीर थी और उस कसर में झूले पड़े थे। सात कनीज़ें जमशेद की उन पर झूल रही थी। अफ़रासियाब उड़ कर क़रीब उस इमारत के पहुँचा, देखा सारा मकान जवाहिर का बना है, हज़ारहा घंटा टंगा है, गुम्बद बने हैं, यहाँ जो साहिर है बलाए बेदरमाँ और आफ़ते रोज़गार हैं। अफ़रासियाब के जाने से घंटे बजने लगे और ग़ुलग़ुला हुआ। कनीज़ाने जमशेद झूले से उतर कर आई, अफ़रासियाब की पूजा की और पाँव की बोटी काटकर गुम्बद पर उस मकान के चढ़ाई। अन्दर मकान के जाने की इज़ाज़त मिली। अन्दर जब आया सातों कनीज़ों ने सलाम किया और कहाः ऐ शहनशाह साहिरान! आज किधर आए।

अफ़रासियाब ने कहाः क़बरे ख़ुदावंदे जमशेद पर जाता हूँ।

कनीज़ों ने कहाः अभी क़बरे खुदावंद बहुत दूर है बयाबाने सरीदस्तां जब तय करे और तहतुशशुआ की रौशनी पर चले उस वक्त हुजरे हफ़्त बला तक पहुँचे फिर उसके आगे जब चले तो क़बरे खुदाबंद तक पहुँचे, मगर इसी जगह से क़बर की सरहद है और कुछ तोहफ़ाजाते तिलस्म यहाँ भी है, तू किसलिए क़बरे खुदावंद पर चला है।

अफ़रासियाब ने कहाः चादरे जमशैदी मुझे दो के मुख़ालिफ़ों ने घेरा है जिसकी मज़म्मत खुदावंदे सामरी ओ जमशैद किताबे सामरी में लिख गए हैं यानि अमर की वो तिलिस्म में आया है हजारों साहिर बंदगाने जमशैद क़त्ल हो चुके हैं, तिलिस्म में ग़दर हो रहा है।

कनीज़ाने जमशैद ने कहाः

चादरे जमशैद मौजूद है, ले जा, तु बादशाहे तिलिस्म है, तुझे इख़तियार है जो जी चाहे वह करे, कुछ चीज़ें ख़ुदावंद की तिलिस्मे नूर अफ़शाँ में हैं के वहाँ का बादशाह तेरा दोस्त कौकब रौशन ज़मीर हैं के दरयाए हफ़्त रंग के ऊपर हमेशा तुझ से और उस से झगड़ा रहता है, पर अफ़सोस तूने सारा मुल्क अपना बरबाद किया और तोहफ़ाजाते तिलिस्म पर नियत लगाई है। ख़ुदावंदे जमशैद फ़रमा गए हैं के आख़िरी बादशाह इस तिलिस्म का बहुत नालायक़ होगा के उससे बंदोबस्त कुछ तिलिस्मे का न होगा। सारे तोहफ़े और अजाइबात ग़ारत होंगे और हमारी भी क़ज़ा अब क़रीब है, तू एक दिन हमको भी लेजाकर लड़वाएगा, तू वही आख़री बादशाह हैं के जिसकी ख़बर ख़ुदावंद दे गए है। जाकर वो संदूक़ जो सामने रखा है उसमें चादरे जमशैदी है लेले।

ये कहकर कुंजी एक कनीज़ ने सामने फैंक दी मगर अफ़रासियाब ये बातें उन कनीज़ों की सुनकर रोने लगा और कहाः अब आप फ़रमाँए तो मैं चादर न ले जाऊँ और मैंने हर चंद चाहा के महरूख़ वग़ैरा से मुक़ाबला न करूँ और अब तक यही अंजाम सोचकर तरह देता हूँ और चाहता हूँ के वो लोग मुन्हरिफ़े राह रास्ते पर आएँ इसी लिए चादर लेने आया हूँ के सब को गिरफ़्तार करके सज़ा दे कर फिर बदस्तुर उन्हें सरफ़राज़ करूँ।

कनीज़ों ने कहाः ये सब कुछ इन्तेज़ाम करता है लेकिन सर सर शमशीर ज़न अय्यारा को वास्ते मुक़ाबले अययारों के क्यों नहीं भेजता के जो साहिर तेरी तरफ़ से लड़ने जाता है उसकी वो हिफ़ाजत करती और ये मक्कारी अय्यारों अमर वग़ैरा की पेश न आती।

अफ़रासियाब ने कहाः सच कहती हो अब यहाँ से जाकर अय्यार बच्चियों को भेजूँगा।

ये कहकर कुंजी लेकर सन्दूक़ के पास आया और उसे खोला। एक शोला-ए-आतिश उसमें से निकला के जिस्म पर अफ़रासियाब के सोज़िश उसकी पहुँची। अफ़रासियाब ने फ़सद खोलकर ख़ून अपना भेंट में दिया। वो शोलाए आतिश रफ़ा हुआ, उस में से एक चादर रेशमी जवाहिर दौज़ ख़ाके क़बरे जमंशेद से भरी हुई निकली, तासीर उसकी ये है के अगर अफ़रासियाब भी सहर करे तो साहिबे चादर पर तासीर न हो और अगर लशकर मुखालिफ़ पर उस चादर को हिलाए, हवा से उसकी कैसी ही जबरदस्त साहिरों का लशकर हो मगर बेहोश हो जाएगा। अफ़रासियाब उस चादर को लेकर फिरा और बज़ोरे सेहर पर परवाज़ पैदा करके तिलिस्मे बातिन में पहुँच कर बाग़े सेब में ठहरा ओर सहर की दस्तक दी।

तो हाज़रीन यहां ख़त्म होती है दास्तान बहार जादू की...

# दास्तान अमर अय्यार का अफ़रासियाब के तिलिस्म में गिरफ़्तार होने और मक्कारी से रेहाई हासिल करने की

हाज़रीन इस तिलिस्म का माजरा सुनिये के अमर सेहरा में चला जाता था, रास्ता ना मिलता। उस तिलिस्म में हैरानो परेशान फिरने लगा और बगुले की तरह चक्कर काटता था। थोड़ी दूर जो गया ज़बान शिददते तिश्नगी से बाहर निकल आयी। ज़ंबील से पानी निकाल कर पिया और प्यास मालूम हुई, अपने हाल पर अश्के हसरत बहाने लगा।

*ज़मीं आग की आसमा आग का*
*जिधर देखिये एक समां आग का*
*जला इस क़दर रश्क़ से आसमाँ*
*हुआ आख़िरे कार आतिश फ़िशां*
*दरख़्तों से पैदा शरारे हुए*
*चमक में हर एक गुल सितारे हुए*
*फफोले की सूरत थी हर इक कली*
*ज़मीं गुलशने दहर की यूं जली*

अमर पसीने में ग़र्क था और पसीना बहकर जो ज़मीन पर पहुंचा तो ख़ाक पर एक पुतला बसूरते अमर बन गया। इसी मुसीबत में तो गरिफ़तार था ही उस पर तुर्रा ये हुआ के एक ताउसे ज़र्रीन उड़ता हुआ आया और पुकाराः मुझे बड़ी शिद्दत से भूख लगी है और प्यासा भी हूं।

ये सदा देकर ग़ायब हो गया। उसके इस कहने ने वो तासीर की के अमर मारे भूख के बेताब हो गया और बिलबिलाकर हर सिम्त दरख़्तों को देखा के पत्तियां खाऊं मगर वहां दरख़्त कुजा, जो एकाध था भी तो लुण्ड मुण्ड सूखा डण्डा। उस वक्त ज़ंबील से रोटी निकाली, चाहा खायें, रोटी बाहर ज़ंबील के जब आयी तो मिटटी हो गयी। हैरान होकर फेंक दी, ये रोटी क्या ख़ाक खाऊं और ज़ंबील में हाथ डालकर गोया हुआ के दादा जान या जनाबे अबुल बशर लश्करे जल्लाद में जो मिठाई मैंने लूटी है वो इनायत फ़रमाइये। के ताज़ी है। फ़ौरन मिठाई ज़ंबील से बाहर आई। मगर

जब डली मुँह में रखी तो मिट्टी हो गयी। मुँह किरकिरा हो गया, थूक दी। इसी तरह जब प्यास की शिद्दत हुई पानी ज़ंबील से निकालकर पिया। और ज़्यादा गर्मी मालूम हुई। उठकर फिरा और एक तरफ़ भागा के शायद कहीं पनाह मिले, मगर पनाह मिलना कुजा अबकी एक ऐसे दश्ते हौलनाको-मुहीबो-दहशत ख़ेज़ में जा पड़ा के जहां बगूला हवा का देव की सूरत था। दश्ते मैदाने क़यामत था। वूज़े ग़ूले बयाबान बनकर आंखे दिखाते थे, कांटें ज़बान दराज़ होकर कज बहसी पर आमादा थे, जैबोदामन से ख़ामख़्वाह उलझते थे, दिल के फफोले छोड़ना क्या हरारत से और ज़्यादा छाले पड़ते थे:

*चटियल मैदान पेड़ सूखे*
*फिरते थे परिंदे प्यासे भूखे*
*जलते ऐसे वहां के कंकर*
*चिंगारियाँ थी कदम कदम पर*
*जो घास ज़मीं में वहां थी*
*सूखी किसी प्यासे की ज़बां थी*
*चलती थी ग़ज़ब हवाये वहशत*
*फिरता था वो मुब्तला ए वहशत*

अलहफीज़ अलअमान वो गर्मी, वो तपिश, वो लू के बादे सुमूम जिसकी दहशत से रवां दवां समुन्दर का दिल उस जा बेताब था, शोलाए-बेक़रार मिसले सीमाब था, हर झोंका हवाए गर्म का दोज़ख़ की लपट से कुछ कम ना था:

*देखा तो अजब मक़ाम देखा*
*सामाने ख़िज़ां तमाम देखा*

आख़िर एक जगह थककर फ़र्ते तिश्नगी और शिद्दते गुरफसनगी से अमर गिर पड़ा और ग़श आ गया। उस वक्त अज़ख़ुद जिस्म में सर्दी मालूम हुयी, उसकी आँख खुल गयी, देखा ज़मीन शक़ हुयी और एक औरत निकली। कहने लगी: ऐ अमर उस बाग़ के दर पर जा जहां शहंशाह तशरीफ़ फ़रमा हैं और वहां पुकारकर कह के सदक़ा अफरासियाब का रोटी दो, तो तुझको खाना मिलेगा और प्यास बुझेगी।

अमर ने दिल में कहा के अब मुझे सदक़ा अफ़रासियाब का कहना पड़ेगा। और एक आहे सर्द खींचकर फ़लक को देखा और रोया। नाचार बमूजिब इसके:

*सच कहा है कुछ नहीं इसका इलाज*
*आदमी जीता नहीं है बिन अनाज*
*भूख में रहती नहीं कुछ शर्मो लाज*
*आं के शेरां रा कुनद रू बह मिज़ाज*
*ऐहतिहाज अस्त एहतियाज अस्त एहतियाज*

वहां से उठकर कराह कराह बनाला ओ आह क़रीब उस बाग़ के आया जहां अफ़रासियाब तशरीफ़ फ़रमा था। अफ़रासियाब ने दो कनीज़ों से कहाः अमर तो आता है, जाओ उसकी ख़बर लो और उसका हाले ज़ार देखो। मुझे उससे कुछ पूछना ना होता तो इसी जंगल में थकाकर और भूखा रख कर उसको मार डालता। अब जब तक तिलिस्मे होशरूबा है। तब तक मेरी ज़िंदगी बाक़ी है और जब तक मेरी ज़िंदगी है मेरा बनाया तिलिस्म बग़ैर मेरे मिटाये ना मिटेगा और अय्यार रिहा ना होंगे।

ये कहकर कनीज़ों को रवाना किया, लौंडियाँ बिना बर हुक्म दरे बाग़ पर आयीं और अमर को देखकर हंसी। पूछाः अरे तू कौन है। यहां क्यों कर आया है?

अमर को उस वक़्त अपना नाम बताते ग़ैरत आयी के अययारे हमज़ा होकर इस हालत में यहां आया हूं, क्या अपना नाम बताऊं। कहने लगाः मेरा नाम क्या पूछती हो मुसाफ़िर हूँ, ग़रीबउद्दयार हूं, मुब्तलाये आफ़ते रोज़गार हूं। भूका प्यासा ख़स्ता ओ ख़राब इधर आ निकला हूं, रहम की तुझसे उम्मीद रखता हूं।

कनीज़ों ने मुस्कुराकर बाहम चश्मक की के क्या ग़रीब और मिस्कीन बनते हैं। गोया कुछ जानते ही नहीं। इनके चाटे पेड़ तक बाक़ी नहीं रहते और इनके काटे का मंतर नहीं है, ग़रज़ के अमर से गोया हुयीः जब तक तुम अपना असली नाम ज़ाहिर न करोगे यहां से कोई रियायत तुम्हारी निस्बत अमल में ना आयेगी। हरचन्द के हम जानते हैं के तुम वो ज़ाते शरीफ हो के हर दयारो अमसार में नाम तुम्हारा मशहूर है और साहिरों के दिल पर लिखा है। मगर नाम पूछने के लिये हमें हुक्मे शहंशाह है। अगर नाम बताओ तो रोटी पाओ। रोटी मिले आसूदा हो।

अमर ये तक़रीर सुनकर समझा के अफ़रासियाब को तुझे ज़िल्लत देना मंजूर हैः

*अदू से दिल ने झुकाया था जानेमन मुझको*
*अगर संभाल ना ले मेरा बांकपन मुझको*

इसी फ़िक्र में था के खुदाये ताला को बात रखनी थी, दो कनीज़ें और बाहर निकलीं और कहने लगींः शहनशाहे साहिरान अमर को याद फ़रमाते हैं। इरशाद किया है के नामोनिशान की पुरसिश ना करों, यहां उसको ले आओ।

अमर ये सुनकर डरा के देखिये ये नाबकार मेरे साथ क्या करता है। मैने सदहा साहिरों को उसके मारा, उसे कई बार ज़िल्लत दी, माशूक़ा का उसके सर मूंडा। बहुत साहिरों को उसके अपना मुतीअ बना लिया, अब जो कुछ बदी ये मेरे साथ ना करें वो थोड़ी है। आज तू फंसा बहुत बुरी जगह है के यहां से निकलना दुश्वार है, ख़ैर जो मर्ज़ी मेरे रब की-आज या तो मैं नहीं और मेरी बात नहीं या ये मसख़रा

अफ़रासियाब नहीं। दिल से इसको तस्लीम की। उसने भी बतौर मिज़ाज पुरसी पुछाः क्यों ख़्वाजा सलामत मिज़ाज आपका अच्छा है?

अमर ने कहाः हज़ार शुक्र है उस रब्बे अकबर का जो मुझे यहां लाया।

अफ़रासियाब गोया हुआ : ऐ अमर मैं तुझसे एक बात पूछूं तो तू सच बतला देगा।

अमर ने कहाः आप मुझे झूठा जानते हैं। मैं कहता हूं के मैने अपनी सारी उम्र में कोई लफ़्ज झुठ कहा ही नही। अच्छा पूछिये मैं जो कुछ जानता हूँ अर्ज़ करूंगा, मानना ना मानना आपका काम।

शाहे तिलिस्म ने कहाः अगर तू सच कह देगा तो तुझे अपने सहर से रिहाई दूंगा वरना यूं ही भूखा प्यासा रखकर हलाक करूंगा। क्या मुमकिन के मेरी ज़िंदगी में कोई तुझे छुड़ा सके।

अमर ने कहाः धमकाके मार डालियेगा या पूछियेगा भी।

अफरासियाब ने कहाः मुझे पूछना ये है के तुझे दरियाये सहर के पार किसने उतार दिया और तू कोहे अक़ीक़ में ख़ुदावन्द के पास तिलिस्म में कैसे आया?

अमर ने ये कलाम सुनकर एक क़हक़हा मारा और कहाः ये बात तो लायक़ पोशीदा करने की नहीं, आप नाहक़ मुझसे शर्तें करते थे। मैं प्यारा बंदा अपने ख़ुदा का हूँ। जब मैं इस पार आने के लिये राज़ी हुआ, अपने ख़ुदा से दुआ करने लगा, उसने एक हूर जन्नत से भेज दी। उसने मुझे अपनी पीठ पर सवार करके इस पार उतार दिया।

अफ़रासियाब ने पुछाः तेरा ख़ुदा कौन है?

सुनकर अमर ख़ूब हंसा और कहाः मैंने बारेहा अर्ज़ किया है के ज़मुर्रद शाह बाख़्तरी यानी खुदावंद ऐ लक़ा का मैं फ़रिश्ता हूं। और ख़ुदावंद ने मुझे मलकुल मौत बनाकर तिलिस्म में रवाना किया है। फिर आप पूछते हैं के तेरा ख़ुदा कौन है? वही हमारा एक ख़ुदा है आज इसका कोई सानी नहीं और न कोई शरीक हो सकता है और मैं सच कहूं उसी एक ख़ुदा को मैं मानता हूं और सजदा करता हूं और पौने दो सो ख़ुदाओं का मैं क़ायल नही हूं और आप क्या जानिये ख़ुदावंद और मेरे क्या राज़ोनयाज़ हैं। अब इस वक़्त मैं कहता हूं के ख़ुदावंद को, परस्तिश करना सामरी और जमशेद को बुरा मालूम हुआ। मुझे हुक्म दिया के जाकर दूसरे ख़ुदाओं के मानने वालों को क़त्ल करो, बज़ाहिर ख़ुदावंद बातें मेहरबानी की फ़रमाते हैं मगर तुम लोगों से खुश नहीं। ख़ुश उनसे हैं जो उन्ही को बज़ाते वाहिद माने क्योंकि ख़ुदावंद का क़ौल है के जो ख़ुदा मर गया उसकी ख़ुदाई भी मर गयी और ऐ शाहे जादुवान समझ तो सही के मैं छटांक भर का और तुम हज़ार मन के, मेरा तेरा मुक़ाबला क्या? ख़ुदावंद की नाराज़गी ही के सबब से तो मुझको तुझ पर ग़लबा हो जाता है।

अफ़रासियाब ये बातें सुनकर बोलाः जो कुछ तूने कहा है ये सब सही और दुरुस्त है। अब बयान कर के हूरे जन्नत तुझे दरियाये सहर में ग़ोता मारकर उस पार ले गयी या उड़कर उसने उधर पहुंचा दिया।

अमर ने कहाः जब हूर अपनी पीठ पर लादकर ले चलीं तो बीच दरिया में आकर उसने ग़ोता लगाया। मैंने देखा के नाला ख़ून का बह रहा है और मैं उसमें डूबने लगा। उस वक़्त एक कश्ती पैदा हुयी ख़ुदावंदे लक़ा उस पर सवार थे। उन्होंने मुझको एक नाले से निकाला और नाव पर बिठाकर पार ले चले। मुझको ऐसी बदबू और तअफ़्फ़ुन ख़ुदावंद में आती हुयी मालूम हुई के दिमाग़ मेरा परागन्दा हो गया और मैं बेहोश हो गया। फिर जो मेरी आंख खुली तो अपने तईं पार देखा।

अफ़रासियाब ने पूछाः ख़ुदावंद में बूऐ बूऐ बद क्यों आती थी?

अमर ने कहाः बू आने की वजह ये है के ख़ुदावंद दस दस रोज तक पैख़ाना करके आबदस्त नही लेते। और मुँह तो कभी धोते ही नहीं। दांतो में फफूंदी लग गयी है जब बात करते हैं मूँह उनका नहीं खुलता, बल्कि संडास का दर खुलता है। और इसका सबब ये है के बंदों के काम से उन्हें लम्हे भर की मोहलत नहीं। किसी को मारना किसी को जिलाना, किसी को अमीर बनाना, किसी को फ़क़ीर करना और इसी तरह के हज़ारों काम, आप ही फ़रमाइये के आबदस्त किस वक्त लें और मुँह कब धोएं?

अफ़रासियाब गोया हुआः तूने कलमाते बेहूदा बनिस्वते शाने ख़ुदावंदी कहे मगर सच कहा। इसलिये के जब हम बंदे उसके एक तिलिस्म का इंतज़ाम करने में अदीमुल फ़ुर्सत रहते हैं और मुँह नहीं धो सकते हैं तो फिर ख़ुदावंद को तो सारे आलम का इंतज़ाम फरमाना है। किसी को मारना, जिलाना, रोज़ी देना, क्योंकर मोहलत कोई दम की होती होगी?

ये सुख़न शाहे जादुआन कह रहा था के एक कनीज अर्ज़ रसा हुयीः ऐ शहंशाह आप किसकी बातों में लगे हैं ये मक्कार है भला इससे पूछिये के दरियाये सहर में नाला कहां है?

अफ़रासियाब कनीज़ की इस बात पर ख़फा हुआः बेहूदा तू क्या जाने जो दख़ल देती है। दरियाये सहर में ख़ून तो बहता है उसी को ये ख़ून का नाला कहता है। तो फिर इसमें झूठ क्या है?

कनीज़ शाहे तिलिस्म के तल्ख़ बोलने से चुप हो रही और उसने पूछाः ऐ अमर ये तो मालूम हुआ के मुक़र्रबे ख़ुदावंद तू है लेकिन ख़ुदावंद को तुझसे अदावत क्यों है और शैतान तो तेरा जानी दुश्मन है। ये क्या मामला है? और ये बता के ख़ुदावंद को कभी फ़ुर्सत हुयी थी या अब होती है, इसका हाल तुझको मालूम होगा।

अमर ने कहाः इसका सबब मुझसे सुनियेः ख़ुदावंद को एक बार फ़ुर्सत पहर

भर की हुई थी। इस मोहलत में खुदावंद सोचे के ऐसा कोई फ़ेल करूं जिससे मेरी ख़ुदाई में-शैतान पैदा हो। चूंके शग़ले बेकारी में उस वक़्त ख़ुदावंद थे, फ़ेले हराम करने लगे और शैतान पैदा हुआ। जब उसको पैदा कर चुके और वो बंदों को बहकाने लगा तो उस वक्त ख़ुदावंद ने चाहा के इसका कोई सरकोब पैदा करूं और वो ऐसा शख़्स हो जो मुझसे भी गुस्ताख़ी करे और बमंज़िला मेरे बाप के हो। बस लाख बरस चरख़ मारकर मुझको पैदा करके अपना बाप बनाया। यही बायस है के मैं ख़ुदावंद की दाढ़ी मूंडता हूं और शैतान की मुझसे पुरानी दुश्मनी है के मैं उसका सरकोब हूं और ख़ुदावंद ने फ़रमाया है के ऐ अमर तू मेरा बाप है, अक्सर वक़्त पर मुझपर ग़लबा करेगा और मुझको जूतियां लगायेगा और ढाढ़ी मूंडेगा। अब मैं फ़िलहाल इस ओहदे से माज़ूल हूं। आजकल मुझे मलकुल मौते जादूगरान और सर कुशंद-ए-साहिरान का ख़िताब मिला है। मगर अब भी शैतान की ज़िल्लत देने की या दाढ़ी मुड़ंवाने की जब ज़रूरत पड़ती है तो ख़ुदावंद मुझे याद फ़रमाते हैं।

अफ़रासियाब ये बातें सुनकर सुन्न हो गया और कहने लगाः सच है ख़ुदावंद की तरकीब को कौन जान सकता है।

तो इस तरह, अमर ने अपनी अय्यारी से अफ़रासियाब की क़ैद से रिहाई हासिल की। और यहां ख़त्म होती है दास्तान अमर अय्यार का अफ़रासियाब के तिलिस्म में गिरफ़तार होने और मक्कारी से रेहाई हासिल करने की।

# दास्तान अफ़रासियाब क़ा बहार पे आशिक़ होना, हासिल करने की कोशिश करना और शिकस्त खाना अय्यारों से

सुख़न साज़ाने मानी ए दिलफ़रेब इस तरह फ़रमाते हैं के अफ़रासियाब ने जब लरज़ां को बहार को गिरफ़तार करने भेजा तो बहार और बर्क़ फ़िरंगी की काविशों से उसने अफ़रासियाब का साथ छोड़ा और अमर अय्यार के लश्कर में शामिल हुआ। मगर शाहे जादुवान की कैफ़ियत सुनिये के ब-इन्तेज़ारे लरज़ान वग़ैरह बाग़े जमशेदी में आरामपज़ीर रहा। हर रोज़ पुतलियाँ नया तमाशा दिखातीं, गातीं बजातीं, मेवे खिलातीं, जब कुछ ख़बर लरज़ान की उसके कई रोज़ तक न मिली, आजकी रात इस बाग़ से सवार हुआ और बाग़बान वज़ीर को हुक्म दियाः तुम बाग़े सेब में जाओ, मा-बदौलत सैरे शबे माह करके अनक़रीब आते हैं। सब अहले दरबार को ख़बरे आमद सुनाओ।

वज़ीर आदाब बजा लाकर रवाना हुआ और ये तख़्त उड़ाकर जानिबे सहराये तिलिस्मात चला। चाँदनी की बहार दिखता, सैरे लालाज़ार करता दूर तक निकल आया। दिलसे कहता थाः अब लरज़ान अगर बहार को गिरफ़्तार करके लाए तो उस शोख़ के क़दम पर सर रखकर कहना ऐ गुले बाग़े बेवफ़ाई कुछ भी तुझमें बूए वफ़ा है या नहीं, वाए ख़ारे सहराए कज अदाई कुछ भी तुझ में दामन उठाने का शेवा है या नहींः

*बस तग़ाफ़ुल न कर तरह्हुम कर*
*गोशे दिल जानिबे तकल्लुम कर*

अगर वो बेमुरव्वत इस मिन्नत पर भी न माने, आख़िर किसी के साथ वसूल उसको मयस्सर होगा और तुझको आतिशे फ़िराक़ में जलना पड़ेगा, पस बेहतर ये है के सदम-ए-हिज्र अभी से गवारा करूँ और उसको शौहरे मर्ग के किनारे में सुलाऊँ, अन्जाम में क्यों रन्जे रिक़ाबत किसी का सहूँ। इसी तरह की बातें दिल से करता कोहे चीनी पर आया। चांदनी में उस कोहे तिलिस्मी की अजब कैफ़ियत थी, बसाने माहे ताबाँ चमकता था। हर संग हमसंगे गौहर फ़रते सफ़ा से नज़र आता था बादशाह ने ठहरकर कुछ अफ़सूँ पढ़ा। पहाड़ की ज़मीन शक़ हुई। चार पुत्लियाँ चीनी की

वहाँ से निकली। दो पुतुलियाँ पत्थर की तिपाई लिये थीं और दो सीतल पाटी सर पर उठाए थीं। चुनांचे तिपाई बिछाकर उसपर सीतल पाटी बिछा दी और आप चली गईं। शाहे जादुवान उस तिपाई पर बैठा। अज़बस के सीतल पाटी ये तिलिस्मी है। बैठते ही तमाम तिलिस्म पेशे नज़र था मय लश्करे अमीरो-लक़ा के सरहदे तिलिस्म पर है दिखाई दिया। बादशाह ने लश्करे मुसलमानान को शादो-ख़ुर्रम पाया और फ़ौज अपने ख़ुदावन्द लक़ा की परेशान देखी, सख़्त रंज हुआ, फिर वहाँ से नज़र फेर कर कोहे नीलम को देखा, उसको बिल्कुल बरबाद पाया। उसी सिलसिले में हर मक़ाम पर जानिबे लशकर मदहोशो-लरज़ान देखा, कहीं राह में उसका निशान न मिला, हैरान हुआ के ये किधर गया, अज़बस के सारे तिलिस्म को कहां तक देखता, उजलत मन्जूर थी, इस वजह से फिर सहर पढ़ा, वही पुतलियाँ जो तिपाई लाई थीं ज़मीन से निकलीं। उनसे पूछाः मैंने लरज़ान को भेजा था वो कहां है?

पुतलियों ने अर्ज़ कियाः हुज़ूर जानिबे कोहे आराम मुलाहिज़ा फ़रमायें जो कुछ हाल होगा नज़र आयेगा।

उसने फ़ौरन जनिबे कोहे मज़कूर निगाह की। बैरुने क़िलआ लशकरे लरज़ान उतरा पाया और बाग़ में बारहदरी के बाम पर जलस-ए-ऐशो मसर्रत जमा देखा। अपने फ़रिसतादा सरदारों को मए बर्क़ अय्यार के मशग़ूले राहत पाया और मलेका बहार को एक बारहदरी में तनहा रोते देखा। समझा ये भी किसी पर आशिक़ हुई है। खूब ग़ौर से उसका हाल देखता रहा।

मलेकए- बहार नामे यार जब लेती, बादशाह का लफ़्ज़ कहती, कभी शहनशाह कहकर ख़िताब फ़रमाती, कभी बेवफ़ा ज़बान पर लाती। अफ़रासियाब ने इन कलेमात से तसव्वुर किया के तेरे ही इशक़ में ये दीवानी है और सिवा तेरे तिलिस्म में कौन शाहो शहनशाह है? ये तेरा ही नाम उसने बेवफ़ा रक्खा है। सच कह, वो बेचारी क्या करे, बहन उसकी तेरे पास है। इसी वजह से वो चली गई। अब ब-लिहाज़े अपनी हमशीरा के पयाम दे नहीं सकती, वस्ल से यास है, तन्हाई में जलसःए इशरत जो पाया है उसको तेरा ख़्याल आया है।

ये दिल से समझकर बसाने दिल फूल पाया, रंज सारा भूल गया, ता देर अदाए-मस्ताना और तड़पना, और बिलबिलाना मलेक़-ए-बहार का देखा किया और इसमें भी हज़ारों तरह का बनाओ उसका देखा के ज़ुल्फ़ें चेहरे पर बिखरी हुईं, दुपट्टा तौक़े गुलू में घुरसा हुआ, पाँव पलंगड़ी से लटके हुए चेहरा तमतमाया हुआ, परीना रुख़्सारो-जबीन पर आया, क़तराते अश्क़ बसाने शबनम रुख़े गुलरंग पर ढलके हुए, सुर्मा बहने के निशान, ख़ाल ख़ाल रूए नमूद पर बने हुए, वो बेताबी में उफ़ उफ़ करना और कभी आह करते वक़्त मुंह बनाकर हाथ सीने पर धरना, कभी घबराकर हर सम्त दिखना कोई मेरा हाल न देखता हो, कभी किसी की आहट पाकर शरमा

जाना कि कोई आता न हो कभी होंठों पर ज़बान फेरना, कभी तसव्वुरे यार में हैरान हो जाना, कभी कुछ सोचकर आप ही पशेमान हो जाना, ग़रज़ के ये क़िस्सा तूलानी है, आशिकों के विरदे ज़बान ये कहानी है। ब-मूजिबे बैतः

*ये जोशे शबाबे जाह कब तक*
*मस्ती को है दिल में राह कब तक*

मुख़तसर ये के बादशाहे जादूवान अपना शैदा उसको समझकर वहाँ से उठा, सहर विर्दे ज़बान किया, पुतलियाँ आकर हाज़िर हुईं, तिपाई और सीतल पाटी उनको तफ़वीज़ की और एक कशती ख़लअते फ़ाख़िरा की उनसे तलब फ़रमाकर ताजो-क़बाए उमदःओ बेहतर से जिस्म अपना अज़सरे नौ मुलब्बस किया, जवाहिर के नौरत्न और इक्के बाजू पर बाँधे, अंगुश्तरे नगीने लालो अलमास पहनकर मालःहाए गौहर से गुलू की ज़ीनत देकर उस कोह से उतरा और कुछ दूर बढ़कर दो पहाड़ियाँ थीं उनपर आया, अफ़सूने ताज़ा ज़बान पर लाया, दोनों पहाड़ियां अपनी जा से उखड़ीं। एक पर ये ख़ुद सवार हुआ और दूसरी साथ चली। दिलमें उसके ये आया है के एक "कोह" "लशकरे हमज़ा" पर चलकर ढा दूँ और दूसरा लशकरे "महरुख़" पर ताके सब बाग़ी हलाक हो जाएं, मगर पहले कोहे आराम की तरफ़ चलना चाहिए और गौहरे विसाले यार से दामन भरना चाहिए। पस उसी सम्त पहाड़ उड़ाता रवाना हुआ।

जब क़रीबे कोहे आराम पहुंचा। पहाड़ों को एक मैदान में क़ायम करके क़िले की तरफ़ चला और महाबतो अज़मत अपनी दिखाने के लिए तेग़ःए सेहर जो कमर से लगा था ज़ेरे रान लाया। वो एक अज़दहाए दामाने शोला फ़िशाँ बन गया, उसी पर सवार दाख़िले क़िला हआ, देखा तो क़िले में गहमा गहमी, रौशनी हर मकान में जलवा देती है, कहीं नाच का समा है कहीं ढोलक बजती है, शेरख़ानी का चर्चा है। मलेकःए बहार के आने की ख़ुशी सबको है। रअय्यत में भी शादी रची है। ये कैफ़ियत देखता और कहता हुआ के इस सामान की क्या हक़ीक़त है जो मैं अब मलेका को मुल्को माल दूंगा इसी तरह दारुलअमारा में आया जहाँ साहिराने नामी हाज़िर थे। पहरा, चौकी, हाजिब, दरबान वग़ैरा अपने अपने काम पर थे, बादशाह को देखकर लरज़ गए।

नेहायत अदब से तसलीम की। शाह ने आंख हिलाकर सलाम किया और अन्दर चला। किसकी मजाल जो रोक सके। मगर ये ऐवाने शाही तक पहुँचा था के ज़नाने डयोढ़ी पर से महलदार दौड़ी और क़रीबे बारहदरी पहुंचकर पूछाः मलेकःए आलम कहाँ तशरीफ़ फ़रमा हैं? शाहे तिलिस्म आ पहुंचे। मलका अपने आलम में हरचन्द के मुबतला थी, मगर ये आवाज़ सुनते ही घबराकर उठी। दिलसे कहा ख़ुदा ख़ैर करे। ये आफ़ते ताज़ा आई। बस बाम पर जाकर बर्क़ को आमदे शाह से बाख़बर किया के नहीं मालूम रात को मेरे यहाँ तन्हा क्यों आया है?

अगर ब-राहे फ़साद आता तो ऐसी नर्मी की रविश न होती। मालूम होता है के मेरे इश्क़ में बेक़रार होकर ब-इरादःए फ़ासिद क़दमज़न हुआ है। अब इस से मुक़ाबला करने का यारा नहीं, जो कुछ कहो वो किया जाए।

बर्क़ ने कहाः ऐ मलेका, जाकर इस्तक़बाल करो और बःताज़ीमे तमाम यहाँ लाओ। बरोज़े जंगो, बरोज़े आशती अगर कुछ वो फ़साद लाएगा उस वक़्त देख लिया जाएगा।

मलेका ये कलेमा सुनकर जल्द कोठे से उतरी और कशतियाँ जो ऊपर मौजूद थीं बराए नज़्र उठवा लीं। कनीज़ों के हलक़ें में रवाना हुई। कंवल आगे वो जलते चले जो फ़रोग़े हुसने शोला रुख़ाँ का जलवा दिखाते थे। ये माहे फ़लके-जमाल ख़रामाँ-ख़रामाँ दारुलअमारा के अन्दर वाले दर पर पहुंची। बादशाह क़रीब पहुंच चुका था के उसको आते देखकर अशदर पर से कूदा और उसको हाथ में फिर उठा लिया। वो तेग़ा बन गया।

मलेका ने सर्वक़द झुकाकर तसलीम की। शाह की निगाह उसके हुसने बेनज़ीर पर पड़ीः

पहले वो हरकतें वहाँ थीं जो अब मेज़ाज में पैदा हैं
पहलूए यार में बैठ आने से शोख़ियाँ चितवन में हुवैदा हैं
जिस्म में सिसकियों के जुम्बिश-नज़ाकत का बहाना
इतनी दूर आने से थक गई-लब पर खुशकी
गुनचःए सरबस्ता की सूरत-कैफ़ियत दहन की
चेहरे पर कुछ आलमे यास-बनावट की राह से बशशाश

ग़मज़ःओ नाज़ कहते थे के ठहर जा, जिसको ग़रज़ होगी वो ख़ुद आएगाः

*बःशकले आरज़ू पिनहाँ हया में*
*नेहायत शोख़ तरज़े मुद्दआ में*
*इशारों से तमन्नाएं हुवैदा*
*निगाहों से ग़रज़ कुछ और पैदा*
*अजब अन्दाज़ से आई वो गुलरू*
*के उसको कुछ रहा दिल पर न क़ाबू*
*ज़बाने शाह से इक आह निकली*
*तो हंसकर उसके मुंह से वाह निकली*

शाहे साहिरान बेताब हो गया और क़रीब आकर गोया हुआः ऐ मलेका मिज़ाज अच्छा है?

उस माहपारा ने जवाब दियाः आपकी बला से! चाहे अच्छा हो या बुरा, मातूबों के मिज़ाज का पूछना क्या?

बादशाह ने क़रीब पहुंचकर हाथ पकड़ लिया और कलेमाते शिकायत आमेज़ ज़बाने मलेका से सुनकर फ़रते इशरत से माला माल हो गया।

समझा के बेशक ये तुझको चाहती है- जब तो ज़बान पर लाती है के हम को तुमने मातूब बनाया और आज तक ख़बर न ली। सच है मुझी से ग़फ़लत हुई है। ग़रज़ के हाथ में हाथ शाने से शाना मिला, ख़ुशबू-ए-जिस्म से उस गुल के दिमाग़ बसा हुआ आगे चला।

मलेका गर्दन झुकाए हाथ छुड़ाने का पहलू सोचती आगे बढ़ी। राह में जब वो किनाया आमेज़ ज़राफ़त अंगेज़ कलाम करता, ये बात काट देती, कहतीः ऐ बादशाह! आप मेरी हमशीरःए अज़ीज़ा को यहाँ क्यों साथ न लाए, तनहा तशरीफ़ लाए, आँखें उनके देखने को तरस गई हैं। आप अकड़ बहुत चलाते हैं, वो लशकर में रहती हैं, आप बाग़े सेब में मज़े उड़ाते हैं। वो लशकर में पड़ी होंगी। आप इधर-उधर फिरते हैं।

शाह ने हंसकर कहाः हम तो तुम पर मरते हैं।

मलेका बहार मुंह बनाकर बोलीः वाक़ई अपने-अपने फ़रज़न्द की महब्बत में हर एक दीवाना है। यही हमेशा से रसमे ज़माना है। आप बड़े बहनोई हैं बजाए बाप के। अगर मेरी उलफ़त में जान दीजिएगा तो कुछ ख़िलाफ़ न कीजिएगा। बड़े भाई और बाप में क्या फ़र्क़ है?

ये मलेका सुनकर रंगे चेहरःए बादशाह मुतग़य्यर हुआ, लेकिन समझा के सबके समझाने सुनाने को ऐसा कुछ कहती है और वाक़े में अबतक उससे कुछ वासता नहीं, जो जी चाहे कहे जब तअल्लुक़ हो जाएगा उस वक़्त आप ही न कहेगी। ये समझकर मलेका को बराहे तमसख़ुर गोद में उठाने का कस्द किया। मलेका चमक कर अलाहिदा हुईः हुज़ूर आजतक कनीज़ को आपकी गोद में बैठने से इनकार न था, जानती थी के आप बराहे बुज़ुर्गी महब्बत फ़रमाते हैं। आज आपकी नीयत और पाती हूं। सामरी क़सम घबराती हूं। रह रह के तअज्जुब आता है के लोगों दुनिया में ऐसा भी होता है। वही मसल है के "उलटा ज़माना-नवासी को तके नाना।"

शाह ने उसके कहने को कुछ समाअत न किया और बराहे बेग़ैरती हंसकर गोया हुआः "साली और बीवी में कुछ फ़र्क़ नहीं, एक बहन नहीं एक सही, और ऐ नाजुक बदन! तुझ ऐसा गुल गुले गुलशन दह्र में कब किसी ने खिलते देखा है, इसी से मेरा बुलबुले दिल तुझपर फ़िदा है।

ग़रज़ के यही बातें करता हुआ बालाए बामे बारहदरी आया और मलेका ने बराहे ख़ौफ़ ख़ुद भी तख़लिये में उसको न बिठाया के मुबादा दस्त दराज़ी करे, पस जलसःए इशरत में बिठाना लाज़िम है। चुनांचेः जब कोठे पर ज़लज़लःओ, लरज़ान ने उठकर, तसलीम की, ये मसनद पर बैठा और वो दोनों पसे पुशत जाकर ठहरे। उसने उनकी

जानिब ब-नज़रे हसरत देखा और कहाः क्यों शेवःए नमक हलाली यही है जो तुमने अख़्तयार किया है। ख़ैर समझ लिया जाएगा। इतने नमक हराम जमा हैं तो मेरा क्या कर लेते हैं और अगर तुम ख़िलाफ़ हुए तो क्या बना लोगे।

ये कहकर दिल से मशवरा किया के बहार से इसरारे वस्ल करना चाहिऐ और अगर वो राज़ी हो गई तो ये कहाँ जाएंगे, फिर मुतीअ होंगे, अभी इनको छोड़ देना चाहिए। ये सोचकर चुप हो रहा और जानिबे बहार मुतवज्जेह हुआ, कभी बनज़रे हसरत उसको देखा और कभी कुछ फूल उठाकर उस पर फेंके, कभी जुमबिशे चश्मो-अबरू जिसे आंख मारना कहते हैं उस तरह से इशारा किया, कभी उसको ये शेर पढ़ाः

*अगर ये नाज़ ये इशवे रहेंगे*
*तो जानी! हम तो मतलब की कहेंगे*

मलेका आंखें नीची किये चुपके बैठी थी और दुआ दिल से हिफ़्ज़ो-आबरू की मांगती थी।

साक़ियाने मैहलक़ा जामे शराब देते थे। शाह निगाहे सहर डालकर पीता था के अय्यार, बहार के साथ आया है, ऐसा न हो वो बेहोशी दे। चुनांचेः ये तो इस कैफ़ियत में है।

लेकिन बर्क़ की हक़ीक़त सुनिए के मलेका को बहरे इस्तक़बाले शाह भेजकर, आप बारहदरी में आया और एक कनीज़े मलेका को बुलाकर कहाः तुझको मैं अपनी सूरत पर बनाता हूँ, ख़बरदार सेवाए ''बर्क़'' के अपना नाम कुछ और न कहना।

ये कहकर मिस्ल अपनी सूरत के बनाया और हुक्म दिया के बालाए बाम जाकर ठहरे। वो हसबे इरशाद कोठे पर आई, बादशाह को सलाम किया उसने हंसकर कहाः ऐ बर्क़ मिज़ाज़ कैसा है?

कनीज़ ने जवाब दियाः ''दुआ करता हूं''।

बादशाह अज़बसके मुख़ातिब ब-जानिबे मलेका था कुछ उससे ख़बर न हुआ।

और उधर ''बर्क़'' आईना सामने रखकर एक ऐसी नाजनीन औरत की शक्ल बना के बहार से हज़ार दर्जा हुस्न में बेहतर था। रुखे रौशन उसका रूए आफ़ताबे महशर था। चेहरे में नमके हुस्नो अदा भरी गर्मी ए ख़ातिरे मुशताक़ान के लिये सोज़ो साज़ देने वाला। ज़ुल्फ़े शिकन-दर-शिकन के हल्क़े, नाफ़हाए आहुए चीन का दिल ख़ून करते, आबो-ताब से हर एक आशिक़ को दीवाना बनाकर नया जुनून करते, ज़ेरे गेसूए मुअम्बर पेशानिए-अनवर अब्रे तीरह में जैसे आफ़ताबे सहर का नूर ज़ाहिर, तबीअत ख़ुदीबीनियों से भरी, सुतवाँ नाक माबैन रुख़सार या दीवारे चमने हुस्न रंगीन-बनी चशम सुर्माआगीन, जादू तमकीन शाहे जादूवान के फ़रेब देने चलीं उसी से यकर मकर फिरती रुख़ पर ग़ाज़ःए सबाहत-हक़ीक़त में कानेमलाहत लबे

गुलरंग पर मरजान सदक़े शर्म से लाले बदख़शी-सुराख़हाए दांतों के रु-बरु बे-आबरु मोती हो जाए आवाज़ उसकी शीरीं: अन्दाज़े नज़र तमकीं बातें सब भोली-भोली, दहने तंग देखकर ख़िज़्र को राह भूलीं सीनःए साफ़ पर छातियों की कचें नमूदार, कमसिनी इज़हार शिकम-रशके मौजे कुलज़ुम नूरे कमर-चशमे तसव्वुर से बहुत दूर लतीफ़ागोई में ताक़-बज़लासंजी में गुहरःए आफ़ाक़ ज़ेवरे जवाहेरीन से जिस्म मुज़य्यन उठता हुआ उसका जौबन के ब-मुक़तज़ाए अबयात:

*चढ़ी थी चितवनों पर नौजवानी*
*ख़जिल सूरत से माहे आसमानी*
*जवाहर का जड़ाऊ जुमला ज़ेवर*
*सजा पाए निगारीं से था, ता सर*
*सरापा हुस्न से था उसका, पुरनूर*
*हया से, मिसले साया, परतवे हूर*
*क़यामत था वो बूटा सा क़द उसका*
*ख़जिल सर्वे गुलिस्ताँ रू-बरू था*
*तरक़्क़ी उसको थी हूरो-परी से*
*ख़जिल शमसो क़मर जलवागरी से*
*गुलाबी रंग का पटका कमर में*
*वो डूबा ख़ूब आबे सीमो-ज़र में*
*किया गिर्द उसके हुसने ख़ूब ने नूर*
*गिरह भर की वो चोली चशमे-बद्-दूर*
*बनी थी मोतियों की बेल उस पर*
*टके हीरे भी थे अपनी जगह पर*

इस सूरत से दुरुस्त होकर, एक और कनीज़े मलेका से तख़्ते सहर तय्यार करा कर सवार हुआ और कोठे पर वो तख़्त आकर उतरा।

सदाए ख़लखाले पा से नज़र बादशाहो-मलका की उसपर पड़ी। मलेका समझी के ये कोई शहज़ादी तिलिस्म की है, बादशाह को यहाँ आया हुआ सुनकर मुलाक़ात को आई है, ये समझकर बग़लगीर होने उठी। बर्क़ ने पहले बादशाह को तस्लीम की, फिर बहार के गले मिला और गोया हुआ: बहन, मुद्दत से तुम कहाँ गई थीं? अल्लाह! ये बेमुरव्वती के मुद्दतों सूरत भी नहीं दिखातीं।

बहार ये कलेमात सुनकर हैरान थी के मैं इसको पहचानती नहीं और ये ऐसी बातें करती है जैसे बड़ी इससे दोस्ती है। लेकिन शर्ते मुरव्वत साफ़ साफ़ जवाब देने की मुक़तज़ी न हुई। ये तो न कह सकी के मैं तुम्हें जानती नहीं हूं। उसकी शिकायत के जवाब में कुछ उज़्रो-हीला करके अपने बराबर बिठाया।

शाहे जादुवान उसकी अदा को देखकर फ़रेफ़्ता हुआ।

इश्क़े बहार भूला, इसलिए के बहार हुस्ने असली रखती है और ये बनावट है, फिर मलेका-ए-मज़कूर को वे छल-बल और शोख़ी कहाँ आती है जो ये अय्यार जानते हैं।

शाह बेताब होकर मुसतफ़सिरे-हाल हुआः ऐ मलेकःए हसीनाने जहान! तुम्हारा नाम क्या है?

उस काफ़िर-अदा मस्त ने, इस तरह मुसकराकर आंखों के लाल लाल डोर दिखाकर, नज़र को फिराकर, ब-शीरीनी-ए- ज़बानी जवाब दियाः मुझको अरमान जादू कहते हैं। क़रीब इनके मकान के रहती हूं। इनसे यानी "बी-बहार" से महब्बत हो गई है। कभी-कभी देखने आती हूं।

शाह ने फ़रमायाः फिर आओ, हमारे पास बैठो।

उसने कहाः चे-ख़ूब, मुझे आपके पास बैठने से वासता। मेरे कुंवारछल में जो बट्टा लग गया तो क्या होगा। आप हज़ारों महल करते हैं, एक रात का इख़लास-तमाम उम्र का जलापा-बन्दी को नहीं गवारा।

शाह ने ये कलेमा सुनकर, हाथ पकड़कर अपनी जानिब खींचा। उस मैह पारे ने हाँ-हाँ करके क़रीब खिसक कर कहाः देखो सामरी क़सम, मेरी चूड़ियाँ भी टूट गईं और कलाई में भी मोच आ गई।

ये कह कर ऐसा मुंह बनाया के बादशाह बेक़रार हो गया। चाहा के बोसा ले लूँ। लेकिन उसने हाथ से मुंह हटा दियाः लो साहेब ये बेइज़्ज़ती देखो। जमशेद जाने! मुझे ये दिल्लगी अच्छी नहीं लगती। भरी महफ़िल में मेरी आबरू उतार ली।

बादशाह ने गले से लगा लिया। उसने ढीले हाथ से एक तमांचा हंसकर माराः ख़ूब! तुम तो मज़े में आए, किसी की आबरू फिर जाए-तुम्हारी बला से। ऐ साहिब! ज़रा निचले बैठो।

बादशाह ने बमूजिबे बैतः

*गले मिलकर कहा उससे के जानी*
*हमें भी है उमीदे मेहरबानी*

उसने भी गर्दने शाह में हाथ डाल दिये और झिझक कर अलग हो गई- कहाः ऊई! इस ज़ोर से मुझे खींचा के शानों पर हाथ न टेकती तो मुंह के बल गिर पड़ती।

बादशाहे साहिरान ने, हर चन्द वो नहीं किया, मगर खींचकर गोद में बिठा लिया फिर तो ये हाल हुआ केः

*हज़ारों उसकी उसने मिन्नतें कीं*
*नए अन्दाज़ की क़समें भी कुछ दीं*
*हवाए शौक़ से था वो जो मुज़तर*
*न माना ले लिए बोसे मुकर्रर*

*हुई हर चन्द वो बरहम, मगर हाँ*
*निकाले उसने अपने दिल के अरमाँ*
*लगा शलवार पर जब हाथ धरने*
*तो वो गुलरू लगी उस दम बिफरने*
*कहा अब शामतों ने तुझको घेरा*
*कोई कसबी मगर मुझको है समझा*
*ज़रा दम ले के दिल ठहरे हमारा*
*नहीं गुस्ताख़ियाँ तेरी गवारा*
*बशर करते नहीं हैवान का काम*
*नदामत से नहीं ख़ाली ये अन्जाम*

बादशाह इन बातों से समझा के ये बिल्कुल राज़ी है। ये समझकर मलेकःए बहार से कहाः यहाँ तख़लिया कर दो।

मलेका ने हर एक को इशारा किया और आप भी उठी। उस हूरवश ने गोद से बादशाह के उठकर आँचल मलेका का पकड़ लियाः बहन कहाँ जाती हो? मैं भी रुख़सत होती हूँ।

मलेका ने हर चन्द हीला करके पीछा छुड़ाया, मगर उसने आंचल न छोड़ा। मलेका बहार ने ठहर कर बादशाह को इशारा किया के आप इसको गोद में उठाकर बारहदरी में ले जाइये। यूं तो न मानेगी। बादशाह ईमा उसका समझकर चुप हो रहा। और फिर इख़तलात करने लगा। उस मैहपारे ने मोतियों का हार पकड़ कर गर्दने शाह से खींचा के ये तो मैं लूंगी। बादशाह ने हार उतारा। उसको पहनाया और हाथ पिसतान पर लाया।

उसने हाथ झटक कर कहाः न साहिब मैं तो ऐसे हार से दरगुज़री जिसमें ये नोचा-खोची होती है।

यहाँ तो यह इख़तिलातो गर्मजोशी है और इधर मलेका बहार ने ख़ाबगाह जल्द दुरुस्त कराई, छपरखट आरास्ता हुआ, गुलतकिये इत्र से बसे लगा दिये गये, क़राबे गुलाब केवड़े के मुंह खोलकर हवा के रुख़ पर रखे।

ग़रज़के तशरीह उसकी ताकुजा, जब सामान दुरुस्त हुआ बादशाह को इशारा किया वो इख़तिलात करते करते गोद में उस महजबीं को लेकर ईस्तादा हुआ।

बर्क़ भी ये इशारा देख रहा था। समझा के अब तुझे ये जानिबे तख़लीया ले चला, यह समझकर गोद में बादशाह की तड़प कर कहाः देखो। मेरे कान में इत्र की रूई रखी थी कहीं गिर न जाए।

चुनांचेः इस हीले कान में से रूई इत्र बेहोशी की निकाल कर बादशाह की नाक में लगा दी। शाह को छींक आई और चक्कर खाकर ज़मीन पर गिरा। ये गोद से

कूद कर अलग हुआ। और ख़ंजर किसवते अय्यारी में मख़फ़ी था निकाल कर बहरे क़त्ल बढ़ा। मलेका यानी बहार ने अब पहचाना के "बर्क़" है। होश उड़ गए के ये सूरत बदलना और ये बातें माशूक़ाना इसी का काम था।

उधर बर्क़ ने जैसे ही खंजर मारने का क़स्द किया के एक पुतला रूए हवा से आकर ज़मीन पर पहूंचा। हाथ में शीशा गुलाब से भरा था। उस गुलाब का एक छींटा रुख़े शाह पर मारा के बादशाह होशियार होकर उठ बैठा।

बर्क़ ने चाहा के भाग जाऊँ लेकिन उस पुतले के देखने से ऐसी तासीर क़ल्ब पर हुई के क़दम उठ न सका। ठहरा रहा। जब बादशाह की आंख खुली, देखा वही नाज़नीन ख़ंजर लिये आमादःए क़त्ल है। ये मालूम करके निगाहे सहर से खूब नज़र भर कर देखा, पहचाना के बर्क़-अय्यार है और बर्क़ भी समझ गया के क़ैद हुए, दौड़ कर क़दम पर गिराः मैं बर्क़-अय्यार हूं। मेरी ख़ता मआफ़ फ़रमाइये। अब मैं आपकी तरफ़ होता हूं।

शाहे जादुवान को ग़ज़ब तारी हुआ और उस हंगामे का हाल अय्यारे शब भी पेशे बादशाहे तिलिस्मे अफ़लाक ज़ाहिर हो गया। बहारे गुलिस्ताने अन्जुम के ख़िज़ाँ होने का मौसम क़रीब तर आया के ब-मुक़तज़ाए अबयातः

*यकायक अख़तरे उम्मीद चमका*
*गई शब, जलवःए ख़ुर्शीद चमका*
*हुई फिर सुबहे रोज़े क़त्ल पैदा*
*हुए आसार अजल के फिर हुवैदा*

यानी अफ़रासियाब ने होशयार होकर बर्क़ को बनज़रे क़हर घूरा। बर्क़ दौड़ कर क़दम पर गिराः ऐ शाहे जादूवान! मेरी ख़ता मआफ़ कीजिए और सच फ़रमाइये के ये कैसी अय्यारी मैं ने की।

बादशाह ने कुछ उसका उज़्र समाअत न किया और उसी पुतले से कहाः ले इस बेअदब को।

पुतले ने एक ही छींटा गुलाबे सहर का उसके मुंह पर मारा के बर्क़ बेहोश हो गया। ये माजरा देखकर बहार ब इरादःए रज़्म बढ़ी। बादशाह ने सहर पढ़कर दस्तक दी के एक परीज़ाद फ़लक की जानिब से उड़ती हुई आई और बहार से लिपट गई। उसके जिस्म में वो गर्मी सहर की थी के ये भी बेहोश हो गई।

ज़लज़ला और शौहर उसका हाँ-हाँ करके चले थे के बादशाह ने ऐसी चीख़ मारी के उनको भी ग़श आ गया। शाह ने उस वक़्त चाहा के सारा क़िलए कोहे आराम ग़ारत कर दूँ, फिर ख़्याल आया के अगर बहार तुझ से राज़ी हो गई तो अपने मुल्क की बरबादी से बहुत नाराज़ होगी। अव्वल उसी से फ़ैसला करना लाज़िम है। पस अपने मक़ाम पर ले चलके मिन्न्तो समाजत करके उसको राज़ी करना चाहिये। अगर

न माने तो उसे क़त्ल करके इस मुल्क पर कोई और हाकिम भेज देना। ये सोच कर सहर पढ़ा के पुतला और परी तो ग़ायब हो गई लेकिन एक तख़्ते पुर रिफ़अत रूए हवा से उतर आया।

उसने मलेका बहार और सब बेहोशों को उस तख़्त पर डालकर आप भी सवार होके रास्ता पकड़ा। जैसे ही वह तख़्त बलन्द हुआ, कनीज़ाने मलेकःए मौसूफ़ा और मुलाज़ेमाने क़िलःए अनीसे जलीसे अरकाने सलतनत, सबने जो शोरे नौहा बलन्द किया कौन उसकी शरह कर सकता है। ये हाल था केः

*रवाँ आँखों से सब के अशके गुलनार*
*हुआ हर इक को रोने से सरोकार*
*हुआ सब कारोबारे सलतनत बन्द*
*ब-जुज़ ग़म के न कोई दिल था ख़ुरसन्द*
*सियह पोशी का चर्चा था महल में*
*नया इक हश्र बरपा था महल में*
*बना मातम कदा वो शहे आबाद*
*गली कूचों में थी मातम की बुनियाद*
*मिटा था देखने को नामे इशरत*
*परीशाँ हाल और सब ग़म की सूरत*

फिर आख़िर ये सलाह ठहरी के अपने मालिक के साथ चलना चाहिये और मलेकःए मज़कूर शरीके इसलामियान है। इनशअल्लाह जल्द रेहा होंगी। कुछ तरद्दुद लाज़िम नहीं।।

ग़रज़के नफ़ीरे-सहर बजाकर लशकरे ज़लज़लःओ मदहोश वग़ैरह हमराह लेकर, कनीज़ाने बहार भी जानिबे लशकरे मैहरुख़ रवाना हुई के वहाँ चलकर हाले मलेका बयान करें और सारा लशकर मैहरुख़ का लेकर मलेका को अपनी शाहे तिलिस्म से लड़कर छुड़ालें।

फ़िलजुमलाःये सब कूच करके अलग-अलग बादशाहे तिलिस्म से जाते हैं। मगर बादशाह जो हर एक मुजरिम को लेकर उड़ा, राह में सहर दफ़ा कर दिया के कोई ये न जाने के बादशाह ने डर कर हमको बेहोश रखा। उसने हर एक को होशियार कर दिया। उनकी आखं खुली। शाहे जादुवान को बराबर अपने तख़्त पर बैठे पाया। शर्म, नाचारगी से गर्दन झुकाली।

बादशाह बनज़रे हसरतो-महब्बत जानिबे रूए मलेका निगरां था और गुलचीनी उसके गुलशने हुस्नो-जमाल की करता जाता था, दिल बे अख़्तियार गोद में बिठाने और प्यार करने को चाहता था लेकिन अभी ग़ुस्सा जताना और अभी मेहरबान होना, ख़िलाफ़े-अदबे अज़मते शहाना जानकर ख़ामोश था। ख़्याल किया के घर पर

चलकर कोई इसकी सिफ़ारिश करेगा तो ख़ता मआफ़ करके मिन्नत पज़ीर होऊंगा।

मुख़तसर ये के तख़्त उड़ाए क़रीब दरयाए ख़ूने रवां पहुंचा। वहां से लशकरे मेहरुख़ क़रीब था।

अय्यार तो सहरा में फिरा ही करते हैं, इत्तेफ़ाक़न ज़िरग़ाम और सबा-रफ़तार अय्यारा-ओ-अय्यार से एक जगह सामना हुआ था, ये दोनों लड़ रहे थे। बादशाह ने वहाँ पहुंचकर तख़्त नीचा कर के ठहरा लिया और तमाशा उनकी लड़ाई का देखने लगा। अजब माजरा नज़र आया के उन दोनों ने कोस भर का मैदान बांधा है। मिसले बर्क़े जहिन्दा, दम भर में कोस भर जाकर चमकते हैं और कभी आपस में आकर गुत्थ जाते हैं। गर्दिश उनकी नज़र में नहीं समाती, चलत-फिरत इस तरह की के बिजली कौंद जाती, ख़न्जर की थपकियाँ चलना, हलक़ःहाए कमन्द से तरारे भर कर निकलना, जस्तों के सन्नाटे, कुलाँचे और फ़र्राटे भरना, लाएक़े तमाशा था। धोखे देना उनका समझ में न आता था। कभी वो कहता थाः ऐ मलेका क़दम तुम्हारा पैंतरे के ख़ेलाफ़ पड़ा है।

जब वो क़दम की तरफ़ देखती ये कमन्द मारता, वो जस्त करके इस तरह निकलती जैसे ऐनक में से निगाह निकलती है। फिर वो कहतीः ऐ अय्यार! ग़ौर कर के ठाठ तेरा बिगड़ गया।

ये अपने जिस्म का ख़्याल करता, वो कमन्द मारती। ये इस तरह हलक़ों से निकलता के जैसे तीर कमाने सख़्त का जाता है। शाहे जादूवान इस लड़ाई को देख कर बहुत ख़ुश हुआ। बर्क़ ने उसको ख़ुशनूद देखकर कहाः हमारा अय्यार और आपकी अय्यारा, क्यों ऐ बादशाह! जोड़ तो अच्छा है, अगर आप ज़मीन के क़रीबतर तख़्त ले जाकर ठहरिये तो क़द्रदाँ को देखकर दोनों जी तोड़कर लड़ें। इस से ज़्यादा तमाशा नज़र आए और अभी तो कुछ बनावट नहीं ये लड़ाई सादी है। एक-दूसरे को पकड़ लेने का क़स्द रखता है मगर मुसम्मम इरादा नहीं रखता और जानता है के निकल जाए तो बेहतर और गिरफ़्तार हो तो अच्छा। जब आप को देखेंगे लामुहाला जान लड़ा देंगे। फिर ग़ालिबो-मग़लूब का हाल खुलेगा।

बादशाह को ये तक़रीर पसन्द आई और तख़्त ज़मीन पर उतारा।

ज़िरग़ाम ने चाहा के भाग जाऊँ। ऐसा न हो के ये सहर करे और क़ैद करले। मगर बादशाह ने कहाः ख़ौफ़ न खाओ लड़े जाओ, हम तमाशा देखेंगे।

ये सुनकर दोनों सलाम करके लड़ने लगे। वाक़ई अब बड़ी तड़ग झड़ग से हंगामाःए कारज़ार बुलन्द हुआ। नीमचे इस तरह चलने लगे जैसे बिजलियाँ कौंदती थीं। झन्नाटे की आवाज़ ता ब तेग़े गे" पहुंचती थी। मसीहा को ज़िन्दगी से नाउम्मीदी थी।

चाल ढाल पर फ़लक अपनी चालें भूला था। डोरा तलवार की बाढ़ का जादःए राहे अदम था, तारे नफ़स के क़त-अ होने में अरसा कोई दम था के ब-मूजिबेः

*तड़पते थे वो बर्क़अन्दाज़ हरसू*
*तरारे थे बला परवाज़ हरसू*
*रवानी चाल में ऐसी थी उनके*
*जिसे मव्वाजि-ए-दरया न पहुंचे*
*शलंगें और जस्तें थी बला ख़ेज़*
*रवानी तेग़ की थी हश्र अनग्रेज़*
*कभी इस तरह गुत्थ जाते थे बाहम*
*भंवर का जैसे हो दरया में आलम*
*कभी देते थे धोखे वो ग़ज़ब के*
*कभी लड़ते थे सर मुख माह दुबके*

इसी लड़ाई में एक बैज़ा बेहोशी भरा ज़िरग़ाम ने कमर से निकाला। शाहे जादूवान ने उसको देखकर पूछाः ये अण्डा तेरे पास कैसा है?

उसने जवाब दियाः हुज़ूर ये बैज़ए बेहोशी है।

बर्क़ ने कहाः हज़ूर की समझ में इस अण्डे की लड़ाई न आएगी।

देखिए जनाब! ये लड़ाई इस तरह है। ये कहकर तख़्त पर से कूदा और बैज़े अपने पास से निकाले, और ज़िरग़ाम पर पहले ख़ंजर खींच कर जा पड़ा। वो भी लड़ने लगा। सबा रफ़तार ठहर कर महवे तमाशा हुई के ये लड़ते लड़ते जब क़रीब उसके पहुंचा कहाः हुज़ूर देखिए ये अण्डा इस काम का है।

यह कहकर इशारा बैज़ा मारने का तो जानिबे ज़िरग़ाम किया मगर ताक कर मुंह पर सबारफ़तार के मारा के फ़ौरन उसको छींक आई और बेहोश होकर गिरी। बादशाह उसकी जानिब मुतवज्जेह थे। उसने दूसरा बैज़ा बादशाह के मुंह पर मारा के आचछीं करके बादशाह भी बैज़ा मुंह पर पड़ते ही बेहोश हो गया।

उसके बेहोश होते ही दरख़्त उस सहरा के झूमने लगे। ज़मीन से ग़ुबारे स्याह उड़ा। तायर, ग़ुल "या शहनशाह या शहनशाह" का मचाने लगे। ज़मीन थर्राई। बहार समझी के मुर्करर आफ़ते अज़ीम आई और तो कुछ बन न पड़ा, बर्क़ो-ज़िरग़ाम को पंजे में दाब कर उड़ गई और अज़बसके सहर से सब रिहा हो चुके थे ज़लज़ला-ओ-लरज़ान घबराकर ज़मीन में ज़लज़ला करने का सहर खूब करते हैं। ग़रज़ के बहार सन्नाटा भरे बहुत जल्द दूर तक निकल गई और शाहे तिलिस्म को पुतलियों ने ज़मीन से निकालकर पिचकारी-गुलाब, केवड़े की मुंह पर मार कर ही होशियार किया। उसने क़ैदियों में से किसी को न पाया। सबारफ़तार बेहोश पड़ी थी। उसको होशियार किया और बहुत पशेमान था। बर्क़ का फ़िक़रा याद करके बड़ी निदामत

होती थी। दिल से कहता था के क्या चालाकी करके ये अय्यार निकल गया है के जब याद करूंगा ख़िजालत आएगी।

इलावा इस ख़िजालत के बहार का क़ब्ज़े में आकर निकल जाना जब याद आता कफ़े अफ़सोस मलता के नाहक़ मैं रज़्मे अय्यारान देखने यहाँ ठहरा और अगर ठहरा था तो अण्डे का हाल पूछना क्या ज़रूरी था। ग़रज़ के इसी रन्जो-ग़म में ख़्याल आया के अय्यारा ने तुझको नादिम होते देखा है। ब-नज़रे हिक़ारत हमेशा तुझे देखेगी सिवा इसके, महरूख़ वगैरह ये हाल सुनकर बहुत बेख़ौफ़ हो जाएंगी। इस अय्यारी का बदला चलकर लशकरे हरीफ़ से लेना चाहिए और अपना अज़्मो-शाने ज़ोर दिखाना चाहिए। यानी अपने बेहोश होने के इवज़ में कुल लशकरे बाग़ियान को बेहोश करना लाज़िम है।

ये सोचकर अय्यारा को तख़्त पर बिठाकर उड़ा। राह में बहार का हुस्न याद करके आँखों में आँसू भर लाया, मगर अय्यारा जो साथ थी इस वजह से ज़ब्त को काम फ़रमाया और बसद उजलत सहराओ-दशूत तय करके एक पहाड़ पर आया। वो कोह अज़्मत में हमसरे आसमान था। तमाम पहाड़ गुलहाय तिलिस्मी से रश्के गुलिस्तान था। बादशाह इस सैर की तरफ़ असलन मुतवज्जेह न हुआ। और बीच कोह पर एक दरख़्त नेहायत बुलन्द लगा था। हज़ारहा ताएर उसपर बैठा था। उसने उस दरख़्त को कूल्हे में दाब कर ऐसा सहर पढ़ा के वो नख़्ले अज़ीमुश्शान जड़ से उखड़ा और एक जानिब हटकर अलग ठहर रहा, ज़मीन पर न गिरा जहां से वो उखड़ा था उस जगह एक दरवाज़ा बहुत बड़ा और उमूदा पैदा हुआ। बादशाह ने सहर पढ़कर पुकाराः ऐ परीज़ादाने तिलिस्म आओ!

ये सदा देते ही वो दर खुल गया और अन्दर से परियाँ निकलने लगीं के एक एक उनमें ग़ैरत बख़्शे हूराने जिनाँ थी। एक हज़ार नाज़नीन सुनहरी पोशाक ज़ेबे जिस्म किए और सोने का ज़ेवर पहने सामने आकर हाज़िर हुई। तसलीम शाह को करके सफ़ बांध कर इस्तादा थीं। उस वक़्त ये पहाड़ कोहे बेसुतून से कहीं बढ़कर था, क्योंकि वहाँ एक शीरीं आई थी यहां हज़ार शीरीं दहानों का मजूमा हुआ। आफ़ताब उनके रुख़ से क्या आँख मिलाता के उनके तलवों का अक्स कहलाता है माहताब-दाग़ी गुलाम शोहरत पाता है गेसू उनके बलाए जाने आशिक़ाँ मुसहफ़े रुख़सार पर फ़िदा-ईमाने आशिक़ाँ के ब-मूजिबेः

*सरापा रौकशे रोज़ेक़यामत*<br>
*नूगूं शगूशाव बो आज़ाद क़ागत*<br>
*जबीं मौजे नसीमे गुलशने नूर*<br>
*अज़ारे साफ़, रशके शोलःए तूर*<br>
*सफ़ाई में ख़जिल आईनःए माह*<br>
*हगा से दाग़े दिल शा सीनःए माह*

बादशाह ने उन क़मर पैकराने तिलिस्मी से इरशाद फ़रमायाः तख़्ते तिलिस्म जाकर लाओ और तुम अज़बसकी फ़ौजे तिलिस्मी में भरती हो, मुसल्लहो-मुकम्मल होकर हमराह मलेकःए नफ़ीर नवाज़ जादू के मेरे पास आओ।

परियाँ हसबुल हुक्मे बादशाह फिर उसी दरवाज़ःए बुने दरख़्त में चली गईं। बाद कुछ देर के उस दर से कई हज़ार अश्दरे गुलअफ़शां पैदा हुआ और उन अश्दहों पर एक क़स्र बंगले की तरह मिसले क़िलए-बुलन्द के बना था के उसके तीन दर्जे थे जो नीचे का दर्जा था उसमें कई हज़ार जंगी सियाह तीरा दुरूं तलवारें खैंचे लड़ रहे थे और बीच के दर्जे में परियाँ, मोती झोलियों में भरे उछालती थीं और ऊपर के दर्जे में बारह हज़ार बुर्ज बना था। हर बुर्ज का दरवाज़ा बन्द था। उन बुर्जों पर जो महताबी थी उसमें एक तख़्ते जवाहर-आगीं बिछा था। गिर्दे तख़्त कुर्सियाने याक़ूत निगार बिछी थीं। उनपर वो परियाँ जो अफ़सरे फ़ौजे परीज़ादान हैं बैठी थीं और क़रीबे तख़्त एक महजबीन, रश्के लौबते चीन, ताजे मुरसूसा सर पर दिए हाथ में नफ़ीर लिए जलवा फ़रमा थी। सब परियों की अफ़सर थी। तख़्त के चारों पायों पर अशदहे पँखा मुंह में दाबे बैठे थे और पसे तख़्त कुछ अशदहे चशमे शाही मुंह संभाले थे और वो हज़ार परियाँ जो पहले आई थीं पनूखियाँ और सिलफ़चियाँ और चंगीरें और गुलदस्ते वगैरह उहूदे हाथों में लिए खड़ी थीं। महताबी पर आफ़ताब सहर का बनाकर लगाया था के तासीरे तिलिस्म से वह रौशनी मिसले मेहरे जहाँताब देता था। एक तरफ़ सूरजमुखी थी दूसरी तरफ़ उस महताबी के चाँद की तस्वीर बनी थी। दिन को सूरज ज़्यांबारी करता, रात को चांद फ़रोग़ बख़्शी करता। जब वो ऐवाने तिलिस्म क़रीब आया, सब परियों ने बादशाह को तस्लीम की और वो नाज़नीन बंगले से नफ़ीर लिए उतरी। बादशाह का हाथ पकड़कर अन्दरूने क़स्र हंसती हुई ले गई। ज़ीनःए क़स्र को तय करके महताबी पर पहुंचाया। सबारफ़तार को भी बादशाह साथ लाया। ग़रज़के महताबी पर पहुंचकर तख़्त पर बादशाह ने जुलूस किया।

तख़्त पर बैठते ही हज़ारहा नक़्क़ारा और घन्टा और नाकूस उस क़स्त्र में बजने लगा और फ़लक की तरफ़ से राद गरजने की ऐसी सदा आई और एक अब्र सफ़ेद रंग पैदा होकर सरे क़स्र पर सायाफ़िगन हुआ। उस अब्र में रौशनी थी के हज़ारों मेहरे दरख़शिन्दा नज़र आते थे। एक तरफ़ से सूरजमुखी में ज़ौ पैदा हुई। कसरते ज़िया में वह मकान नज़र आने से जाता रहा। बिल्कुल एक बुक़आ नूर का बन गया। अज़दहे पंखा झलने लगे और चतर को गरदिश देते थे। कुछ परियाँ सामने साज़ बजाकर नाचने लगीं के बईन कर्रो-फ़र्रो-इहतिशम, सवारी शाहे-तिलिस्म की जानिबे लशकरे महरुख़ नेक नाम चलीः

*बना वह क़स्र रशके बुर्जे महताब*
*ज़ेया पर आंख ठहरे उसकी क्या ताब*

*हज़ारों नाज़नीने माह पैकर*
*पिलाती थीं मए गुलगूँ का साग़र*
*हवा पे बजते थे लाखों नाक़ूस*
*सदा जाती थी जिनकी सैकड़ों कौस*
*हज़ारों अशदहे उड़ते हुए साथ*
*चले आते थे शोला उड़ाते साथ*

यहाँ महरुख़ सहर चश्म सरीरे-जहांबानी पर बैठी थी। सरायचे बारगाह के उठते थे। हर तरह का ज़िक्र सरदार कर रहे थे। साक़ियाने ख़ुश लक़ा जामेशराब देते थे। इशरत का जलसा जमा था, कुछ सरदार कह रहे थे के मलेका बहार नहीं मालूम किधर गईं इस असूना में ख़बर पहुंची के "मेहतर क़ेराँ" तशरीफ़ लाए हैं।

महरुख़ ने सरदार बहरे इस्तक़्बाल भेजे के ता दरे बारगाह वो आकर ले गए।

मेहतरे मज़्कूर हर एक से मिला और शाहे लशकर को तस्लीम करके कुर्सी पर बैठा।

अभी बैठा ही था के दफ़-अतन अब्र सफ़ैद चमकता नज़र आया। हज़ारहा सूरज एक़बार ताले हो गया। नाकूस की सदा से ज़मीन में तज़लज़ुल आशकार हुआ। हर एक सरदार घबराकर बोलाः ये क्या माजरा है।

महरुख़ ने कहाः ख़ुदा ख़ैर करे अफ़रासियाब आता है।

क़ेराँ यह लफ़्ज़ सुनते ही कुर्सी से उठकर ऐसा ग़ायब हो गया जैसे यहाँ बैठा ही न था। और सरदार कहाँ जाते? नाचार ख़ामोश बैठे रहे और सहर चुपके पढ़ते सब ने दूरबीनें सहर की लगा लीं के कसरते ज़िया से कुछ मालूम न होता था आख़िर तख़्ते शाहे जादूवान ब-सद आबो-ताब नज़र आया। बंगलःए-मुरस्सा कार पुशतहाए-अशदरान पर बना पाया। वही सामान जो अव्वल बयान किया गया हर एक देखकर दंग हो गया, सकते का रंग हो गया। ख़ुदा से हर एक पनाह मांगने लगा और थर्राता था, अशदहों का शीला ता चर्खे बरीं जाता था। वो क़स्र फ़लक रिफ़अत बरुए हवा क़ायम हुआ और दफ़अतन तड़ाका होकर वो जो बारह हज़ार बुर्ज बने थे उनमें से एक बुर्ज का दर खुला और बिजली उसमें चमकी। बाद लम्हे के पंजा बसाने बर्क़ चमकता जानिबे लशकरे हैरत गया और उसको उठा लाया। उसने आकर बादशाह को मुजरा किया और बराबर पहलू में बैठी। जब हैरत भी आ चुकी शाहे जादुवान ने उस शहज़ादी से जो नफ़ीर लिए थी कुछ कहा के तो अपनी जगह से उठी। उसके उठते ही एक ऐसी सदाए-महीब आई के साहिराने आलम के दिल हिल गए, पाए समन्दे-दहशत से कुचल गऐ। घबराकर सब उठे। सारे लशकर ने कमर बाँधी लड़ने पर तुल गए। शाहे तिलिस्म ने इतनी देर तअम्मुल किया के जितने अररो में लशकरे महरुख़ मुसल्लह हुआ। जब सब लशकर दुरुस्त हो गया, चाक़ो-चुस्त हो

चुका, बेईमाए-शाह वो परी नफ़ीर लिए बुर्जों के पास आई। सब दर उन बुर्जों के खुल गए और एक औरत-माह तलअत-मेहर सूरत, आंचल पल्लू के दुपट्टे ओढ़े, लिबासे मुकल्लफ़ से दुरुस्त, ज़ेवरे जवाहर पहने, नफ़ीर हाथ में लिए अज़्में रज़्म पर चुस्त, हर बुर्ज में इस्तादा नज़र आई। ये शहज़ादी यानी नफ़ीर नवाज़ जादू सब के आगे खड़ी हुई उस बुर्ज में के जो बुर्ज और बुर्जों से आगे था। उस वक़्त अजब तमाशा नज़र आता था के बारह हज़ार गुलअज़ार, लिबास सुनहरी पहने, सोने की नफ़ीरें मुंह से लगाकर खड़ी थीं।

एक तख़्ता ज़ाफ़रान का बरुए हवा लगा था। रुख़सार से उनके ये साबित के आफ़ताब, आफ़ताब के खेत से निकला है। जुलफ़ें चेहरों पर लहराईं, त्योरियाँ चढ़ी, पायंचे कलायचों पर पड़े, नरगिस की तरह टकटकी बांधे लशकर को देख रही थीं, हुक्म की मुन्तज़र के यकायक बादशाह ने कुछ पुकार कर कहा।

पहले मलेका नफ़ीर ने नफ़ीर को ब-आहिस्तगी फूंका। सदाए ख़ुश आहंग उसमें से पैदा हुई। उस आवाज़ को सुनकर घंटे और नाकूस बजना मौकूफ़ हो गए। सब तरफ़ सन्नाटा हो गया। वो बारह हज़ार औरतें मस्त होकर झूमीं और हर एक ने नफ़ीर मुंह से लगाकर दम दी। फिर तो दर-दर दड़ापड़ की आवाज़ बलंद हुई। अलआयाज़ु बिल्लाहि, इला हज़रतिल्लाहि सूरे इसराफ़ील फूंका। न-फु-ख़ फ़िस्सूरि का ज़माना आ गया। क़यामते कुबूरा बरपा हो गई।

रुइयाँ सहर पढ़ पढ़कर सरदाराने लश्करे महरुख़ ने कान में रखीं और हज़ारों सहर पढ़े। लाखों तदबीरें कीं लेकिन तासीर कुछ न हुई।

सदाए नफ़ीराने सहर से मै महरुख़ और तमाम लशकर बेहोश होकर ज़मीन पर गिरा। हर एक मिसले मुरदा-ए सदसाला बेहिसो हरकत था।

अफ़रासियाब उस वक़्त नारा ज़न हुआः "मनम शहनशाहे जादुवान"। ये तो लाफ़ो गज़ाफ़ कर रहा था और परियाँ नफ़ीर फूंक रही थीं। मनतज़िरे हुक्म थीं के बादशाह मना करे तो बजाना मौकूफ़ करें। कसरते सदा से बड़े बड़े दरख़्त कट कर दूर गिरे। पहाड़ों को जुम्बिश हुई। उस वक़्त बादशाह ने हाथ हिलाया के बस करो। मलेका नफ़ीर ने नफ़ीर मुंह से हटा लीं। सब परियाँ ठहर गईं। लशकरे महरुख़ का अजब हाल था। पलटनें और रिसाले फ़र्शे ख़ाक पर, क़ाक़ुमो-संजाब के बिस्तर पर सोने वाले ग़श पड़े थे। सफ़ें बसाने बिना तुन्नाश आसमान पर बिछी थी। महल्लःए ख़मोशाँ वह लशकर था के एक का पंख था तो एक का सर था। हर एक बेख़बर था। शहज़ादियाँ इस तरह रुख़सार ख़ाक पर रखे पड़ीं थीं। ताज कहीं या आप कहीं थीं। अन्जामे कार का पता देती थीं के हुस्नो-जमाल, मालो-मनाले हुकूमत कुछ काम नहीं आती। जब आदमी की जान पर बन जाती है। अन्जाम को, साहिबे मुल्को माल, हम ऐसे हसीनो साहिबे जमाल, रुख़सार ख़ाक पर रख कर मर जाते हैं। आज़ा उनके

कीड़े चाटते हैं, जिस्म गल जाते हैं। दुनिया मुक़ामे इबरत है। कहाँ इस घर में राहत है। अन्जाम हर एक का ऐसा ही होना है। फ़र्शे लहद में यही ख़ाक है, यही ओढ़ना बिछौना है। उस वक़्त हज़ारों गुलबदन रश्के चमन, ग़ैरत दिहे यासमन, पाँव फैलाए, गुल से रुख़सार मुरझाए, फ़र्शे ख़ाक पर बिस्तर लगाए, ख़ाबे अदम में पड़ी थीं। ज़ुल्फ़ें उनकी चेहरों पर उड़कर आती थीं या गुलस्ताने हुस्न पर वबा नाज़िल हुई थी किसी की चशमे नर्गिस बन्द थी, किसी की आँख खुली थी तो गोया नर्गिसे चमन को ख़िज़ां होते देख रही थी। जो मुठ्ठी बाँध कर ख़ाक पर गिरी थी तो ये ज़ाहिर था के मुशते ख़ाक मुझपर डाल दो ये बताती है। कोई दस्ते निगारीं में ख़ाक भर पड़ी थी। किसी की मेहंदी मिट्टी भर हल्की हो गई थी तो ज़बाने हाल से कहती थी केः

*हमसफ़ीर इस बाग़ की कैसी हवा नासाज़ है*
*ताएरे रंगे हिना तक माइले परवाज़ है*

(नासिख़)

जिधर देखिए, लाशों का बिछौना था। ख़्यामो बारगाहें उखड़ी पड़ी थीं। बाज़ार सूना था। हसरत हर जगह बरसती। रूह हर एक क़ालिबे उनसुरे ख़ाकी में तड़पती। ये हाल था के बे मुक़्तज़ाए अबयातः

*हुई नाज़िल बलाए आसमानी*
*इसी को कहते हैं सब नागहानी*
*हुई बर्बाद वो दिलचस्प बस्ती*
*पड़ी लशकर पे थी हसरत बरस्ती*
*न जुम्बिश थी किसी आज़ाए तन में*
*ख़िज़ाँ आई गुलों की अन्जुमन में*
*अरूसे ख़ाब से हर इक हम आग़ोश*
*नफ़ीरे सहर से खोए हुए होश*
*पड़े ख़ामोश थे मूर्दे की सूरत*
*किसी शै की न थी उनको ज़रूरत*

तादेर यही हंगामा रहा बादशाह ने कूसे लमिनल-मुलकी बजाया। दम-ब-दम यही नारा ज़बान पर आया के कौन मेरा मुक़ाबला कर सकता, और हमसर हो सकता है। फिर हैरत से कहाः देखा तुमने, ऐ मलेका, मैं जिस वक़्त चाहता इन नमकहरामों को सज़ा देता, उनका मार डालना ऐसा है जैसे पुश्शःओ मगस को मलकर फेंक देते हैं। इनकी हक़ीक़त कुछ नहीं जानता हूँ। हमेशा आप से तरह देता हूं, रहम करता हूं। मेरा गुस्सा, सागरी की पनाह, देखो दम भर में क्या से क्या हो गया।

हैरत तारीफ़ में सुख़न संज हुईः वाक़ई आपका मुक़ाबला कौन कर सकता है? ऐ शहनशाह आप अपना मिस्ल नहीं रखतेः

*यादगारे सामरी, जमशेद आप*
*आसमाने सहर के ख़ुर्शीद आप*
*कौन है दुनिया में सानी आपका*
*किसका ऐसा है जहाँ में मरतबा*
*आप हैं सुल्ताने शाहाने ज़माँ*
*आपका हमसर है दुनिया में कहाँ*

हुज़ूर! इन नमकहरामों को ज़िन्दा न छोड़िए, क़त्ल कर डालिए।

बादशाह ने फ़रमायाः मैं भी यही फ़िक्र रखता हूं लेकिन एक उम्र से अनदेशा है के ये सहर न था बल्के तुहफ़ःए तिलिस्म से काम लिया। ये उस वक़्त चाहिए था के जब तिलिस्म कुशा गले में लौह पहने सामने खड़ा होता। ये बेचारे इस की ताब क्या ला सकते। हां फ़त्ताहे तिलिस्म जवाब देता।

दूसरे शाहाने तिलिस्म अपनी जगह पर क़ह-क़हे लगाऐंगे के शाहे जादूवान अपने मुलज़िमों पर नफ़ीर नवाज़ को चन्द अदना ख़ताकारों पर ले गया। बज़ाते खुद कुछ न कर सकाः ऐ मलेका, मैं इन लोगों से किसी तरह कम नहीं हूं, जब चाहू हलाक कर डालूं, फिर क्यों यह बदनामी अपने ज़िम्मे लूं के ये सब मशग़ले ऐशो-तरब, गाफ़िल बैठे थे, उस ग़फ़लत में उनको मसहूर कर लिया, मार डालना इनका बाइसे नंगो-क़हक़हा ज़नीए शाहाने तिलिस्माते दहर है और उस चीज़ से इन को मग़लूब किया है के कोई साहिर कैसा ही ज़बरदस्त हो लेकिन इस तुहफ़ःए तिलिस्म का जवाब नहीं दे सकता, पर मेरी आजिज़ी साफ़ ज़ाहिर है। इस वजह से इस वक़्त तरह देता हूं।

ये कहकर मलेका नफ़ीर से इशारा किया के इनको होशयार करदे। वो नाज़नीन हसबे इरशाद उठीं और नफ़ीर ख़ुश आहंगी से बेलहने दिलकश बजाई के हाकिम के दिमाग़ में मसती आई।

वो अब्रे सफ़ैद जो क़स्र पर साया फ़िगन था मस्तानों की तरह झूमकर उन बेहोशाने ख़ाक उफ़तादा पर जाकर मुहीत हुआ और बरसने लगा। उस पानी ने आबे-ज़िन्दगी की तासीर बख़्शी। हर क़ालिबे बेजान में गोया जाने ताज़ा आई। तमाम सरदार लशकरे महरुख़ के होशियार हो गए। बादशाह ने पुकार कर कहाः देखा तुमने ऐ नमक हरामान! क्या हाल तुम्हारा दम भर में मैंने किया।

महरुख़ ने दर जवाब इस नारे के कहाः ग़फ़लत में जो चाहता वो हमारा हाल ऐसा बनाता। ज़रा भी पेशतर हमको यह कैफ़ियत मालूम होती के बादशाह नामर्दों की राह से तुहफ़ःए तिलिस्म का हर्बा हमपर करेगा तो हम इस तुहफ़े का जवाब तो न दे सकते, लेकिन मालिक हमारे यानी अय्यार इस तुहफ़े को भी बर्बाद कर देते। दूसरे अफ़सर हमारे शहनूशाहे अय्यारान ख़्वाजा अमर ज़ीशान यहाँ नहीं है, अगर वो

होते तो इस वक़्त हाल खुल जाता के ये फ़ौजे तिलिस्मी फिर कर अपनी जगह पर गई या यही काम आई।

बादशाह ये कलेमात सुनकर हैरत से गोया हुआः देखा! वही उज़्र इसने दरपेश किया।

ये कहकर महरुख़ से कहाः ये उज़्र जो तूने किया इसको मैं अव्वल ही समझ चुका था इसलिए आज ज़िन्दा तुमको छोड़ता हूं, अगर चाहा सामरी ने तो बाद आने तुम्हारे हेमायती यानी अमर अय्यार के राहे फ़िना सबको दिखाऊंगा।

इस तरह की बातें करके मलेका नफ़ीर के कांधो पर हाथ रखकर ग़ायब हो गया। नफ़ीर ने हैरतो-सबा रफ़्तार को पंजाहाय सहर में दाब कर लशकर में उसके पहुंचा दिया और आप तख़्ते तिलिस्म लेकर अपने मुक़ाम पर गई।

महरुख़ ने सजदःए'शुक्र बे-दरगाहे ख़ुदाए-तआला किया के उस करीमे-कारसाज़ ने आफ़ते-अज़ीम से नजात दी। फिर ख़ेमःओ-बारगाह दुरुस्त कराके बाज़ारें सजवाकर दाख़िले- दारुलअमारते शाही हुईं। तमाम लशकर में चहल-पहल आग़ाज़ हुई। ब-दस्तूरे साबिक़ आबाद हुए, दिल शाद हुए। महरुख़ ने बिल्लोर से कहा के क्यों देखा तुमने शाह का इस तिलिस्म के कैसा जाहो-जलाल है।

बिल्लौर ने कहाः ऐ मलेका! बे-मूजिब इस मिसल के- "तनहा पेशे काज़ी रवी-राज़ी आई" अगर शाह, कौकब या मलेका बुर्रान के सामने ऐसी ज़बरदस्ती जताता तो मालूम होता।

मलेका ने कहाः अब वो ज़माना भी नज़दीक है। कौकब से मुक़ाबला हुआ चाहता है, ख़ाजा के आने की सिर्फ़ देर है।

ये कहकर मसरूफ़े हुकमरानी हुई।

उस तरफ़ अफ़रासियाब जब दाख़िले बाग़े सेब हुआ तमाम सरदारे साहिबाने जीतबार ने इस्तक़बाल किया। ये आकर सरीरे तिलिस्म पर बैठा और नाच देखने लगा। दो-एक जामे शराब पिये। दिमाग़ नशे से चाक़ हुआ। ख़्याल आया के ये जो कुछ तूने मेहनत की सब बेकारो-बेसूद तक्लीफ़ उठाई। न मलेका बहार क़ब्ज़े में आई न किसी अय्यार को सज़ा मिली, न कोई हरीफ़ हलाक हुआ न मदद ख़ुदावन्द पास पहुंची, लाज़िम है के बहार को गिरफ़्तार करके राज़ी ब-विसाले ख़ुद कर या क़त्ल कर डाल। इस ख़्याल के साथ ही एक जोशे इश्क़ पैदा हुआ। अदाएं मलेका बहार की और बातें उस की दिलरूबाई की याद करके आहे सर्द भरने लगा। शेरे आशिक़ाना पढ़ने लगा। इसी रंग में पंजःए सेहर ने नामःए ख़ुदावन्द लाकर दिया। उसको जो पढ़ा लिखा था के मदहोश की आमद-आमद से तूने मुत्तला किया था। मा-बदौलत को इन्तज़ार उसका रहा। हर चन्द के कुदरत हाल उसका जानते है मगर बतलाएंगे नहीं, जल्द उसको या और किसी को हमारी एआनत के लिए रवाना करवा दे वरना हम नाराज़ होंगे।

इस नामे को पढ़कर उसने सहर पढ़ा। बाद लम्हे के, ज़मीन से एक साहिर पैदा हुआ के चिट लंगोट बांधे मिट्टी बदन में भरी, नीला गण्डा गले में बंधा, सर पर कन्टोप, डाटा बन्धा, हाथ रान पर मारकर ख़ुम बजाता सामने बादशाह के आया, आदाब बजा लाया। बादशाह ने फ़रमायाः ऐ पहलवान जादू! तुम अपना चालीस हज़ार पठ्ठा लेकर मये सामाने हर्ब के, ख़िदमते ख़ुदावन्दे बा-अख़तर में जानिबे कोहे अक़ीक़ जाओ और हमज़ा के लशकर में बड़े-बड़े पहलवान हैं उनसे मुक़ाबला करके, तमाम लशकर मज़कूर को ग़ारत करदो, हम तुम को मुल्क इस काम के इवज़ में अता कर देंगे और ख़ुदावन्द भी तुर्रए पैग़म्बरी देंगे।

उस साहिर ने ये हुक्म सुनकर सलामे रुख़सती किया। बादशाह ने ख़िलअते सरफ़राज़ी दिया। वो वहाँ से अपने मकान पर आया, सब शागिर्दों को अपने तलब करके हुक्मे शाह सुनाया। हर एक ने सामाने सफ़र दुरुस्त किया। ख़ैमःओ-बारगाह लदवाकर, असबाबे सहर से दुरुस्त होकर अशदहों पर चढ़े और रवाना हुए ये कैफ़ियत के रौशन चौकी आगे लशकर के बजती। कुश्ती का ढोल पिटता, हर एक पहलवान मोतियों को जलाकर राख उसकी बदन पर मले, बाज़ुओं पर अण्डवे चढ़े, गले में तावीज़ सोने के बन्धे, बाहम अशदर सवारी को मिले, पंजा और कलाई करते, ज़ोर दिखाते रवाना हुए पीछे लशकर के मुगदर की जोड़ियाँ लेज़म इक्के वग़ैरह तमाम सामान कसरत करने का छकड़ों पर लदा जहाँ लशकर उतरता अखाड़ा कहा जाता। उस्ताद हर एक को लड़वाता। जोड़े बिद्दी जातीं। ख़िलक़त कहाँ के अतराफ़ की तमाशे को आती। ख़लीफ़ा सबको ज़ोर दिलाता। बे-इन ज़ोरो-शोर जानिबे लक़ा ये साहिरे मुंह ज़ोर जाता है।

लेकिन अफ़रासियाब बाद उसके रवाना करने के फिर उसी फ़िक्र में गिरफ़्तार हुआ के हाय वो अफ़ज़ाए हदीक़ा, बहुत जिसकी भोली सूरत, महबूब, तरहदार, यानी मलेका बहार क़ाबू में आकर यूं निकल जाए और तुमसे कुछ न हो सके, लाज़िम है के उसकी मुलाक़ात की तदबीर कर। इसी अन्देशे में था के ख़बर आई, मुर्शिह ज़ादे तशरीफ़ लाते हैं। उसने इस्तक़बाल कराया। मुसव्विर आकर उसके बराबर बैठा, किस लिए के हैरत से हाले तख़्ते तिलिस्म वग़ैरह भी सुन चुका है, तारीफ़े बादशाह करने आया है, चुनांचेः बैठते ही ज़बान ब-सनाए शाहे जादूवान वा कीः ऐ बादशाह! आज का मारिका सुनकर मुझको बड़ी हैरत हुई। वाक़ई आपने वो सहर किए हैं के सामरी-ओ-जमशेद ने कभी किए होंगे।

शाहे तिलिस्म ने जवाब दियाः ऐ मुर्शिद ज़ादे ये सब आपके दादा जान का तसद्दुक़ है। मुझको क्या आता है। उन्हीं का नाम लेकर कुछ काम निकाल लेता हूं।

मुसव्विर ने कहाः ये सब तुम्हारी सआदतमन्दी है, जो बुजुर्गों का अदब करते हो।

अच्छा अब की अमर को गिरफ़्तार करना तो मुझे देना के मैं उसकी ज़म्बील छीन लूं। और मैंने एक बाग़ बनाया है के नाम उसका बाग़े वीरान है। वहां उस मक्कार को क़ैद करूं।

शाह ने फ़रमायाः जब कहिए जब अमर को मुल्के कौकब से पकड़ा मंगाऊं, ख़ैर उसका तदारुक तो फिर किया जावेगा मगर मैं आपको एक और नया सहर दिखाता हूं।

ये कहकर अपने जूड़े से एक दाना माश का निकाल कर ज़मीन पर फेंका, वह माश ज़मीन में समा गया। उसने कुछ सहर पढ़ा के गोशःए बाग़े सेब से एक पुतला, शीशा पानी से भरा लिए पैदा हुआ। जब क़रीबे शाह आया शाह ने वो शीशा लेकर एक छींटा पानी जहां वो दाना गिरा था उस जगह मारा। फ़ौरन ज़मीन से शजर उगा और बढ़कर लम्हे भर में बारआवर हुआ। उसने वो शीशा तो पुतले को दे दिया और उस दरख़्त से फल तोड़कर थोड़े माश हाथ में लिए और जानिबे फ़लक उछाल दिए। पुकार कर कहाः बहारे-ज़लज़लःओ-लरजानो-बर्क़ो-ज़िरगाम को जहाँ कहीं हों गिरफ़्तार कर लाओ।

ये कहकर वो दरख़्त उखेड़ लिया। फिर वो दाना माश का, जो बोया था, बन गया। उसने जूड़े में रख लिया।

इधर बहार जो अय्यारों को लेकर उड़ी थी बहुत दूर सहरा में आकर उतरी। अय्यारों को ज़मीन में छोड़ा। उनके होशो-हवास बजा हुए, तहय्या चलने का किया था के ज़लज़लःओ-लरज़ान भी ज़मीन से निकले थे, उनके पास आकर पहुंचे और सब मिलकर चले। बाहम मशवरा किया के लशकर क़रीब है, पैदल कुछ दूर सैर करते चलें। आख़िर उसी तरह रवाना हुए कुछ दूर चले थे के बर्क़ गोया हुआः ऐ मलेका बहार तुमने अच्छा न किया जो शाहे तिलिस्म से बिगाड़ी। तुमको लाज़िम है के अब जाकर उसके क़दम पर गिरो और ख़ता मआफ़ कराओ। मैं भी तुम्हारे साथ चलकर उज़्र करूं, शायद के उसे रहम आ जावे।

बहार ने कहाः अच्छा चलो मेरा भी जी यही चाहता है। इसी तरह ज़लज़लःओ-लरज़ानो-ज़िरगाम भी गोया हुएः हमें भी लेती चलो, हम भी बड़े क़सूरवार हैं। शायद के हमपर रहम करे।

ग़रज़ के अब तारीफ़े इनायतें शाहे तिलिस्म करते और मारूफ़ बे-ख़ताओ-क़सूर होते जानिबे बाग़े सेब रवाना हुए और अज़ बस के दरयाए-ख़ूने रवां बीच में है उस वजह से सहरा में फिर रहे थे के मेहतर क़ेराँ जो बारगाह से ग़ायब हुआ था जंगल में आकर ठहरा था इन सबको उसने आते देखा, ख़ुश होकर क़रीब आया। मलेका बहार वग़ैरह से मिला। बाहम मिज़ाजपुर्सी और इज़्हारे गर्मजोशी के बाद उसने कहाः लशकर में चलो। उधर कहाँ तुम सब जाते हो।

वो सब लशकर को अपने बुरा कहने लगे और तारीफ़े शाहे तिलिस्म ज़बान पर जारी की।

क़ेराँ समझा के बड़ा ग़ज़ब हुआ। ये सब महसूर ब-सेहरे शाहे तिलिस्म हैं और उसके पास जाते हैं। इन को रोकना चाहिये। ये तसव्वुर करके बहारो-बर्क़ से कहाः मुझसे बड़ी ख़ताएं ख़िद्मते शाहे तिलिस्म में सरज़द हुई हैं। अगर मुनासिब समझो तो मुझे भी साथ लेते चलो।

उन्होंने कहाः क्या मज़ायक़ा है? चलो बादशाह रहीम मेज़ाज है वो सबको सरफ़राज़ करेगा। महरुख़ ज़ालिमा ने तो हमें भड़का कर कहीं का न रखा। अय्यारों ने उसी तरह अमर को बुरा कहा।

क़ेरान ने मिन्नत कीः इतना मुझपर एहसान करो के दर्रःए कोह में चलो, वहाँ मैंने खिचड़ी पकाली है। मैं भूखा बहुत हूं दो निवाले खा लूं तो तुम्हारे साथ चलूं। तुम भी खाना और आसूदा होकर चलना।

सबने उसका कहना मन्जूर किया और दर्रःएकोह में आए। वहाँ लाकर कुछ मेवा आग़शता बे-बेहोशी निकालकर क़ेराँ ने सबको दियाः पहले ये खाओ, मैं खिचड़ी लाता हूँ।

उन्होंने वो मेवा खाया और बेहोश हो गए। क़ेरान ने उन सबको उठाकर एक ग़ार में डाल दिया और दहने ग़ार एक संगे कलाँ से बन्द कर दिया और आप वहां से दौड़ता हुआ ब-सूरते मुबद्दल लशकरे "हैरत" में आया जहां लकड़हारे और घसियारे उतरे हैं, उन्होंने पहुंचकर पुकाराः कोई मज़दूरी करेगा?

पाँच-चार घसियारे दौड़ेः साहेब का मजूरी है।

उसने कहाः मैंने घास के गट्ठे इकट्ठा किये हैं और लकड़ियों के बोझ सहरा में पड़े हैं। फ़ी मज़दूर रूपया मिलेगा, दिन भर में ढोकर यहाँ लशकर में पहुंचा दो।

मज़दूर लालच में आकर उसके साथ हुए और जंगल में जब पहुंचे, क़ेरान ने हुबाबे बेहोशी मार कर उनको बेहोश कर दिया और सूरतें उनकी बदल कर बहारो-बर्क़ो-ज़लज़लःओ-लरज़ानोः ज़िर्ग़ाम वग़ैरह बना दिया। फिर आप सूरते हैबतनाक बनाकर उनको होशियार किया और कहाः तुम सब पर मेहर सामरी की हुई नहीं तो अय्यार तुमको मार डालता। अब ये अशरफ़ियाँ लो और जो कोई पूछे अपना नाम बहार वग़ैरह जिसकी सूरत थी वो नाम बताया के अपने तईं बताना और घास न खोदना। तुमको काया पलट हमने कर दिया है। वो अब तुम नहीं रहे। लशकरे महरुख़ में जाकर अपने अपने लशकर की हुकूमत करो।

घसियारे बहुत ख़ुश हुए और दुआ देकर ख़ुशी ख़ुशी अशरफ़ियाँ लेकर चले।

क़िरां ने चलते वक़्त हर एक को आईना दिखा कर सूरतें पहचान करा दीं। हर एक ने समझ लिया के हम बहार हैं। हम बर्क़ हैं। ग़रज़के क़ेरान तो वहाँ से

उसी जगह के जहाँ ग़ार में असली अय्यारों और साहिरान को बन्द कर दिया था आया।

उधर शाहे जादूवान मुनूतज़िरे आमद बे-हिरमान था। जब अरसा हुआ उसने सहर पढ़ा और चन्द बीर सहर को बुलाकर हुक्म दिया के तुम जाकर बहार वग़ैरह सबके नाम बताए के ये लोग जहाँ मिले जल्द गिरफ़्तार करके हाज़िर करो।

बीर सहर के हसबुल हुक्म चले। वाज़ेह हो के पहले सहर जो शाहे तिलिस्म ने किया था तो क़ल्ब पर तासीर हुई थी और बहार वग़ैरह जानिबे शाहे लिलिस्म चले थे चुनांचेः बसबबे बेहोशी के वो नाचार हैं। अगर होशियार होते तो बमूजिबे तासीरे सहर, हस्बे हिदायते दिल ख़िदमते बादशाह में जाते। ग़रज़ के अब की जो बीर सहर के चले सहरा में आकर मुतलाशी-ए-मुजरेमाने मज़कूर हुए एक मक़ाम पर उन घसियारों को जो ब-सूरते बहार वग़ैरह थे जाते देखा एक-एक बीर एक एक के सर पर सवार हुआ। सब अपनी राह छोड़कर सम्ते बाग़े सेब चले और वैसे ही कलाम जैसे बर्क़ो-बहार वग़ैरह करते, ये भी करने लगे। इनको तो कोई रोकने वाला न था। ये दरयाऐ ख़ूने रवां पर आए। वहाँ एक कशती तलाई पैदा हुई। सवार होकर पार उतरे और मदहोश, अपनी खुदी से बेख़बर बाग़े सेब में आए और अज़बस के बीर जादू के सर पर सवार थे वो बेख़ुद किए हुए थे। और बीरों ने जिस सूरत पर उनको पाया था। वही नाम उनको तालीम करते थे के ये कहो। ये पुकारते थेः हम बर्क़ हैं हम ज़िरग़ाम हैं।

सब अपना अपना नाम लेते थे। अगर होशियार होते तो शायद अपना असली नाम बताते। अब तो कुछ और नहीं कह सकते। फ़िलजुमला जब ये सामने शाहे जादूवान के पहुंचे और अपना अपना नाम लेकर पुकारे, मुसव्विर ने बड़ी तारीफ़ की के वाक़ई ये सहर न देखे न सुने। आप ही के वास्ते ये रुतबा है, वाह क्या कहना है।

शाह ने ब-राहे तफ़ाख़ुर पन्जःए- सहर भेजकर मलेका हैरत को भी लश्कर से उठवा मंगाया। उसने भी क़ैदियों को देखकर मिदूहतसराई की।

बादशाह ने बाद आने हैरत के जल्लाद तलब किए और अज़बसके यक़ीने कामिल है के ये अय्यार मुतीअ किसी तरह न होंगे उनसे सवाले इताअत भी न किया। मलेका बहार को तो अलग कराया और सबके सर कटवा डाले। जो इनमें साहिर थे उनके बीरों ने ग़ुल मचाया। इधर ब-हुक्मे शाह हज़ारहा नक़्क़ारा सहर का ब-रूए हवा बज गया। किसी ने इस गुल में न सुना के बीरों ने किसका नाम लिया।

वो घसियारा जो ब-सूरते बहार था सहम गया और बीर सहर का उसपर से भी उतर गया। उसने चाहा के बादशाह के क़दम पर जाकर गिरूं और अपना हाल कहूं

लेकिन तुरफ़ा माजरा ज़राफ़त आमेज़ सुनिये के बादशाह इश्क़े बहार में बेक़रार था, उसने ज़रा भी तअम्मुल न किया। हाथ बहारे मसनूई का पकड़ कर जानिबे ज़ुलूमात रवाना हुआ। आँख उस घसियारे की बन्द हुई। उधर बाद जाने शाह के हैरतो-मुसव्विर जानिबे लश्कर गए। और हैरत ने आते ही तबलए बशारत बजवाया। ख़बर मुशतहर हुई के बर्क़, बहार वग़ैरह क़त्ल हो गए।

मलेका महरुख़ ने भी ये ख़बर सुनी हर एक सरदार ने फ़र्ते-ग़म से गेरेबान चाक किया। कुहराम मच गया। महब्बते अय्यारान वग़ैरह याद करके कुलज़ुमे चश्म से दरया मौजज़न हुआ। जादूगरनियाँ और साहिरान हर एक बाल खोल कर सर पीटने लगे और कहते थेः

*किया इस तरह वावेला बसर ग़म*
*हुई गौहर फ़िशां वो चश्मे पुरनम*
*रिसाला अश्के गुलगूं ने जमाया*
*अलम हर आह ने आगे बढ़ाया*
*वो नाले लशकरे ग़म के निशाँ हैं*
*नक़ीबे खुश बयाँ आहो-फ़शाँ हैं*

आख़िर यह मश्वरा हुआ के ज़िन्दगी बेकार है चलकर लशकरे हैरत पर गिरे और लड़कर ब-एवज़ अपने मक़तूलों के उस फ़ौज को हलाक करो या अपनी जान दो। चुनांचेः ये मश्वरा करके महरुख़ ने नफ़ीरे सहर बजाई तमाम लश्कर मुसल्लहो मुकम्मल होकर अज़्मे रवानगी रखता था के वहाँ क़ेरान ने इस ख़्याल से के ग़ार में बहार वग़ैरह घुटकर मर न जांए, पत्थर सरका कर उनको निकाला और होशियार किया। अज़बसके सहर अपना शाहे जादूवान दफ़ा कर चुका था, ये जो होशियार हुए बातें हवास की करने लगे। क़ेरान ने सब हाल उनसे कहा। वह सब नेहायत एहसान मन्द हुए और मिन्नत गुज़ारी कीः ऐ क़ेरान! ब-हुक्मे ख़ुदा तुमने हमारी आबरू और जान बचाई। फिर तख़्ते सहर पर सवार होकर सब उस वक़्त दाख़िले लश्कर हुए के महरुख़ सवार होकर लड़ने आया चाहती थी। उनके आने से बाग़-बाग़ हुई और हर एक से गले मिली। सब सरदार, बहार वग़ैरह बग़लगीर हुए। नक़्क़ारःए शादमानी पर चोप पड़ी। ग़ुलग़ुलःए कामरानी-ओ- सीते- शादमानी ता-ब-फ़लक पहुंचा। लश्कर ने कमर खोली। सब सरदार बारगाह में आए। अय्यारों को ख़िलअत मिला और ख़ज़ाना खुल गया। ज़रो-गौहर बहार पर निसार होने लगा। जश्न आग़ाज़ हुआ। ये सब ख़बर हरकारे दरयाफ़्त करके ख़िदमते हैरत में आए और बाद दुआ-ओ-सना के अर्ज़ रसा हुएः ऐ मलेकाए-तिलिस्मात इस तरह क़ेरान ने मसनूई बर्क़ वग़ैरह बादशाह पास भेजे थे। चुनांचेः महरुख़ ख़बरे क़त्ल सुनकर लड़ने आपसे आया चाहती थी के वो सब मुजरिम जिनको शाह ने क़त्ल फ़रमाया है आकर मौजूद हुए, अब वहाँ जश्न

हो रहा है। हैरत यह ख़बर सुनकर रन्जीदा हुई और सारा माजरा क़लम्बन्द करके एक पुतले को सहर के दिया के बादशाह के पास ले जाए।

पुतला नामा लेकर रवाना हुआ लेकिन अफ़रासियाब जो बहारे मसनूई को लेकर ज़ुलमात में आया वहाँ एक क़सरे शाहाना आरास्ता था। सहने ऐवान में गुलशने जवाहेरीं लगा था। ब-ज़ोरे मेहर फला-फूला था, कोई बहार ऐसी न थी जो वहाँ न हो, कोई कैफ़ियत इस तरह की न थी जो उस जगह पर न हो। हवाए बहारी ने शगूफ़े खिलाए थे। गुल हंसते मुस्कराते थे। बारादरी में फ़र्शे-मसनद आरास्ता, शीशःए आलात सजा, छपरखट मुरस्सा पायों का बिछा, और कूचा बसाने बर्क़ पड़ा तड़पता, सामने मसनद के, चंगीरें, इत्रदान, लख़लखे, जुमला सामाने राहत मुहय्या था, अजब तरह का समां था के ब-मूजिबे अबयातः

*बहारे मौसमे गुल की थी आमद*
*चमन में बुलबुलें थीं शाद अज़हद*
*ज़मुर्रुद रंग पत्ते हर शजर में*
*बहारे ताज़ा थी गुल में समर में*
*लताफ़त से भरा था सहने ख़ाना*
*खिंचा था शहनशीं पर शामियाना*
*बिछा इक समत दस्तरख़ान देखा*
*वहाँ हर क़िस्म के मेवे मुहय्या*
*मए गुल-गूं से हरशीशा भरा था*
*धरे थे कुर्बे शीशा जामे बल्लूर*
*वो घर था नेमते दुनिया से मामूर*

घसियारा पहले तो तमव्वजे हवा से बेहोश हो गया, शाह ने अब लाकर मसनद पर जो बिठाया, उसको होश आया। अपने तईं सरे मसनद बसद इज़्ज़त जलवागर देखा, शाह को अपने बराबर देखा चाहता था के हाल अपना कहे मगर ख़्याल ये आया के बादशाह तुझको जब घसियारा सुनेगा ये ख़ातिर और इज़्ज़त से जो उसने लाकर बिठाया है फिर ये ख़ातिर न करेगा बल्के अजब नहीं जो शर्माए। मैंने घसियारे से ऐसा दारो-मदार किया, जाकर सबसे बयान करेगा बस अन्देशःओ निदामत में के ये तुझको मार डालेगा लेहाज़ा चुप हो। वो ये समझकर चुप बैठा, बादशाह की तरफ़ से गर्दन झुकाई। शर्मा कर बसाने माशूक़ा आंख चुरा ली के देखूं क्या करता है।

बादशाह ने मिन्नत करना शुरू कीः ऐ मायःए-ख़ूबीयो- आराम, जाने- आशिक़, बाइसे बहबूदी, ज़रा तू मुझसे कलाम कर, दिले बेक़रार को तसल्ली दे, मेरी गोद में आराम कर। बनज़रे मुहब्बत से मेरी तरफ़ देख ले, बोसाए लबे नाज़ुक दे, मुद्दत से मैं तुझपर फ़रेफ़ता हूंः

*कितनी तुम भी ठण्डी आदमी हो*
*भला राहत हो क्यों तुमसे किसी को*
*कहाँ की रहने वाली हो मिरी जाँ*
*के मुझ सा पास बैठा है पुरअरमाँ*
*मगर रग़बत किसी जानिब नहीं है*
*तरफ़ जानू के हर लहज़ा जबीं है*
*ख़ुदा रा कुछ तो बोलो आँख उठाओ*
*उठो मस्नद से मेरे पास आओ*
*हुई कब से मिरी जाँ पाक दामन*
*करो शर्मो-हया का चाक दामन*
*ग़नीमत जान लुत्फ़े ज़िन्दगी को*
*न रोक इस वक़्त प्यारे अपने जी को*
*लबे गुलगूं का इक बोसा हमें दे*
*के देखें हौसले कैसे हैं तेरे*

घसियारे ने जो ये इनायतो-मेहरबानी देखी, ख़ौफ़े क़त्ल जाता रहा, ढीठ होकर आया। बादशाह ने एक बोसा लबे-लालीं का उसके ले लिया। उसने भी मुच्छी बादशाह की ली। बादशाह समझा के ये तुझपर तो पहले ही से फ़रेफ़ता थी, कुंवारी है, ज़फ़ाफ़ से डरती थी लेकिन अब मस्त हुई, फ़ौरन पिस्तान पर हाथ डाला।

पिस्तान अय्यारों के पास गोशत और नर्म चमड़े की मिस्ले समावर वग़ैरह के बनी रहती हैं, वही लगा दिया करते हैं। शाहे जादूवान ने ऐसी नर्म और करारी, गोल, सुडौल छातियां पाईं के दिल बेचैन हो गया। फ़ौरन शलूवार बन्द पर हाथ डाला। घसियारे को भी इस्तादगी हुई। यह भी लिपट गया। शाह ने कुछ मस्ती में ख़्याल न किया और उसको बरह्ना किया, फिर तो ब-मूजिबेः

*गर उरूसी कुनम बसद शादी*
*शबे अव्वल अरूसे नर गरदद्*

अजब तमाशा बादशाह ने देखा के आंखें खुल गईं। सारी मस्ती जाती रही। घबरा गया और एक लात मारी के घसियारा ठलक कर अलग गिरा। वो ब-मुशूकिल तमाम ब-मूजिबे मसल, ''कोह कन्दन व काह बर आवरदन'' इस ऐश को पहुंचा था और बादशाह ने दिलेर भी कर दिया था। बादशाह को और मरज़ का आदमी जानता था। एक लात से कब बाज़ आता। गिरकर संभला और दौड़कर शाह से लिपटाः जानी मैं तुझे कब छोड़ता हूँ।

ये कह कर शाह को गिराया और दाब कर बैठा। बादशाह हैरान अज़्कार, कभी काहे को इस सानहे में फंसा था। पहले तो सन्नाटे में चुप पड़ा रहा, जब ब-मूजिबे बैतः

*वो अश्या नाफ़ चस्पीदा झुकाकर*
*के जिसकी चोट पड़ती थी जिगर पर*

मसरूफ़े ख़िद्मत होना चाहा के ब-मूजिबे मसल के:

*रहे शीर से चाक़ पुआ गिरा*

बादशाह ने घबरा कर एक तमांचा सहर का मारा के वह बेहोश हो गया। गाह ब-ग़ज़ब उठा और सूतूने मकान से उसको बांधकर दफ़ए सहर पढ़ा के वो होश में हुआ। उससे कहा: सच बता के तू कौन है?

घसियारे ने कहा: हूं कौन? जब तुम्हारा काम न होता जब ही ख़फ़ा होते और मुझे तो ऐसा कुछ अरसा बरहना हुए पर न गुज़रा था जो आप ख़फ़ा हुए आप जिस लिए मुझको यहाँ लाए? फिर वो तो मैं करता हूं, फिर आप क्यों नाराज़ हैं।

शाह गुस्सा और मलाल अज़हद रखता था, तलवार खींचकर चला और कहा: जल्द बता के तू कौन है।

घसियारे ने कहा: तलवार खाना अच्छा और ये बेचैनी गवारा नहीं, जान पर मेरे बनी है। मुद्दत से औरत की सूरत देखने में नही आई। रगें फटी जाती हैं। वास्ता सामरी का, मतलब कराले।

ग़रज़ कलेमाते फ़हश कहाँ तक बयान करूं। वो अपनी कहता, ये इताब करता, इस बहस में बादशाह ने एक हाथ तलवार का मारा के सर उसका जुदा हो गया।

बादशाह, लाश उसकी फेंक कर ब-ग़ज़ब जानिबे बाग़े सेब चला। दिलसे कहता था: ख़ूब हुआ जो जुलमात में इस बेहुदा को मैं ले आया था। अगर बाग़े सेब में रहता तो सब सरदार इस तफ़ज़ीह से आगाह होते और सारे तिलिस्म में बदनामी होती।

ग़रज़के बाग़े सेब में आकर औरंगे सलूतनत पर बैठा था के पन्जे ने लाकर नामःए-हैरत पहुंचाया। उसको पढ़कर हाले अय्यारिए-क़ेरान मालूम किया के उसने अपने सरदारो-अय्यार रोक लिए और घसियारे बनाकर भेज दिए। ये नामा पढ़ते ही आग गुस्से की मुशतइल हुई के बीरों ने सहर के ये ग़लती की। इन सबको सज़ा देना लाज़िम है।

ये समझकर सहर पढ़ा के बीर वही जो मुजरिमों को लाए थे हाज़िर हुए। बादशाह ने हुक्म दिया: तुम सब जलजाओ।

यह कहना था के दहने बादशह से एक शोला: निकलकर उनपर गिरा के वो सब जल गए।

फिर ब-राहे इम्तेहान के देखूँ बहार ज़िन्दा है या नहीं उठकर एक बाग़, मुतूतसिल बाग़े सेब है वहाँ गया। उस बाग़ में जितने साहिर साकिने तिलिस्म हैं उनकी

निशाने-मौत के दरख़्त लगे हैं, जब कोई मरता है उसके नाम का दरख़्त सूख जाता है। उसने नामे बहार का दरख़्त देखा, वो दरख़्त सरसब्ज़ पाया, जाना के बहार को कुछ ज़रर नहीं पहुंचा और किताबे सामरी जिस तरह नज़्र देकर मंगाया करता था तलब करके देखी- नीयत ये के मैं जानिबे लश्करे महरुख़ बहरे गिरफ़्तारिए मलेका बहार जाऊं या किसी साहिर को भेजूं मेरे लिए क्या अच्छा है।

किताब में निकला के आजकल तुझपर कुराने-सोब है त-अम्मुल करना रवा है वरना फिर ज़िल्लत होगी नदामत पर नदामत होगी।"

ये मालूम करके किताब बंद की और भेज दी लेकिन दिलमें कुछ ख़्याले महबूबा-बहार कुछ अपनी नदामत, घसियारे की शोख़ी का गुस्सा, इस बजह से ताब बाक़ी न थी। खुद तो जाने से बाज़ रहा मगर सहर पढ़कर दसतक दी। बाद लम्हा एक साहिर पैदा हुआ के अशदहे पर सवार भी था और मुंह भी उसका अशदहे का था। नेहायत दर्जा बद हैबत, और मुहीब सूरत रखता बदले- कर्धनी के माराने सियाह कमर से बांधे कानों में बजाए कुण्डल के सांप बालिश्त बराबर के लटकाए, सर से काले कौड़ियाले जटाधारी सांप लपेटे, ख़ुदा की पनाह।

उस मूज़ी बे-हया ने सामने शाह के आकर सलाम किया। बादशाह ने हंसकर फ़रमायाः ऐ अशदर दहाने अज़्दर ख़ोर जादू मिज़ाज अच्छा है?

उसने बे-जवाबे मिज़ाज पुर्सी शाह को दुआए तरक़्क़ी-ए-उम्रों दौलत दी।

बादशाह ने हुक्म दिया के तुम्हें मा-बदौलत ने इस लिए याद किया है के अपने लश्कर समेत जानिबे लश्करे हैरत जाओ और नमक हरामों से लड़ो। सब हरीफ़ों को तो मार डालना लेकिन मलेका बहार को ज़िंदा गिरफ़्तार करके मेरे पास लाना, और तुम ये ख़्याल रखना के अय्यार वहां बड़े मक्कार और ग़द्दार हैं और इस तरह मक्र से हलाक करते हैं। तुम उनके फ़रेब में न आना।

सारा हाल उनकी अय्यारियों का बयान करके ताकीद बराए हिफ़ाज़त फ़रमाई। फिर ख़िलअते रुख़सत दिया।

वो साहिर ख़िलअत पाकर ज़मीन में समा गया और क़िलःए अशदरया पर जो के उसका दारुलहुकूमत है आया। वहाँ सब साहिरे अशदर चेहरा रहते हैं। फ़ौज भी इसी सूरत के भरती है। उसने बारह हज़ार साहिर अज़ार चीदःओ मुनतख़ब तय्यार कराकर अपने साथ लिए और अज़्मे रवानगी जानिबे लशकरे मलेकःए हैरत किया।

हाल उसके जाने का फिर बयान किया जाएगा।

अब अव्वल हाल पहलवान जादू का जो जानिबे लशकरे लक़ा जा चुका है। बयान किया जाता हैः

*कुनूं बाज़ गोयम यकी दास्ताँ*
*के शादाँ शवद जाँ दिले दोस्ताँ*

पहलवानाने मारेकःए तक़रीरो-ज़ोर आवराने अरसःए- तहरीर, ज़ोरे क़लम इस तरह दिखाते हैं के- पहलवान साहिर मए लशकर बादे क़त-ए मनाज़िलो-तए-ए-मराहिले तिलिस्म से निकल कर क़रीबे क़िलःए कोहे अक़ीक़ पहुंचा।

लक़ा बारगाह में बैठा था के अब्र घिर आया। बर्क़ चमकी। अलामते आमदे साहिरान मालूम करके बख़्तयारक वग़ैरह, हसबे दस्तूर पेशवाई को गए। लशकर उसका उतरवाया। साहिरे मज़कूर मए शार्गिदाने रशीद सामने ख़ुदावन्द के आया। सज्दा किया, नज़्र दी, ख़िलअते सरफ़राज़ी पाया। दंगल पर जानिबे दस्ते रास्त बैठा। हाल तमाम लशकरे इस्लाम का पूछा।

बख़तयारक ने कुल कैफ़ियत रो-रो कर बयान की। उसने कहाः मालिक जी! तुम घबराओ नहीं मैं इलावा सहर के कुशती में सबको मए हमूज़ा बांध लूंगा।

ये सुनते ही शैतान ज़्यादा रोने लगा और कहाः हमने तुमको अभी से मुर्दा समझ लिया। अरे बेवक़ूफ़! हमज़ा को जब देवे इफ़रीत व दीगर देवाने काफ़ न बाँध सके तो तेरी क्या लियाक़त! ख़बरदार! बग़ैर सेहर किए कुशती ज़ोर की न करना, वरना अदना मुलाज़िमे हमूज़ा तेरे लिए काफ़ी है।

उसने जब ये सुना, हंसकर कहाः मलिकजी- आप ही हाल खुल जाएगा।

ये दोनों तो बाहम गुफ़्तगू करते थे और नाहीदे फ़ौलाद बदन को ही जिसकी ताक़त पहले ज़िक्र की गई है के कई सौ मन की ज़ंजीर से कमर बांधता है हाले कुव्वते शौकते अमीर सुनकर दिल में तारीफ़ कर रहा था के शुजाअते ज़ोरो- कुव्वत के ये मानी हैं के दुश्मन लोहा माने और मिदूहत सराई करे।

ग़रज़ के यहाँ आने से साहिरों के रौनक़ ज़्यादा हुई। नाच हुआ। क्या शग़ले मैख़्वारी रहा। एक दिन तो पहलवान कसले राह से आसूदा हुआ, जब दूसरे दिन वो ज़माना आया के रुसतमे शब ने देवे सफ़ैदे-रोज़ को पछाड़ा और जंगी लन्धौर शब ने अखाड़े में दहर के मये शार्गिदाने अन्जुम फ़लक, क़दम उतारा। यानी रात हो गई।

तो इस तरह बहार अफ़रासियाब से महफ़ूज़ रही।

हाज़रीन यहां तमाम होती है दास्तान अफ़रासियाब का बहार पे आशिक़ होना, हासिल करने की कोशिश करना और शिकस्त खाना अय्यारों से।

# दास्तान मुसव्विर जादू और बहार की

बादशाहे जादूगरान अफ़रासियाब एक रोज़ तिलिस्मे बातिन में बाग़े सेब में रात का दरबार करता था के हरकारों ने आकर ख़बर दी के अमर और महरुख़ वग़ैरा के लश्कर ने मलेका हैरत को शिकस्त की और बहुत से सरदार क़ैद हो गए। बादशाह, कमाही हक़ीक़ते हाल पर आगाही पाकर ग़रीक़े बहरे ग़म हुआ और वो हंगामःए इश्रत मुबद्दल ब मातम हुआ। कफ़े अफ़सोस मलकर पुकारा के हाय ग़ज़ब कैसा अन्धेर इन अय्यारों ने बरपा कर रखा है! अब किसको भेजूँ और क्या करूँ। ये कलेमाते तअस्सुफ़ सुनकर बाग़बान क़ुदरत ने अर्ज़ किया के हुज़ूर कुछ रंज न फ़रमाएं, ग़ुलाम जाँबाज़ी को हाज़िर है। शाहे जादुवाँ ने कहाः अगर इसी तरह दुशमनों से लड़ाई का सामान रहा तो मुझको ख़ुद लड़ने जाना होगा, पस तुम लोग रुकने-सलतनत हो, मेरे साथ चलकर लड़ना, तुमको इसी दिन के लिए रखा है, मगर ए बाग़बान, मैं यह हैरान हूँ के मुसव्विर मुरशिदज़ादे ने हमेशा चिल्लाकशी में गुज़रानी तसवीरें खींचा किए, कुछ उनसे आज तक मतलब-बरारी न हुई। मैंने तो इस लिए उनको बुलाया था के काम दुशमनों का तमाम कर देंगे, मगर जब वो लड़ते हैं ज़िल्लत उन्हें होती है, मैं अब इस जंग को उन्हीं के मुहव्वल करता हूँ और ख़ुद फ़िक्रे क़तले तिलिस्म कुशा करता हूँ, अगर अब भी कुछ उनसे न हो सका तो उनको रुख़सत कर दूँगा, क्योंकेः

*इम्तेयाज़े ख़ूबो-ज़िश्त अपने ज़माने में नहीं*
*एक सा है आहुए मस्तो सगे दीवाना आज*

बाग़बान ये तक़रीर बादशाह की सुनकर ख़ामोश हो रहा और शाह ने एक नामा इस मज़मून का लिखा के-

"ऐ ख़ातूने मन- तुम मुरशिदज़ादे से मेरी जानिब से कहना के आपका चिल्ला कब पूरा होगा और मुक़ाबला किस ज़माने में कीजिएगा, फ़िलजुमला, जब तक मैं तय्यारी-ए-क़तले असद करूं हुज़ूर हरीफ़ से जंग करके इसतीसाले दुशमनान कर दें। अब ये जंग आप ही के सपुर्द है, मैं और भी साहिर हमराहे रिकाबे जनाब होने को भेजूंगा।

ये नामा पुतला सेहर का लेकर हैरत के पास आया। उसने जब बारगाह में, मुसव्विर आया उसको दिखाया। वो नामा पढ़कर लाफ़ोगज़ाफ़ करने लगा के शाह मुझको ताना आमेज़ नामा लिखते हैं। वाक़ई मुझसे चिल्लाकशी में देर हुई के मैं लड़ा नहीं। लिखना उनका बजा है लेकिन एक सेहर मैंने तय्यार किया है के सब अय्यारों को फलों की तरह दरख़्तों में लटका दूंगा।

ये तो बैठा फ़ख़्र करता था और अय्यारों का हाल ये था के अज़लम को मारके जो बारगाह में अपनी गए, बाद ख़ैरो-ख़बर कहने के बाहम मशवरा किया के बारगाहे हैरत में चलकर देखें अब क्या सामान है और कौन हमसे लड़ने आता है? ग़रज़के रवाना हुए। इनमें से बर्क़ ख़िदमतगार की सूरत बनकर बारगाह में आया और सर पर मुसव्विर के रूमाल झलने लगा। इस असना में नामा आया जब इसने नामा पढ़ लिया, उसने भी, पुश्त पर तो खड़ा ही था, सब मज़मून दरयाफ़्त कर लिया और जब मुसव्विर ने लाफ़ज़नी की उसने कहाः अबे क्या झक मारता है? जो ख़ुदाए तआला चाहेगा वो होगा! तू अय्यारों को दरख़्त में कब लटका सकेगा?

ये कलाम मुसव्विर ने जो सुना, चाहा के फिर कर देखे।

बर्क़ उसका इशारा देखकर जस्त करके ये कहता हुआ सराएचा फाँद गया के "दीवाने हुए हो हम कब हाथ आते हैं" ये कहकर भागता हुआ अपने लशकर में आया और महरुख़ से नामा आने का हाल और तक़रीरे मुसव्विर सब बयान की।

बहार ने कहाः ऐ बर्क़! इतने साहिरों को तुमने मारा, इस भड़वे को मैं सज़ा दूंगी, हर चन्द के ये क़त्ल तो न होगा लेकिन दीवाना न बनाया तो नाम अपना बहार न रखा।

महरुख़ ने कहाः बहन, हम तुम मिलकर इसको सज़ा दें। एक दिन तुम दीवाना बनाओ, एक दिन मैं सिड़ी करूँ।

बहार ने कहाः अच्छा मैं सेहर तय्यार करने जाती हूँ क्योंके वो मुआ नबीरए सामरी है। मुक़ाबला उसका सख़्त है। अभी से फ़िक्र कर रखूँ।

यह कहकर दरबार से उठ गई और महरुख़ भी फ़िक्रे तय्यारिए सेहर करने लगी।

लेकिन वहाँ जब बर्क़ जवाबे सख़्त देकर भागा, मुसव्विर ने पूछा के ये कौन बेअदब था। जो इस तरह के कलाम कर गया?

हैरत ने कहाः सवाए अय्यारों के और कौन होगा, बर्क़ अय्यार था जो आपको जवाब दे गया। क्या कहूँ ये पीछा ही नहीं छोड़ते। हमज़ाद की तरह हर वक़्त साथ रहते हैं।

मुसव्विर ने कहाः अब मैं सबको ग़ारत किए देता हूँ, आप मेरे नाम पर तबलए जंग बजवाइए, मैं भी सेहर तय्यार करने जाता हूँ। ये कहकर उठ गया।

मुझको शाहे जादूवाँ ने नामे में तंज़ की इबारत लिखी थी, इस वजह से चाहता हूँ के यक्कओ तनहा बारगाहे हरीफ़ में जाकर सबको पहले समझाऊँ, अगर न मानें तो गिरफ़्तार कर लाऊँ।

हैरत ने कहाः दरहक़ीक़त आप ऐसे ही हैं। नबीरए सामरी के आगे चन्द साहिरों का पकड़ लेना क्या बात है। लेकिन तनहा आपकी बला जाए। मुलाज़िम मौजूद हों तो क्यों आप अकेले जाएं।

उसने जवाब दिया के ऐ मलेका नाम मेरा इसी बात में है। अब मुझे न रोकिए। ये कहकर पुकार कर कहाः जो अय्यार के यहाँ बशकले मुबदल लशकरे हरीफ़ के हों वो जाकर ख़बर कर दें के ख़ुदावन्द ज़ादे अकेले तुम्हारे क़त्ल को आते हैं। ये कह कर चला, हैरत भी चुप हो रही के आज इसका कमाल देखूँ और अय्यार जो यहाँ हाज़िर थे वो भी चले और यहाँ आकर मलेका महरुख़ से हाल उसके आने का बयान क्रिया। उसने बहार से कहला भेजा के जिसके लिए तुम सेहर तय्यार कर रही हो वो अकेला आता है।

बहार अपने ख़ेमे में अगियार करके सेहर पढ़ती थी और एक पुतली माश के आटे की बनाकर ज़ाफ़रानी लिबास पहनाकर चंगेर फूलों के गहने का उसके हाथ में दिया था और गहना फूलों का उसे भी पहनाया था फिर उसको भेंट देकर वादा, वक़्त पर बुलाने का लेकर आग में जलाया था के ख़-ब-रे आमदे मुसव्विर सुनी। फ़ौरन अन्दर बारगाह के आई और दंगल पर बैठी थी के हरकारों ने बाद दुआओ सना के अर्ज़ किया के मुसव्विर लिबासे रज़्म पहने छड़ी हाथ में लिए क़रीबे बारगाह पहुंच गया है। ये ख़बर सुनते ही बहार ने सेहर पढ़कर दस्तक दी। वहाँ मुसव्विर चला आता था के यकायक आवाज़ झमाके की सुनाई दी।

उसने सर अपना उठाकर देखा तो एक नाज़नीन समन अन्दाम को तख़्ते सेहर पर सवार पाया के रौशनी गिलासों की गिर्द तख़्त के है और वो शोलःए-हुस्न बीच में मसनदे नाज़ पर बैठी है। हक़ीक़त में मसनद-नशीने अन्जुमने-दिलबरीओ रौनक़े माहे मुशतरी है। ये देखकर मुसव्विर ठिठका और वो तख़्त पर आया, उसने देखा के ये ग़ारतगरे ताबो तवां लिबासे ज़ाफ़रानी पहने है जिसके इश्क़ में चेहरःए आशिक़ाँ ज़र्द है, दिल में आशिक़ के दर्द हे। मोतिये का इत्र सारे जिस्म में लगा है, फ़ितना बरपा करने वाला है। नसीमे बहार का दिमाग़ बसाने वाला है। चंगेर फूलों की तूरेपोश पड़ा, दस्ते नाज़ुक में लिए है, ग़ुंचःए ख़ातिरे आशिक़ां शगुफ़्ता किए है। शक्लो शमाएल में वो माहे चहारदः, आसमान, ज़ेबाइयो हमसराऐ ख़ुद है, सरापा चश्मे बद्दूर नूर है। आफ़ताब उसकी जबीने नूरानी देखकर चकराता ही नहीं। उस जबीन पर

सदक़े हुआ चाहता है। मांग उसकी मोतियों से भरी है, या तारों से रात भरी है, कानों में गुहरहाये आबदार आवेज़ाँ, उसपर ज़ुल्फ़े सियह का आ जाना गोया नागिनी अण्डों पर बैठी थी।

*वो ज़ालिम के मिस्सी आलूदा दन्दाँ*
*झलक में मोतियों से थे दो चन्दाँ*
*पड़े होंठों में थे ऐसे दमकते*
*के हों जूँ रात को जुगनू चमकते*
*बने दो बुर्ज सोने के यहाँ हैं*
*के सोने के कलस उनपर अयाँ हैं*
*वही तो हुस्न के चशमे की थी सोत*
*न थी वो नाफ़, थी एक जागती जोत*
*ग़रज़ वो शोख़ उसकी पा के आहट*
*लगी दिखलाने अपनी चुलबुलाहट*

यानी तख़्त से उतर कर ख़रामाँ ख़रामाँ मुसव्विर के पास आई। ये उसको देखकर महवे जमाल हो चुका था, हैरत ज़दह होकर रह गया। उस आइना रू ने आते ही हाथ पकड़ लिया और कहाः क्यों ऐ बेवफ़ा। यूँ भी कोई इस तरह भूल जाता है।

मुसव्विर अपने दिल में हैरान हुआ के ये कौन नाज़ुक बदन, ग़ुन्चा दहन है जो महब्बत ज़ाहिर करती है, लेकिन पूछ न सका के ये ज़्यादा बे मुरव्वत कहेगी और गिला करेगी के ये पहचानते भी नहीं। ये सोचकर उसकी बातों का वैसा ही उसने जवाब दियाः

"ऐ मायःए राहतो आराम-

*ता न हो दिलबर की जानिब से कशिश*
*आशिक़ बेचारा, कह! क्या कर सके?*

अच्छा अब ये शिकायत जाने दो, लम्हा भर तुम यहाँ ठहरो मैं इन नमक हरामों यानी महरुख़ वग़ैरा को पकड़ लाऊँ तो आपको अपने लशकर में ले चलूँ।

वो परीज़ाद ये कलेमा सुनकर हंसी और कहाः ख़ैर मैं ऐसी मस्तानी हूँ जो इनके इन्तेज़ार में यहाँ खड़ी रहूँ जब लड़ाई फ़तह करके आएंगे तो मुझे ले चलेंगे। ऐ साहब ज़रा होश पकड़ो और ज़रा हवास दुरुस्त करो, क्या मैं अपने बस में हूँ जो खड़ी रहूँ। लो ये तुहफ़ा हाज़िर है। देख लो और मुझको रुख़सत करो, ये कहकर वो चंगेर आगे बढ़ाया।

मुसव्विर उसकी लगा मिन्नतें करने।

उसने कहाः साहब तुम मेरे पीछे क्यों पड़ गए। रास्ते का मुक़द्दमा है, देखे मैं बदनाम हो जाऊंगी।ये तुहफ़ा लो और अपने काम पर जाओ। फिर कभी सागरी चाहेंगे तो मुलाक़ात हो जाएगी।

मुसव्विर ने यह कलाम सुनकर सोचा के देखो तो चंगेर में क्या है? और वो कौन ऐसी रश्के चमन है जिसने ब ईन तकल्लुफ़ ऐसे परीज़ाद के हाथ तुहफ़ा भेजा है। ये समझकर उसने चंगेर का तूरा पोश उठाया। देखा- उसमें हार और गजरे फूलों के इत्र से बसे रखे हैं। ये कहकर मुसतफ़सिर हुआ के ये किसने भेजे हैं?

उस गुलज़ार ने कहाः इन फूलों को सूंघो और आंखों से लगाओ, फिर आप ही इसका हाल मालूम हो जाएगा जिसने भेजे होंगे।

मुसव्विर समझा कोई साहिरा उस पर आशिक़ है उसने ये भेजा है और नाज़नीन से हाल छिपाया है। इन फूलों में कुछ सेहर की लाग रखी होगी जब तू उसको सूंघेगा ख़ुद-ब-ख़ुद तेरे क़ल्ब पर नामो निशान उस पर्दानशीन चशमे तसव्वुर का मुनकशिफ़ हो जाएगा। ये समझकर गजरा हाथ में बांध लिया और हार गले में डाले। फूलों को सूंघकर आँखों से लगाया। यही सेहर था बहार का। किसी तरह ये फूल सूंघ ले। बस फिर आप में न रहेगा। अब जो फूल उसने सूंघे, और हार, गजरे पहने उस नाज़नीन ने एक कहक़हा मारा और कहाः नाम इस तुहफ़ा भेजने वाले का मालूम किया, अगर न मालूम किया हो तो फूलों की पत्तियाँ देखो। इस गुले बाग़े रानाई ने वरक़े गुल पर शाख़े नरगिस का क़लम बनाकर तुम्हें नामा लिखा है।

मुसव्विर बेख़ुदो-बेताब हो चुका था। उसके कहने से मजमूअःए औराक़े गुल को परेशाँ करके दर्से तुग़राए सबज़ा ज़ारे महब्बत पढ़ने लगा। पत्तियों पर ये लिखा पाया के मलेका बहार जादू ने ये तुहफ़ा ख़ुश अन्दाम कनीज़ के हाथ मुसव्विर जादू को भेजा है और कनीज़ को भी उनकी ख़िदमत के लिए मुक़र्रर किया है। बस ये पढ़ते ही तालियाँ बजाने लगा।

उस गुंचा दहन पर जो तुहफ़ा लाई थी दस्ते हवस बढ़ाया और हाथ पकड़कर अपनी तरफ़ खींचा। वो दरहक़ीक़त ऐसी नाज़ुक थी के उसके हाथ लगाते ही टूट गई यानी ज़मीन पर गिरकर सर अलग, पांव अलग, हाथ अलग, सब जोड़ कली की तरह बिकस कर फूल की पंखड़ी के मिसाल अलग अलग बिखर गए।

मुसव्विर ने एक नारा मारा के हाय ये क्या ग़ज़ब हुआ। ऐ जान मुझको ये न मालूम था के तू ऐसी नाज़ुक है, ये कहकर उसका सर छाती से उठाकर चाहा गले लगाऊं, मगर वो सर क्या था कासाए हबाब था, उसके छूते ही पानी होकर बह गया और इसी तरह जिस आज़ा को उसने हाथ लगाया वो पानी हुआ। जब वो सूरते रंगीन और नक़शे निगारीन सामने से बुलबुले की तरह लुट गया, बुलबुल नमत ये भी फ़ुग़ानो शेवन करने लगा। कहता थाः मैं तो वही लूंगा, हाय, मैं तो वही लूंगा, इसी तरह बकता हुआ वही लूंगा, वही लूंगा कहता हुआ फिरता था और जब, ज़्यादा तर उस दिलआराम की मुहब्बत याद करके बेक़रार होता तो बेताबाना ये अशआर ज़बान पर लाता केः

*कूचे से यार के न सबा दूर फेंक इसे*
*मुद्दत के बाद आई है ख़ाक अपनी राह पर*
*क़िस्मत की ख़ूबी देखिये इस शाहे हुस्न को*
*धोखा हुआ फ़क़ीर का मुझ दाद ख़ाह पर*

ग़रज़ के इसी तरह तादेर बेताबो आशुफ़्ता हाल फिरा और उस तरफ़ मलेका बहार ने सराएचे बारगाह के उठवा दिए। सरदार उसका हाले परेशानो नज़ार देख कर हंसने लगे। उस तरफ़ चन्द लशकरी जमा हो गए, जब ये कहता हैः मैं वही लूंगा, सब पूछते हैंः अरे मियां- क्या लोगे?

ये कुछ जवाब नहीं देता, सिवाए ये कहने के के 'वही लूंगा'।

आख़िर लशकर के लड़के तालियाँ बजाने लगे।

कोई कहताः लेगा भई लेगा।

कोई बहकाता के भई दिललगी न करो अब बुला दो ये लेगा ज़रूर।

कोई कहताः अच्छा आओ हमारे साथ हम दिला दें।

कोई बोलताः देखो, ये लोगे?

कोई कहताः ये देखो वो आई यही लोगे ना?

कोई हंसता हुआ पास आता और कहता के अरे भई, तुम्हारी बीवी को बुला दें?

ये एक एक को खिसयाना होकर मारने दौड़ता, वो सब मुतफ़र्रिक़ हो जाते। जब ये ठहर जाता और बेक़रारी करता तो फिर सब जमा हो जाते, अज़बसके ये नबीराए सामरी है हर चन्द के मसहूर ब सेहर है, मगर ग़ज़बनाक हुआ और सोचा के मलेका बहार को चलकर पकड़ ला। उसी से तेरे अपने माशूक़ का पता मिलेगा ये सोचकर चाहा के बारगाह में जाऊं लेकिन इन गजरों वग़ैरह का असर ये है के इन्सान आशिक़े बहार होता है। पस उसके दिल का ख़्याले दुशमनी फ़ौरन ब महब्बत मुबद्दल हुआ। सोचा के अगर तुम गए और "बहार" से लड़े, इस लड़ाई में ये गजरे और फूल टूट गए तो निशानी भी उस गुलबदन की बरबाद हुई। इस से बेहतर यह है के गजरे वग़ैरह चलकर अपने लशकर में रख आओ और फिर आकर मुक़ाबला करो। ये समझकर फिरा और कहता चला के मैं तो वही लूंगा। लड़के तालियां देते साथ चलें।

कोई कहताः लूलू है, धता है, जाता है।

कोई कहताः वाह बेचिड़िया के क्या धुन लगाई है, हम तो वही लेंगे।

ग़रज़ के एक शोर बरपा है जैसे उल्लू या दीवाने कुत्ते के पीछे तालियाँ देते हैं। उसके फ़ौजे तिफ़लाँ साथ है और ये कहता जाता है केः

*इक परी रू ने बनाई ये हमारी सूरत*
*सैकड़ों परियों में क्या हाले सुलैमाँ होगा*

*हैं दमे ज़ब-ह जो अन्दाज़ ये जल्लादी के*
*मलकुल मौत को भी मौत का अरमाँ होगा*

अलहासिल अपने लशकर में पहुंचा। वहाँ भी यही हाल हुआ और ग़ुलग़ुला सुनकर हैरत ने पूछा के ये क्या ग़ुल है?

मुलाज़िम दौड़े और ख़बर लेकर गए के मुर्शिदज़ादे ये कहते हैं के मैं तो वही लूंगा और लशकर के लौंडे तालियां बजाते आते हैं।

हैरत ये ख़बर सुनकर मुत-अज्जिब हुई के इसी असना में दरबार में आया और पुकारा के ऐ मलेका हैरत! मैं तो वहीं लूँगा। दरबार में एक क़हक़हा उड़ा के मलेका ने सबको घुड़का और कहाः आइये ऐ मुर्शिद ज़ादे, वही लीजिए।

मुसव्विर ये सुनकर कुर्सी पर बैठा। मलेका ने देखा के हार पहने हैं, गजरा हाथ में बंधा है, समझ गई के ये सेहर में मेरी बहन मलेका बहार के मुबतला है। दिल में बहुत ख़ुश हुई के मेरी बहन ने मुर्शिदज़ादे को दीवाना कर दिया, मगर बज़ाहिर कहाः ऐ साहिबो! मैं इन्हें मना करती थी के अकेले न जाओ। इन्होंने न माना। देखो आख़िर उस शख़्स के सेहर में मसहूर हुए के जो एक ही शोख़ ओ चंचल है। अब इस सेहर का रद्द शाहे जादूवाँ के सिवा और कोई नहीं जानता। जब ये गजरे और हार मुरझा कर इनके पास से दफ़ा हो तो ये होश में आए।

सूरतनिगार ज़ौजा उसकी ये तक़रीर सुनकर रोने लगी और हज़ारों सेहर पढ़ पढ़ कर फूंके मगर वो फूल न मुरझाए और न मुसव्विर का दीवानापन गया। नाचार सूरतनिगार ने एक पुतला ख़िदमते शाहे तिलिस्म में भेजा।

उसने सब हाल जाकर बादशाह से कहा। बादशाह तिलिस्मे रात के दरबार में बाग़े सेब के अन्दर था। ये हाल सुनकर ग़ज़बनाक हुआ और हाथ बढ़ाया, सेब के दरख़्त से एक सेब टूट कर हाथ में आ गया। उसको काट कर आधा आप खाया और आधा सेहर पढ़कर पुत्ले को दिया, और एक नामा भी लिखकर पुतले को हवाले किया। मज़मून नामे का ये था के-

"ऐ हैरत! तुम बीस बरस से हमारी माशूक़ा हो, मगर अफ़्सोस के एक ज़रा से सेहर उस छोकरी बहार का तुमसे नहीं उतर सकता। मालूम हुआ के तुमको इस बात का रश्क है के मैं जो बहार को प्यार करता हूँ, तो तुम मुझसे क़सम ले लो के पिछले दो-चार दिनों में जो मैंने उसका नाम भी लिया हो। ग़रज़ अब निस्फ़ सेब को जो हमने भेजा है खा लेना और सेहर मुसव्विर का उतार देना।

पुतला नामाओ सेब लेकर हैरत के पास आया। उसने जब मज़मून दरयाफ़्त किया, सेब खा लिया और हंसकर कहाः ऐ सूरतनिगार, मैं सेहर उतारती हूँ। अगर तुम्हारे मियाँ के एवज़ और कोई होता तो शाहे जादुवाँ इस सेहर का तोड़ कभी न बतलाते, लेकिन ये मुर्शिदज़ादे हैं, इनपर जान तक निसार है, ये कहकर एक पाँव

से खड़ी हो गई और सेहर पढ़कर बरूए हवा फूंका। मुंह से शोले निकलने लगे। जिस्मे ख़ाकी में दहन ने कुर्ःएनार की सूरत पैदा की। बुख़ाराते गर्म मुंह से ऐसे निकले के दिमाग़े रोज़गार में हरारत हुवैदा हुई। हवाए गर्म के झोंके न थे माद्दाए सरसामे सरे दहर था के सांसें गर्म ज़माना भरता था। मुख़तसर ये के ऐसी हवा गर्म चली के वो गजरे और हार वग़ैरह बहार के ख़ेज़ां रसीदा गुल की तरह मुरझाकर ख़ुशक हो गए।

मुसव्विर बेहोश हो गया, फिर जो होशियार हुआ कहाः मैं किस हाल में हूँ?

सूरतनिगार ने सब कैफ़ियत उसके दीवाने होने की बयान की और उसने ख़ुद भी देखा के मलेका हैरत एक पाँव से खड़ी है और लाट शोले की बन गई है। उसको कमाले शर्म आई।

जब हैरत सेहर उतार चली तो आप भी बसूरते असल होकर बैठी।

और जो मुसव्विर ने अपनी दीवानगी का हाल सुना के ये कैफ़ियत मेरी थी के "मैं तो वही लूंगा" कहता हुआ यहाँ आया था। बहुत गुस्सा आया। बेसाख़ता फ़हगाइश करने पर हैरत के ग़ज़बनाक होकर कहा के ऐ मलेका अगर बारगाहे हरीफ़ में जाकर झोंटे पकड़कर जूतियां मारता, चोटी पकड़कर खींचता हुआ उस गेसू बुरीदा बहार को आपके सामने न लाया तो मुझको मुसव्विर न कहिएगा। ये कहकर और बहुत कुछ बुरा भला बहार को कहा किया।

हैरत अज़ बसके बहन बहार की है। उसको ये लाफ़ज़नी नेहायत बुरी लगी और समझी के ये अभी अपनी सज़ा को नहीं पहुंचा, मैंने नाहक़ सेहर उतारा। ख़ैर अब जो ये जाता है माने होना न चाहिए। बहन मेरी कुछ हलवा नहीं जो खा लेगा और अबकी जो ये दीवाना हुआ तो सेहर भी उतारना मुनासिब नहीं। ये समझकर बज़ाहिर ताईद उसके कलाम की करने लगी के वाक़ई आप ऐसे ही हैं, अच्छा जाइए और चोटी पकड़कर लाइए।

मुसव्विर उठकर चला था के उसकी ज़ौजा ने कहाः अब रात ज़्यादा हो गई है, अगर आप बिस्तरे ख़ाब से बहार को पकड़ लाए, सब यही कहेंगे के रात को चोरों की तरह से हुज़ूर पकड़ लाए, और इस वक़्त बारगाह में महरुख़ और सरदार वग़ैरह कोई न होगा। सरेदरबार आपने इरादाए गिरफ़्तारी फ़रमाया है वो इस वक़्त मुम्किन नहीं।

ये तक़रीर ज़ौजा की सुनकर ये रुका और अपनी बारगाह में बहरे आराम मअ अपनी ज़ौजा के गया।

हैरत भी ख़ाबगाह में गई।

जब मुसव्विरे क़ुदरत ने रंगे सुफ़ैदाए सुब्हो सुर्ख़ीए-शफ़क़े सहर तसवीरे दहर में भरा और वरक़े सिपिहर पर शबीहे मेहर को खींचा। यानी सुबह हुई तो

मुसव्विर तय्यार होकर, इत्र-वित्र लगाकर, छड़ी हाथ में लिए, टिंच होकर गिरफ़्तारिए बहार को निकला। इधर हरकारों ने जाकर मलेका महरुख़ को दरबार में ख़बर दी।

मुसव्विरे ख़ुदसर ने ऐसा कुछ लाफ़ो-गज़ाफ़ किया है और बहरे गिरफ़्तारीए बहार आता है। यह कहकर किनारे हुए और मलेका ने बहार की तरफ़ देखा, उस बहारे बाग़े हुस्न ने मुस्कुराकर गुलफ़ेशानी फ़रमाई के अब की भड़वे को वो बाग़े सब्ज़ दिखाऊं के याद करे और वो आसेब पहुंचाऊ के यही नज़र न आए। ये कहकर वो रंग अफ़ज़ाए गुलशने निशात उठी। कनीज़ाने यासमन बदन उसके हमराह चलीं, और बाहर बारगाह के पहुंचकर एक मैदाने साफ़ो पाकीज़ा में ठहरी। चार गुलदस्ते झोली से निकाल कर मशरिक़, मग़रिब, जुनूब, शुमाल हर सम्त एक एक फेंक दिया। यकायक हर सम्त से स्याही पैदा हुई। ऐसा के तमाम लशकरे इस्लामियात की निगाह में अंधेरा छा गया। कुछ मालूम न होता था। बाद एक लम्हे के जहाने तीरह मुनव्वरो-रौशन हुआ। सबने देखा के मैमार-ओ सेहरो नैरंग ने चार दीवार नुक़रई ओ तलाई दम भर में तामीर फ़रमाई। एक ईंट सोने की और एक चांदी की लगाई है, बहिशते बरीं की बनाई है। दरवाज़ा उस अहाते में ज़बरजद का लगा है। अन्दर इस हिसार के बाग़े सेहर लगा था। शाख़हाए गुल पर नैरंगे ताएरे बहार ने आशियाना बनाया था।

भीनी भीनी ख़ुशबू फैली थी। गुलों का हवा से जुम्बिश करना ये मालूम होता था के दौराए साग़रे बादाए गुलगूं है या गर्दिशे चश्मे मैगूं है।

रविश पटरी पर रविश उमदा, जो अब्र कटा हुआ पड़ा। नहरें मौजज़न, हज़ारे के फ़व्वारे सावन-भादो नाम किनारे किनारे नहरों के चढ़े ज्वाहरे बहारी को शर्माते।

बीच में उस गुलशन निगारीन के चबूतराए ज्वाहर का मुरब्बा बना था। नमगीरा या सिल्के गौहर इस्तादा था। सामने बारही दरीए बे अदीलो लाजवाब जवाहर जड़ी तामीर थी। सुडोल सांचे में नूर के ढली बेनज़ीर थी। पर्दे ज़म्बूरी पड़े थे। अन्दर बारह दरी के छपरखट मुरस्सा पायों का लगा, शीशाए आलात सजा, फ़र्शे क़ाक़मो संजाब बिछा, मसनदहाए मुकल्लफ़ पर तक़िये ज़रदोज़ी काम के धरे, बुक़्क़ःए नूर के आलम दिखाते, बग़लगीर चौघड़े नई गढ़त के गढ़े, इत्रदान रखे। वो राहत का सामान जुमला मुहय्या।

वो राहते जाने बहार यानी मलेका बहार तरहदार उस चबूतरे पर बाग़ के कुर्सीए जवाहर निगार पर बैठी उस वक़्त हुस्नो अदा पर उस ग़ारतगरे जाने उश्शाक़ की बहारे गुलशने नैरंग भी हज़ार जान से फ़िदा थी।

*भीड़ में पड़ जाए ना आँख उस रुख़े पुरनूर पर*
*चढ़के बैठे हैं कलीमुल्लाह कोहे तूर पर*

इस ख़ूबियो अदा से वो मायाए नाज़ ठहरी, पोशाके अरग़वानी ज़ेबे क़ामत किए लालाओ गुल को आग में जलाती ज़ेवरे जवाहरीं से जिस्मे नाज़नीन मुज़य्यन था, अजीब जोबन थाः

*सुब्हे महशर के यही सर पे बला लाएगी*
*कुछ क़यामत है ग़रज़ उसकी बयाज़े गर्दन*
*क्या करूँ उस बुते काफ़िर के कचों की तारीफ़*
*हाए वो उनका उभार और उमडता जोबन*
*नीम बिशगुफ़्ता कँवल चशमःए ख़ूबी के दो*
*गोल गोल उभरे हुए जैसे हबाबों की फबन*
*वार पार आन के बैठे है ये चकवा चकवी*
*है ये मोती की लड़ी बीच में दरयाए जमन*

ग़रज़ के वो माह सिपिहिरे सेहरो नैरंग, गुलाब की छड़ी जवाहर के सितारे जड़े हाथ में लेकर कुर्सी पर जलवागर हुई और मुसव्विर जो रवाना हुआ था सीधा बारगाहे महरुख़ में आया।

वस्त में खड़े होकर ललकारा के कहाँ है वो मुर्दार यानी बहार।

किसी ने कुछ जवाब न दिया। मगर महरुख़ ने कहाः ऐ मुर्शिदज़ादे आप तशरीफ़ लाइये। मलेका बहार तो अपने बाग़ में गई हैं।

उसने कहाः मैं उस गेसू बुरीदा को पकड़ने आया हूँ, बाग़ उसका कहाँ है। मुझे बता दो और तुम सब भी आकर उसकी हेमायत करो। देखो किस तरह उसको खींचता हुआ ले जाता हूं।

महरुख़ ये सुनकर बोलीः आप ऐसे ही हैं। अच्छा चलिये हम भी आते हैं। उनका बाग़ बीच लशकर में सरे राह है। कुछ छिपा नहीं चले जाइए।

मुसव्विर ब ग़ज़बे तमाम वहां से फिरा, और उड़कर चला। बीच लशकर में पहुंचकर जो हर सम्त जोया हुआ वो बाग़े बहिश्त आईन जिसका बयान अभी किया गया है नज़र आया। बेसाख़ता उस गुलशन में चला। जब अन्दर पहुंचा हवाए सेहर जिस्म में लगी। बहारे बाग़े नैरंग देखने लगा। बमूजिब बैतः

*इस बाग़ की और ही हवा है*

हवा लगते ही मिज़ाज बदल गया। सर में उस बहार ने सौदे का ख़लल किया।

बहार इसी वास्ते पहले से बाग़े सेहर लगाकर बैठी थी के ये साहिर ज़बरदस्त। अगर मुक़ाबले में आ जाएगा फिर सेहर पूरा न करने देगा। और सेहर काम़िल हो जाएगा। तो फिर वो रद्द न कर सकेगा। पस अब जो ये आया मसहूर ब सेहर हुआ और सैर करता हुआ जब और आगे बढ़ा सामने उस नौबहारे अफ़्सूं को देखा। उसके हुस्न की बहार देखकर झूमने लगा। और उसी हालते वज्द में ये पढ़ने लगा।

*तुझी में रहता है धयान मेरा*
*न चैन दिन में, न नींद रतियाँ*
*तेरा ही लेता हूँ नाम हर दम*
*जपें हैं सुमिरन में जैसे पतियाँ*
*कहीं से आ मिल तो मुझ से प्यारे*
*जो मेरे दिल को टुक आये चैना*
*तुम्हारी आसा लगी है निस दिन*
*तुम्हारे दर्शन को तरसें नैना*
*दुलारे सुंदर अनूठे उभरन*
*हठीले मोहन अनोखे लाला*

मलेका बहार ने उसको महवे हैरत देखकर कुछ सेहर पढ़ा के बारहदरी से एक परीज़ाद, रशके शमशाद सन्दूक़चा हाथ में लिए पैदा हुई और सामने मलेका के वो सन्दूक़चा पेश किया। उस गंजीनाए हुस्न ने उसको खोला और उसमें से एक पुतली नारंजी रंग की निकली और निकलते ही बढ़कर एक माशूक़े शोख़ों शंग, ग़ारते जाने नामो नंग बन गई।

मलेका ने चंगेर फूलों का उठाकर दिया के मुर्शिदज़ादे तशरीफ़ लाए हैं उनके पास ले जाओ और यहां बुला लाओ।

वो ग़ैरते गुलज़ार चंगेर लेकर चली। उधर ये शेरे आशिक़ाना पढ़ रहा था मगर सन्दूक़चा खोलकर पुतली निकलते उसने जो देखा समझा के बहार तुझको दुशमन जानकर सेहर तुझपर करती है। पस ये समझकर गोला फ़ौलादी उसने भी निकाला और उछाल कर रोका, और चाहा के लगाऊं यकायक पहलू से आवाज़ आई के मेरी तरफ़ देखो क्या करते हैं। उसने हाथ रोका और पीछे फिर कर जो देखा उस पुतली को जो सरासर नूर थी बल्के हूर में क़ुसूर होगा ये बेक़ुसूर थी, आते देखा, या तो आमादाए हर्ब हुआ था, उसकी निगाहे सेहर आगीं ने तसख़ीर कर लिया, पुकाराः

*इक ख़ल्क़ मुनतज़िर है तेरी जलवागाह में*
*तारे निगाह सर्फ़ हुए तेरी राह में*

मुसव्विर को ताब बाक़ी न रही। ब निगाहे हसरत देखने लगा। ख़ौफ़े मलेका से कुछ कह न सका।

बहार ने कहाः आप नबीराए जमशेदो सामरी हैं। अगर इसको पसन्द किया है तो ये हाज़िर है, कहिये आपका क्या ख़्याल है?

मुसव्विर ने कहाः मैं उसका आशिक़ हूं।

बहार ने कहाः मैं आपकी बीबी मलेका सूरत निगार से बहुत डरती हूं।

उसने कहाः मैं उस मालज़ादी को ख़ूब जूतियाँ मारूंगा।

बहार ने उस पुतली को पुकारा के ऐ नाज़ुक बदन! आओ। वो फिर आई।

मलेका ने कहाः मुर्शिदज़ादे से दारोमदार करो और इनकी इताअत में रहो।

उसने ये हुक्म सुनकर उसका हाथ पकड़कर कहाः चलिए।

बहार ने कहाः जाइए, बारह दरी में आराम कीजिए और यहां से कहीं न जाइयेगा।

मुसव्विर ख़ुशी ख़ुशी उस रशके क़मर को लेकर बारहदरी में आया और मसनद पर बैठकर शराब पीने लगा और मलेका बहार बाग़े सेहर से उठकर बारगाहे महरुख़ पास आई और कहाः मैं मुसव्विर को क़ैद कर आई और ये सेहर मेरा किसी से रद्द न होगा। हाँ अफ़रासियाब अगर चाहेगा तो ये सेहर उतार लेगा और जब ये सेहर दफ़ा होगा तो मुझे ग़श आ जाएगा और सर में दर्द मेरे ऐसा होगा के बेहोश रहूंगी।

महरुख़ ने ये सुनकर कहा के अगर ऐसा है तो तुम अभी कोहे आराम चली जाओ। उस वक़्त शाहे तिलिस्म जाने न देगा और राह में शायद कुछ फुतूर पड़े इससे अभी जाना सलाह है।

बहार ने कहाः अच्छा और मए अपनी कनीज़ों के सिमते कोहे आराम रवाना हुई।

ये तो उधर गई और हरकारों ने जाकर मलेका हैरत से सब ख़बर की के मुर्शिदज़ादे की निसबत ज़बानीए बहार हमने सुना है के वो बाग़े सेहर में क़ैद हो गए। और मलेका बहार जानिबे कोहे आराम गई।

हैरत ने कहाः इसी दिन का डर था। ये सेहर साहिराने आलम में से कोई ऐसा नहीं जो उतारे। शायद शाहे तिलिस्म जानते हों।

सूरतनिगार ये तक़रीर सुनकर रोने लगी और कहाः मैं भी उसी क़ैद में जाती हूं।

हैरत ने कहाः शौहर तेरा आप में न होगा। वो मार डालेगा।

उसने कहाः बला से मैं अपनी जान दूंगी।

हैरत ने कहाः बीबी! तुम्हारे मियाँ को बहुत समझाया था लेकिन उनके ग़ुरूर ने उन्हें ख़राब किया।

ख़ैर सूरतनिगार के हाल पर तरस खाकर एक ताऊस सहर पढ़कर तलब किया और उसपर सवार होकर बाग़े-सेब में शाहे-जादुवाँ अफ़रासियाब के पास पहुंची और सब हाल मुसव्विर का बयान किया।

शाह ने कहाः ए मलेका! देखो तुम्हारी बहन ने फ़ुतूर किया है।

हैरत ने कहाः मैं भी उससे आजिज़ हूँ आप उसको मार डालिए।

ये कलेमा सुनकर शाहे जादुवाँ ने एक ठंडी साँस भरी और आह भरके कहा के

कोई भी ऐसी माहसिपहरे हुस्न को क़त्ल करता है? हैरत ये सुनकर चुप हो रही। और शाह ने एक पंजा आरदेमाश का बनाकर सेहर पढ़ा के वो पंजा उड़ा। उससे कहा जा मुसव्विर को बाग़े सेहर से बहार के उठा ला।

पंजा रवाना हुआ।

और यहाँ मुसव्विर उस पुतली से मशग़ले बोसो कनार है। गोद में उसे लिए बैठा है और कह रहा हैः

*जिसका सर होगा दमे नज़अ तेरी बालों पर*
*कुंजे मरक़द में वो किस चैन से सोता होगा*

इसी निशात में था के यकायक पंजा आकर गिरा और उसको उठाकर ले चला।

पंजा उसको सामने शाहे तिलिस्म के लाया। बाद कुछ देर के उसकी आंख खुली, उठ बैठा। अफ़रासियाब को भी न पहचाना। ये कहता हुआ चार तरफ़ दौड़ने लगा के हाय क्या था और क्या हो गया। हाय ये मेरी जान कहां गई? किस ज़ालिम ने इसको मुझसे जुदा किया। अरे कोई! वास्ता सामरी का! उसे बुला दें। यारो उस राहते दिल से मुझको मिला दो।

शाहे जादुवाँ ने उसका हाल देखकर कहा के अफ़सोस वो शोख़ चंचल क्या सितमगर प्यारा है दिलदार है जिसने ये सेहर किया है। इस कलमे को सुनकर हैरत ने त्योरी चढ़ाई और कहाः उसके इश्क़ में फिर तुम भी इसी तरह नाचो, बैठे क्या हो?

शाहे तिलिस्म उससे नाराज़ होने से चुप हो रहा और सेहर पढ़कर के ऐ सामरी मए शीशाए आबे चशमाए जमशेद हाज़िर हो।

उसके पुकारते ही एक पुतला शीशःए आब लिए उड़ता हुआ आया।

बादशाह ने उस शीशे से पानी लेकर छींटा। मुसव्विर ने मुंह पर लगाया के वो बेहोश होकर गिरा, फिर जो होश आया तो बादशाहे तिलिस्म को उसने सलाम किया और बैठा।

बादशाह ने फ़रमाया के ऐ मुर्शिद ज़ादे, आपको मेरी बीवी ने तनहा जाने को मना किया था मगर आपने न माना और अपना ये हाल कराया।

और सारा हाल उसकी कैफ़ियत का बयान किया।

मुसव्विर ने सब कैफ़ियत अपनी सुनकर जवाब दिया के ऐ शहनशाह! आप मुलाहेज़ा कीजिऐगा के सारी उसकी सेहर साज़ी अगर जूतियाँ मार कर न उतारी तो ख़ुद को नबीराए सामरी न कहलवाया।

अफ़रासियाब ने कहाः अब अकेले न जाइयेगा, नहीं तो बहुत पछताइयेगा।

उसने जवाब दिया के ये मुमकिन नहीं जब तक उस ख़ानुमा ख़राब को न पकड़

लाऊंगा चैन न लूँगा, यह कहकर उठा के मैं लशकर में जाता हूँ। सेहर तय्यार करके लड़ने जाऊंगा।

शाहे तिलिस्म समझा के ये मर्द, बुजुर्ग साहिर है ज़्यादा मना करने से नाराज़ होगा। पस ये सोचकर चुप हो रहा लेकिन उसका ज़लील होना ऐन अपनी ज़िल्लत जान के ताम्मुल न कर सका। एक पुतला काग़ज़ का बनाकर कुछ सेहर पढ़ा के वो जानदार हुआ।

उस पुतले को हुक्म दिया के मुर्शिदज़ादे की जाकर निगहबानी करो। जो कोई आफ़त आए तो उन्हें उठा लाना।

पुतला बतौर मख़फ़ी उड़ता हुआ उसके साथ चला।

मलेका हैरत भी रुख़सत होकर लशकर में आई और मुसव्विर भी बारगाह में पहुंचा।

पुतला भी ब रूए हवा ठहरा रहा। यहां बीवी मुसव्विर की रो रही थी। उसने जो शौहर को देखा, उठकर लिपट गई और बहुत रोई।

ये बैठा, दो तीन जाम शराबे सुर्ख़ के पिये। जब नशा हुआ उठा के मैं बहार को पकड़ने जाता हूँ।

बीवी उसकी मिन्नत करने लगी के साहब! वास्ता सामरी का अब न जाओ।

उसने बीवी को घुड़का के मुझको न रोक अब तो मुझसे और बहार से पगड़ी अटकी है। मारका पड़ा है। देखूं कहां तक उसकी सेहर साज़ी है।

ये कहकर उड़ा। सूरतनिगार चीखें मार कर रोने लगी और ये फिर आया और कहा के साहब मुझको भी अपनी तरह चूड़ियाँ पहना कर बिठा रखो। ज़ौजा ने उसकी कहा के, साहब मैं लड़ने को मना नहीं करती लेकिन तबले जंग बजवाइये। बरसरे मैदान मुक़ाबला फ़रमाइये। अकेले न जाइये। ये सुनकर बख़ातिर अपनी ज़ौजा के तवक्क़ुफ पज़ीर हुआ।

इस अर्से में नैरंग तराज़े दहर ने अपना सेहर दिखाया के गुलहाए अन्जुम का बाग़ सहने फ़लक में लगाया और आफ़ताब बरंगे रूए आशिक़ां या मिसले बर्गे ख़िजां दीदा ज़र्द हुआ।

शाम होते ही हुक्म तबले जंग बजने का दिया। नफ़ीरे सेहर को दम मिला। हरकारे दवाँ दवाँ बारगाहे मलेका महरुख़ ज़ीशान में आए और मलेका को सनाओ दुआ देकर हाले नक़्क़ाराए रज़्म, मारिज़े बयान में लाए।

मलेका ने भी हुक्म दिया-

नक़्क़ाराए जंगी गड़गड़ाया। दरबार बर्ख़ास्त हुआ। साहिर सेहर जगाने ख़ेमों में आए। बहादुर हथियार दुरुस्त करने लगे।

महरुख़ भी अलग जाकर मसरुफ़े सेहरख़ानी हुई और अगियार करके जोति का

दिया जलाया। उमदःओ नायाब सेहर दुरुस्त करने लगी। बाद कुछ अरसे के एक नीलगाय आरदे माश का बनाया और सेहर ऐसा पढ़ा के वो ज़िन्दा होकर गिर्द अगियार के फिरने लगा। उसने सेंदूर का एक घरौंदा बनाया और एक पुतली आटे की बनाकर उस घरौंदे में रखी। वो भी ज़िन्दा हो गई। उसने वादा लिया के वक़्त पर काम देना। फिर घरौंदा हटा दिया और नील गाय भी ग़ायब हो गया। मलेका ने आराम फ़रमाया। इसी तरह रात भर सामान रहा।

लशकरों में रात भर तय्यारी ओ दुरुस्ती-ए-असबाबे जंग रही।

जिस दमः

*निकल आया मश्रिक़ से जब आफ़ताब*
*हुआ फिर ये रौशन जहाने ख़राब*

यानी सुबह हुई

उस वक़्त महरुख़ बड़े कर्रो-फ़र से तख़्ते ज़रीं पर सवार गिर्द तमाम सरदार, जाए कारज़ार पर पहुंचकर ठहरी।

उधर मुसव्विर भी बेदार होकर बराए रफ़ए इहतयाज बैतुलख़ला चला। अय्यार रात भर उसकी फ़िक्रे गिरफ़्तारी में फिरे थे और क़ाबू न पाया था। उस वक़्त ज़िरग़ाम उसके ख़ेमे की क़नात से लिपटा खड़ा था और सुबह हो जाने से मायूस होकर फिरा चाहता था।

अब उसको आज़िमे समते जाए ज़रूर देखकर उसने लोट मारी और बैतुलख़ला के लिए जो क़नात इस्तादा हैं उसकी पुश्त पर अपने तईं पहुंचाया।

मुसव्विर भी चौकी पर आया। ख़िदमतगार लोटा रखकर बाहर ठहरा और वो चौकरी पर बैठा। ज़िरग़ाम ने पुश्त पर से क़नात को चाक करके उसपर कमन्द मारी।

इसने घबराकर फिर कर देखा। उसने बैजाए बेहोशी नाक पर मारा के ये छींक मारकर बेहोश हो गया।

उसने अन्दर जाकर चादरे अय्यारी में उसका पुशतारा बांधा और अज़बस के लशकर समेत मैदान रवाना था, सुबह का वक़्त, सब ग़ाफ़िल थे और हंगामा भी था ये उसको लेकर भागा। राह में उसका पुशतारा भारी होता चला। ये समझा के इस हरामज़ादे को मैं ले जा न सकूंगा क्योंकि ये मुर्शिदे साहिरान कहलाता है ज़रूर कुछ आफ़त आएगी, पस सर इसका काट ले, ये सोच कर उसने पुशतारा ज़मीन पर रखा चाहा के सर काट ले, वो पंजा बनकर जो पुतला के अफ़रासियाब ने मुअय्यन किया है गिरा और उसको मए जिरग़ाम के उठा ले गया और सामने शाहे तिलिस्म के लाया।

उसने पुशतारा खोलकर मुसव्विर को निकाला और पानी छिड़क कर होशियार किया, लेकिन उसकी गदर्नों कमर वग़ैरह में कमन्द के फ़न्दे लिपटे थे उठ न सका।

शाहे तिलिस्म ने ज़िरग़ाम से कहा के ओ नाबकार, अब कह के तुझको किस अज़ाबे अलीम से मारूं।

उसने जवाब दिया के आपको इख़्तियार है। बन्दा बहरसूरत मुतीअ और आपका फ़रमांबरदार है।

शाह ने कहाः मैं ऐसे फ़िक़रे तुम अय्यारों के बहुत सुन चुका हूं। अच्छा तू मुर्शिद ज़ादे से कमन्द तो निकाल ले।

ज़िरग़ाम समझा के अगर मैं कमन्द न निकालूंगा ये सेहर से जला देगा। कमन्द भी जाएगी और कुछ हासिल न होगा, ये सोचकर उसने सिरा कमन्द का पकड़ कर झटका मारा के कमन्द के सब हल्क़े खुल गए और मुसव्विर रेहा हुआ।

शाहे जादुवाँ ने कहाः क्या अच्छे ये अय्यार हैं और क्या उमदा इनके पास असबाबे अय्यारी हैं।

ये तारीफ़ सुनकर ज़िरग़ाम ने सलाम किया, के आप क़द्रदाँ हैं मैं किस लायक़ हूँ। शाह से तो ये बातें हो रही थीं, लेकिन मुसव्विर जो कमन्द से छूटा और इस हाल से आगाह हुआ के ये अय्यार मुझको पकड़ लाया है बस गोला फ़ौलादी लेकर बग़ज़बे तमाम, मारने चला।

शाहे जादुवाँ ने उठकर हाथ पकड़ लिया और कहाः

ऐ नाबकार हरामज़ादे, बेहया, मैं तेरे हाथ से जल पका हूं। अय्यार और साहिर तुझको कैसा-कैसा ज़लील करते हैं। तुझे शर्म नहीं आई के पहले अय्यार तुझसे तस्वीर छीन ले गए, बहार ने दो मरतबा दीवाना बनाया, वहाँ तूने कुछ ग़ुस्सा न जताया। ये बेचारा अय्यार जो मुकय्यदों बेदस्तो पा बंधा खड़ा है तू इस पर तो गोला मारता है जो दूर हो ओ क़ुर्रमसाक़, हरामज़ादा, बेहूदा।

मुसव्विर बादशाहे तिलिस्म के बुरा भला कहने से और घुड़कने से रोने लगा।

ग़रज़ शाहे जादुवाँ ख़ूब बका झका। जब मुसव्विर बहुत रोया उस वक़्त बादशाह भी ख़ाएफ़ हुआ के ये औलादे सामरी है ऐसा न हो के मेरे लिए बददुआ करे और मेरे ईमान में फ़र्क़ आया के तूने मुर्शिदज़ादे को गालियाँ दीं। ये सोचकर उठा और पाँव पर मुसव्विर के सर रख दिया। मिन्नत पज़ीर हुआ के मैं नशाए शराब से बेख़ुद था आप मेरे कहने को ख़ातिर आतिर में जगह न दीजिएगा और बराहे बकरमो इनायते बुज़ुर्गाना ख़ताहाए गुज़शता पर मेरी, क़मल अफ़्व फ़ेरिएगा। गुस्से में इन्सान बावला होता है। मैंने बहुत बुरा किया जो आप ऐसे बुज़ुर्ग की ख़िदमते आली में गुस्ताख़ाना कलाम किए।

ये कहकर ख़लअते गिरांमायाओ नादिर मंगाकर दिया और रुख़सत करना चाहा। ये हाल देख कर ज़िरग़ाम ने कहा के हट तेरी नामुन्सिफ़ बादशाह की ऐसी तैसी,

हरामज़ादे ने फिर ख़लअत दिया तो अपने ही गुरू घन्टाल को दिया और हमने जो ये मेहनत की के ऐन वक़्त पर गिरफ़्तार कर लाए और अगर पुतला इसको न उठा लाता तो अब तक कबके जहन्नुम में पहुंचा चुके होते तो इतने बड़े काम पर हमें कुछ भी न दिया। वाह वाह! क्या इन्साफ़ किया है।

अफ़रासियाब पहले तारीफ़ इन अय्यारों की कर चुका था उस वक़्त उसके निडर होकर कलाम करने पर हंस पड़ा और एक ख़लअते पुरज़र तलब करके उसको भी दिया:

*ख़याल कीजिये, क्या आज काम मैंने किया*
*जब उसने दी मुझे गाली सलाम मैंने किया*

बाद ख़लअत देने के पन्जाए सेहर के बुलाकर हुक्म किया के दरयाए-ख़ूने रवां पास इसको उसपार उतार दे और सेहर अपना दफ़ा कर दिया। पन्जा लेकर उड़ा और पार दरया के पहुंच गया।

उधर मुसव्विर भी रुख़सत होकर चला और लशकर में आया। सीधा मैदाने जंग में पहुंचा जहां फ़ौजें आमने सामने थीं।

उसने लशकर को जाने भी न दिया। एक नारंजे सेहर पढ़कर लशकरे महरुख़ पर लगाया के वो नारंज बालाए हवा जाकर शक़ हुआ और हज़ारहा तीरो पैकान उसमें से निकालकर लशकरियों पर गिरने लगे। साहिर वग़ैरह हज़ारहा जख़्मी हुए।

उधर के लशकर ने भी जुंबिश की और लेना लेना कहकर चले।

उसने दूसरा नारियल मारा के घटा घंघोर घिर आई और मेंह की तरह से कज़दम बरसने लगे। जिसको उन्होंने काटा वह पानी की तरह बह गया।

इस अरसे में सूरतनिगार ने भी फ़ौज को ललकारा के हां लेना।

अबतो दो लशकर बाहम मिल गए। शोरे आफ़तज़ा बरपा हुआ।

महरुख़ ने ये ज़ोर-शोर देखकर तसव्वुर किया: मुसव्विर आज शिकस्त दे देगा।

उस वक़्त महरुख़ ज़मीन पर उतरी और उसी तरह के जिस तौर का हेसार अगयार करके बनाया था दुरुस्त करके सेहर पढ़ा के फ़िलफ़ौर एक नीलगाओ सहरा की तरफ़ से जस्त करता हुआ आया और गिर्द महरुख़ फिरने लगा। उसने कहा के जा मुसव्विर को मार। नीलगाओ कान अलग करके सींग उठाकर दौड़ा।

मुसव्विर महरुख़ की तरफ़ घोड़ा उठा कर चला के गाओ ने आकर सींग मारे, और मरकब को सींगों पर उठा लिया।

मुसव्विर कूद कर अलग खड़ा हुआ और दूसरा मरकब, मंगा कर जल्द सवार होके नीलगाओ पर हमला किया।

नीलगाओ घोड़े को फेंककर जंगल की तरफ़ भागा। हरचन्द रोकना चाहा न

रुका। मुसव्विर ने उसके तआक़ुब में घोड़ा उठाया, लशकरी पीछे दौड़े और पुकारेः हुज़ूर कहाँ जाते हैं, लेकिन उसने सन्नाटे में घोड़ा दौड़ाने के कुछ न सुना।

उधर मलेका महरुख़ ने सेहर पढ़कर दस्तक दी और पुकार के कहा के शिकार नीलगाओ का मुबारक हो, जाइये, अब फिर कर न आइयेगा। ये कहकर चाहा के लशकर पर इसके हमला करे।

सूरतनिगार ने जल्द तब्ले-बाज़ गश्त बजवा दिया। लशकर दोनों फिरे और दाख़िले ख़्याम हुए।

सूरतनिगार मुतरद्दिदो मुतफ़क्किर इस अम्र से के ये नीलगाओ वैसा था और शौहर मेरा क्यों उसके पीछे गया बारगाहे हैरत में आई और सब हाल लड़ाई का बयान किया।

हैरत ने सारा माजरा सुनकर कहाः बीबी! हर चन्द के तुम नबीराए सामरी की ज़ौजा हो, बहू सामरी की कहलाती हो लेकिन सेहर का तरीक़ा नहीं जानती हो। अब अय्यार तुम्हारे मियां को ज़क पहुंचा के क्या करेंगे। ये नीलगाओ इस तरह का सेहर है के इस से बचना मुश्किल है। महरुख़ बारगाहे लशकर कुछ तो समझकर हुई है, ऐसी वैसी थोड़ी है। ये सेहर किसी से न उतरेगा। थोड़े अरसे में मियाँ तुम्हारे तुम्हें मारने आते होंगे। शाहे जादुवाँ को जल्द लिखकर भेजना चाहिए, वो शायद रद्दे सेहर करें वरना और कोई नहीं कर सकता। मैं इसी दिन के लिए सोचती थी और मना करती थी।

सूरतनिगार ये बातें सुनकर रोने लगी और हैरत ने सब हाल मुसव्विर के लड़ने का और नीलगाओ के पीछे जाने का शाहे साहिरान को लिखकर भेजा। पुतला सेहर का नामा लेकर बाग़े सेब में आया। बादशाहे तिलिस्म रख़्ते हुकूत पर जल्वागर था के नामा पहुंचा। पढ़ते ही ज़ानू पर हाथ मारा। हाय! ये कायनात का सेहर! हमारे बतलाए हुए हमारी ही फ़ौज पर हाते हैं। ये अफ़्सोस करके बाग़बान वज़ीर की तरफ़ मुख़ातिब होकर कहा! ऐ दस्तूरे दाना! ये सेहर महरुख़ का वो है के सारा आलम अगर दूर करे जब भी दफ़ा न हो, हां मैं ख़ुद जाऊं तो अलबत्ता रद्द इसका मुमकिन है।

बाग़बान ये तक़रीर सुनकर अर्ज़पैरा हुआ के हुज़ूर मुझको हुक्म दें के आपके एवज़ जाकर काम करूँ।

ये अर्ज़ सुनकर बादशाहे तिलिस्म ने सेहर पढ़कर दस्तक दी के ज़मीन से एक पुतला कई गज़ का जरीगो लहीम पैदा होकर सामने आया और बादशाह को सलाम करके ठहरा।

बादशाह ने कहा के ऐ मुलाज़िमे सामरी! मुझको थोड़ी सी रूई उस तरह की जो लिबासे जमशेद या सामरी में भरी गई हो और खुदावन्द ने वो लिबास पहना हो

उसमें की चाहिए। वो पुतला ग़ायब हो गया और बाद लम्हे के थोड़ी सी रूई लिए हुए हाज़िर हुआ।

शाहे तिलिस्म ने वो रूई लेकर पहले सर पर रखी, आंखों से लगाई, फिर सेहर ऐसा पढ़ा के वो रूई हाथ पर से उड़कर सम्ते हवा गई और अब्र बनकर तय्यार हुई। लक्काए अब्र सर पर बादशाह के मिसले चित्र फिरने लगा।

बादशाह ने वज़ीर से कहा के अब तुम जाओ। लक्काए अब्र साथ लो और जहां मुसव्विर हो इस अब्र से हुक्म करना के अब चशमाए सामरी बरसा दे।

ये अब्र बरसेगा। सेहर दफ़ा हो जाएगा।

बाग़बान ये हुक्म सुनकर उठा और आदाब बजा लाकर रुख़सत हुआ। अपने तख़्त पर सवार होकर चला।

इतने अरसे में मुसव्विर नीलगाओ के तआक़ुब में लशकर से बहुत दूर निकल गया और एक सहराए फ़र्रुख़ अफ़्ज़ा में पहुंचा। मुसव्विर इस जगह मसरुरो शाद हुआ और गाओ भी आहिस्ता आहिस्ता चलने लगा, ग़रज़कि गाओ उसको सर दिखाता हुआ एक हेसार के क़रीब लाया। उस हेसार में वो चार दीवारी ज़मुर्रद की बनी थी वो गाओ उस अहाते में चला गया। ये भी उसके फ़िराक़ में अन्दर क़दम ज़न हुआ।

मुसव्विर हैरान गाओ का सर देखता आगे बढ़ा। वो गाओ भी बारहदरी की तरफ़ चला। अन्दर से पर्दे के दो हाथ तीरो-कमान लिए निकले और सर सर की आवाज़ आई, तीर उस गाओ पर आकर पड़ा के वो गिरा और पानी होकर बह गया।

मुसव्विर उन दोनों पंजाए निगारीन को देखकर बेताब हो गया।

हाए ओ ज़ालिमे अज़लम तू कौन है के मैं शिकार को आया था। मेरे सैद को भी शिकार किया और मेरे दिल को दरपर्दा तीरे जफ़ा का निशाना बनाया।

जब उसने ये कलाम किए, अन्दर से आवाज़ आई के मर्द दुनिया में बेवफ़ा होते हैं। मतलब के आशना होते हैं। इसी लिए हमने आबादी से मुंह मोड़ा। मजनूं किरदार जंगल अपना मसकन बनाया। रिशताए उल्फ़ते अहले आलम तोड़ा।

मुसव्विर ने ये सुनकर कहाः ऐ अरबीदा साज़ो ऐ नैरंग परवाज़े अन्जुमने महबूबी, मैं कभी आपकी इताअत से मुंह न मोडूंगा। तमाम उम्र गुलामी से गर्दन न फेरूंगा। ये कलेमात कहता था के सदा आईः

बहुतों को ग़ुलाम होते देखा है। एक तुम बाक़ी हो, अच्छा अन्दर आओ, तुम्हारा भी इश्क़ देखें कैसा है?

मुसव्विर ये सुनकर शाद शाद पर्दा उठाकर अन्दर आया। पर्दा क्या उठाया के पर्दःए नामोनंग उठ गया, एक आफ़ताबे महशर को के पर्दःए अब्र में छिपी हुई थी। देखा और देखते ही हैरान रह गया और उस आईना रू ने हाथ पकड़ के कहाः

साहब आए हो तो बैठ जाओ।

ये हुक्म पाकर बैठा।

उसने जामे बादाए गुलरंग लबरेज़ करके कहा के लीजिए, ये साग़रे उलफ़त है। नोश कीजिए, और मुझसे अहदो-पैमान कीजिए, क़ौलो क़सम दीजिए के कभी किसी और से दिल न लगाऊंगा और जोरू या कोई आशना अब मेरे पास होगी। उसका सर काट लाऊंगा।

मुसव्विर ने वो जाम उसके हाथ से लिया और कहाः तुझपर जब अपनी जान निसार है तो फिर और किसी की जान क्या हक़ीक़त रखती है। जोरू क्या मुरदार है। मैं अभी उसका सर लाकर तेरे क़दमों पर निसार करूंगा और तमाम उम्र ग़ुलामी में रहूंगा।

ये कहकर वो जाम पी गया और मुंह बढ़ाया के अब अपने लबे शक्रबार का बोसा दे।

उस सितमगर दिलदार ने मुंह हटा दिया और कहाः जब तुम अपनी बीवी का सर काट लाओगे उस वक़्त अपने मतलबे दिली को पहुंचोगे। शराबे वस्ल से सरशार होगे।

मुसव्विर ये मुज़दःए जाँ बख़्श सुनकर उठा और बाहर आके मरकब पर सवार होके लशकर की तरफ़ रवाना हुआ।

बीवी उसकी बारगाहे हैरत से आकर ख़ेमे में अपने बैठी थी के ये क़रीबे ख़ेमा ठहरा और दो चार कनीज़ें तुर्कने, हबशिनें जो पहरे पर थीं उन्होंने सलाम किया।

उसने सलाम के एवज़ उनसे पूछा के मालज़ादियो जल्द बताओ वो क़हबा सूरतनिगार कहाँ हैं?

कनीज़ें ये कलेमा सुनकर घबराईं और कहाः हुज़ूर आप मलेकाए आलम की निसबत क्या फ़रमाते हैं!

उसने कहाः मैं उस हरामज़ादी का सर काट ले जाऊंगा के माशूक़ मुझसे राज़ी हो।

ये कलाम जो कनीज़ों ने सुना घबरा कर एक अन्दर गई और बीबी से कहाः आप बैठी क्या करती हैं, मियाँ फिर सिड़ी होकर आए हैं। आपके मारने को कहते हैं।

सूरतनिगार तो हैरत से सुन चुकी थी के मुसव्विर सिड़ी होकर आएगा। ये ख़बर सुनते ही समझी के ये वही मुआमला है। पस बेताबाना बारगाह से निकलकर भागी। सेहर भी न किया क्योंके जानती है के शौहर मेरा मुझसे ज़बरदस्त है। ऐसा न हो के मुझको हलाक करे। ग़रज़ के उसको भागते शौहर ने उसके देखा और पुकारा के आ फ़ाहिशा, बिसवा खड़ी तो रह, कहाँ मुझसे बचकर जाएगी? ये कहकर पीछे दौड़ा।

सूरतनिगार सर पर पांव रखकर भागी। अफ़सराने लशकर ने जो ये हाल देखा

चाहा के रोके मगर बाहम कहा के मियाँ-बीवी के मुक़दमे में दख़ल न देना चाहिए, ये सोचकर सब रुके और ये पीछे हवा की तरह उसके चला, आख़िर ये मर्द-ओ-औरत-क़रीब पहुंच गया। उस वक़्त सूरतनिगार दहशते जान से गिर पड़ी और पेशवाज़ उलट गई, बन्दे इज़ार टूट गया। कनीज़ें परवाना वार उस शमए-अन्जुमने साहिरी पर आ गिरीं और पेशवाज़ दुरुस्त की, देखा तो उसका पेशाब ख़ता हो गया है। उसी तरह बूंदे पेशाब की टपकती हुई कनीज़ें उसको उठा कर ले भागीं। मुसव्विर ने बढ़कर दो एक को ज़ख़्मी किया। लौंडियाँ बुरा भला कहती हुई भागीं:

ये मुवा आपसे गुज़र गया है। निगोड़े मारे को बुढ़ापे में ये हौसला सूझा है के घड़ी घड़ी सेहर की पुतलियों पर आशिक़ हो आता है।

एक बोली: इस बूबक पर हाय वाय करना, दम आशिकी का भरना फूटे मुंह नहीं अच्छा लगता।

दूसरी बोली: निगोड़े मारे से लड़ने को किसने कहा था के वहाँ दम बदम जाता है और सिड़ी होकर आता है।

तीसरी बोली: कुर्बान ऐसे लड़ने के जब फिरे तो घर ही वालों पर जूता तेज़ किया। महरुख़ और बहार के सामने नानी मरती है। वहाँ सिवाए हाथ बंधाने के और कुछ नहीं होता।

ग़रज़के एक हंगामाए-अज़ीम बरपा है। ये हर एक को सगे दीवाना की तरह मारता फिरता है। लोग भागते फिरते हैं। लशकर में कमर बन्दी हुई है के हमें ज़रर न पहुंचाए। जो कोई उधर से निकलता है लोग मना करते हैं के उधर न जाओ एक सिड़ी आता है। दूर दूर से लोग ढेले और पत्थर मारते हैं। लौंडे एक तरफ़ तालियाँ दे रहे हैं, लूलू है! घता है! का शोर बलन्द है। जब ये आगे बढ़ता है लोग साथ होते हैं। लड़के कहते हैं जाता है लेने जाता है, जब पीछे फिरता है सब भागते हैं, जब उसको कोई ढेला लगता है ये कहता है:

*ज़ख़्म पर छिड़कें न क्यों तिफ़लाने बेपरवा नमक*
*क्या मज़ा होता अगर पत्थर में भी होता नमक*

हैरत ने जो ये ग़ुलग़ुला सुना, पूछा के ये क्या ग़ुल है? हुनोज़ कोई ख़बर न लाया था के कनीज़े सूरतनिगार को पेशाब में लतपत लिए हुए पहुंची।

हैरत ने देखा के सब बदहवास और सूरतनिगार का पाएजामा नाफ़ से नीचे उतरा हुआ, दुपट्टा कहीं! महरम कहीं, कुछ अजब आलम है। उसने पूछा के क्या हुआ? सब यही कहती हैं के वो आ गया। कोई ये नहीं कहता के मुसव्विर आ गया।

और होश में आकर सूरतनिगार तख़्त के नीचे छिप रही। और हैरत बाहर निकल आई। लड़कों और लशकरियों को रोका और आप क़रीब आई। कहा। ऐ मुर्शिद

ज़ादे! आप किसको मारते फिरते हैं?

उसने बग़ौर सूरत देखकर हैरत को पहचाना और कहा: ऐ मलेका! मैं उस क़हबा सूरतनिगार को ढूंढता हूं।

हैरत ने कहा: आइये मैं आपका उसका सामना कर दूं।

मुसव्विर उसके साथ बारगाह में आया और कुर्सी पर बैठा। मगर नेहायत मुज़तरिब है के बीवी को किसी तरह पाऊं तो सर काट कर माशूक़ा के पास ले जाऊं। पस लम्हा ब लम्हा कुर्सी से उठता है। हैरत रोकती है के साहब ठहरो, मैंने लोग गिरफ़्तार करने को भेजे हैं। वो आया चाहती है।

ये कहकर रोकती है और सेहर पढ़ पढ़ कर फूंकती जाती है। कुछ असर नहीं होता है।

फ़िलजुमला मुसव्विर फिर घबराकर उठा और कहा: ऐ मलेका! जल्द बुलवाइये उस मालज़ादी को के मैं सर काट कर अपनी माशूक़ के पास ले जाऊं।

हैरत ने कहा: अच्छा बुलवाती हूं, लेकिन उसके मारने से क्या हासिल है?

उसने कहा: उस बिसवा के जीने में खटका रहेगा और दूसरे फ़रमाइशे महबूबा से नाचार हूं के उसने सर मांगा है।

हैरत ने कहा: मैं बग़ैर क़त्ले सूरतनिगार तुम्हारी माशूक़ा को बुलवाए देती हूं और चाहा के किसी ज़ने हसीना को बुलवाकर उसका दिल उसकी तरफ़ मुख़ातिब करूं।

लेकिन उसने कहा के मैं बग़ैर क़त्ल किए अपनी ज़ौजा के बाज़ न आऊंगा। अफ़सोस के माशूक़ा कभी न कभी एक अदना कनीज़ का सर मांगे और आशिक़ से फ़रमाइश पूरी न हो सके।

ये कलेमात सुनकर सूरतनिगार का ज़ेरे तख़्त ये हाल हुआ के थरथर कांपने लगी।

उधर बाग़बान, वज़ीरे शाहे तिलिस्म बमूजिबे हिदायत रवाना हुआ और दरयाए सेहर के पार उतरा और जो पता के बादशाहे तिलिस्म ने दिया था उसी सम्त चला और अहातःए सेहर के क़रीब पहुंचकर तख़्त से उतरकर अन्दर गया। जब चमनिस्तान में पहुंचा पर्द के अन्दर से आवाज़ आई के कौन आता है? अगर मुसव्विर है तो हमारा आशिक़ है आए और जो कोई और है तो मैं तीर से निशानःए अजल करती हूं, यह कहकर तीरो कमान पर्दे के बाहर निकाला।

बाग़बान समझा के यहाँ ठहरना मुनासिब नहीं और तुझको शाहे जादुवाँ ने जो कुछ समझा दिया है वो करना चाहिए, ख़िलाफ़ उसके करना ख़ता पाना है, ये समझकर जल्द वहाँ से फिरा और लक्क़ए अब्र अज़ बस के उसके सर पर साया फ़िगन था। इस सबब से उस बागे सेहर से निकल आया नहीं तो बाहर आना मुमकिन न था और पुतली से सुन चुका था के "मुसव्विर आशिक़ हमारा है" समझा के वो दीवाना होकर लशकरे हैरत में गया होगा। क्योंके सूरतनिगार तो ज़रूर हैरत के पास

होगी। फ़िलजुमला बाग़बान उस वक़्त पहुंचा के यहाँ वो हंगामा पैदा करदःए मुसव्विर पिट चुका है। सब बैठे हैं के बाग़बान के आने की ख़बर सुनकर मलेका हैरत ने पेशवाई को लोग भेजे।

उसने आकर मलेका को तसलीम की और नज़्र दी, पायाए चहारूमे तख़्त पर जगह बैठने को मिली।

और हैरत ने उस वक़्त एक साग़रे आब पर सेहर दम करके मुसव्विर को दिया के पीजिए।

उसने वो पानी लेकर फेंक दिया और कहाः ऐ मलेका! ख़ाक उस शख़्स के सर पर जो माशूक़ा से वादा करे के मैं किसी के हाथ से शराब का जाम न पियूंगा और फिर साग़र लेकर ग़ैर से पिये बड़े अफ़सोस की बात है।

ये कलेमा सुनकर बाग़बान ने कहा के ऐ मुर्शिद ज़ादे! मुझको बादशाहे तिलिस्म ने भेजा है और कहा है के तुमको साथ ले जाकर तुम्हारी माशूक़ा को तुमसे राज़ी करादूं।

तुम जानते हो के शाहे जादुवाँ के क़ब्ज़े में, जो कुछ तिलिस्म में है, सब है। मैं जब उसको फ़रमाने बादशाही सुनाऊंगा वो तुमसे ज़रूर राज़ी होगी।

ये कहकर उठा के आओ चलो। मुसव्विर समझा के सूरतनिगार तो मिलती ही नहीं फिर इसके साथ चलो शायद मतलब निकल आवे। ये सोचकर बमूजिबे मसल।

"दीवाना बकारे ख़ीश हुशयार" यानी दीवाना अपने काम के लिए होशियार होता है।

उसके साथ हो लिया।

बाग़बान तख़्ते सेहर पर बिठाकर बहलाता हुआ के अभी तुम उसके वस्ल से कामयाब होगे, तसकीन देता हुआ क़रीबे हिसाब लाया और तख़्त से उतर कर कहाः

ऐ मुर्शिदज़ादे! मैं बग़ैर हुक्म तुम्हारी माशूक़ा के अन्दर नहीं जा सकता। ऐसा न हो के तुमसे भी नाराज़ हो। इससे बेहतर है के तुम अन्दर जाओ और जब वो कहे के सर लाए तो कहना के हां दरवाज़े पर सर आदमी लिए खड़ा है, चलो देखो और सैरे चमन भी करो। पस इस हीले से उसको यहां बुला लाओ तो मैं हुक्मे बादशाह उसको सुनाकर राज़ी कर दूं के फिर तमाम उम्र उसके पास रहो और तुमको वो कभी जुदा न करे।

मुसव्विर को ये बात पसन्द आई और अन्दर गया। उस परी ने पुकारा कौन आता है? उसने नाम बताया। वो पर्दा उठाकर उसकी जानिब देख के मुस्कराई। पूछा के कहो हमारी फ़रमाईश लाए या ख़ाली हाथ फिर आए।

उसने कहाः भला मेरी क्या मजाल है जो खिलाफ़े हुक्म आपके, अमल में लाऊं।

गया और लाया। वो क़हबा भाग गई थी इस सबब से उसके ढूंढने में अरसा हुआ, जब मिली तो सर काटकर लाया।

उसने कहाः तो फिर लाओ कहाँ है?

उसने कहाः मेरा मुलाज़िम दरवाज़े पर लिये खड़ा है वहीं जाकर देख लीजिये और आंखें तलवों से अपने मलकर गुलगशते चमन कीजिये।

ये सुनकर वो सरापा नाज़ बसद अन्दाज़ पर्दा उठाकर निकल आई और उसका हाथ आकर पकड़ लिया। गले में बाहें डाल कर सम्ते दरवाज़ा चली।

बाग़बान ने दरवाज़े से झांक कर उसको आते देखकर लक़्क़ए अब्र को हुक्म दिया- आबे चशमःए सामरी बरसा दे।

अब्र गड़गड़ा कर चमन पर छाया और ऐसा छींटा ज़ोर से पड़ा के वो नाज़नीन भाग कर बारहदरी की तरफ़ चली थी, रास्ते ही में शराबोर हो गई और मुसव्विर से फिर कहा ओ ज़ालिम तूने दग़ा की। ये कहकर जो गिरी काग़ज़ की तरह गल गई और पानी मूसलाधाार पड़ने लगा। दीवार हाए हिसारे चमनिस्तानों बारहदरी वग़ैरह बालू की दीवारों की तरह बहकर नापदीद हो गईं।

बाग़बान ने उसको आकर उठाया। जब उसकी आंख खुली देखा के पानी थम गया है और मैं एक सहराए लको-दक़ में हमराहे बाग़बान खड़ा हूं। ये हाल देखकर मुसतफ़सिरे हाल हुआ।

बाग़बान ने अज़ इब्तेदा ता इन्तेहा कैफ़ियत उसके मसहूर होने की बयान की और कहाः इस जगह की ज़मीन देखो।

उसने जो सम्ते ज़मीन देखा, मालूम हुआ के एक घरौंदा लकीरों का बना है। उसमें सेंदूर से दरख़्तों के नक़्श बने हैं और एक तस्वीर गाओ और पुतली की बनी है। उसने कहाः यही घरौंदा, बाग़ मुझको मालूम होता था और इसी तस्वीर पर मैं आशिक़ था।

वज़ीर ने कहाः ऐ मुर्शिद ज़ादे! ये सेहर ऐसा था के शाह तक इससे आजिज़ थे। सामरी ने तुम्हें बचाया। अब चलो शाह तुम्हें याद करते हैं।

कहा, मैं बवजहे निदामत के शहनशाह के सामने न जाऊंगा, मुझको लशकर में ले चलो ताके अपनी बीवी से सफ़ाई कर लूं।

बाग़बान उस को लेकर चला और लशकर में आया।

इस अर्से में साहिरे रोज़गार ने शोलाए आफ़ताब को मुनतफ़ी फ़रमाया और ज़ुल्मते शब को ख़ेमा ए आलम में क़याम पज़ीर किया। यानी रात हो गई।

तो हाज़िरीन ये थी दास्तान मुसव्विसर जादू और बहार की।

# दास्तान तक़सीमे-हिन्द की

ख़्वातीनो हज़रात कई बरस पहले की बात है इस बर्रे सग़ीर हिन्दुस्सान जन्नत निशान में एक सुराख़ पैदा हुआ। वो बढ़के एक शिगाफ़ बना। वो शिगाफ़ बढ़ता गया, बढ़ता गया। हत्ता के ख़लीज बन गया। ख़लीज बढ़ती चली गयी और ख़लीज को पुर करने के लिए इंसानों की बली माँगी गयी। पहले एक इंसान गया उसमें, फिर दो, फिर दस, और सौ, फिर हज़ार, दस हज़ार - यहाँ तक के दस लाख लोग उस ख़लीज में दफ़्न हो गये। दस लाख मर्द, औरत, बूढ़े, बच्चे जब अपनी आहूती दे चुके तब जाकर वो ख़लीज पुर हुई। उसके ऊपर एक सरहद बनी, सरहद के इस पार एक मुल्क बना, उस पार दूसरा मुल्क बना, दोनों मुल्कों ने आज़ादी पायी, आज़ादी के जश्न मनाये गये, पर उन दस लाख इंसानों, जिनकी कुर्बानी ने दोनों मुल्कों को हयात बख़्शी, उन्हें जिला दिया, उसकी कोई यादगार, कोई निशानी, न सरहद के इस पार बनी, न उस पार, न सरहद के ऊपर बनी। तो हमारी ये पेशकश एक नज़राना-ए-अक़ीदत है इन लाखों गुमनाम लोगों के नामः

*(एक दास्तानगो पहले ही जाकर बैठ ज़ाता है)*

पहला दास्तानगो : अरे साहब आप तो पहले ही वहाँ जाकर बैठ गये, मेरा इंतज़ार कर लेते।

दूसरा दास्तानगो : अरे साहब दास्तान का आग़ाज़ होने जा रहा है अब नहीं बैठूंगा तो कब बैठूंगा?

पहला दास्तानगो : पर साहब जब दो आदमी मिलकर सुनाते हैं तो उसका एक तरीक़ा होता है, एक क़ायदा होता है, ये थोड़े ही के दूसरे को नज़रअंदाज़ करके खुद जाकर धम से बैठ जाए। ख़ैर आपसे यह सब कहना फ़ुजूल है, आपकी समझ के बाहर है।

दूसरा दास्तानगो : नहीं, अदब और तहज़ीब के ठेकेदार तो आप हैं। आप जैसे तरक़्क़ी पसंद लोगों की वजह से आज सूबा-सूबा नसली क़त्लेआम की बात हो रही है।

पहला दास्तानगो : ये देखिए एक तो आप वैसे ही दो-तिहाई हैं, गुंडागर्दी आप दिखाएं, और जब हालात बिगड़ जाएं तो सब फ़साद की जड़ मुझे बताएं।

दूसरा दास्तानगो : सुनिए हुज़ूर हम ज़बान दे चुके हैं, और यहाँ ऐसे मुहज़्ज़ब लोगों के सामने बैठे हैं। वरना आप कहीं हमारी झण्डेवालाँ वाली गली में आ जाते तो आप के परख़च्चे उड़ा देते।

पहला दास्तानगो : देख रहे हैं हुज़ूर, यहाँ इतने सेक्यूलर लोग जमा हैं और ये इस तरह मुझे मारने पीटने की धमकी दे रहे हैं। बंद कीजिए आकाश में नारे उछालना, ये जंग है इस जंग में ताक़त लगाइये।

दूसरा दास्तानगो : अजी इनके भरोसे बैठे-बैठे साठ साल हो गये, तुमको अब तक अक़ल नहीं आई।

पहला दास्तानगो : मुझे नहीं रहना आपके साथ, बस बहुत हुआ ये रहा आपका हिस्सा, ये रहा मेरा हिस्सा। खुदारा इधर का रुख़ न कीजिएगा। न इधर की हवा में सांस लीजिएगा।

दूसरा दास्तानगो : सुन लीजिए मियाँ इस चौकी का बंटवारा नहीं हो सकता। ये चौकी अखंड है।

पहला दास्तानगो : हाज़रीन देख रहे हैं आप, अभी से ये हाल है तो हमारा आगे क्या होगा। ख़ुदारा किसी अंग्रेज़ को बुलाईये के हवाई जहाज़ पर बैठकर आये और उड़कर हमारे बीच एक सरहद का तअय्युन करे वरना ये तो मुझे खा जाने पर तुले हैं।

दूसरा दास्तानगो : मियाँ अंग्रेज़ गये, अब यहाँ रहना है तो हम लोगों की रविश अख़्तियार करो। अब टाँय-टाँय करना बंद कीजिए ये रहा कटोरा, ये रहा पानदान में हिस्सा और दास्तान शुरू कीजिए।

तो हाज़रीन एका और अजनबियत का अहसास हक़ीक़त भी है और तसव्वुर भी है। इकट्ठा हो कर भी अलग रहा जा सकता है और अलग होने पर भी साथ-साथ। और इसी एका और अजनबियत के बीच की महीन दरार है - बंटवारा। मगर मुल्कों की तक़सीम में, लोगों की तकसीम मुज़मर है। यानि उनके मकान की, जायदाद की, ज़र की, मालो अस्बाब की, तहज़ीब की, तारीख़ की, अदब की, ज़बान की, रूह की, जान की और उनके ज़मीनो आसमान की तकसीम।

**तो हाज़रीन पेश है दास्तान पुर अमन जद्दो जुहद की, कुर्बानी की और तारीक राहों पर मारे जाने की।**

तो गुलगूना कशाने आरिज़े शाहिदे बयान इस तरह फ़रमाते हैं के जब बर्रे-सग़ीर हिन्दुस्तान जन्नत निशान की सरज़मीन पर बंटवारे और तक़सीमों का सिलसिला शुरू हुआ तो उसके पाक बदन के रोएं-रोएं ने मचलना शुरू किया। बाज़ रोएं फुदकने लगे, बाज़ दुबकने लगे, कुछ दांयी तरफ़ और कुछ बाई तरफ़ गये और एक लट बीच में सीधी खड़ी रह गई। तो उस सीधी खड़ी लट के जो ऊपर के रोंएं थे वो नीचे जाने के मुश्ताक़ थे, और जो नीचे के रोएं थे वो ऊपर जाने को बेताब थे। इश्तयाक़ और बेताबी, बेताबी और इश्तयाक़ का ये सिलसिला जब देर तक चलता रहा और वो सारे रोऐं आपस में गडमड हो गये तो वो वक़्त था आधी रात का। हाज़रीन ये उसी आधी रात की घड़ी थी जब एक अज़ीम रहनुमा अपने मुल्क की क़िस्मत का अहदो पैमान कर रहा था कुदरत के साथ के उसी शहरे देहली के एक कोने से ये सदा आईः

*बल्ले-बल्ले जवाहर लाल*
*तूने कर दिया बड़ा कमाल*
*तुझे सौ-सौ सीसें दे रहा*
*हर पंजाबी लाल*
*के जो लुट-पिट कर आया है*
*साथ में कुछ नहीं लाया है*
*दरियाओं पानी चीर-चार*
*तूने कर दिया बड़ा कमाल*
*धरती फाड़ पंजाब की*
*हमें दे दिया एक रूमाल*
*किस कर के*
*इस कर के*
*चाहे मथ्थे पीटें*
*चाहे मर-खप जायें*
*किस कर के*
*इस करके*
*आज़ादी खून चाहती है*
*तभी वो रंग लाती है*
*तेरे चेहरे का कमाल*
*बल्ले-बल्ले जवाहर लाल*
*अब अर्ज़ करें हम मिलके*

*लाखों हाल बेहाल*
*संभालो राज अपना*
*संभालो देश अपना*
*संभालो फ़ौज अपनी*
*संभालो मोहर अपनी*
*बल्ले-बल्ले जवाहर लाल*
*तूने कर दिया बड़ा कमाल*
*बल्ले-बल्ले जवाहर लाल।*

तो हाज़रीन जब मुल्क के बंटवारे की बात शुरू हुई तो साथ शुरू हुई फ़िक्र सरकारी असबाब और सामान के तक़सीम की। तो एक सरकारी महकमा था, महकमा-ए-ग़िज़ाओ ज़राअत यानी Ministry of Food & Agriculture और उस की कुल मीरास थी।

80 बड़ा साहब की कुर्सियाँ,

80 बड़ा साहब की मेज़ें,

800 क्लर्कों की कुर्सियाँ, 120 टाईप राईटर्स, 50 अलमारियाँ, 10 तिजोरियाँ, 22 घड़ियाँ, 130 दवातें, 4 सोफ़े, 15 साईकलें, 29 पख़ाने और बंदरों को भगाने के लिए नौकर रखे गये 4 लंगूर।

तो हाज़रीन जब तक़सीम का सिलसिला शुरू हुआ तो पता चला के 150 कुर्सियाँ टूटी पड़ी हैं, 30 टाईप राईटर्स ख़राब हैं, 7 तिजोरियों में ज़ंग लगा है, 18 घड़ियाँ बंद हैं, 10 साईकलें पंक्चर हैं, 3 सोफ़ा सेटों में सुराख़ हैं, 2 लंगूर फ़रार हैं, और 8 पैख़ाने ऐसे हैं के पैख़ाना भी वहाँ जाने से नाक सिकोड़े। और ये सारा सामान दो नई सरकारों के बीच तक़सीम होना था।

तो हाज़रीन हिसाब कुछ यूँ लगा के चार टूटी कुर्सी मेज़ों के एवज़ एक साईकल, 6 घड़ियों के एवज़ 2 टाईप राईटर्स और ऐक सोफ़ा सेट के एवज़ एक तिजोरी। बाक़ी बच के रह गए वॉयसराय के दिये हुए तीन सर्टिफ़िकेट, एक तमग़ा और तीन एंगलो इंडियन क्लर्क, जिन्हें उन ख़राब पैख़ानों के पास छोड़ दिया गया और ग़ालबन वो आज भी वहीं मौजूद हैं।

पर हुज़ूर ये सब तो फ़िरूई बातें हैं असल मसला तो उस इमारत का था जिसे ग़रीबों की मोहब्बत का मज़ाक़ उड़ाने के लिए एक शहनशाह ने जमुना किनारे बनवाया था। यारों का दावा था के वो उधर की अमानत है और वो उसे ईंट दर ईंट, मीनार दर मीनार, क़ब्र दर क़ब्र खोद कर ले जाएंगे और अज़सरे नौ उसे खड़ा करेंगे। और यही नहीं, उसपर तुर्रा ये के जमुना नदी के किनारे का वो टुकड़ा भी ले जायेंगे जिसपर वो इमारत आबाद थी।

इसपर अय्यारों ने कहा के यार ताज महल तो हम तुम को दे दें पर पहले सिन्धु नदी का रुख़ इधर करो के जिस के किनारे बैठ कर हमारे बुर्ज़ुग़ों ने वेद-ए-मुक़द्दस जैसी अज़ीम किताबें लिखी।

हाज़रीन बड़े अफ़सोस की बात है के ताज तो अपनी जगह से टस से मस नहीं हुआ और न ही सिन्धु नदी ने अपना रुख़ बदला। पर इस तरफ़ एक नदी बहती थी जिसका नाग था पद्गा नदी। पद्गा नदी ने बड़ी गुश्किलें खड़ी कर रखी थीं। हुआ यूं के उधर का एक हिस्सा इस तरफ़ रह गया और इस हिस्से और इधर के बीच की सरहद थी पद्मा नदी। अब पद्मा नदी पर हर साल जौबन चढ़ता। वो अठखेलियाँ मारती कभी इस तरफ़ हिलकोरें लेती, तो कभी उस तरफ़। जब वो इधर पछाड़ें मारती तो इधर के कुछ गांव उधर चले जाते और जब वो उधर लहरें निकालती तो उधर के गांव इधर आ जाते। उधर-इधर के इस घालमेल से बड़ी दुश्वारियाँ पैदा हुई। यहाँ के वज़ीरे आज़म और वहाँ के सदर ने पद्मा नदी को लाख उलाहने भेजे, फ़रमान जारी किए, बांध बनाये पर पद्मा नदी सलीक़ा न सीख सकी एक अच्छी सरहद बनने की।

अजी हुज़ूर पद्मा की अठखेलियों को छोड़िये और ज़रा इधर तवज्जो दीजिये।

के मोहे छेड़ो, न छेड़ो नन्द लाल...

बंद कीजिये ये बकवास। ज़माना बदल गया है। कुछ इस्लामी चीज़ है तो सुनाईये?

भैया मौसीक़ी में कैसा इस्लामी, ग़ैर इस्लामी?

कमाल करते है आप! जब मुल्क इस्लामी हो सकता है अदब इस्लामी हो सकता है, तारीख़ इस्लामी हो सकती है तो मौसीक़ी में ऐसे कौन से सुरख़ाब के पर लगे हैं।?

इस्लामी मौसीक़ी का क्या मतलब?

सीधी सी बात है। क़व्वाली और ग़ज़ल इस्लामी हैं। ठुमरी और दादेरा ग़ैर इस्लामी, ख़्याल इस्लामी है, घ्रुपद ग़ैर इस्लामी। हारमोनियम इस्लामी है, तानपुरा ग़ैर इस्लामी। आप जिसे कहते हैं अलाप वो है अल्लाह आप और ओम ऊँ की जगह अली। अब जितना चाहिए गाईए बजाईए।

भईया मेरी गर्दन बख़्शिए, मैं चला। ख़ुदा हाफ़िज़।

मुसलमानी, हिंदुवानी, ग़ैर इस्लामी की ये आवेज़िश कई दहाइयों से जारी थी और उसके नर्ग़े में बड़े-बड़े सूरमा तक आ चुके थे।

जोश साहब क्या आपको मालूम है के आपके बाद आपकी आने वाली नस्लों पर क्या गुज़रेगी? जोश साहब आपके बच्चे उर्दू भूल जाएंगे। वो आपके कलाम का तरजुमा हिन्दी में पढ़ेंगे। आप क्या ये अज़ीम, लिसानी और तहज़ीबी बर्बादी मंजूर कीजिएगा?

बर्बादी शर्त है आबादी की और बसना ज़िद है उजड़ने की। तो हुआ यूं के गंगा किनारे ग़ाज़ीपुर के एक गांव में कुछ सूरमाओं ने यह तय किया के जब तक वो अपने गांव से मलेच्छों को खदेड़ बाहर नहीं करेंगे तब तक चैन की सांस नहीं लेंगे।

का भईया कुद्दनो की कुछ ख़बर अबर है के ना?

हम तो उन्हें बहुत समझाये रहे के का करे ओहर जात हो? पर ऊ हमरी बात न मानिन।

बेकारे समझायो। अरे आजकल हमलोग लड़कन के बाप नहीं हैं, लड़कन हम लोगन के बाप हो गये हैं। हम कहे कि ए बसीर का करे उधर जात हो तो बिफर के कहिन हियाँ मुस्लमानों की तरक़्क़ी का रास्ता बंद हो गया है। अब गये हैं उधर तो अपने बीबी बच्चन को भी ले जाएं।

का हो ई पाकिस्तान बना रहा हिंदू मुसलमानों के अलग करने के वास्ते ना, तो हम तो इयाँ देख रहे हैं के भाई-भाई से, मियाँ-बीवी से, बाप बेटे से अलग हो रहा है। अब कुद्दन हुआं चले गये तो मुसलमान हैं और हम हियाँ हैं तो हम का खुदा न ख़्वास्ता हिन्दू हो गये?

का मियाँ जवाब देयो?

ई का जवाब देंगे? इनके जिन्ना मियाँ तो खुदै ही हाथ झाड़-झूड़ के चल दिहीन ई अच्छी रही। पाकिस्तान बने वास्ते ओट दिहीन हियाँ के मुसलमान और जब बन गया तो जिनवा कहिन कि हियाँ के मुसलमान जायें चूल्हे भाड़ में।

बतावा।

*ये दाग़-दाग़ उजाला, ये शब गज़ीदा सेहर*
*वो इंतज़ार था जिसका ये वो सेहर तो नहीं*
*ये वो सहर तो नहीं के जिसकी आरज़ू लेकर*
*चले थे यार के मिल जायेगी कहीं न कहीं*

अमा कौन सा उजाला दाग़-दाग़ हो गया। ये आपके साथ बड़ा मसला है जब हम अपने क़ौम की तामीर का जश्न मनाते हैं आप शुरू हो जाते हैं अपना मातम लेकर। अरे हुई थी मार-काट पर दो नये मुल्क भी तो बने। आप ये क्यों नहीं सोचते आज हमारे पास एक के बजाय तीन मुल्क है, तीन झण्डे हैं, तीन क़ौमें हैं, तीन न्युक्योलाई ज़ख़ीरे हैं, 16-17 सरहदें हैं, तीन फ़ौजे हैं, 18-19 बग़ावतें हैं, तीन टीमें है, और 150 करोड़ लोगों के बीच एक ओलंपिक गोल्ड मेडल है? और आप वहाँ रह भी जाते तो क्या मिलता आपको? माईनौरिटी कमीशन की चेयरमैनी? अजी शिनाख़्त के बोहरान में आप साठ साल पहले भी गुबतला थे और आज भी वहीं के वहीं हैं?

शिनाख़्त? अमाँ जहाँ क़ौमों का वजूद ख़त्म हो रहा था वहाँ शिनाख़्त की क्या हैसियत है। जब ये उजाला हो रहा था उस वक़्त रावलपिंडी के क़रीब एक गांव में

6 साला जीत ने देखा के उसके गांव को हमलावरों ने चारों तरफ़ से घेर लिया है। हमलावरों ने पहले माल की गुहार की और फिर जान के बदले मज़हब बदलने की मांग की। जीत के परिवार में 10 बुज़ुर्ग और 11 बच्चे थे। जीत के 6 भाई और पाँच बहनें। जीत की मां ने उसके दो महीने के भाई की दुहाई देते हुए जीत के बाप से कहाः हमलावरों की बात मान क्यों नहीं लेते? मज़हब बदल लो।''

जीत के बाप ने कहाः हरगिज़ नहीं हम जान दे देंगे पर न ही मज़हब बदलेंगे और न ही अपनी औरतों की आन देंगे। सच्चे पादशाह का पाठ कर के जीत के बाप ने उसकी आंखों के सामने उसकी माँ और चार बहनों को शहीद किया। क्रिपाण का एक वार जीत के सर पर भी लगा। जीत की जब आँख खुली तो उसने अपने आप को एक ट्रेन में पाया। पहले तो अपने आस-पास के लोगों को देखकर वो समझी के उसके घर वाले हैं पर वो लाशें भी अजनबी निकली। किसी तरह वो अपने आपको घसीट कर इस तरफ़ ले गयी जिधर कुछ जिस्म हरकत कर रहे थे। प्यास का शदीद ग़लबा था। किसी तरह कुछ पानी फ़राहम हुआ। पर अभी पानी की बूंद गले के नीचे उतरी भी नहीं थी के ट्रेन झटके से एक जगह रुकी, प्लेटफ़ार्म पर दोनों तरफ़ फ़ौजियों की क़तारें थी और दूर से ढोल ताशे की आवाज़ें आ रही थीं। शायद शरणार्थियों का कोई जत्था आने वाला था। जत्था आया तो सही पर लाशों का। गांव वालों ने अपने कन्धों से लाशें उतार कर ट्रेन में ठूसते हुए कहाः यारां साडे पिंड से 200 लोग कम हो गये है। सो हर डिब्बे से 10-10 आदमी नीचे उतर आये।

पेशावर एक्सप्रेस अपना सफ़र यूं ही तय करती रही। स्टेशन दर स्टेशन मुलाक़ातियों का जत्था ऐसे ही आता रहा। आख़िरकार जब ट्रेन अमृतसर पहुंची तो 6 साला जीत के अलावा उस ट्रेन में कोई ऐसा न बचा था के जो जय हिन्द कह सके। मुसाफ़िरों के इस्तक़्बाल के लिए जो मुलाक़ाती वहां आये थे उनमें से कुलवंत सिंह सबसे पहले ट्रेन में कूद कर चढ़ा और डब्बा डब्बा झांकता हुआ वहां पहुंचा जहां जीत थी। उसने लपक कर जीत को अपनी गोद में उठाया। उसके ख़ुश्क आंसुओं को अपनी आस्तीन से पोछा और कहाः फ़िक्र न करी पुत्तर। सच्चे बादशाह की पुकार सीं तो पूरा करेंगे। हमने भी एक ट्रेन भर कर अभी उधर भेजी हैं।

सूरते हाल का मुआयना करने जब एक अमरीकी रिपोर्टर स्टेशन पर पहुंचा तो उसने देखा के जहां ट्रेन से घसीट कर लाशें डाली जा रही थी वहीं ऊपर एक साइनबोर्ड पर ये इबारत लिखी थी।

*शिकायत की किताब स्टेशन मास्टर के पास मौजूद है, जिन मुसाफ़िरों को रास्ते में कोई तकलीफ़ पहुंची हो फ़ौरन रुजूअ करें:*
*मैं किस से इंतक़ाम लूँ*
*ये सच है बेकसों के ख़ूं से*

*सुर्ख़ हो गई ज़मीं*
*मुसीबतों की दास्तां मैं सुन चुका हूं हमनशीं*
*मैं सुन चुका हूँ किस तरह बजुर्गों नातवान भी*
*बिलखते शीरख़्वार भी, फ़सुर्दा नौजवान भी*
*अजल के घाट*
*एक एक करके सब उतर गये*
*मैं सुन चुका हूं हमनशीन*
*ये दास्ताने दिल ख़राश*
*मगर किसे मैं दोष दूँ।*
*मैं किस से इंतक़ाम लूँ*

फ़रमाया बर्जुगों ने क़ौम की इज्ज़त, ख़ानदान की इज़्ज़त है। ख़ानदान का पास उसकी नामूस है। माँ न होती तो बेटा न होता, हव्वा न होती तो नस्ले इंसानी न होती। बस साबित हुआ के वो फ़र्द जिसे औरत कहते हैं पूरे क़ौम की ज़ात है, उसका अस्ल है, उसका जुज़वे ख़ास है।

तो जब सन सैंतालीस का रन पड़ा, तो उस जंग का सबसे बड़ा सरमाया इसी सिनफ़े नाज़ुक की ज़ात थी और उस जंग का सबसे बड़ा हथियार भी औरत की ही हस्ती थी।

तो हाज़रीन जब इन दोनों नये मुल्कों के रहनुमा अपनी अपनी गद्दियों पर बैठे, पंडितों ने हवन किये, मौलवियों ने फ़ाल निकाले और चौधरियों की चौधराहट फिर दमकने लगी तो इन नये मुल्कों के रहनुमाओं को ख़्याल आया के इधर का कुछ माल उधर और उधर का कुछ माल इधर रह गया है।

तो पागलों के साथ-साथ अग़वाशुदा औरतों के तबादले का भी ख़्याल पनपा और नये नये मनसूबे पनपे। तो वो फ़रीक़ैन जो न सिर्फ़ अपनी फ़ौजों के साथ बल्के अपने लोगों के साथ भी जंग में मसरूफ़ थे उनहोंने इतना सुलह ज़रूरी समझी के इस संगीन मौज़ू पर एक मुआहदा क़ायम करें। तो एक क़रारनामा तैयार हुआ के कोई हिस्सा दूसरे की अमानत में ख़यानत नहीं करेगा और जिसका जो अस्ल है वो दूसरे को लौटाया जायेगा। रहा सवाल सूद का तो उसे यतीमख़ाने भेज दिया जाएगा। तो फ़ौजें दौड़ाई गई, कमेटियाँ बैठाई गई और खेतों में, रन के डेरों में, खलियानों में, नये सिरे से औरतों की पकड़-धकड़ शरू हुई। बिछड़ी, भटकी, औरतें जब पकड़ी गयीं तो उनकी असली आज़माईश तब शुरू हुई जब वो दोबारा अपने अपनों के पास पहुंची। पाकी नापाकी के इम्तेहान लिये गये, आग में चढ़ने और उतरने, चढ़ने और उतरने के इन सिलसिलों को नया रंग तब चढा जब ये जाहिर हुआ के बहुत सी औरतें इसलिए नापैद हैं के अब वो जहां हैं वहाँ ख़ुश हैं।

अख़्तर की कहानी भी कुछ ऐसी ही थी जब उसके शहर पर आफ़त आई और घर के घर जलाये गये तो बाप, भाई और बेटे का ग़म लिये वो उस ट्रेन में सवार हुई जो उधर जा रही थी। रास्ते में, जैसा के होता था, परमेशर सिंह और उसके साथियों ने उसे ट्रेन से घसीट कर उतार लिया। जब अख़्तर 28वीं बार खुल चुकी तो न जाने क्यों परमेशर को उसपर रहम आ गया और उसने अपनी पगड़ी खोल कर उसके जिस्म पर डाल दी। उस एक लम्हे के लिये अख़्तर परमेशर की इतनी शुक्रगुज़ार हुई के उसने अपनी सारी ज़िन्दगी उसके ऊपर न्योछावर कर दी।

अख़्तर और परमेशर उस के गाँव में रहने लगे। अख़्तर को सरदारनी बनना मंजूर था, परमेश्वर की दूसरी बीबी बनना मंजूर था पर नहीं मंजूर था तो दुबारा उजड़ना। पर तारीख़ों के इन्क़लाब में अख़्तर और अख़्तरियाँ नक़्क़ारख़ाने की तूती की तरह होती हैं। लाख छुपने-छुपाने पर भी अख़्तर की निशानदेही हो ही गयी। 21 हज़ार एक सौ पांच अग़वा शुदा औरतों में अख़्तर महज़ एक हिंदसा थी। एक गिनती ख़्वाहिश, एहसास और खुदी से यकसर मासूम।

*गड़ी हैं कितनी सलीबें मेरे दरीचे में*
*हर एक अपने मसीहा के ख़ूं का रंग लिये*
*हर एक वस्ले .ख़ुदावद की उमंग लिये*
*गड़ी हैं कितनी सलीबें मेरे दरीचे में*

बम्बई में कांग्रेस हाऊस और जिन्नाह हाल के पुश्त पर एक पेशाबगाह है जिसे मूत्री कहते हैं। एक बार उसे मजबूरन उस मूत्री में जाना पड़ा। नाक पर रूमाल रख कर जब वो बदबू और तअफ़्फ़ुन के उस घर में दाख़िल हुआ तो उसने देखा के दीवार पर किसी ने सफ़ेद चॉक से ये इबारत लिख दी थी के मुसलमानों की बहन का पाकिस्तान मारा। दोनों मुल्क ग़ुलाम रहे पर मूत्री आज़ाद थी। एक बार फिर वो उस मूत्री में दाख़िल हुआ पेशाब करने के लिये तो उसने देखा के मुसलमानों की बहन का पाकिस्तान मारा के नीचे किसी ने कोयले से लिख दिया था।

हिन्दुओं की माँ का अखंड हिन्दुस्तान मारा।

दोनों मुल्क आज़ाद हुए पर मूत्री पर बदबू का क़बज़ा वैसे ही बरक़रार रहा।

तीसरी बार फिर से मूत्री में जाना पड़ा पर पेशाब करने के लिए नहीं। इस बार उसने देखा के ''मुसलमानों की बहन का पाकिस्तान मारा और हिन्दुओं की मां का अखंड हिन्दुस्तान मारा'' के अल्फ़ाज़ मद्धम पड़ गए थे और उन के नीचे किसी ने मोटी खुरदुरी पेंसिल से ये इबारत लिख दी थी।

''दोनों की माँ का हिन्दुस्तान मारा''

अभी चंद बरस पहले लाहौर के पांडू नगर के एक मकान से ख़तों का एक पुलिन्दा मिला। वो सारे ख़त एक ही शख़्स ने लिखे थे और एक ही पते से आये थे। किताब घर, गेट माई हीरा, जालंधर, पंजाब

दिसम्बर 30, 1947

मकान नं: 32

पांडू स्ट्रीट कृष्ण नगर, लाहौर के रहने वालों के नाम।

जनाबे आली!

ये ख़त मैं आपको इस उम्मीद पर लिख रहा हूँ के आप ये ख़्याल न करेंगे के एक हिन्दू आपको ख़त लिख रहा है बल्के एक इंसान होने के नाते मेरी दरख़्वास्त पर ग़ौर फ़रमायेंगे।

मैं जब आख़िरी दफ़ा 17 सितम्बर को अपने मकान 32 पांडू स्ट्रीट कृष्ण नगर में दाख़िल हुआ तो मुझे पता चला के मेरा मकान किसी और के नाम हो गया है। मेरे मकान की, बल्के उस मकान की जो अब आपका है, बैठक की अल्मारी के पास एक लोहे का सन्दूक़ पड़ा है। जिसमें मेरे कुछ बहुत अहम काग़ज़ात हैं। मेरी बीवी की और मेरी बैंक की पासबुक, घर की रजिस्ट्री और बीमा कम्पनियों की रसीदें।

मैं यहां बेघर और बेसहारा हूँ। अगर आप मेहरबानी करके वो काग़ज़ात मुझ तक इरसाल कर दें तो मैं आपका बहुत शुक्रगुज़ार हूंगा।

मुफ़लिस ओ नाचार<br>
आपका ख़ैर अन्देश<br>
हरकिशन दास बेदी

9 फ़रवरी 1948

मेरे मोहतरम और रफ़ीक़ मोहम्मद लतीफ़ साहब!

आपकी इरसालकर्दा रजिस्ट्री मुझे मिली। मुझे इस बात पर फ़ख़्र है के मेरा मकान एक ऐसे शख़्स को अलॉट हुआ है जो सही मायनों में एक मुकम्मल इंसान है।

लतीफ़ साहब मैं आपके काम के सिलसिले में ओतर के डाकख़ाने गया था। वहाँ का सब पोस्टमास्टर एक सिख है के जो पाकिस्तान से आया है और उसमें शराफ़त नाम की भी नहीं है। मैंने जैसे ही आपके नाम का ज़िक्र किया तो उसने तो मेरी बात सुनने से ही इंकार कर दिया। इन हालात में मैं मजबूर हो गया और वापस लौट आया।

लतीफ़ साहब मुझे उम्मीद थी के गांधी जी की कोशिश रंग लाएगी और हम

एक दिन फिर अपने घर लौट जायेंगे। पर एक कमीने और रज़ील इंसान ने इस अमन के देवता को हमसे हमेशा के लिए छीन लिया और उम्मीद की वो आख़िरी शमां भी अब ख़ामोश हैः

ये कहना ग़लत न होगा के बहरहाल हरकिशन दास बेदी और अब्दुल लतीफ़ ख़ुशक़िस्मत थे के दोनों पंजाबी थे। न कोई हिन्दू, सिख पाकिस्तानी पंजाब में बचा और न ही कोई मुसलमान हिन्दी मशरिक़ी पंजाब में। पर अभी सिन्धी हिन्दू बाक़ी थे, अभी बलूची हिन्दू बाक़ी थे अभी पेशावरी और अफ़ग़ानी सरदार बाक़ी थे और बाक़ी थे करोड़ों हिन्दुस्तानी मुसलमान।

तो हाज़रीन करोड़ों हिन्दुस्तानी मुसलमानों की एक कहानी सुनाना, ये तो नामुमकिन है। वो सिर्फ़ जिन्नाह साहब के बस में था। तो हम सुनाते हैं दास्तान देहली के उजड़ने कीः

*तज़किरा देहलीये मरहूम का ऐ दोस्त न छेड़*
*न सुना जायेगा हमसे ये फ़साना हरगिज़*

## मख़दूम देहलवी की दास्तान

मख़दूम देहलवी साहब का ख़ानदान पुरानी देहली के पुल बंगश इलाक़े में रहता था। पुरानी देहली के क़दीम हकीमों का ख़ानदान, हकीम अजमल खां की रिवायतों पर पूरी तरह क़ायम जमीअतुल उलमा और कांग्रेस पार्टी का हिमायती, मुस्लिम लीग का सख़्त मुख़ालिफ़। बंटवारे के कुछ दिनों बाद जब लुटे पिटे बरबाद शरणार्थी इश्तेआल में आके शहर में हमला करने लगे तो पहाड़गंज, क़रोलबाग़ और सदर बाज़ार में रहने वाले उनके ख़ानदान और जान पहचान के दसियों लोगों ने आकर उनके घर में पनाह ली। पूरा मोहल्ला मुसलमानों का था, फाटक हबशख़ाना बराबर में था। कांग्रेस के आला लीडरों से रब्त-ज़ब्त था। ख़तरे की कोई बात नहीं थी। पुलिस का पहरा था ये इत्मीनान मज़ीद तसकीन में बदल गया जब मोहल्ले को Muslim Zone क़रार दे दिया गया। मख़दूम साहब, बेगम अनीस क़िदवाई के साथ मिलकर शरणार्थी कैंपों में पनाहगुज़ींनों की ख़िदमत करने में मसरूफ़ थे। जामा मस्जिद में और हुमायूं के मक़बरे में हज़ारों की तादाद में बेघर मुसलमान भी जमा हो गये थे मख़दूम साहब के बहनोई मुहाजिर देहलवी अंग्रेज़ सरकार के बड़े अफ़सर पाकिस्तान के हिमायती उधर जाने वालों की देख रेख में लगे हुए थे। 15 सितम्बर की रात को मख़दूम साहब घर में घुसे ही थे के हमला शुरू हो गया। ज़ोर-ज़ोर से नारों और चीख़ों की आवाज़ आई। आन की आन में पूरा मोहल्ला ज़द में आ गया। शरणार्थियों के साथ हमला करने वालों में पुलिस के दस्ते पेश-पेश थे। नादिरशाही ग़लबे से जो घर किसी तरह

महफ़ूज़ रह गया था और सन सत्तावन का ग़दर भी जिसका बाल न बांका कर सका था वो धू धू कर के जल गया।

उनका पूरा ख़ानदान घर से निकल पड़ा। पूल बगंश से पुराने क़िले तक का सफ़र। चंद मीलों का फ़ासला और कई सदियों का क़हर। मुसलमानों के सबसे बड़े कैंप में ख़ानदान का आधा हिस्सा ही पहुंच सका। देखते ही देखते पचास हज़ार से ऊपर देहली वाले कैम्प में उमड़ आये तो जनाबः

*हाथ में बीड़ी मुंह में पान*
*लड़ के लेंगे पाकिस्तान*

का नारा लगाता देहलवी मुसलमान जब घर से निकला तो पहुंचा पुराने क़िले के कैंप मैं। जो क़ायम किया गया था उन मुसलमान अफ़सरों के लिए जो पाकिस्तान जाना चाहते थे पर कैम्प में कौन लीगी कौन कांग्रेसी, कौन ज़मीनदार, कौन मुसाहिब। यहां तो सब मुसलमान थे जिन्होंने बंटवारा कराया था और जिनकी वजह से ये अज़ीम क़त्लेआम बरपा हुआ।

कैम्प की ज़िम्मेदारी पाकिस्तान सरकार की थी। 50,000 लोगों के बीच पानी का एक नल, बरसात का महीना और पुराने क़िले की उजड़ी फ़सीलें। हालात यहां तक पहुंचे के पाकिस्तानी सरकार ने कैम्प से हाथ धो लिया और दिल्ली सरकार से गुहार की के वो कैम्प की ज़िम्मेदारी संभाले।

दिल्ली सरकार के आला अफ़सर कमिश्नर जी.डी. खोसला जब पुराने क़िले के कैंप मुआयने के लिए पहुंचे तो कैंप के लोगों ने झल्ला कर उनसे कहाः

ऐसे हालात में रहने से तो बेहतर है हम पाकिस्तान चले जाएं।

इस दौरे के बाद कमिश्नर जी.डी. खोसला ने बापू को ये रिपोर्ट दीः

पुराने क़िले के मुसलमान इस मुल्क में नहीं रहना चाहते। मैं जब उनसे मिलने गया तो उन्होंने साफ़ कहा के वो यहां नहीं रहना चाहते, पाकिस्तान जाना चाहते हैं और ये देख कर मेरा दिल भर आता है के हमारे अपने लोग बेघर और बे सरो सामान हैं। बताईये बापू मैं क्या करूं?

बापूः पर जब मैं वहा जाता हूँ तब तो वो यह नहीं कहते के उन्हें पाकिस्तान जाना है। वो भी हमारे ही लोग हैं। आप उन्हें कैंप से वापस लाईये और उनकी हिफ़ाज़त कीजिए।

पर कैंप से वापस लाना मुमकिन नहीं था क्योंके उनके घरों पर शणार्थियों का क़ब्ज़ा हो चुका था जैसा सरदार पटेल ने अर्ज़ किया के अगर मुसलमान यहां से निकलेंगे नहीं तो उधर से आ रहे शरणार्थी कहां जाएंगे।

अब सवाल ये था के दिल्ली का मुसलमान जाये तो जाये कहां। हिन्दुस्तानी मुसलमान के नाम पर बना पाकिस्तान पर इतनी जगह तो वहां थी नहीं के सब वहां समा सकें। जिन्ना साहब से जब पूछा गया तो उन्होंने जवाब दिया के उसे यह सोच

कर क़नाअत करनी चाहिए के उसने पाकिस्तान के लिए कुर्बानी दी। 15 सितम्बर 1947 को जब देहली के मुसलमानों का एक वफ़्द उनसे मिला तो उन्होंने फ़रमाया के "आपके सामने दो रास्ते हैं या तो हिन्दुस्तानी सरकार से अपने हक़ का मुतालबा कीजिए या जंग छेड़ दीजिए।"

शहर में मारकाट जारी थी। घरों को लौटने का सवाल ही नहीं पैदा होता। पाकिस्तान जाने वाली ट्रेन अभी बन्द थी और ऊपर से आ गया पाकिस्तान के वज़ीरे आज़म का ये बयान।

"मुझसे कहा गया के देहली और यूपी के सारे मुसलमान पाकिस्तान आना चाहते हैं और पाकिस्तान सरकार को इसका इंतज़ाम करना चाहिये तो मैं ये साफ़ कर देना चाहता हूँ के हालांके पाकिस्तान मुसलमानों को पनाह देने के लिए तैयार है पर हम ये नहीं चाहते के मशरिक़ी पंजाब के एलावा कहीं और का मुसलमान अपना वतन और जायदाद छोड़ कर पाकिस्तान आए। मैंने इस बात पर ज़ोर दिया के मुसलमानों की हिफ़ाज़त हिन्द सरकार की ज़िम्मेदारी है और वो अपना फ़र्ज़ पूरा करें। अगर भारत सरकार अपनी ड्यूटी पूरी करे तो कोई यूपी देहली का मुसलमान यहां नहीं आयेगा। उसे ज़रूरत ही नहीं महसूस होगी। मुल्क की तक़सीम इस उसूल पर हुई थी के अक़लियतें अपने अपने इलाक़े में रहेंगी और सरकारें अपने हर शहरी को उसका हक़ देगी, उसकी हिफ़ाज़त करेगी।"

कैंप में हालात बद से बदतर हुए जा रहे थे। ख़ानदान के बाक़ी अफ़राद का कुछ पता नहीं चल पा रहा था बहन और बहनोई तो ग़ालेबन पाकिस्तान चले गये थे। हालांके ख़बर पक्की नहीं थी। पर मसला ये था के मख़दूम का छोटा भाई, माँ का चहेता बिलकुल लापता था। वालिदे माजिद अपने सारे कांग्रेसी दोस्तों के घर हो आए थे पर न ही रफ़ी साहेब, न मौलाना ने कुछ मदद की और हद तो ये के पंडित जी भी कुछ करने से क़ासिर थे और करते भी कैसे। उनके अपने घरों में हज़ारों की तादाद में मुसलमान पनाहगुज़ीन जमा थे।

माँ फ़िराक़ में बेहाल थी। खाने पीने, पहनने ओढ़ने, नहाने धोने और पैख़ाने की परेशानी उस वक़्त कम लगने लगी जब कैंप में हैज़े की वबा का शदीद ग़लबा हुआ।

जब शहर में कुछ अमन हुआ और पाकिस्तान जाने की ट्रेनें तैयार थीं तो उस वक़्त आया मौलाना आज़ाद का जामे मस्जिद से एक तारीख़ी ख़ुतबाः

"तुम्हें याद है मैंने तुम्हें पुकारा, तुमने मेरी ज़बान काट ली। मैंने क़लम उठाया और तुमने मेरे हाथ क़लम कर दिए। मैंने चलना चाहा तुमने मेरे पांव काट दिए। मैंने करवट लेना चाही तो तुमने मेरी कमर तोड़ दी...पिछले सात बरस की रूदाद दोहराने से कोई ख़ास फ़ायदा नहीं और न इससे कोई अच्छा नतीजा निकल सकता है...अज़ीज़ो! तब्दीलियों के साथ चलो ये न कहो के हम इस तग़य्युर के लिए तैयार

न थे, बल्कि अब तैयार हो जाओ। सितारे टूट गये लेकिन सूरज तो चमक रहा है। इससे किरणें मांग लो और उन अंधेरी राहों में बिछा दो जहां उजाले की सख़्त ज़रूरत है... मैं कहता हूँ जो उजले नक़शो-निगार तुम्हें इस हिन्दुस्तान में माज़ी की यादगार के तौर पर नज़र आ रहे हैं वो तुम्हारा ही क़ाफ़िला लाया था। उन्हें भुलाओ नहीं, उन्हें छोड़ो नहीं, उनके वारिस बनकर रहो और समझ लो के अगर तुम भागने के लिए तैयार नहीं तो फिर तुम्हें कोई ताक़त नहीं भगा सकती। आओ अहद करो के ये मुल्क हमारा है, हम इसी के लिए हैं और इसकी तक़दीर के बुनियादी फ़ैसले हमारी आवाज़ के बग़ैर अधूरे ही रहेंगे।''

कहा जाता है के इस ख़ुतबे के बाद हज़ारों बंधे हुए बिस्तर खुल गये। तो पुरानी देहली का ये आली निज़ाद ख़ानदान उजड़ने के बाद दुबारा बसने की राह में गामज़न था। आसरा मिला तो एक पुराने वफ़ादार नौकर, जानकी प्रसाद के सरकारी क्वाटर में जिसको इनके बाप ने अपने रुसूख़ से महकमा-ए-ज़राअत में नौकरी लगवाई थी और दो दिन बाद ही ख़त आयाः बहन और बहनोई कराची में खैरियत से हैं, खुशहाल हैं और सबसे बड़ी बात ये के कब्बन देहलवी, यानी छोटे भाई, माँ की आंख के तारे, ख़स्ता हाल, बीमार किसी तरह उधर आ पहुंचे हैं। हालात ख़राब हैं और शिद्दत से तुम्हें और वालिदा को याद कर रहे हैं। यहाँ आकर उन्हें लिवा जाओ। माँ ने बिस्तर पकड़ लिया और ज़िद ठान ली के कब्बन का चेहरा देख लूँ तो चैन से मरूं।

नाचार हिन्दी मिज़ाज, हिन्द परस्त हज़रत मख़दूम देहलवी पाकिस्तान के सफ़र पर रवाना हुए। जयपुर, अजमेर, जैसलमेर होते हुए खोखरापार पहुंचें। आम आदमी का सफ़र था, अंग्रेज़न की औलाद तो थे नहीं के उड़ के उधर जाते।

कराची पहुंचे तो वहां अजब ही मंज़र पाया। हर तरफ़ सिंधी, मुहाजिर, पंजाबी मगर पाकिस्तानी नदारद।

पाकिस्तान में इंडियन मुसलमान इस बात पर परेशान हैं के पाकिस्तान में न उनका कोई इस्तक़बाल हुआ, न उनके लिए कोई इंतज़ाम और पाकिस्तान इस बात पर हरासां की अगर सारे मुसलमान यहां आ गये तो पाकिस्तान कैसे चलेगा। बहनोई को इस बात पे परेशानी के कांग्रेसी रिश्तेदार उनकी सरकार में साख ख़राब न करें।

इधर दिल्ली के फ़सादात कुछ उस वक़्त थमे जब नवाखली में ''ऐकला चोलो रे'' के नारे का मरहम दिल्ली में भी कारगर साबित हुआ।

बापू की दिल्ली में आमद हुई और उन्होंने शुरू किया व्रत इस मांग के साथ के क़त्लो ग़ारत बन्द हो और मुसलमानों को वापस उनके घरों में पहुंचाया जाये।

मगर बापू का ये व्रत काल का निवाला साबित हुआ और 30 जनवरी 1948 को बापू शहीद कर दिए गएः

*ख़ुदारा न बोलो यह मनहूस बोली*
*भला कौन मारेगा बापू को गोली*
*ज़मीं ऐसी बातों से थर्रा गई है।*
*जगाओ न बापू को नींद आ गई है।*

ये शहादत गोया पूरे हिन्दुस्तान को झिंझोड़ कर होश में ले आई।

यकायक पूरे बर्रे-सग़ीर में अमन छा गया। गोया सबके सब किसी क़ुर्बानी का इंतज़ार कर रहे थे।

जब अमन दुबारा क़ायम हुआ तो बहुत से हैरत अंगेज़ वाकिए हुए। मार्च अप्रेल 1948 में पाकिस्तान से दो या तीन हज़ार मुसलमान हर रोज़ अपने घरों को हिन्दुस्तान लौटने लगे।

अब शुरू हुआ पाकिस्तान से उल्टी हिजरत का सफ़र। सैकड़ों हज़ारों लाखों मुसलमान पाकिस्तान से हिन्दुस्तान वापस आ रहे थे। इनमें वो भी थे जो सिर्फ़ जान की अमान के लिए आसरे और शरण के लिए पाकिस्तान भागे थे औ वो भी थे जिनकी उम्मीदों और ख़्वाबों का पाकिस्तान चकनाचूर हो चुका था।

चन्द महीनों के अन्दर अंदर चार लाख के क़रीब मुसलमान पाकिस्तान से वापस आ गए। देहली के हुकमरानों को ये ख़दशा पैदा हुआः "अफ़वाहें गर्म हैं के जून के आख़िर में कुछ फ़साद होंगे। पाकिस्तान से वापस आ रहे मुसलमानों की कसीर तादाद ख़ाली घरों में बसना चाहती है। जब के शरणार्थियों को उम्मीद थी के ये मकान उन्हें अलाट किये जायेंगे इसलिए वो अफ़वाह फै़लाकर मुसलमानों को डराना चाहते हैं और ये नामनिहाद मुस्लिम ज़ोन जो मिनी पाकिस्तान हैं, मिनी पाकिस्तान होने के इलावा कुछ नहीं, लोग बहुत ग़ुस्सा हैं। आम शिकायत ये भी के अगर हम सेक्यूलर बनाना चाहते हैं तो यह फ़र्क कैसा और ये बंटवारा क्यों कर।"

ख़तरे की गूंज बढ़ती चली गयी। यहां तक के बाबू राजेन्द्र प्रसाद ने पंडित नेहरू को ख़त लिखा के: "अगर ऐसे ही 30-40 हज़ार मुसलमान हर महीने वापस आते रहे और हिन्दुस्तानी शहरी बनने का मुतालबा करते रहे तो बहुत दुशवारियां खड़ी हो जाएंगी।"

नतीजतन 14 जूलाई 1948 को हिन्दुस्तानी सरकार ने यकतरफ़ा तौर पर शुरू किया परमिट सिस्टम। ये ख़ासतौर से मुसलमानों के हिंदुस्तान वापसी को रोकने के लिए अमल में आया था। इस बात पर जब पंडित नेहरू ने असेबली में यह सवाल उठायाः ये बापू को दिए हुए वचन की वादा ख़िलाफ़ी है।

तो सरदार पटेल का जवाब थाः देहली में पिछले कुछ महीने से मुकम्मल अमन चैन है। जो लोग अपने घरों को लौटना चाहते थे वो आ चुके हैं जो नहीं लोटे हैं

उनहें पाकिस्तानी क़रार देना चाहिए। वचन से वापस फिरने का सवाल ही पैदा नहीं होता।

तो अब शुरू हुआ परमिट का गड़बड़ झाला।

*बेगम हैं हिन्द में तो मियाँ सिन्ध में मुक़ीम*
*दोनों को है फ़िराक़ का शिकवा नसीब से*
*क्या क़ह्र है के इनकी मुलाक़ात के लिए*
*परमिट है शर्त, वो कैसे मिलेगा रक़ीब से*

मियाँ-बीबी, बाप-बेटे, भाई-बहन के बीच आया कागज़ यानी परमिट। जो हिन्दू या सिख यहाँ आना चाहते थे उनके लिए अलग परमिट था और जो मुसलमान हमेशा के लिए वापस आना चाहते थे उनके लिए अलग।

पांच अलग तरह के परमिट निकाले गये।

पहलाः उन मुसलमानों के लिए जो हिन्दुस्तान वापस आकर हमेशा के लिए बसना चाहते थे।

दूसराः उन मुसलमानों के लिए जो हिन्दुस्तान Temporary Visit पर आना चाहते थे।

तीसराः उन मुसलमानों के लिए जो मग़रिबी पाकिस्तान से मशरिक़ी पाकिस्तान जाना चाहते थे। यानी Transit Permit।

चौथाः ख़ास ताजिरों और सरकारी अफ़सरों के लिए परमिट।

पांचवांः उन हिन्दू और सिख शर्नार्थियों के लिए परमिट जो हिन्दुस्तान आकर बसना चाहते थे।

फ़ौरन इसके जवाब में पाकिस्तानी सरकार ने मुसलमानों की आमद को रोकने के लिए अपनी तरफ़ से परमिट लगाया।

तो हाज़िरीन हिन्दुस्तानी मुसलमानों के तहफ़्फ़ुज़ के लिए बना पाकिस्तान और पाकिस्तान की सबसे बड़ी दुश्वारी बना हिन्दुस्तानी मुसलमान।

हाज़िरीन हम ये नहीं जानते के मख़दूम देहवली और उनके मफ़रूर भाई कब्बन मिर्ज़ा को हिन्दुस्तान से वापस लौटने के लिए परमिट मिला या नहीं पर हम ये ज़रूर जानते हैं के लखनऊ के रहने वाले हवलदार ग़ुलाम अली लिम्ब फ़िटर के साथ क्या हुआ।

## दास्तान हवलदार ग़ुलाम अली लिम्ब फ़िटर की

सन 47 के बटवारे के वक़्त सरकारी अफ़सरों और फ़ौजियों को ये इख़्तियार दिया गया के वो दो नई सरकारों में से किसी एक को चुन लें। तो रावलपिंडी के क़रीब

चकलला में पोस्टेड लखनऊ के हवलदार ग़ुलाम अली के जो ख़ास सरकारी एज़ाज़ पर बरतानिया से लिम्ब फ़िटिंग की ट्रेनिंग लेकर आए थे। उन्होंने इंडियन आर्मी ज्वाइन करने की ख़्वाहिश ज़ाहिर की, उसी वक़्त रावलपिंडी में नस्ली फ़सादात शुरू हो गये और उन्हें मजबूरन [illegible]ी तौर पर पाकिस्तानी आर्मी में ड्राफ़्ट कर लिया गया। दो तीन बरस के बाद एक जूनियर पाकिस्तानी अफ़सर ने उनकी फ़ाइल देखी के वो इंडियन आर्मी ज्वाइन करने के ख़्वाहिशमंद थे। उन्हें फ़ौरन नौकरी से बरतरफ़ करके हिन्दुस्तानी शहरी क़रार देकर हिन्दुस्तान डिपोर्ट कर दिया गया।

खोखरा पार बोर्डर के इस तरफ़ जब वो पहूंचे तो पर्मिट न होने की वजेह से इंडियन गवर्नमेंट ने उन्हें गिरफ़्तार किया और जेल में डाल दिया। साल भर के बाद उन्हें पाकिस्तानी शहरी क़रार देकर वापस पाकिस्तान डिपोर्ट कर दिया। अब जब वो पाकिस्तान पहुंचे तो उन्होंने पाकिस्तानी शहरियत के लिए अरज़ी डाली। अरज़ी नामंज़ूर हुई। बात अदालत तक पहुंची और उनपर मुक़दमा चला। एक तवील सात साल के अर्से के बाद मुक़दमा ख़ारिज हुआ। उनको हिन्दुस्तानी शहरी क़रार दिया गया मगर मुक़दमे का फ़ैसला सुनाते वक़्त जज साहब ने एक अजीब बात नोट की। उन्होंने कहाः हालांके हवलदार गुलाम अली का केस ख़ारिज कर दिया गया है मगर जब वो यहां पाकिस्तान लौट कर आए थे तो पाकिस्तानी आर्मी ने उनको फ़ौज में नौकरी की पेशकश की थी। मगर उन्होंने ये कह कर ठुकरा दिया था के वो ख़ास सरकारी एज़ाज़ पर बरतानिया से लिम्ब फिटिंग की ट्रेंनिंग लेकर आए हैं। वो नौकरी करेंगे तो सिर्फ़ और सिर्फ़ लिम्ब फ़िटर की पोस्ट पर। चूंके पाकिस्तानी आर्मी में लिम्ब फ़िटर की कोई पोस्ट न थी और नई पोस्ट सेंक्शन करवाने में कई बरस गुज़र जाते इस लिए पाकिस्तानी आर्मी उन्हें ये पोस्ट देने से माज़ूर थी।

अब जब मुक़दमा ख़ारिज हो गया तो ग़ुलाम अली ने कहीं से रिश्वत देकर एक पाकिस्तानी पास्पोर्ट हासिल किया और उसकी बिना पर लखनऊ हिन्दुस्तान पहुंचे। लखनऊ पहुंच कर उन्होंने उत्तर प्रदेश गवर्नमेंट में हिन्दुस्तानी शहरियत की अर्ज़ी दाख़िल की। यूपी सरकार साल भर उनकी अर्ज़ी पर बैठी रही और साल भर के बाद उन्हें पाकिस्तानी शहरी क़रार देकर वापस पाकिस्तान डिपोर्ट कर दिया।

अबकी बार जब वो पाकिस्तान पहुंचे तो पाकिस्तानी सरकार ने उनको लाहौर के एक हिन्दू शर्नार्थी कैंप में डाल दिया। वहां कैंप में बैठकर ग़ुलाम अली हवलदार ने अब शुरू की अर्ज़ियों की बौछार-इंडियन हाई कमीशन को, इंडियन फ़ॉरेन मिनिस्ट्री को, हिन्दुस्तानी सरकार को, यूपी गवर्नमेंट को, यूनाईटेड नेशन को, और हर अर्ज़ी में उनका यही इसरार होता था के उन्हें ख़ास सरकारी एज़ाज़ पर बरतानिया लिम्ब फ़िटिंग की ट्रेनिंग के लिए भेजा गया था तो उन्हें लिम्ब फ़िटर की पोस्ट पर बाइज़्ज़त ओ तौक़ीर बहाल किया जाए।

तो हाज़िरीनः अब शुरू होता है फ़ाइलों का गड़बड़ झाला। हवलदार ग़ुलाम अली की फ़ाइल इंडियन हाई कमीशन से फ़ॉरेन मिनिस्ट्री, फ़ॉरेन मिनिस्ट्री से होम मिनिस्ट्री, होम मिनिस्ट्री से डिफ़ेंस मिनिस्ट्री, डिफ़ेंस मिनिस्ट्री से वापस होम मिनिस्ट्री, होम मिनिस्ट्री से यूपी गवर्नमेंट चक्कर लगाने लगी। डिफेंस मिनिस्ट्री को उनके काग़ज़ात ही नहीं मिल रहे थे। फ़ॉरेन मिनिस्ट्री का ये कहना था के हम उनको एमर्जेंसी सर्टिफ़िकेट देकर बुलवा तो लें। पर पख़ ये लगाया के अगर इंडियन आर्मी उन्हें लिम्ब फ़िटर की पोस्ट नहीं ऑफ़र करेगी तो उन्हें यहां बुलाने का कोई फ़ायदा नहीं। इंडियन आर्मी का ये कहना था के चूंकि वो पाकिस्तानी आर्मी में एक बार नौकरी कर चुके हैं इस लिए उन्हें इंडियन आर्मी में नौकरी देने का सवाल ही नहीं उठता।

हमदर्दी तो हिन्दुस्तानी नौकरशाही को ग़ुलाम अली के साथ बहुत थी मगर मस्ला उनके सामने ये था के कहीं एक को रियायत दे दी गई तो उसके बहाने लाखों पाकिस्तान गये मुहाजिर मुसलमानों के लिए लौटने के दरवाज़े न खुल जाएं।

होम मिनिस्ट्री का ये कहना था के चूंकि वो एक पाकिस्तानी पास्पोर्ट पहले ही रख चुके हैं इस लिए उन्हें हिन्दुस्तानी पास्पोर्ट इशू करने का सवाल ही नहीं पैदा होता। फ़ॉरेन मनिस्ट्री ने तब तक एमर्जेंसी सर्टिफ़िकेट ईशू करना बंद कर दिए थे। अब एक ही तरीक़ा था के उन्हें लॉग टर्म वीज़ा पर हिन्दुस्तान बुलाया जाए। मगर इसके लिए पाकिस्तानी पास्पोर्ट होना शर्त थी। पर वो तो ग़ुलाम अली पहले ही सरेंडर कर चुके थे और लाहौर के एक हिन्दू कैंप में रहने वाले को पाकिस्तानी सरकार पास्पोर्ट इशू करे तो क्यों करे।

ग़रज़ के हाज़िरीन बारह साल की मेहनत और मुशक़्क़त, फ़ाइलों की अदला बदली और आमदो-रफ़्त के बाद हिन्दुस्तानी नौकरशाही ने उन्हें हिन्दुस्तान बुलाने का एक तरीक़ा निकाल ही लिया। फ़ैसला ये हुआ के हवलदार ग़ुलाम अली एक स्पेशल पास्पोर्ट पर हिन्दुस्तान बुलावे जाऐंगे मगर शर्त ये रखी के वो कभी भी हिन्दुस्तानी शहरियत के लिए अर्ज़ी दाख़िल नहीं करेंगे। उनकी गतिविधियों पर ख़ुफ़िया विभाग नज़र रखेगा और उनको हर साल अपनी अर्ज़ी को लौकल थाने में जाकर रिन्यू करवाना होगा।

ग़ुलाम अली की आख़िरी फ़ाइलों में ये लिखा पाया जाता हैः

नाम : ग़ुलाम अली

जाए पैदाइश : हिन्दुस्तान

शहरियत : नामालूम

दो जुदा हो गये धड़ों के बीच एक कटा हुआ अज़्व, लिम्ब फ़िटर ग़ुलाम अली का धड़।

तो हाज़िरीन पेश है बंटवारे के पचीस साल बाद आज़ाद हिन्दुस्तान से पाकिस्तान भेजा गया एक और ख़त:

"अज़ीज़ अज़ जान सआदत निशान बरखुरदार कामरान।

ये ख़त मैं तुम्हें शैख़ सिद्दीक़ हसन के लड़के के माअरफ़त लंदन भेज रहा हूं के शायद वहां से तुम तक कराची पहुंच जाए। बेटा उधर की ख़बर कम कम आती है और जो आती भी है तो उसपर ऐतबार करने का दिल नहीं करता। अभी हाल ही में ख़बर आई के रज्जू क़साई का लड़का कराची जाकर बहुत बड़ा बिज़नेसमैन बन गया है और अपने नाम के आगे सैयद लिखने लगा है फिर ख़बर आई के मुहसिना की नवासी ने वहां जाकर ग़ैरों में शादी कर ली है। मोटर कार में आगे बे पर्दा बैठती है। और ख़ानदान का नाम रौशन कर रही है, फिर एक दिन शैख़ सिद्दीक़ हसन दौड़े-दौड़े आए और कहने लगे पाकिस्तान में सब सोशलिस्ट हो गये हैं और प्याज़ पांच रूपिया सेर बिक रहा है। सुन कर दिल धक से रह गया। फिर ख़्याल आया के शैख़ सिद्दीक़ हसन पुराने कांग्रेसी हैं पाकिस्तान के बारे में जो ख़बर लाएंगे ऐसी ही लाएंगे। फिर एक दिन एक ऐसी ही ख़बर आई जिनसे उन सब अफ़वाहों की तरदीद हो गई। ख़बर ये आई के पाकिस्तान में अहमदियों को ग़ैर मुस्लिम क़रार दे दिया गया है और ज़ोर शोर से उनकी पकड़ धकड़ हो रही है। सुन कर बेटा दिल को बहुत तसकीन पहुंची।

बेटा हम तो काफ़िरों के मुल्क में हैं। हमारे घर के आगे ग़ैर मुक़ल्लिदों ने अपनी ऊंची एक मीनार की मस्जिद बना ली है। दिन भर बलंद आवाज़ में आमीन आमीन कहते हैं और हम कुछ कर भी नहीं पाते हैं।

बेटा हमारा शजरा हमारी सब से बेश क़ीमती विरासत है। चौदा सौ साल से हमने इस अमानत को संभाल कर रखा था पर हिन्दुस्तानो पाकिस्तान की रस्ताख़ेज़ी में ये विरासत हमसे बिछड़ गई अब ये सिर्फ़ हाफ़ज़े के ज़रीआ मुंतक़िल की जा सकती है।

प्यारे मियां हमारे ख़ानदान की तरफ़ से सन सैंतालीस के फ़सादात में चढ़ने वाली पहली भेंट थे, मैंने तब से लेकर अब तक हिसाब किया है हमारे ख़ानदान से कुल 31 अफ़राद हलाक हुए हैं, सात को अहले हनूद ने हिन्दुस्तान में क़त्ल किया, 14 पाकिस्तान जाकर बिरादराने इस्लाम के हाथ अल्लाह को अज़ीज़ हुए और बाक़ी अपनी मौत मारे गये।

बेटा मुशाहदे में तो यही आया है के तिंके टूट कर बिखर गये तो बिखर गये, तितर बितर तिंकों को कभी जमा होते देखा नहीं गया। मगर कोशिश करना इंसान का फ़र्ज़ है। अब जबके रस्ते खुलने लगे हैं तुम भी एक चक्कर इधर का लगा जाओ, अपनी सूरत दिखा जाओ। तुम्हारी चची का तक़ाज़ा है के अकेले न आना। अपनी

दुल्हन को भी साथ ले कर आना। हां मियां अकेले न आना। इसी बहाने हम तुम्हारे बच्चों को देख लेंगे के कौन गोरा है और कौन काला।

बेटा अब मैं उड़ते पत्तों का मातमदार हूं। और क्या लिखूं। तुम कम लिखे को बहुत जानो। दुनिया में आकर बहुत कुछ देखा जो नहीं देखना था सो वो भी देखा। अब आंख बंद हो के वो देखें के जिसे देखने की एक मुद्दत से आरज़ू है।

तुम्हारा दूर उफ़्तादा चचा

क़ुरबान अली

*किस से कहें के हमपे जो सदमा गुज़र गया*
*ख़ाली हुआ अज़ीज़ों से घर दश्त भर गया*
*दुनिया से दोपहर में मेरा घर का घर गया*
*बेटा जवान क़त्ल हुआ भाई मर गया*
*बनती नहीं जब आती है क़िस्मत बिगाड़ पर*
*टुकड़े हों गर पड़े ये मुसीबत पहाड़ पर*

# शब्दावली

ये Glossary सिर्फ़ किताब में मौजूद दास्तानों को धयान में रखकर तैयार की गई है और मानी की तफ़सील भी उसी हिसाब से दर्ज है। लफ़्ज़ों के भरपूर मानी जानने के लिए dictonary देखना ज़्यादा मुनासिब होगा।

**दास्तान सराई का आग़ाज़े-नौ**

दास्तान सराई - दास्तान सुनाना
आग़ाज़े-नौ - नए सिरे से शुरू करना
नादिर - नायाब, उम्दा
तनव्वो - मुख़तलिफ़ रंग का होना, क़िस्म क़िस्म का होना
तख़य्युल - ख़्याल करना, सोचना, तसव्वुर करना
वुस्अत - फैलाव
अज़ीमुश्शान - बड़ी शान वाला
मंज़ूम - जो नज़्म की शक्ल में हो
परवाज़ - उड़ान
इम्तिज़ाज - मिलावट, कई चीज़ों को मिला कर एक नई चीज़ तैयार करना
आला - बहुत बड़ा, बहुत ऊंचा
ख़लक - दुनिया के लोग, मख़लूक
काईनात - दुनिया
मुहिमजोई - जंग जीतना
रक़्स - उछलना, कूदना, नाचना
शिकस्त - हारना
ख़ुफ़िया - पोशीदा
मसख़रापन - हंसी मज़ाक़ करना

सिफ़ात - ख़ुसूसियत, आदत
इबारत - तहरीर, Essay
रज़्म - जंग
बज़्म - महफ़िल
तवाज़ुन - बराबरी
कसरत - ज़्यादती
तकल्लुफ़ - बनावट, हिचकिचाहट
सिन्फ़े सुख़न - अदब की किस्में
इरतेक़ाई - तरक़्क़ी पज़ीर
ज़मान-ए- क़दीम - पुराना ज़माना
मुहमल - बेकार, बेमानी, ज़ायद
शोहर-ए-आफ़ाक़ - दुनिया भर में मशहूर
बरतर - ऊंचा, बेहतर
हमाक़त - बेवकूफ़
सआदतमंदी - फ़रमांबरदारी
फ़िल-बदीह - एक दम से, अचानक से, बिना तैयारी के
तक़रीज़ - किताब और लिखने वाले की तारीफ़
ख़ुशगवार - पसंदीदा
ज़ेर-ओ-बम - उतार चढ़ाव
मुंअक़िद - बढ़ने वाला, मुक़र्रर होने वाला
सामईन - सुनने वाला
मलहूज़ - ख़्याल किया गया, लिहाज़ किया गया

**शौक़े-आवारगी में**

इन्हिमाक - ग़ौर से
गुन्जलक - वो चीज़ जो साफ़ न हो
तस्नीफ़ - रचना
तमद्दुन - मिल जुल कर रहने का तरीक़ा
सक़ाफ़त - कल्चर
क़बील - ख़ानदान
अतराफ़ - इर्द-गिर्द
तआवुन गवद

मुन्सलिक - पिरोया हुआ, जुड़ा हुआ
मुशतरका - मिला हुआ
इशाअत - छपा हुआ Published.
अक्कासी - तस्वीरकशी
मुहक़्क़िक़ - खोज करने वाला
मुतालआ - Reading
माज़ीए-बईद - काफ़ी गुज़रा हुआ ज़माना, वक़्त
तवानाई - ताक़त
फ़िलबदीह - बिना सोचे समझे
अल्हम्दो लिल्लाह - सारी तारीफ़ ख़ुदा के लिए है
मुहर्रिकात - वजूहात
पैमाने - आला, तराज़ू
ख़ुद साख़्ता - अपनी मेहनत से हासिल किया हुआ
सुर्ख़रूई - इज़्ज़त पाना
लुब्बे लुबाब - ख़ुलासा
रफ़ीक़ - दोस्त
हमसफ़र - सफ़र का साथी
वाक़िफ़ - मालूम होना, जानना
लज़्ज़त - स्वाद, मज़ा
इस्तेलाहात - किसी इल्मी गिरोह का किसी लफ़्ज़ के आम मानों के अलावा कोई ख़ास मानी मुक़र्रर करना
पसमंज़र - मंज़र या तस्वीर का वो हिस्सा जो हर पहलू से उसे नुमायां करने में मदद दे
इम्तेज़ाज - कई चीज़ों को मिला कर एक नई चीज़ तैयार करना, मिलावट
अहवाल - कैफ़ियत, हालत
बिलवास्ता - Direct
बिलावास्ता - बिना वजह, ख़्वाह म्ख़्वाह, Indirect
मुन्हसिर - घेर लेने वाला, वाबस्ता, मुताल्लिक़
रियाज़त - मेहनत, मुशक़्क़त
स्याहत - सफ़र, सैर
फ़साहत - अच्छी गुफ़्तगू
ख़लवत - तनहाई

ख़ुदकलामी - अपने आप से बात करना
मुकालमे - बात चीत
बशर - इंसान
आसी - गुनहगार

## दास्तान, दास्तानगो और नाज़िरीन

बयानिया अस्नाफ़ - बयान किए जाने वाला फ़न
वजूद - ज़िंदगी, हस्ती, ज़ात
मुंसलिक - जुड़ा होना, पिरोया हुआ
हस्बे रिवायत - रिवायत के मुताबिक़
किनायात - इशारा
असरारो-रुमूज़ - पोशीदा चीज़ें
वाक़िफ़ - मालूम होना, जानना
अदमे-तवज्जही - ग़फ़लत, लापरवाही
मतन - पाठ
सिक्काबंद नक़्क़ादों - आम ढर्रे से बंधे आलोचक
नीम अदबी - जो पूरी तरह अदबी न हो
सामईन - सुनने वाले लोग
नाज़िरीन - देखने वाले
अनथक - बेइंतेहा
सक़ाफ़त - कल्चर, तहज़ीब
अक्स - परछाईं
नामानूस - अजनबी, बेगाना
मसनूई - बनावटी
क्लासिक - पुराना, आला दर्जे का
तजदीद - नए सिरे से काम शुरू करना, ईजाद
माक़ूल - मुनासिब, ठीक
तअस्सुरात - असरात, expression
माख़ूज़ - अस्ल बुनियाद, लिया हुआ, वो जगह जहां से कोई चीज़ निकले
रज़्म-बज़्म - मैदाने-जंग और महफ़िल
जिहत - तरफ़, रास्ता

| | | |
|---|---|---|
| अज़ीम | - | बहुत बड़ा |
| बेशुबहा | - | बिना शक़ |
| अज़सरे-नौ | - | नए सिरे से, नए तरीक़े से |
| क़दीम | - | पुराना |
| रूबरू | - | आमने सामने |
| मुक़ाम | - | जगह, मर्तबा |
| हमआहंगी | - | मेलजोल |
| तसव्वुरे-हयात | - | ज़िंदगी का तसव्वुर |
| तवानाई | - | ताक़त, कूव्वत |
| मिनो-अन | - | ठीक उसी तरह |
| तावील | - | बात को फेर देना, वज़ाहत |
| कुहनामश्क | - | बड़ा तजुर्बा कार |
| मुतअद्दिद | - | मुख़्तलिफ़, कई |
| वसीअ | - | बहुत फैला हुआ |

**1ः दास्तान भेजना अफ़रासियाब का आज़र जादू को तस्वीर के साथ और मरना उसका अय्यारों के हाथ**

| | | |
|---|---|---|
| मुकरना | - | फिरना, वादे से हटना, इन्कार करना |
| आरिज़े | - | बयान करने वाला |
| दरख़्त | - | पेड़ |
| जमीला | - | ख़ूबसूरत |
| शक़ | - | फटना |
| हुनूज़ | - | अभी तक, उस वक़्त तक |
| मुक़दमा-ए-तिलिस्म | - | तिलिस्म का मुकद्दमा |
| लौहे तिलिस्म | - | वो तख़्ती जिसमें तिलिस्म को तोड़ने का तरीक़ा मौजूद हो। |
| तजस्सुस | - | तलाश, खोज, दरयाफ़्त |
| कुनान | - | करने वाला, होने वाला |
| हुलिया-ए-मुबारक | - | जिस्म की बनावट |
| कूव्वत | - | ताक़त |
| हरचंद | - | हालांके |
| पुश्त | - | पीछे |

| | |
|---|---|
| कमन्द | - फंदा, रस्सी की सीढ़ी |
| हल्क़े | - गांठ |
| हलाक | - क़त्ल |
| तिलिस्मे बातिन | - छिपा हुआ तिलिस्म |
| दम बदम | - हर घड़ी, हर वक़्त |
| मुक़ामे बुलंद | - ऊंचा मर्तबा |
| दरियाफ़्त | - तलाश, खोज |
| किसवत | - पिटारी |
| महावीर | - बहादुर |
| कलवरिन | - शराब बनाने वाली औरत |
| दिलफ़रेब | - धोका देने वाला |
| छब | - छवि |
| ग़ारतगर | - क़त्ल करने वाला |
| बुते काफ़िर | - काफ़िर का बुत |
| सरापा | - जिस्म, पैकर |
| गुंचालब | - फूलों जैसे होंठ |
| ख़ाविंद | - शौहर |
| मुसाहिबे अफ़रासियब | - अफ़रासियाब का दोस्त |
| महवश | - ख़ूबसूरत |
| शोख़दीदा | - चंचलपन |
| नाज़े माशूक़ाना | - माशूक़ का नाज़ो-नख़रा |
| शाद | - ख़ुशी |
| बेमुरव्वत | - बेरहम |
| दारोमदार | - भरोसा |
| सरसब्ज़ा | - हरा भरा |
| आरास्ता | - सजाना, ठीक करना |
| चमन | - बाग़ |
| मख़फ़ी | - पोशीदा |
| बज़ोरे सहर | - जादू के ज़ोर पर |
| शाहे-मर्दान | - हज़रत अली |
| शेरे ख़ुदा | - ख़ुदा का शेर, अली |
| बहरे अय्यारी | - धोका धड़ी का समुन्दर |
| ग़ोताज़न | - डुबकी लगाने वाला |

गुलशने मक्कारी - मक्कारी का बाग़
गुले मुराद - मुराद का फूल
तजवीज़ - राय
सुतून - खंबा
तपशी - तपस्वी
खेम कुसल - भली भांति
बनिगाहे क़हर - गुस्सा की निगाह से
अहमक़ - बेवक़ूफ़
संगबारी - पथराव
बूद - वुजूद, हस्ती
तायरे ख़ुशरंग - ख़ूबसूरत परिंदा
तस्लीम - आदाब
रुख़सत - रवाना
मयनौशी - शराब पीना
मशरिक़ - पूरब
ज़ररि शुआअ - लपट, चिंगारी
चर्ख़े शोबदा बाज़ - करतब दिखाने वाला आसमान

**2ः दास्तान अमर अय्यार और अमीर हमज़ा के बचपन की**

हाय मदाद - मैदाने क़रतास
जौलान - उठान
तलाशे मज़ामीने दिल्चस्प - दिलचस्प Topic की तलाश
मकतब - लिखने पढ़ने की जगह, स्कूल
मुवाफ़िक़े रिवाज़े ज़माना - ज़माने के रिवाज के मुताबिक़
तक़रीब - पार्टी
रास्त ओ बरहक़ - सही
अदद - गिनती
वहदहू ला शरीक - इस बात का यक़ीन कि अल्लाह एक है और उसका कोई पार्टनर नहीं
वाहिद - एक, अकेला
तंबीह - बाख़बर करना, इस्लाह करना
क़ायल - अपनी बात मनवा लेना

शाने वहदानियत - ख़ुदा की शान
इख़्तियार - हक़ हासिल होना
सबक़ - पाठ
नयाज़ - मुराद
इस्तेफ़सार - पूछना
माज़रत - माफ़ी
फ़ाक़ा - भूक
शब - रात
अहवाल - हालात
वाक़्या - कहानी
लाइल्मी - अंजान
शीरीनी - मीठी
बेअदबी - गुस्ताख़ी
फ़ातेहा - दुआ पढ़के दान करना
तक़्सीम - बंटवारा
सवाब - नेकी
नौश फ़रमाई - खाना खाना
तनावुल - खाना
शिद्दत - तेज़ी
क़ायदा - उसूल
सुख़न - आवाज़, बात
अज़बर - ज़बानी याद होना
मिस्ल - उस जैसा कोई नहीं
मेदे - पेट
फ़ितूर - ख़राबी
तहवील में - हवालात में
बलाये नागहानी - आफ़त मुसीबत
जुब्बा - एक ख़ास क़िस्म का पहनावा जो अरब के लोग पहनते हैं
अमामा - साफ़ा, पगड़ी
कलगात - गुफ़्तगू, बात
ज़माना साज़ी - खुशामद, मक्कारी
शब बख़ैर - गुड नाइट

| | | |
|---|---|---|
| ग़ालिब | - | हावी |
| फ़रागत | - | फ़्री |
| साअत | - | वक़्त, पल |
| अशके निदामत | - | अफ़सोस के आंसू |
| ज़िल्लत | - | रुसवाई |
| आशना | - | वाक़िफ़, जानना |
| उज़्र | - | बहाना |
| रुख़्सत | - | रवाना होना |
| आज़ुर्दा | - | नाराज़, नाख़ुश |
| सोहबत | - | साथ |
| बद | - | बुरा |
| शबाना | - | रात |
| तक़्सीर | - | गुनाह |
| रुक्क़ा | - | ख़त |
| फ़ाक़े से | - | भूख से होना |
| मक़ाम | - | मर्तबा |
| गिरह | - | गांठ |
| मुन्तज़िरे वक़्त | - | वक़्त का इंतेज़ार |
| गुल | - | बुझना |
| मज़ीद | - | ज़्यादा |
| फ़िल फ़ौर | - | फ़ौरन |
| तकरार | - | बहस |
| तमआ | - | लालच, ख़्वाहिश |
| अबा, क़बा | - | अमामे के बंद |
| यकजा | - | इकट्ठा |
| इरशाद | - | कहना |
| फ़ितरत | - | नेचर |
| अव्वल तआम | - | पहले खाना |
| आदाबो तसलीमात | - | आदाब बजा लाना |
| मारफ़त | - | ज़रीआ |
| बैक वक़्त | - | एक वक़्त में |
| लवाज़मात | - | पकवान |
| दिगर गूँ | - | दूसरी |

| | | |
|---|---|---|
| कोहे क़ुबैस | - | मक्का की एक जगह |
| कारिन्दे | - | काम करने वाला |
| वरग़लाना | - | उकसाना |
| ख़िज़ाँ | - | पतझड़ |
| ख़रामां-ख़रामां | - | आराम आराम से |
| ख़ोशे ख़ुरमे | - | खजूर के गुच्छे |
| रविश | - | ढर्रा |
| नफ़ीस | - | बारीक, साफ़ सुथरा |
| दस्ते ख़ुद, दहाने ख़ुद | - | अपना हाथ अपना मुंह |
| क़स्द | - | इरादा |
| तैश | - | ग़ुस्सा |
| तकल्लुफ़ | - | शरमाना |
| ग़ज़ब | - | गुस्सा |
| घुन्ना | - | गला हुआ |
| पेशे-नज़र | - | नज़र के सामने |
| अलबत्ता | - | बेशक, ज़रूर |
| तनावर | - | बड़ा |
| इनायत | - | नवाज़ना, देना |
| अशजारे उम्मीद | - | उम्मीद के पेड़ |
| शुतुर बेमुहार | - | आज़ाद, आवारा ऊंट |
| निशिस्तो बर्ख़ास्त | - | उठना बैठना |
| गुरेज़ | - | बचना |
| आबा-ओ-अजदाद | - | बाप दादा |
| बे इख़्तियार | - | जो इख़्तियार में न हो |
| मुफ़तरी | - | बुहतान लगाने वाला, इलज़ाम लगाने वाला |

## 3ः दास्तान अमर का सती बनकर आना और बचाना आफ़त जादू को

| | | |
|---|---|---|
| आरिज़े | - | तमन्ना |
| कोहे अक़ीक़ | - | अक़ीक़ पत्थर का पहाड़ |
| क़त्लो ग़ारत | - | मार धाड़ |
| हरीफ़ | - | दुश्मन |
| बारगाहे सुलेमानी | - | सुलेमानी के दरबार में |

| | | |
|---|---|---|
| उस्ताद | - | टीचर |
| बरपा | - | होना, गुज़रना |
| लश्कर | - | फ़ौज |
| नामूस | - | इज़्ज़त, शोहरत |
| ज़ख़्म दोज़ी | - | ज़ख़्म में टांके लगाना |
| इमदाद | - | मदद |
| पिसरे हमज़ा | - | हमज़ा का बेटा |
| तामीले हुक्म | - | हुक्म मानना |
| बर्क़ लामेअ | - | जादूगरनी |
| रद्दे सहर | - | जादू तोड़ना |
| फ़र्ते नदामत | - | बहुत ज़्यादा शर्मिंदगी |
| सिम्त | - | तरफ़ |
| बर्क़ चश्मक ज़न | - | जादूगरनी |
| बहरे मुक़ाबला | - | मुक़ाबले के लिए |
| बारगाहे शाही | - | शाही दरबार |
| एहतराम | - | इज़्ज़त |
| रंजीदा | - | ग़मगीन |
| बेजा ख़ंदाज़न | - | बिला वजह हंसना |
| इक़बाल | - | बलंदी, मर्तबा |
| मुलाज़िम | - | नौकर |
| जान-निसार | - | क़ुरबानी देना |
| फ़तहयाब | - | जीतना |
| शौकत | - | अज़मत, बड़ाई |
| दिल शिकनी | - | दिल टूटना |
| जादाए सवाब | - | सही राह |
| मुअज़्ज़ज़ | - | बड़ा एहतराम वाला, इज़्ज़त वाला |
| इस्तक़बाल | - | स्वागत |
| नाज़िल | - | उतरना |
| मूरिदे इताब | - | गुस्से का पात्र |
| मलकूत | - | फ़रिश्ता |
| दीन | - | मज़हब |
| वसीअ | - | फैलाव |
| तीरा-ए-रोज़गार | - | अंधेरा |

| | |
|---|---|
| मुक़य्यद | - क़ैद में होना |
| ज़ौजा | - बीवी |
| हिलाल | - चांद |
| कनीज़ | - ग़ुलाम, लौंडी |
| गिरया व नालाँ | - रोना धोना |
| चाक गिरेबान | - दामन फटा होना |
| ताइराने सहर | - जादू की चिड़िया |
| निदा | - आवाज़, पुकार |
| सरकशी | - ज़ुल्म करना |
| शुदा शुदा | - धीरे धीरे |
| ग़र्क़ (ज़मीन ग़र्क़) | - ज़मीन का धंसना |
| आग़ाज़ | - शुरू, इब्तदा |
| परदाए शब | - रात का पर्दा |
| ज़फ़ीले अय्यारी | - अय्यारी की सीटी |
| अम्बारे हीज़म | - लकड़ियों का अंबार |
| उरूसे रोज़गार | - रोज़गार के मवाक़े |
| महताब | - चांद |
| तस्बीह | - तारीफ़ |
| किबरिया | - बड़ाई |
| ख़ेमा | - टेंट |
| हस्बे नसीहते ख़्वाजा | - अमर की नसीहत के मुताबिक़ |
| बराहे मुख़फ़ी | - पोशीदा |
| बयाबान | - वीरान |
| हीज़म कश | - लकड़हारा |
| हुबाब | - बुलबुला |
| मसरूफ़ | - किसी काम में होना |
| रोग़न | - तेल, घी |
| गुलशने निगारी | - बाग़ सजाना |
| बहिश्ते बरीं | - जन्नत का सबसे आला दर्जा |
| सरकशीदा | - ऊंचा |
| निहाल | - मालामाल, ख़ुशहाल |
| फ़ैज़े बाग़बाने अज़ल | - ख़ुदा का फ़ैज़ |
| गिरेबां चाक | - दामन का फटा होना। |

| | | |
|---|---|---|
| रानाई | - | ख़ुदआराई, चालाकी |
| ज़ेबाई | - | ख़ूबी, ख़ुश नमाई |
| रख़्ने | - | ख़लल |
| मुनक़्क़शे | - | सजावट |
| अबाबील | - | एक क़िस्म का परिंदा |
| फ़ाख़्ते | - | कबूतर की एक नस्ल |
| पैराहन | - | एक परिंदे का नाम |
| यकसू | - | दिल लगा कर |
| कुनां | - | करने वाला |
| अफ़गन | - | डालने वाला, पछाड़ने वाला |
| ग़मे शौहर | - | शौहर का ग़म |
| रंजो मातमो नौहाओ | - | ग़म, मातम |
| स्याह पोश | - | काला आदमी |
| मस्रूफ़े गिरयाओ बुका | - | रोने धोने में लगा होना |
| ग़ैरते माहे ताबान | - | चमकते चांद जैसा |
| ख़ुसूफ़े अलम | - | ग़म की स्याही |
| मुबतेला | - | आज़माइश |
| बेदे मजनू | - | मजनूं की हड्डी |
| अमां | - | पनाह |
| बेज़ार | - | ऊब जाना |
| बादे सबा | - | सुब्ह की हवा |
| नामुराद | - | नाकारा |
| नज़अ | - | मौत |
| ज़ईफ़ा | - | बूढ़ी |
| कूज़ा पुश्त | - | कुबड़ी |
| फ़रज़ंद | - | बेटा |
| नाज़नीन | - | नाज़ो-नख़रा वाली |
| खिलाई | - | दाई |
| बहरे रिहाई | - | छुड़ाने के वास्ते |
| बिरहा | - | ग़म का गाना |
| कारी | - | तीखा |
| सोज़े इश्क़ | - | इश्क़ की गर्मी |
| अयां (शोला अयां न हो) | - | ज़ाहिर |

ज़ार-ज़ार - आंसू बहना
सामाने आख़िरी - आख़िरी सामान
मुलाक़ाते रूहानी - रूहानी मुलाक़ात
आरास्ता - सजाना, बनाना
अहल - लाइक़
ज़ेबे जिस्म - जिस्म पे सजाना
अलमुख़्तसर - थोड़ा, मुख़्तसर
पैरास्ता - पहनना
कहारों - डोली या पाल्की उठाकर चलने वाला
रिआया - पब्लिक
मजमा - भीड़
मुज़म्मते दुनियाए दूं - दीनो-दुनिया की मुज़म्मत
ताकीद - ज़ोर देकर कोई बात कहना
पीत (अपने हर से 'पीत' करे) - मोहब्बत
अलिफ़ - एक
कलामे नसीहताना - नसीहत वाली बात
फ़िराक़ - जुदाई
शाहिदे शब - शब का गवाह
गुंबदे मश्रिक़ - मश्रिक़ का गुंबद
नय्यरे ताबां - चमकदार सितारा
तख़्ते फ़लक - आस्मानी तख़्त
जिगर सोज़ी - दिल जलाने वाला
ख़ुर्शीद - सूरज
तालिबे ताअते आला - फ़रमांब्रदारी का तालिब
सजदागाह - सजदा करने की जगह
ख़्वाबगाह - सोने की जगह
जलवागर - परकट होना
रुजूए दरगाहे ख़ुदावंद - अल्लाह की तरफ़ रुजू होना
इस्तेग़ासा फ़रियाद
मुतीए इस्लाम - इस्लाम की इताअत करने वाला
ख़ासाने ख़ुदा - ख़ुदा के ख़ास
जिबरील - एक मुक़र्रब फ़रिश्ता
ग़ाफ़िल - ग़फ़लत में पड़ी हुई

| | |
|---|---|
| जमाले दिलफ़रेब | - दिल को लुभाने वाला हुस्न |
| ग़श | - बेहोशी |
| शैदा | - दीवाना |
| महवश | - ख़ूबसूरत |
| बहुकूमे शहंशाह | - बादशाह के हुक्म से |
| अंबोहे ख़लायक़ | - लोगों का हुजूम |
| मय | - साथ |
| पौला | - उपला |
| मोहरे | - मुंह, नाली |
| मनो बेहोशी | - बेहोशी का पाऊडर |
| पुल दाफ़ए बेहोशी | - धुआं रोकने वाला |
| तरंग | - एक क़िस्म का बड़ा नीबू |
| नशीब | - ढलान, नीचा |
| तलातुम | - पानी के थपेड़े |
| हरसू | - चहार जानिब |
| असबाब | - सामान |
| लश्करे हरीफ़ | - दुश्मनों का लश्कर |
| पैरहन | - कपड़ा |
| मैदाने क़त्ताल | - क़ातिलों का मैदान |
| हंगामाए महशर | - आख़िरत का हंगामा |
| ग़लतां ('ग़लतां' पाया) | - डूबा हुआ |
| नदामत | - शर्मिंदगी |
| पर परवाज़ | - उड़ने का पर |
| सिम्ते ज़ुल्मात | - अंधेरे की जानिब |
| पर्दा ए ज़ुलमात | - अंधेरा |

**4: दास्ताने अमर अय्यार का हैरत बनकर लौहे-तिलिस्म का सब राज़ हासिल कर लेना और बर्के फ़िरंगी का चकमा देना अफ़रासियाब को**

| | |
|---|---|
| इख़्तिसास | - ख़ास करना |
| नौश फ़रमाईये | - खाना पीना |
| नामुंसिफ़ | - इंसाफ़ न करने वाला |
| मख़मूर | - नशे में चूर होना, मस्त, मुतवाला |

अल्मास - एक निहायत क़ीमती और चम्कीला हीरा
इंतशार - तितर बितर होना, घबराहट, परेशानी
ज़ौजाए - बीवी
रंजीदा - ग़मगीन
गोयम - बात करना
बग़ोशे होश समाअत - होश में रह कर ध्यान से सुनना
अव्वल - पहला
प्यादा - हरकारा, चप्रासी
बर्क़ - बिजली
मुंईम - नेमत देने वाला, अमीर, मालदार, दौलतमंद

## 5ः दास्तान अमर अय्यार और मेहताब जादू की

ख़िज़रे दशते तर्रारी - तेज़ भागने वालों का ख़िज़्र (एक फ़रिश्ता)
रहरवे बादियाए मक्कारी - मक्कारी का लीडर
सालिक जो दीन और दुनिया दोनों चाहता हो
मसालिक - रास्ते, तरीक़े, राहें
जादाए अय्यारी - धोका देने का सामान
बिन उमैया (अमर 'बिन उमैया') - उमय्या का बेटा
नामदार - मशहूर
मुख़तलिफ़ - जुदा, तरह तरह का, अलग
सुख़न साज़ान - बात बनाने वाले
मानी ए दिफ़रेब - दिलफ़रेब मानी वाले
बेनज़ीर - जिसकी कोई मिसाल न हो
तदबीर - हिक्मत, कोशिश, चारा
हुनर परवर - साहबे हुनर, साहबे कमाल, हुनर रखने वाला
ज़ख़्ख़ार - मौजें मारता दरिया
मौजज़न - बहना
अलग़रज़ - हासिले मतलब
अलेहदा-अलेहदा - अलग अलग
कैफ़ियत - हालत
मुक़ैश - चांदी जैसा
तसव्वुर - ख़्याल
बाशए दुज़्दे मक्कार - ठहर ऐ मक्कार चोर

| | | |
|---|---|---|
| असबाब | - | वजेह, वजहें, वसीले, सामान |
| बेशतर | - | बहुत सा, ज़्यादा तर |
| दरकिनार | - | अलग करना |
| फ़रेफ़ता | - | आशिक़ |
| नायाब | - | न मिलने वाला, बेमिसाल |
| आबोताब | - | चमक दमक |
| दहन | - | होंठ, मुंह |
| पेचीदा | - | मुश्किल |
| बादे बहारी | - | बहार की हवा |
| अशदर | - | अजगर |
| आतिश | - | आग |
| बुग़दा | - | क़ीमा कूटने का छुरा |
| अज़ीम | - | बहुत बड़ा |
| बयाबाने हौलख़ेज़ | - | वीरान |
| तरबियत | - | परवरिश, तालीमो-तर्बियत सिखाना |
| क़स्द | - | इरादा |
| ख़बरे मरगे | - | मौत की ख़बर |
| ताइरों | - | परिंदों |
| फ़िलफ़ौर | - | फ़ौरन |
| रख़शां | - | चमकने वाला, चमकीला |
| ग़ाफ़िल | - | बेपरवाह, बेख़बर |
| एहतेयात | - | इहतेयात के साथ |
| बज़ोरे सहर | - | जादू के ज़ोर पर |
| आरास्ता | - | सजाना संवारना |
| फ़र्शे मुकल्लफ़ | - | सजा हुआ |
| मुरस्सा (पलंगे 'मुरस्सा') | - | मोती या जवाहिरात जुड़ा हुआ |
| माहे फ़लक | - | आस्मान का चांद |
| मयनोशी | - | शराब पीना |
| कानिस | - | छत की मुंडेर |
| माँद (मुक़ाबिल उसके 'माँद' है) | - | फीका, हल्का |
| तौसीफ़ | - | ख़ुसूसियत, ख़ूबी बयान करना |
| हलाक | - | मरना, ख़त्म होना |
| जसदे नापाक | - | नापाक बदन |

| | | |
|---|---|---|
| कोह | - | पहाड़ |
| गिलीम | - | एक जादूई चादर |
| बाहम | - | एक दूसरे के साथ |
| ख़ुलासाए कलाम | - | मुख़्तसर बात |
| दरयाफ़्त | - | मालूम करना |
| ज़फ़ीले अय्यारी | - | अय्यारी की सीटी |
| मुनतशिर | - | बिखरा हुआ |
| फ़रज़न्द | - | बेटा |
| मुनासिब | - | लायक़, ठीक |
| मजमा | - | भीड़ |
| मुबतला | - | फंसा हुआ, उलझा हुआ |
| तक़रीर | - | बोल |
| दुरुस्त | - | सही, ठीक |
| मुताबिक़ | - | मुनासिब, बराबर |
| कामिल | - | पूरा यक़ीन |
| हसीना | - | ख़ूबसूरत |
| जमीला | - | ख़ूबसूरत |
| जमाले जहां आरा | - | दुनिया सजाने वाली ख़ूबसूरती |
| फ़रते हिजाबो नदामत | - | पर्दा और शर्म से |
| बदरे कामिल | - | पूरा चांद |
| शोलए नूर | - | नूर का शोला |
| जुहूर | - | ज़ाहिर होना, सामने आना |
| शोख़ी | - | चुलबुला पन |
| नाज़ो अदा | - | नख़्रा |
| पेशानी | - | माथा |
| ग़ज़ाली | - | बड़ी बड़ी आंख, हिरन के आंख के मानिंद |
| सुरमा आगीं | - | सुर्मा लगी हुई आंख |
| आहुए-ए-रमख़ोरदा | - | विचरता हिरन |
| किशवरे चीन | - | चीन की ख़ूबसूरती |
| दुर्ज | | गर्तवान |
| आहूस्त | - | हिरन की तरह |
| सय्यादे ख़ल्क़ | - | बहेलिया |
| नरगिसे शहलासत | - | फूलों के नाम |

| | | |
|---|---|---|
| रुख़सारे ताबनाक | - | रौशन चेहरा, चमकता हुआ चेहरा |
| आइनाए सिकन्दरी | - | सिकंदर का आईना |
| दनदाने सिल्क | - | चमकता हुआ दांत |
| गोहर | - | मोती, क़ीमती पत्थर |
| बेक़दर | - | जिसकी कोई इज़्ज़त न हो |
| आलम | - | दुनिया |
| गुहर | - | क़ीमती चीज़ |
| याक़ूत | - | सुर्ख़ रंग का एक क़ीमती पत्थर |
| मरजाँ | - | मोंगा, छोटा मोती |
| क़ूव्वते बाज़ुए नाज़ो अदा | - | बाज़ू की क़ूव्वत |
| बिल्लौरी | - | बिल्लौर की बनी हुई, एक जगह का नाम |
| उश्शाक | - | आशिक़ |
| कल (उश्शाक़ को 'कल' आई) | - | आराम |
| फ़ानूस | - | एक बड़ी क़िस्म का शमआ |
| नयामें तेग़े क़ज़ाए मबरम | - | मौत की तलवार |
| लक़ब | - | दिया हुआ नाम |
| गनजीनाए | - | ख़ज़ाना, ज़ख़ीरा |
| शिकम | - | पेट, बत्न |
| तख़ताए बिल्लौर | - | बिल्लौरी का तख़्ता |
| हुसेन रोज़ अफ़ज़ू | - | रोज़ बढ़ने वाला हुस्न |
| गुन्जाइश | - | ठिकाना, जगह |
| नाफ़ | - | ढोरी, नाभि |
| शिकम | - | पेट |
| गिरदाब | - | भंवर |
| यमे हुस्न | - | हुस्न का पेट |
| साक़िया | - | पानी पिलाने वाला, पिलाने वाला |
| नूरानी | - | चमकता हुआ |
| ताबनाक़ | - | रौशन |
| मैदा शहाब में | - | चमकते शीशे का मायदा |
| सिफ़त | - | ख़ूबी |
| सान्नाअ आलम | - | दुनिया का बनाने वाला |
| कालबद | - | जिस्म |
| अगर | - | अगरबत्ती |

| | |
|---|---|
| हुस्नो जमाल | - ख़ूबसूरत |
| आरास्ता-पैरास्ता | - सजा हुआ, संवारना |
| क़दे ज़ैबा | - ख़ूबसूरत काठी |
| मुज़य्यन | - सजाना |
| मुजल्ला | - चमकाया हुआ, साफ़ किया हुआ |
| पैराहन | - कपड़ा |
| बदामन चाक किया | - कपड़ा फ़ाड़ना |
| जुल्फ़े मुश्कफ़ाम | - कस्तूरी से महकते बाल |
| रुख़े अनवर | - ख़ूबसूरत चेहरा |
| माहेताबाँ | - चांद |
| अबरेसियाह | - काला बादल |
| ज़ार-ज़ार | - बहुत ज़्यादा रोना |
| मानिन्दे | - तरह |
| अबरे नौ बहार | - बहार की बरसात |
| कैफ़ियत | - हालत |
| बलंद | - ऊंचा |
| फ़लक़े मेहर | - आस्मान का चांद |
| दुनियाए फ़ानी | - ख़त्म होने वाली दुनिया |
| बदीदए ग़ौर | - ग़ौर से देखना |
| दुनियाए बेसबात | - ऐसी दुनिया जिसकी कोई हक़ीक़त न हो |
| आराइश | - आराम, सजा हुआ |
| बज़्मे तरब | - गाने बजाने की मजलिस |
| नौहा ख़ानी | - मातम, रोना पीटना |
| बानी | - बनाने वाला, शुरू करने वाला |
| अफ़ज़ाले हक़ | - ईश्वर की महिमा |
| शादीए हिना बनदान | - ख़ुशी का मौक़ा |
| शोरे मरगे फ़रज़ंदान | - बेटे की मौत का शोक |
| दुनियाए दूं | - दीनो दुनिया |
| सरिश्त | - आदत, ख़स्लत |
| नैशे आग़ुशता | - नाख़ुन की तेज़ धार |
| चरख़े कज मदार | - टेढ़ी चाल वाला आस्मान |
| गरदून | - सूरज |
| नाहंजार | - नालायक़ |

पादाश - सज़ा, बदला
दिले संग - पत्थर दिल
आब - पानी-पानी हो जाना
बग़ौर - ग़ौर से
शबे अव्वल - पहली रात
माह - महीना
ताबिन्दए फ़लके हुस्न - आस्मान की चमकती हुई ख़ूबसूरती
ख़ुसूफ़ - ग़म, मातम
रंजो-महन - ग़म, अफ़सोस
मुबतला - व्यस्त
दशनए ग़म - ग़म के ज़हर से
फ़िगार - ज़ख़्मी, घायल
गिरयां - रोना, मातम करना
नालाँ - नाराज़
पाए हक़ीक़त - सच्चाई
बदिलदारी ए तमाम - इज़्ज़त से
अंदाम - जिस्म, बदन, रंग
हरचंद - कितना ही, कैसा ही
समाअत - सुनना
रश्के ख़ुरशीदे ख़ावरी - सूरज को हल्का करने वाला
गुलफ़ाम - माशूक़, फूल के से रंग वाला
उफ़ताँ ओ ख़ेज़ाँ - पतझड़ और मुसीबत
रुख़े ज़ेबा - चमकता हुआ चेहरा
ख़ुश अदा - अच्छी अदा, भली अदा
बनज़रे ग़ौर - ग़ौर से देखना
शुआए तनवीरे हुस्न - ख़ूबसूरती की चिंगारी
ख़ीरा - अंधा, चोंधियाना
सुब्हे जबीन - सुब्ह की पेशानी
सुब्हे जन्नत - जन्नत की सुब्ह
बीनी - नज़र
अबरू - भूं, आंखों के ऊपर वाला बाल
शाहबाज़ - बाज़ से बड़ा शिकारी परिंदा, बड़ा बाज़
वा - खुलना

| | | |
|---|---|---|
| उस्तादे सामरी | - | सामरी का उस्ताद |
| दस्तो पा | - | हाथ पांव |
| कुव्वत | - | ताक़त |
| ग़श | - | बेहोश |
| तईं | - | लिए |
| ग़ैरत | - | शर्मो-हया |
| बुताने आज़री | - | बुत, मूर्ति |
| आगाह | - | ख़बरदार करना |
| कुलज़ुमे हुस्न | - | हुस्न का समंदर |
| जोहर | - | जलवा |
| दुरजाए गिराँ | - | क़ीमती मर्तबान |
| गौहर | - | मोती |
| नज़्ज़ार | - | देखना |
| आज़ार | - | दुख |
| ज़ोहरा जबीन | - | ख़ूबसूरत, हसीन |
| आक़िला | - | अक़लमंद |
| हाले ज़ार | - | ख़राब हालत |
| इज़हार | - | बताना |
| तालिबे दीदार | - | दीदार का ख़्वाहिशमंद होना |
| सूरते-ज़ेबा | - | ख़ूबसूरत चेहरा |
| मुल्के अदम | - | मौत |
| पैवंदे ख़ाक | - | मिट्टी का पेवंद, मिट्टी में मिलना |
| गोर | - | क़ब्र |
| पसे मुरदन | - | मरने के बाद |
| नरगिस | - | फूल की एक क़िस्म |
| कुशता | - | क़त्ल किया हुआ |
| जुनूं ख़ेज़ | - | जुनून से भरा हुआ |
| बुलबुले | - | अच्छी आवाज़ वाला एक परिंदा |
| चमन | - | बाग |
| मरक़द | - | सोने की जगह, आराम गाह |
| ज़ेरे ख़ाक | - | मिट्टी के नीचे, ज़मीन के अंदर |
| जलीलुल क़द्र | - | बड़ी शान वाला |
| पेशाए तिजारत | - | तिजारत करना |

| | |
|---|---|
| हनौज़ | - अभी तक, अब तक |
| सबज़ा | - हरा भरा |
| रुख़्सार | - गाल |
| आग़ाज़ | - शुरू |
| ऐन | - उसी वक़्त |
| शबाबो-जवानी | - जवानी का उठान |
| निस्बत | - किसी चीज़ की तरफ़ मंसूब करना, जोड़ना |
| मनसूब | - रिश्ता |
| ज़ंगी | - हबशी |
| फ़रेफ़्ता | - आशिक़ |
| क़ज़्ज़ाक़ों | - लुटेरों |
| गोहर | - क़ीमती मोती |
| शरबते वस्ल | - हमबिस्तरी-मिलना |
| तलख़ीए मर्ग | - मौत की कड़वाहट |
| सहरा नवर्द | - मारा मारा फिरना |
| जहाने फ़ानी | - ख़त्म होने वाली दुनिया |
| क़िस्साए जांकाह | - जान लेने वाला क़िस्सा |
| बहरे तस्कीन | - सुकून का सामान |
| गुंचा दहान | - मुंह |
| माशूक़े सरापा नाज़ | - ख़ूबसूरत |
| कुजा | - कहां |
| चश्मे तर | - भीगी आंख, रोने वाली आंख |
| लाज़िम | - ज़रूरी |
| कलबए अहज़ान | - कमज़ोर जिस्म |
| कुदूमें मुसर्रत लुजूम | - अपने मुबारक क़दम से |
| उमरे अज़ीज़ | - प्यारी ज़िंदगी, ज़िंदगी से लगाव होना |
| मुसाहबत | - साथ उठना बैठना |
| बसर | - गुज़ारा |
| बेख़ातिर | - ख़ातिर |
| शाद | - ख़ुशी |
| मुसाहिब | - साथी |
| शोरीदा | - मन्हूस |
| सरे बज़्म | - महफ़िल में |

| | |
|---|---|
| सरापा/नाज़ | - सर से पांव तक |
| लाजवर्द | - क़ीमती पत्थर |
| इताअत | - फ़रमांबरदारी |
| पैकर | - चेहरा, शक्ल, सूरत |
| सिन | - उम्र |
| नाहक़ | - यूंही, बेजा |
| फ़ौत | - ख़त्म होना, मरना |
| निसार | - कुरबान होना |
| ग़ारत गरे ईमान | - ईमान बर्बाद करने वाला |
| क़ौल | - कहना, बात |
| कानिस | - दीवार की मुंडेर |
| सबब | - वजह |
| मस्नदे ज़र्रीन | - ज़रीं वाला मसनद |
| मौक़ूफ़ | - ठहराया गया, रोका गया |
| तख़्तो-चतर अफ़सर | - ताज, छअरी, अफ़सर |
| ताक़े कसरा | - महल का ताक़ |
| गुल अन्दाम | - माशूक़ |
| जामे मय-ए-अर्गवानी | - लाल शराब का जाम |
| लबरेज़ | - भरा हुआ, पुर |
| सबब | - वजेह, कारण |
| कैफ़ियत | - हालत |
| दरयाफ़्त | - तलाश करना, खोज करना, पूछना |
| सुफ़ूफ़ | - पाउडर, बेहोश करने वाला पाउडर |
| फ़िरिस्तादा | - एलची, भेजा हुआ |
| जाले इल्यासी | - हज़रत इल्यास का जाल |
| दारोगीर | - लड़ाई का शोर, मुश्किल, दिक़्क़त |
| तारीकी | - अंधेरा |
| नीमचे | - ख़ंजर |
| मा बदौलत ओ इक़बाल | - संबोधन का अंदाज़ |
| अनक़रीब | - जल्द ही |
| अस्बाब | - सामान, वजेह |
| क़सद | - इरादा करना |
| जुस्तो ख़ैज़ | - कूदते फांदते |

| | |
|---|---|
| मरगे | - मौत |
| ग़ैज़ो ग़ज़ब | - गुस्सा होना |
| तारी | - भरला |
| अहले दरबार | - दरबार वाले |
| दसत बस्ता | - हाथ बांधे |
| अदना | - मामूली |
| शातिरे | - तेज़/अय्यार |
| बंदगाने | - दास |
| मुलाज़िम | - नौकर |
| तालीम | - इल्म, सिखाना, बताना |
| बहरे गिरफ़्तारीए अमर | - अमर की गिरफ़्तारी के लिए |
| रंगो क़ता | - रंग ढ़ंग |
| अरज़ | - दरख़्वास्त |
| बनिगाहे ग़ज़ब | - गुस्सा की निगाह से |
| गरमीए आतिश | - आग की गर्मी |
| ज़ने हसीना | - ख़ूबसूरत औरत |
| शिक़ | - फटना |
| करीह | - बदनुमा |
| बदहैअत | - बुरा दिखने वाला |

**6: दास्तान अमर अय्यार की हैरत के शहर में आने की, लूटपाट करने की, शहर में ग़दर मचाने और आस्मान शोला ख़ार जादू को मारने की**

| | |
|---|---|
| सुख़न साज़ाने मानीए | - दिलफ़रेब संबोधान करने का अंदाज़ है |
| किताबे सामरी | - सामरी की किताब |
| मआश | - रोज़ी रोटी |
| बलाये नागहानी | - मुसीबत |
| ग़ार | - पहाड़ की खोह, भट, गढ़ा |
| जामदानी | - मंहगा कपडा |
| बमूजिबे मिस्ल | - कहावत के अनूसार |
| नांदा सौंदन | - पट्टा |
| तमअ | - लालच, चाह |
| जुंबिश | - हरकत |

| | |
|---|---|
| तवक़्क़ुफ़ | - ढील, देर |
| मजमा | - भीड़ |
| कल (वो 'कल' रसीद करूंगा) | - झापड़ |
| बख़ियाँ | - सिलाई |
| ग़ोग़ा | - शोर |
| साकिनाने शहर | - शहर में रहने वाले लोग |
| हुजूम | - भीड़ |
| असना | - वक़्त, पल |
| मय अपने प्यादों | - अपने प्यादे के साथ |
| प्यादों | - शतरंज का मुहरा, चपरासी, हरकारा |
| हिमायत | - तरफ़दारी |
| मुलाज़मीन | - नौकर |
| उम्मीदे बारयाबी | - सामने होने की उम्मीद, मिलने की उम्मीद |
| तलब करके | - बुला कर |
| फ़ाक़ों से | - भूक से |
| मलिकाए आलम | - दुनिया की मलिका |
| निस्बत | - रिश्ता |
| बजा है | - ठीक है |
| क़ासिद | - ख़बर देने वाला |
| तामील | - पूरा करना |
| बज़ाज़ | - कपड़े का दुकानदार |
| बज़ाहिर | - जो सामने हो |
| सिम्त | - तरफ़ |
| नदारद | - ग़ायब |
| अस्बाब | - सामान, वजेह |
| ख़ुलासा-ए कलाम | - बात का ख़ुलासा |
| मस्रूफ़ | - मश्ग़ूल |
| फ़ितना-ओ-फ़साद | - लड़ाई झगड़ा |
| ग़ोग़ा | - शोर |
| फ़िल जुमला | - क़िस्सा मुख़्तसर |
| समाअत | - सुनना |
| तलफ़ | - छीनना, ख़त्म करना |
| लाज़मी | - ज़रूरी |

| | | |
|---|---|---|
| निगहबानी | - | देख भाल करना |
| रिआया-ए-शहर | - | शहर की जनता |
| आलम हू का | - | ख़ौफ़नाक मंज़र, सन्नाटा |
| हज़ारहा | - | बहुत ज़्यादा |
| बराहे नक़ब | - | सेंध के ज़रीए |
| फ़लक | - | आस्मान |
| मरासिमे ताज़ीम | - | इज़्ज़त करना |
| मस्नदे पुर तकल्लुफ़ पर | - | बैठने की बहुत अच्छी जगह |
| ऐशो इशरत | - | मौज, ऐशो-आराम |
| ज़ौजा | - | बीवी |
| ज़ौजए-शाहे तिलिस्म | - | तिलिस्म के बादशाह की बीवी |
| मुक़र्रर | - | तय करना |
| रास्त | - | ठीक, सीधा |
| लेपी | - | पोतना |
| ज़ेरे ज़मीन | - | ज़मीन के नीचे |
| सहरख़ानी | - | जादू पढ़ना |
| आग़ाज़ | - | शुरू, आरंभ |
| सिमते मशरिक़ | - | पूरब की तरफ़ |
| शिद्‌दत | - | तेज़ी |
| मुक़ाम | - | जगेह |
| चाहे बाबुल | - | बाबुल का कुंवा |
| नक़ब | - | सेंध लगाना |
| शररबेज़ | - | शोला उठना |
| हरारत | - | गर्मी |
| तिशनगी | - | प्यास |
| तबक़ा ज़मीन | - | ज़मीन के अंदर की परत |
| मौसमे सरमा | - | सर्दी का मौसम |
| तफ़तीदा | - | तपना |
| अर्ज़ो समा | - | ज़मीनो-आस्मान |
| शोला ख़ेज़ | - | गर्म शोले |
| ख़लक़त | - | पैदा की हुई |
| फ़लक | - | आस्मान |
| रिआया-ए-शहर | - | शहर के लोग |

| | |
|---|---|
| ख़ुशक | - सूखा |
| हलाक | - मारना |
| शिद्दते-गरमां | - गर्मी की तेज़ी |
| दानिस्ता | - जान बूझ कर |
| सरबुरंदा-ए-जादूगरान | - जादूगरों का सर काटने वाला |
| रेशतराशन्दये साहिरान | - जादूगरों के बाल तराशने वाला |
| रय्यत | - अवाम, जनता |
| ख़ूने ख़ूक | - सुअर का ख़ून |
| माश | - उड़द मा की दाल |
| कोताही | - जी चुराना |
| इत्तेफ़ाक़न | - अचानक |
| मोहरा | - सामना, आगा, मुंह |
| ग़दर | - हंगामा |
| दुज़्द | - चोर |
| हिसार | - घेराबंदी |
| चाक | - फटना |
| सरकुशादा | - बड़ा सर |
| तफ़तीश | - छान बीन |
| सहरे ताज़ा | - नए जादू |
| ज़ब्त | - दबाना |
| ताऊस | - मोर |
| मिनक़ार | - चोंच |
| शाख़ | - टहनी |
| दहना हाए नक़ब | - सेंध का मुंह |
| कुफ़्ल | - ताला |
| पोशीदा | - छुपा हुआ |
| सर-सब्ज़ ओ शादाब | - हरा भरा |
| दरख़्ते बरदार | - फलदार दरख़्त |
| मिस्ले सर्व क़दप्पान | - लंबे ऊंचे |
| मीनाए जवानी | - जवानी की लहक |
| मीनाफ़ाम | - ऊंची छत वाले |
| सेहत आबाद | - सेहत का होना/रहना। |
| मीनू सवाद | - शानदार |

| | |
|---|---|
| हुजूम | - भीड़ |
| मुरतफ़ा | - ऊंचा बलंद |
| सर बुलंद | - बहुत ऊंचा |
| काशानाए सेपहर | - आस्मान की छत |
| अर्जुमंद | - क़दो-क़ीमत वाला |
| नाबकार | - बेफ़ायदा, बेकार |
| ज़िब्ह | - हलाल करना |
| अल हफ़ीज़ | - हिफ़ाज़त करने वाला |
| अल अमान | - अमान देने वाला |
| शक़ | - फटा हुआ |
| तलातुम | - लहरें |
| जस्त | - कूद फाँद, छलांग |
| बदहवास | - हैरानो-परेशान, बेहोश |
| ग़ोग़ाए-अज़ीम | - बहुत ज़्यादा शोर |
| जाबजा | - इधर उधर |
| नालाओ-गिरयां | - रोना धोना |
| क़त्लो-क़मा | - ख़त्म कर देना, मार देना |
| देवे शब | - रात की स्याही |
| किसवते ज़िलाम | - अंधेरी पिटारी |
| लेबासे निलीफ़ाम | - नीले कपड़े वाला |
| दरबार | - पहनना |
| सरीरे सल्तनत | - संसार का शरीर |
| ग़लबा | - क़ब्ज़ा |
| अमीरे लशकरे ज़ंगबार | - जंग की स्याही का सरदार |
| शबख़ूं | - छुप कर हमला करना |
| खेलो तबार | - दुनिया पर |
| अलमें अब्बासी | - अब्बासी का झंडा यानी स्याही |

## 7: दास्तान अज़लम जादू और बर्क़ फ़िरंगी अय्यार की

| | |
|---|---|
| इंतक़ाम | - बदला |
| सहरगाहे सरीरे जहांबानी | - जादू के संसार का तख़्त |
| ख़्वाबेशीरीं | - मीठी नींद |
| बरंगे ज़ुल्फ़ | - काला, बालों के रंग का |

पेचोताब - उठना गिरना
अहले दरबार - दरबार वाले
मुख़ातिब - सामने वाला, जिससे बात की जाए
शिकमे अशदर - अज़दहा का पेट
मस्कन - रहने की जगह, ठेहरने की जगह, घर
ताईद - हिमायत
बरतलब - बुलाया जाना
साहिरे मज़कूर - वो जादूगर जिसके बारे में बताया गया हो
हस्बुत्तलब - जैसा बताया गया
अज़दहे - सांप की एक क़िस्म, ड्रैगन
मुहीब सूरत - भयानक चेहरा, डरावना चेहरा
ख़िलअत - तोहफ़ा, वो लिबास जो बादशाह वग़ैरह की तरफ़ से बतौर इनआम मिले
महाबत - प्रताप से
फ़ल्के मूज़ी - शैतान आस्मान
बरूए - तरफ़
क़ौमे जनाबे युनुस - यूनुस की क़ौम
आफ़ताब - सूरज
बरूए हवा - हवा की तरफ़
सीमुर्ग़ - एक मिथकीय पंछी
काफ़ - एक पहाड़ जो ऐशिए कूचक के शिमाल में वाक़े है और लोगों का ख़्याल था कि इसमें परियां रहती हैं और ये सारी दुनिया पर फैला हुआ है।
ताइर - परिंदा
तअमा-ए-अशदर - अशदर का खाना
बई अज़्मत ओ शिकोह ओ उफ़ई - बड़ाई, दबदबा
मुजस्सम - सर से पांव तक, सरापा
बज़रियाए नामा - ख़त के ज़रिए
मुत्तला - बाख़बर करना
इस्तक़बाल - स्वागत
ख़ेमा - टैंट
इस्तादा - खड़ा हुआ

| | | |
|---|---|---|
| मुअय्यन | - | तय किया |
| इंतिहाए-ए-दर्जा | - | जिसकी कोई हद न हो |
| फ़िराग़त | - | छुटकारा पाना |
| सूरत-ए-नहस | - | मनहूस चेहरा |
| मयख़्वारी | - | शराब पीना |
| मार-ए-आस्मान | - | आस्मान का अज़ाब/सांप |
| दहाने-ए-मग़रिब | - | मग़्रिब के कनारे |
| दश्ते-ए-आलम | - | दुनिया का जंगल |
| शबे-तीरां | - | अंधेरी रात |
| मुहरा-ए-माह | - | चांद की मुहर |
| नाफ़रमान | - | बात न मानने वाला |
| ताएराने सहर | - | जादू का परिंदा |
| सनाए बादशाही | - | बादशाह की तारीफ़ |
| शर | - | बुराई |
| नक़्क़ारा-ए-हरब | - | जंग तबल बजाना/घंटी बजाना |
| तबल-ए-जंग | - | जंग का घंटा |
| हरब-ओ-ज़रब | - | जंगो-जेदाल |
| दरोग़ा-ए-मतबख़ | - | रसोई का ज़िम्मादार . |
| मार-ए-फ़लक | - | आस्मान की मार, आस्मान का अज़ाब |
| नेज़ों | - | भाला, बर्छी, बल्लम |
| मूज़ी पए-आदा | - | दुश्मनों के लिए शैतान |
| तस्मे | - | फ़ीता |
| रकाब | - | घुड़सवारी में जहां पैर रखते हैं |
| मुरदुमे दीदा | - | जादू देखने वाले |
| जिस्में दहर | - | दुनिया का जिस्म |
| ज़हर-ए-शब | - | रात का ज़हर |
| मुहरा-ए-आफ़ताब | - | सूरज की मुहर |
| जाहो-हशम | - | शानो-शौकत |
| दिलावारान | - | बहादुर |
| ज़ीशान | - | बड़ी शान वाला |
| शौकत | - | इज़्ज़त |
| हश्मत | - | जलाल, शान |
| ख़ैर | - | भलाई |

| | | |
|---|---|---|
| कलग़ी | - | परिंदों के सर का ताज और जो बादशाह अपने ताज पर लगाते हैं |
| शमशीर | - | तल्वार |
| ज़िरहे | - | जंग के दौरान पहनने वाला कपड़ा |
| जबरूत | - | जाहो-जलाल, अज़्मत |
| लम्आ-ए-नूरे जबीं | - | चमकती पेशानी |
| सनादीद | - | बुज़ुर्ग, शरीफ़ |
| अजम | - | अरब के बाहर के मुल्क |
| फ़न्कार | - | कलाकार |
| मिस्ले ज़ैग़म | - | ज़ैग़म की तरह |
| हासिले मराम | - | मतलब हासिल करना |
| जाए मसाफ़ | - | लड़ाई की जगह, सफ़ बांधने की जगह |
| किब्रो नख़ूव्वत | - | घमंड, ज़बरदस्त, ग़ुरूर |
| बाहम | - | एक दूसरे के साथ |
| कुलाहाए आतिश | - | आग का पहाड़ |
| सब्ज़ | - | हरी |
| इजाज़त-ए-हरब | - | जंग की इजाज़त |
| वस्त मैदान | - | मैदान के बीच का हिस्सा |
| कुलाब-ए-आतिशीं | - | धुएं के मरग़ोले |
| आतिश कदा | - | आग की जगह |
| आजिज़ | - | तंग आना |
| दरूद | - | एक दुआ जो हज़रत मो0 (स.) के लिए की जाती है |
| हारूत वार चाहे | - | पुराने क़िस्से के हारूत की तरह |
| ज़ोहरा | - | एक सितारा |
| बुर्ज | - | कंगुरा |
| जंग-ए-मग़लूबा | - | हारी हुई जंग |
| दूद-ए-सहर | - | जादूई धुआं |
| असाए जनाब-ए-मूसा | - | हज़रत मूसा का डंडा जिससे वो करामात दिखाते थे |
| शोला-हाए-दहाने | - | आग के कनारे |
| कुर्रा-ए-नार | - | आग |
| नारंग ओ तारंज | - | फ़ौलादी गोले |

बरतरफ़ - हटाना, अलग करना
आमदे बहार - बहार का आना
आग़ाज़े कैफ़ियते लालाज़ार - शुरू, हालत, हरा भरा
तासीर - असर
ख़ुसूसियत - ख़ूबी
शर्फ़ - फ़ख़्र, इज़्ज़त, बुज़ुर्गी
चमनिस्तान - बाग़
ग़श - बेहोशी
तारी - छा जाने वाले
ख़्वास - कनीज़ें
ताब - चमक, गर्मी, नूर
नाज़नीने गुलफ़ाम - गुलफ़ाम की लौंडी
सियह ताब - काला
चर्खे मूज़ी - पाजी आस्मान
असर-ए-सुम - ज़हर का असर
सरायत - फैल जाना
ख़िज़्रे - रहनुमा, रहबर, एक नबी का नाम है, रास्ता दिखाने वाला
आफ़तख़ेज़ - फ़साद उठाने वाला
बारहा - अक्सर
फ़ज़्ल - करम
सरबकफ़ - सामने
पा-ए-शुजाअत - बहादुरी
मुस्तहकम - मज़बूत
ग़ुलग़ुला-ए-आफ़ते - बड़ी आफ़त, एक ख़ास किस्म की आफ़त
महशर - क़्यामत के दिन इकट्ठा होने के जगह
सदहा साहिर - सैंकड़ों जादूगर
तारीकी - अंधेरा
गहनाया - छाया हुआ
मुहीब - भयानक
शेख़ो शाब - छोटे बड़े
ग़ारे-ए-ज़मीं - ज़मीन के नीचे
बर्क़ - बिजली

| | |
|---|---|
| ख़ुसरवे शर्क़ | - पूरब का बादशाह-सूरज |
| दहन | - होंठ, मुंह |
| मिस्ल-ए-क़ार-ए-जहन्नुम | - दोज़ख़ |
| गोश-ए-फ़लक | - आस्मान का कान |
| कुबरा | - बहुत बड़ी |
| बारे दहन | - मुंह से |
| पस्पा | - शिकस्त खाना |
| शुजाअत | - बहादुरी |
| मिस्ले नाविके दिलदोज़ | - दिल पे वार करने वाला तीर |
| बाज़गश्त | - लौटना, फिरना, वापस होना |
| बारगाह | - दरबार |
| अश्के हसरत | - अफ़सोस के आंसू |
| मुसम्मम | - पुख़्ता |
| अबतर | - घटिया, परेशान |
| तबले-अमान | - अमान चाहना |
| तस्कीन | - इत्मिनान |
| तशफ़्फ़ी | - तसल्ली |
| मुबद्दिल | - बदलना |
| ख़ाक में | - मिट्टी में, ज़मीन में |
| ख़ुशफेलियाँ | - मस्ती |
| मुतवातिर | - यके बाद दीगरे |
| सियहफ़ाम | - काला आदमी, काला कलूटा |
| ख़ुन्नास | - शैतान |
| नहस | - बर्बाद |
| मुबादा | - ख़ुदा नख़्वास्ता |
| हल्क़ा कमंद | - कमंद का फंदा |
| अलअयाज़ बिल्लाह | - पनाह मांगना |
| हंगामा-ए-दारो गीर | - शोर |
| शुमार | - गिनती |
| गुल | - हंगामा |
| मुतलक़ | - आज़ाद, बेक़ैद |
| मिस्ल | - यक्सां, वैसा ही |
| दोबाला | - दोगुना |

| | | |
|---|---|---|
| बैत | - | शेर |
| रोज़े अज़ल | - | कयामत का दिन |
| आफ़रीं | - | वाह वाह, क्या कहना |
| आवाज़-ए-ख़लखाले | - | पायल की छम छम |
| सरापा | - | सूरत |
| फ़ितना | - | फ़साद, धोका |
| अंगेज़ | - | भड़काना, उठाना |
| तस्लीम | - | मान लेना |
| इस्तफ़सार | - | पूछना |
| रफ़ीक़ | - | दोस्त |
| समन्द-ए-नाज | - | नाज़ के सामान |
| आसेब | - | जादू |
| ख़िजल | - | नादिम, शर्मिंदा |
| ज़ेबा | - | ख़ुशनुमा, ख़ूबसूरत |
| बला | - | आफ़त |
| पामाल | - | कुचलना, दबाना, बर्बाद करना |
| उश्शाक़ | - | बहुत सारा आशिक़ |
| माहे आसमाने ज़ेबाई | - | आस्मान का चांद |
| जबीं | - | पेशानी |
| बरंग-ए-गुल | - | फूलों के रंग का |
| लश्कर-ए-हरीफ़ | - | दुश्मन का लश्कर |
| ख़राम-ए-नाज़ | - | नख़रे की चाल |
| मरतबा | - | दर्जा, रुतबा |
| हुस्न-ए-दिलआवेज़ | - | दिल को लुभाने वाली ख़ूबसूरती |
| ग़श | - | चक्कर आना |
| ख़ुबाने आलम | - | ख़ूबसूरत दुनिया |
| फ़ाहशाओं | - | बेसवा |
| उमाती | - | मदमाती |
| मर्दुआ | - | मरद |
| मात | - | हारना |
| जौबन | - | जवानी |
| या इलाही | - | ऐ ख़ुदा |
| ग़ैर महरम | - | अनजाना, वो शख़्स जो क़रीबी रिश्तादार न हो |

| | |
|---|---|
| जाँ-निसार | - क़ुरबानी देने वाला |
| माह-ए-पैकर | - ख़ूबसूरत |
| नाज़ | - नख़रा |
| ख़फ़गी | - नाराज़गी |
| आमेज़ | - मिलाने वाला, मिलने वाला |
| अशवागर | - बला |
| ख़ाना वीरानी | - उजड़ा हुआ घर |
| मुकर्रर | - दोबारा |
| बहर-ए-ख़िदमत | - ख़िदमत के लिए |
| तख़लिया | - तंहाई |
| शोख़ी | - चुलबुलापन |
| इख़तिलात | - मिल जाना |
| नवाज़ | - अता |
| हिफ़्ज़-ए-मा-तक़द्दुम | - पहले से हिफ़ाज़त का इंतज़ाम |
| नाज़ो-करश्मा | - अदा, अंदाज़ |
| सरगर्म-ए-इख़तिलात | - मुहब्बत/मिलन में सरगर्म |
| ग़ारत-ए-जाँ | - जान लेने वाली |
| फ़र्द | - शेर |
| ज़ेबे अंजुमन | - महफ़िल की रौनक़ |
| जौर | - ज़ुल्म |
| मुज़तर | - परेशान |
| चर्ख़े सितमगर | - ज़ुल्म करने वाला आस्मान |
| आशनाई | - मुलाक़ात दोस्ती, मर्द औरत का नाजायज़ ताल्लुक़ |
| दरयाफ़्त | - पूछना |
| ताबेदार | - फ़रमांबरदार, बात मानने वाला |
| क़ाबिज़ | - हावी होना |
| वस्ल | - मुलाक़ात, शौक़ से मिलना, जिस्मानी ताल्लुक़ |
| पोशीदा | - छिपा हुआ |
| बेहिसो-हरकत | - बेजान |
| अज़ाब-ए-अलीम | - बड़ा अज़ाब |
| ज़दो-कोब | - मारना पीटना, तक्लीफ़ देना |
| समाअत | - सुनना |
| रख़ना परदाज़ी | - रुकावट डालना |

| | | |
|---|---|---|
| माशूक़ें नाज़ुक अन्दाम | - | नाज़ुक महबूबा, नाज़ुक जिस्म वाला माशूक़, बदन, ज़िस्म |
| गुले सौसन | - | पीला फल |
| पैरहन | - | लेबास, पोशाक |
| ज़र्ब | - | ज़ोर लगाना, दबाना |
| बर्हना | - | नंगा |
| इज्ज़ | - | मिन्नत समाजत |
| रंज | - | ग़म |
| बेहिस | - | जिसको एहसास न हो |
| रफ़ा | - | ख़त्म |
| पुश्ते ख़ेमा | - | ख़ेमा के पीछे |
| गोया | - | बोला |
| दीवार हम गोश दारद | - | दीवार के भी कान होते हैं |
| तारीकी | - | अंधेरा |
| दो ज़ानू | - | पांव मोड़ कर बैठना |
| शिकारे माही | - | मछली का शिकार |
| कमाही | - | सारी |
| ग़रीक़े बहरे ग़म | - | ग़म से निढाल |
| कफ़े उफ़सोस | - | हाथ मलना |

## 8ः दास्तान बहार जादू की

| | | |
|---|---|---|
| दुहलजनी | - | नगाड़ा बजना |
| मटिया | - | मिट्टी |
| तरंज | - | फ़ौलादी गोला |
| नारंज | - | नारंगी |
| मुकर्रर | - | दुबारा |
| सान | - | तलवार तेज़ करने का औज़ार |
| संग | - | पत्थर |
| उरूसे | - | दुल्हन |
| मर्ग | - | मौत |
| आज़िमे | - | इरादा करना |
| मुसाफ़ | - | आमना-सामना-लड़ाई |

नक़ीब - आवाज़ लगाने वाला
नामवर - नाम वाला
कड़केत - लड़ाई का नारा लगाने वालो
उलुलअज़मी - बड़ा इरादा
नहेब - बढ़ाना
फ़िरक़ा - वर्ग
गोशमाली - कान पकड़ना
वाजिबी - ज़रूरी
काकुल - औरतों के बाल जो कान तक होते हैं
ताबिंदा - चमकदार
मानिन्द - प्रकार
मिनक़ार - चोंच
बाज़ेबा - सजी हुई
जलवा - ख़ूबसूरती/शान
ख़वास - दासिया
मुररा - बनाव
मुक़ाबा - डिबिया
शेफ़ता - आशिक़
सफ़्फ़ाका - बेरहम
मुश्क - ख़ुश्बू, कस्तूरी
नशतर - छुरी
तशत - पलेट
तकबीर - ज़ोर से बोलना/कमला
गुफ़्ती - बोलना
तुरफ़ा - तमाशा
गुलगशत - फूलों की सैर
पाइंचे - मोहरी
कलाइचों - टख़्ना
रीही ए मुल्के अदम - मौत के मुसाफ़िर
अदम - हमेशा
ख़रगाह - चरना
फ़सद - कलाई की नस
वस्ल - मिलन

शादकाम - ख़ुश
गिरबहा - क़ीमती
अशदहाम - भीड़
इज़तरार - बेक़रार
ज़ंबू - नीचे होना
क़हबा - बेसवा
फ़ाहेश - बद किरदार
मुरदार - मरा हुआ
नाबकार - हरामी
मुअल्लक़ - लटका हुआ
तशरीह - समझाना
क़याम पज़ीर - ठहरना
बेदरमाँ - इलाज
तहतश्शुआ - जगह का नाम
मुखालिफ़ों - विरोधियों
अजाइबात - अजीब चीज़ें
ग़ारत - बरबाद
क़ज़ा - मौत, दूर जाना
मुनहरफ़ - पलटना
रफ़ा - दूर करना
तासीर - प्रभाव
परवाज़ - उड़ान

**9: दास्तान अमर अय्यार का अफ़रासियाब के तिलिस्म में गिरफ़्तार होने और मक्कारी से रेहाई हासिल करने की**

तिश्नगी - प्यास
रश्क़ - जलन
तुर्श - खट्टा
ज़रींन - चमकदार
ताऊस - मोर
सिम्त - तरफ़
कुजा - किधर
हौलनाक - डरावना
बगूला - हवा का मरग़ोला

| | | |
|---|---|---|
| वुज़े | - | कांटे |
| गुल | - | फूल |
| बयाबान | - | सुनसान |
| जेबोदामन | - | कपड़ा, निचला हिस्सा |
| फफोले | - | आबला |
| चटियल | - | बराबर |
| अलहफ़ीज़ | - | हिफ़ाज़त करने वाला |
| अलअमान | - | अम्न करने वाला |
| सुमूम | - | हवा का गोला |
| सीमाब | - | गरम |
| दोज़ख | - | नर्क |
| गुरूसनगी | - | भूक |
| एहतियाज | - | ज़रूरत |
| अज़ख़ुद | - | अपने आप |
| बनाला | - | रोता हुआ |
| ग़रीबउद्दयार | - | अजनबी |
| मुब्तलाये | - | फंसा होना |
| मिस्कीन | - | ग़रीक़/फ़कीर |
| दयारो | - | दरवाज़ा |
| अमसार | - | इस तरफ़ |
| नाबकार | - | गंदा |
| तस्लीम | - | मानना |
| पोशीदा | - | छुपा हुआ |
| मलकुल | - | फ़रिश्ता |
| राज़ो-नेयाज़ | - | गुप्त बातें |
| परसतिश | - | पूजा |
| वाहिद | - | एक |
| आबदस्त | - | पिछवाड़ा धोना |
| अदीमुल | - | वक्त न होना |
| शग़ल | | काम |
| चरख़ | - | आस्मान |
| सरकोब | - | दबाने वाला |
| ग़लबा | - | क़ब्ज़ा |

## 10: दास्तान अफ़रासियाब का बहार पे आशिक़ होना, हासिल करने की कोशिश करना और शिकस्त खाना अय्यारों से

काविश - कोशिश
कैफ़ियत - हालत
जानिब - तरफ़
लालज़ार - फूल
ख़ार - धूल
कज - टेढ़ा
शेवा - आदत
तग़ाफुल - सुस्ती
तरहहुम - रहम
गोश - कान, हिस्सा
तकल्लुम - बात चीत, गुफ़तगू
मयस्सर - मिलना
हिज्र - जुदाई
रिक़ाबत - दूरी, दुश्मनी
ताबाँ - चमकता हुआ
गौहर - क़ीमती पत्थर
फ़रत - ज़्यादती
अफ़सूँ - जादू
शक़ - फटना, दरार पड़ना
शादो-ख़ुर्रम - ख़ुश
उजलत - जल्दी
बेरूने - बाहरी
क़िलआ - किला
मसर्रत - ख़ुशी
फ़रिस्तादा - भेजा हुआ
हमशीरा - बहन
नुमूद - ज़ाहिर होना
समत - तरफ़
पशेमान - शर्मिंदा
तूलानी - लम्बाई
ब-मूजिबे - बकौल

| | | |
|---|---|---|
| शैदा | - | आशिक़ होना |
| मज़कूर | - | जिसका ज़िक्र किया गया हो |
| विर्दे | - | बार बार बोलना |
| तफ़्सील | - | तय करना |
| ख़लवत | - | अकेला |
| फ़ाख़िरा | - | फ़ख़्र करने वाला |
| क़बाए | - | कपड़ा |
| अज़सरे | - | शुरू से |
| मुलब्बस | - | लिबास में लिपटा |
| जवाहिर | - | जौहर |
| इक्के | - | ज़ेवर |
| अंगुश्तरे | - | उंगली |
| अलमास | - | क़ीमती पत्थर |
| विसाले | - | मिलन |
| सेह | - | तीन |
| ज़ेर | - | नीच |
| रान | - | जांघ |
| अज़दहा | - | अजगर |
| फ़िशाँ | - | फैला हुआ |
| शेरख़ानी | - | शेर पढ़ना |
| रअय्यत | - | रिआया |
| लरज़ | - | डरना |
| तस्लीम | - | स्वीकार |
| रविश | - | तरीक़ा |
| फ़ासिद | - | बुरी नियत, झूठ |
| इस्तक़बाल | - | स्वागत |
| बताज़ीमे | - | इज़्ज़त के साथ |
| आशती | - | दोस्ती |
| फ़रोग़े | - | तरक़्क़ी |
| रुख़ां | - | चेहरा |
| अश्दर | - | अजगर |
| तेग़ | - | तलवार |
| सर्वक़द | - | लम्बा |

चितकब - सीना
हुवैदा - सामने आना
जुम्बिश - हरकत
गुंचा - फूल
सरबस्ता - बंधे-हुए
यास - उम्मीद
बश्शाश - ताज़ा
ग़मज़ा - लाली
पिन्हाँ - छुपा हुआ, पोशीदा
गुलरू - फूलों जैसा चेहरा
मातूब - सज़ा याफ़्ता
पुर्सी - पूछना
मुर्तद - जो ईमान से फिर जाए
ग़फ़लत - बेतवज्जही
किनाया - इशारा
ज़राफ़त - हंसी
हमशीरा - बहन
फ़रज़न्द - बेटा, लड़का
उलफ़त - प्यार
मुतग़य्यर - बदलने वाला
ताल्लुक़ - रिश्ता
तमसख़ुर - मज़ाक़ उड़ाना
क़सद - इरादा
तअज्जुब - हैरत
समाअत - सुनना
तख़लिया - ख़ाली छोड़ना
मुबादा - काश
ज़लज़ला - जादूगर का नाम
पुशत - पीठ/पीछे
मुतीअ - आज्ञाकारी
मुतवज्जेह - ध्यान
आबरू - इज़्ज़त
इशवे - इशारे

| | | |
|---|---|---|
| हिफ़्ज़ | - | याद करना |
| आफ़ताब | - | सूरज |
| महशर | - | क़यामत के बाद जमा होने की जगह |
| नाफ़हा | - | नाभि |
| आहू | - | हिरन |
| गेसुए | - | बालों |
| मुअम्बर | - | मकहने वाला |
| अब्रे | - | बादल |
| तीरह | - | अंधेरा |
| ख़ुदबीनी | - | ख़ुद पे नज़र रखनां |
| सुतवाँ | - | छरेरा |
| माबैन | - | बीच में |
| सुमाआगीन | - | सुरमा लगे |
| तमकीन | - | शान |
| सबाहत | - | मिलता जुलता |
| कानेमलाहत | - | नरमी की खान |
| बदख़शी | - | बदख़शा से |
| ख़िज़्र | - | रास्ता दिखाने वाला |
| नमूदार | - | निकलना |
| शिकम | - | पेट |
| रश्क़ | - | ईर्ष्या |
| कुलज़ुम | - | समंदर |
| बज़्लासंजी | - | हंसी मज़ाक़ |
| आफ़ाक़ | - | आस्मान |
| मुज़य्यन | - | सजा हुआ |
| मुक़तज़ा | - | तक़ाज़ा करना |
| अबयात | - | अशआर |
| ख़जिल | - | शर्मिंदगी |
| सरापा | - | सर से पांव तक |
| पुरनूर | - | चमकदार |
| परत | - | चमक |
| शम्स | - | सूरज |
| उज़ू | - | जिस्म का हिस्सा |

हीला - बहाना
मुसतफ़सिर - सवाल करने वाला
कुंवारछल - कुंवारेपन
इख़लास - अपनापन
बिफर - ग़ुस्सा
नदामत - शर्मिंदगी
इख़तलात - मिलन
पिस्तान - सीना
छपरखट - मसहरी, चारपाई
तशरीह - सफ़ाई देना
ताकुजा - तब तक
किसवत - पिटारी
मख़फ़ी - छुपा हुआ
इस्तादा - खड़ा हुआ
क़ल्ब - दिल
सेह्र - जादू
अंजुम - महफिल
अबयात - बैत की जमा
ख़ुर्शीद - सूरज
रज़्म - लड़ाई
समाजत - मिन्नत
रिफ़अत - बुलन्दी
मौसूफ़ा - जिसका ज़िक्र हो चुका
अरकाने - रुक्न की जमा, हिस्सा
बजुज़ - सिवाए
ख़ुरसंद - ख़ुशी
इशरत - ख़ुशी
मज़कूर - जिसका ज़िक्र हो
अज़मत - बुलंदी
कमन्द - रस्सी का फंदा
ख़ुशनूद - ख़ुशी हासिल करने वाला
मुसम्मम - पक्का
लामुहाला - हर हाल में

| | |
|---|---|
| मग़लूब | - जिस पर हावी हो जाए |
| मव्वाजि | - मौज |
| शलंग | - कुलांचे भरना |
| जस्त | - कूदना |
| तेग़ | - तल्वार |
| बाहम | - एक साथ |
| बैज़ा | - अंडा |
| ख़िजालत | - शर्मिंदगी |
| नाहक़ | - बेवजेह |
| नादिम | - शर्मिंदा |
| हिक़ारत | - हेय |
| हरीफ़ | - दुश्मन |
| मुतवज्जेह | - तवज्जेह करना, ध्यान देना |
| मुसाफ़ा | - हाथ मिलाना |
| सरापा | - सर से पांव तक |
| रौकशें | चलना |
| नूगूं | - डूबा हुआ |
| अज़ार | - दुख |
| क़ामत | - लम्बाई |
| पैकराने | - सरापा |
| हसबुल | - मुताबिक़ |
| गुलफ़िशाँ | - फूलों जैसा |
| तीरा | - अंधेरा |
| दूरूँ | - अंदर |
| बुर्ज | - गुंबद |
| महताबी | - चांद जैसा |
| मुरस्सा | - बनाव सिंगार |
| नफ़ीर | - शहनाई |
| अशदहे | - अजगर |
| सिलफ़चियाँ | - छोटे बर्तन |
| ज़्याबारी | - रौशन करना |
| फ़रोग़ | - तरक़्क़ी |
| तिलिस्म | - जादू |

| | | |
|---|---|---|
| क़स्र | - | महल |
| राद | - | बिजली |
| मेह | - | बादल |
| दरख़शिन्दा | - | रौशन |
| बुक़आ | - | गोला |
| एहतिशाम | - | शान |
| ताब | - | चमक |
| सरीर | - | बिस्तर |
| सराएचे | - | पर्दे |
| दफ़अतन | - | यकायक |
| तज़लजुल | - | नीचे उतरना |
| आशकार | - | खुलना |
| तड़ाका | - | चमक |
| समन्द | - | सामान |
| तलअत | - | चमक, ऊंचाई |
| मुकल्लफ़ | - | पाबन्द |
| आहंग | - | आवाज़ |
| मौक़ूफ़ | - | लटका हुआ |
| कुबूरा | - | बड़ा |
| गज़ाफ़ | - | गाली देना |
| ग़श | - | बेहोश |
| संजाब | - | मंहगा कपड़ा |
| लहद | - | क़ब्र |
| यासमन | - | फूल |
| वबा | - | परेशानी |
| नाज़िल | - | उतरना |
| निगार | - | बनाव |
| हमसफ़ीर | - | साथी |
| नासाज़ | - | ग़ैर इत्मिनान बख़्श |
| ताएरे | - | चिड़िया |
| परवाज़ | - | उड़ान |
| बारगाह | - | दरबार |
| ख़्यामे | - | चाल |

क़ालिबे - सांचे
उनसुरे - हिस्सा
नागहानी - अनदेखी
मगस - मक्खी
तुहफ़ा - तुहफ़ा
मशग़ूले - काम
तरब - संगति
मग़लूब - मातहत
उफ़तादा - उठा हुआ
मुहीत - घिरा हुआ
हबा - चाल
उज़्र - बहाना
कारसाज - करने वाला
मुत्तला - बाख़बर
एआनत - मदद
कन्टोप - टोपी
ख़ुम - शराब
सरफ़राज़ी - कामयाबी
अस्बाब - वजेह
अतराफ़ - आसपास
हदीक़ा - बाग़
तसद्दुक़ - सच्चाई
सआदतमन्दी - शालीनता
तदारुक - तदबीर, इलाज
बारआवर - फल देना
तहय्या - तय करना
मिज़ाजपुर्सी - हाल चाल लेना
आसूदा - इत्मीनान
आग़शता - डूबा हुआ
गुबद्दल - बदलना
हैबतनाक - डरावना
हसबुल - मुताबिक़
वाज़ेह - साफ़ साफ़

हसूबे - हिसाब से
मूतलाशी - ढूंढने वाला
मुजरेमाने - मुजरिम
अज़बस - चूंकि
तफ़ाख़ुर - फ़ख्र करना
फ़िलजुमला - फ़ौरन
मिदूह सराई - तारीक
इताअत - आज्ञाकारी होना
ज़राफ़त - हंसी मज़ाक
मसनूई - बनावटी वाला
तअम्मुल - हिचकिचाहट
मुशतहर - मशहूर
कुलज़ुम - समंदर
मौजज़न - मौज में बहना
वावेला - हंगामा
पुरनम - भीगा हुआ
रिसाला - पत्रिका
मक़तूल - क़त्ल किया हुआ
नक़ीब - सदा लगाने वाला
बग़लगीर - गले मिलना
शादमानी - ख़ुशी
कामरानी - कामयाबी
कलमबन्द - लिखना
अज़हद - दूर तक
ज़मुर्रद - पत्थर
लताफ़त - नाज़ुक
मामूर - तैनात
जलवागर - चमकती हुइ
बहबूदी - फ़लाही
रग़बत - चाहत
उफ़क़ - आस्मान
सुडौल - अच्छी बनावट वाला
इस्तादगी - खड़ा होना

| | | |
|---|---|---|
| उरूसी | - | सजना |
| कुनम | - | कारना |
| गरद्द | - | फेरना |
| आवरदन | - | आना |
| अशया | - | चीज़ |
| चस्पीदा | - | चिपकना |
| सुतूने | - | खम्बा |
| मुशतइल | - | भड़कना |
| तफ़ज़ीह | - | डांटना |
| मुत्तसिल | - | मिला हुआ |
| सरसब्ज़ | - | हरा भरा |
| बालिश्त | - | मुट्ठी |
| मक्र | - | मक्कारी |
| मुनतख़ब | - | चुना हुआ |
| शादाँ | - | ख़ुश |
| शवद | - | हो |
| आवराने | - | लाने वाले |
| अक़ीक़ | - | पत्थर |
| कनूं | - | अब |
| मारेक | - | लड़ाई, मोर्चे |
| बख़्तयारक | - | शैतान का नाम |
| इफ़रीत | - | जिन्न |
| लियाक़त | - | योग्यता |
| नाहीद | - | जदूगर का नाम |
| कुव्वत | - | ताक़त |
| मैयख़्वारी | - | शराब पीना |
| आरामपज़ीर | - | आराम करना |
| तरद्दुम | - | घबराहट, परेशानी, सोच व फ़िक्र |
| रक़ाबत | - | मुख़ालफ़त, दुशमनी |
| शादो-ख़ुर्रम | - | ख़ुश व ख़ुर्रम |
| उजलत | - | जल्दी |
| फ़रिस्तादा | - | भेजा हुआ |
| कलेमात | - | बात, गुफ़्तगू |

तसव्वुर - ख़्याल, ध्यान
हमशीरा - बड़ी बहन
प्याम - संदेसा
वस्ल - मुलाक़ात, माशूक़ से मिलना
तौक़ - फंदा, गले का फ़ंदा
गुलू - हद से गुज़र जाना, बढ़ा चढ़ा कर बताना
रुख़े गुलरंग - ख़ूबसूरत चेहरा, चमकता चेहरा
तफ़्वीज़ - सुपुर्दगी, हवालगी, ज़िम्मेदारी देना
ख़लअते-फ़ाख़िरा - तोहफ़ा, वो लिबास जो बादशाह की तरफ़ से हौसला बढ़ाने के लिए मिले
महाबतो - शानो-शौकत
क़दमज़न - क़दम रखना
दारुलअमारा - वज़ीरों और ओमरा का घर, महल
चितवन - नज़र, निगाह
पिनहाँ - पुख़्ता, पोशीदा, छुपा हुआ
मुद्दआ - मतलब, मक़्सद, ग़रज़
गुलरू - गुलाब के से चेहरे वाला, ख़ूबसूरत
मातूब - वो जिस पर ज़ुल्म किया जाए
ज़राफ़त अंगेज़ - मज़ाक़ सहने वाला
तमसखुर - हंसी, मज़ाक़, ठठोल
तमाअत - लालची
तख़लिये - तंहाई, ख़ाली करना, एकांत
मुबादा - ख़ुदा न करे, ख़ुदा नख़्वास्ता
आफ़ताबे-महशर - क़्यामत के दिन का सूरज, निहायत गरम
गेसूए-मुअम्बर - ख़ुश्बूदार जुल्फ़, वो बाल जिस से ख़ुशबू आती हो
पेशानिए-अनवर - चमकदार माथा, रौशन माथा
सुर्माआगीन - ज़ह्र जैसा
कोनोमलाहत - दुनिया का शोर
कमसिनी - कमउम्र
गेहरे-आफ़ाक़ - दुनिया की क़ीमती चीज़, क़ीमती पत्थर
मुक़तज़ी - मतलब, मुराद, मौक़ा, ख़्वाहिश किया गया
फ़रेफ़ता - आशिक़
मुसतफ़सिरे-हाल - हाल पूछने वाला

| | | |
|---|---|---|
| मुज़्तर | - | तक्लीफ़ में मुब्तला, बेबस, परेशान |
| मुक़र्रिर | - | तक़रीर करने वाला, लेक्चर देने वाला, वकता |
| इख़्तलात | - | मेलमिलाप, मेल जोल |
| किसवते | - | लिबास, पोशाक |
| अफ़लाक | - | मुफ़लिसी, ग़रीबी |
| ख़ुर्शीद | - | सूरज, आफ़ताब |
| हुवैदा | - | दिखने वाला |
| रिफ़अत | - | बुलंदी, ऊंचाई |
| अनीस | - | मोहब्बत करने वाला, दोस्त |
| जलीस | - | साथ उठने बैठने वाला, साथी |
| गुलनार | - | फूल जैसा |
| गुलचीनी | - | माली, फूल तोड़ने वाला |
| मुसम्मम | - | पुख़्ता, पक्का |
| हरसू | - | चहार जानिब, चारों तरफ़ |
| ग़ुबारे स्याह | - | काली धूल |
| निदामत | - | शर्मिंदगी |
| लशकरे हरीफ़ | - | दुशमन की फ़ौज |
| रशके-गुलिस्तान | - | बाग़ की चाहत |
| अज़ीमुश्शान | - | बड़ी शान वाला |
| सदा | - | आवाज़ |
| आज़ाद क़ामत | - | लम्बा |
| नसीम | - | सुब्ह की ठंडी हवा |
| गुलशने नूर | - | नूर का बाग़, गुलशन |
| शोलःए-तूर | - | आग का पहाड़ |
| आईनःए माह | - | मछली की आंख |
| सीनःए माह | - | मछली का सीना |
| इरशाद | - | कहना |
| गुलफ़िशाँ | - | अच्छी बात करने वाली |
| ज़ेयांबारी | - | नुक़्सान उठाने वाला |
| नक़्क़ार | - | तबल |
| नाक़ूस | - | शंख जो पूजा करते वक़्त बजाते हैं |
| तज़लज़ुल | - | हिलना, हरकत करना |
| आशकार | - | ज़ाहिर होना |

कसरते ज़िया - रौशनी की ज़्यादती
दफ़अतन - अचानक
तअम्मुल - सोच बिचार
मुसल्लह - हथियार से लैस
बेइमाए-शाह - बादशाह के इशारे पर, कहने पर
माहे तलअत - चांद जैसी पेशानी वाला
मुकल्लफ - सजा हुआ, भड़कीला
सूरे इसरीफ़ील - इसराफ़ील की वो आवाज़ जिसकी वजह से क़यामत आएगी।
नारा ज़न - नारा लगाना
मुंतज़िर हुक्म - हुक्म का इंतेज़ार करने वाला
गुलबदन - फूज जैसे नाजुक बदन वाला
नासाज़ - खराब
सानी - दूसरा
आफ़ते- अज़ीम - बहुत बड़ी आफ़त, मुसीबत, बला
कौकब - बड़ा तारा, चमकता हुआ तारा
मुत्तला - ख़बर करना, आगाह करना
सरफ़राज़ी - नवाज़ना, अता करना, देना
ख़िलक़त - पैदा करना, बनाना
मुसव्विर - फ़ोटो बनाने वाला, तस्वीर बनाने वाला
तसद्दुक - सच होने की ताईद करना
सआदतमंदी - फ़रमांबरदारी
बारआवर - जानकारी देना
इतायतें - मेहरबानी, करम फ़रमाई
मिज़ाजपुर्सी - खैरियत मालूम करना, हाल चाल का पता करना
इज़हारे-गर्मजोशी - गरमजोशी दिखाना, उत्साह दिखाना
मज़ायक़ा - हर्ज
मुतलाशी - तलाश में, खोज में
तफ़ाखुर - गुरूर करना, अपने आपको बड़ा समझना
मदहतसराई - तारीफ़ करना
कामिल - पूरा, मुकम्मल
तुरफ़ा - दौलमंदी
तअम्मुल - तसल्ली, भरोसा

मसनूई - बनावटी
ज़ुलमात - अंधोरा
बशारत - ख़ुशख़बरी,
मुशतहर - फैलाने वाला
चशमे पुरनम - भीगी आंखें
शादमानी - ख़ुश व ख़ुर्रम
ता-ब-फ़लक - आस्मान की ताब
रन्जीदा - ग़मगीन
शीशःए-आलात - फूलों की नौकरी
चंगेर - फूलों की टोकरी
लख़लख़े - दुबला, पतला, भूक
अज़हद - बहुत ज़्यादा
तमुव्वज - पानी का मौजें मारना, लहरें उठना
ज़फ़ाफ़ - शादी की पहली रात दुल्हा दुल्हान का मिलना
नाफ़ चस्पीदा - धंसी हुई नाभी
मुशतइल - गुस्सा से भड़कना
मुत्तसिल - मिला हुआ
सरसब्ज़ - हरा भरा
गोयम - बात कहना
कोहे-अक़ीक़ - बहुत ऊंचा पहाड़
इफ़रीत - भूत-प्रेत
दीवान - बैठने की जगह
काफ़ - एक पहाड़ का नाम जिसके बारे में ये ख़्याल किया जाता रहा है कि यहां ख़ूबसूरत परयाँ रहती थीं इस लिए अक्सर दास्तानों में उसका ज़िक्र मिलता है।

## 11ः दास्तान मुसव्विर जादू और बहार की

कमा हेया - जैसा के वह है।
ग़रीक़े बहरे ग़म - ग़म के समुन्दर में डूबना
ग़रीक़ = So Sink ब" = Ocean
फ़िल जुमला - In short संक्षेप में
इस्तीसाल - किसी का ग़लत इस्तेमाल करना
लाफ़ो-गज़ाफ़ - डींग मारना

| | | |
|---|---|---|
| जा | - | जाएज़, दुरुस्त, जगह |
| असना | - | इस्न उस समय |
| लाफ़ ज़नी | - | डींगें मारना, अपनी बड़ाई करना |
| सराएचा | - | छोटा खेमा, छोटा घर |
| नबीर-ए-सामरी | - | जादूगर का पोता |
| नबीरा | - | Grand Son (Son of daughter of Son) |
| सामरी | - | हज़रत मूसा के ज़माने में इस शख़्स ने पूरी क़ौम को गाय के बछड़े की पूजा कराके बहकाया था। जब हज़रत मूसा 40 दिन तक तूर पहाड़ पर रोज़ा रखकर तौरेत हासिल करने गए थे। हज़रत मूसा से मिलने फ़रिश्ता जिब्रईल जिस घोड़े पर आते थे सामरी ने उस घोड़े के सुम की मिट्टी उठा ली। इस मिट्टी की यह ख़ुसूसियत थी के वो जिस बुत पर डाल दी जाएगी वह बोलने लगेगा। सामरी को यह बात मालूम थी। हज़रत मूसा अपने भाई हारून के हवाले पूरी उम्मत को करके जब चले गए सामरी ने इसका फ़ायदा उठाया, हज़रत मूसा की उम्मत की औरतों को बहका कर उनके ज़ेवरात इकट्ठा किए उन्हें गलाया और बछड़े की शक्ल में ढाल दिया, उसपर वह मिट्टी डाली तो बछड़ा ज़िंदा हो गया। इस अमल को आम ज़बान में जादू या सेह्र कहते हैं। इसी की तरफ़ नबीरःए सामरी यानी सामरी का नवासा या पोता। |
| नै-नवाज़ी | - | बांसुरी बजाना |
| नवाख़ते कूसे हर्ब | - | जंग का बिगुल |
| अग़यार | - | आग जला के। |
| चंगेर | - | गमला, फूल रखने की टोकरी |
| दुआ व सना | - | तारीफ़, तारीफ़ करना |
| लिबासे रज़्म | - | लड़ाई पर जाते वक़्त पहनने वाला कपड़ा |
| तूरा पोश | - | खान पोश- शाही खाने जब तक़्सीम होते थे तो ढक कर सेनी में आते थे जिसे खान पोश या तूरापोश कहते हैं। तूरा |

| | | |
|---|---|---|
| गुंचःए ख़ातिरे आशिकां | - | आशिक़ों के दिल का फूल, आशिकों का फूल जैसा दिल |
| करीने चश्म | - | आंख के नज़दीक |
| ख़ुद बीनी | - | फ़ख़्र घमंड |
| जूं | - | जैसे |
| सोत | - | स्त्रोत |
| जोत | - | ज्योति |
| नाफ़ | - | नाभी |
| आईना रू | - | चमकता चेहरा |
| मुक़द्दमा | - | आगे आने वाली परीशानियों का पेश ख़ेमा |
| मुसतफ़सिर | - | सवाली होना / मालूम करना / जानना |
| लाग | - | जादू, करतब |

**12: दास्तान तक़्सीमे-हिन्द की**

| | | |
|---|---|---|
| तक़्सीम | - | बंटवारा |
| बर्रे सग़ीर | - | भूखंड |
| शिग़ाफ़ | - | दरार |
| ख़लीज | - | खाड़ी |
| पुर | - | भरा हुआ |
| हयात | - | जीवन |
| जिला | - | ताक़त |
| अक़ीदत | - | मुहब्बत |
| मुहज़्ज़ब | - | संस्कारित |
| ख़ुदारा | - | ख़ुदा के लिए |
| तअय्युन | - | तय करना |
| रविश | - | तरीक़ा |
| इख़्तियार | - | क्षमता |
| तसव्वुर | - | सोच |
| ज़र | - | सोना |
| बाज़ | - | कुछ |
| रोंए | - | बाल |
| मुश्ताक़ | - | चाहने वाला |
| इश्तयाक़ | - | चाहत |

| | | |
|---|---|---|
| गड़मड़ | - | मिल जाना |
| मुत्तफ़िक़ाना | - | जिसपर सहमति हो |
| मुतालबा | - | मांगना |
| आक़बत | - | आख़िरत |
| ख़दशा | - | शंका |
| कसीर | - | थोड़ा |
| नामनिहाद | - | प्रसिध |
| मुक़ीम | - | रहने वाले |
| रक़ीब | - | शत्रु |
| मुख़तलिफ़ | - | विरुध |
| इश्तेआल | - | भड़कना |
| रब्त-ज़बत | - | संबंध |
| मज़ीद | - | अधिक |
| तस्कीन | - | सुकून |
| ज़द | - | चपेट |
| अफ़राद | - | लोग |
| क़ासिर | - | मजबूर |
| फ़िराक़ | - | बिछुड़ना |
| वबा | - | महामारी |
| शदीद | - | ज़ोरदार |
| गामज़न | - | चलना |
| निसाद | - | नस्ल |
| हरासां | - | परेशान |
| ग़ारत | - | डूबना/बरबाद होना |
| अमान | - | आसरा |
| अज़ीम | - | बड़ा |
| रहनुमा | - | लीडर |
| अहदो | - | वादा |
| पैमान | - | वादा/क़सम |
| मीरास | - | विरासत का माल |
| ग़ालबन | - | शायद |
| फ़िरूई | - | ऊपरी |
| अज़ | - | से |

| | | |
|---|---|---|
| तुर्रा | - | ऊपर से |
| तवज्जोह | - | ध्यान |
| मौसीक़ी | - | संगीत |
| सुरख़ाब | - | एक मिथकीय पंछी |
| आवेज़िश | - | लड़ाई |
| दहाइयों | - | दशकों |
| नर्ग़े | - | घेरे |
| तर्जुमा | - | बदलना, ख़ासकर ज़बान |
| लिसानी | - | भाषाई |
| बिफर | - | गुस्सा |
| शब | - | रात की काटी हुई |
| तामीर | - | निर्माण |
| बोहरान | - | कमी/उथल पथल |
| मुबतला | - | फंसा हुआ |
| शदीद | - | ज़ोरदार |
| ग़लबा | - | वरचस्व |
| फ़राहम | - | उपलब्ध |
| इबारत | - | लिखाई |
| रुजूअ | - | लौटना |
| नातावान | - | कमज़ोर |
| शीरख़्वार | - | दूध पीता |
| फ़सुर्दा | - | उदास |
| अजल | - | हमेशा |
| नामूस | - | इज़्ज़त |
| हव्वा | - | हज़ आदम की बीवी, दुनिया में आने वाली पहली औरत |
| फ़र्द | - | फ़र्दे |
| जुज़वे | - | भाग |
| रन | - | लड़ाई |
| सरमाया | - | दौलत |
| सिनफ़े | - | प्रकार |
| फ़ाल | - | गिनती से आगे का हाल जानना |
| फ़रीक़ैन | - | पक्षधर |

मौजू - मुनासिब
मुआहदा - सहमति
ख़यानत - दरूपयोग
नापैद - लुप्त
नक़्क़ारख़ाना - नगाड़ा बनने की ज·
यकसर - पूरी तरह
सलीब - कील
दरीचा - खिड़की
वस्ले - मुलाक़ात
पुश्त - पीठ
तअफ़्फ़न - बदबू
इरसाल - भेजना
ख़ैर-अन्देश - भला चाहने वाला
रज़ील - घटिया
क़ासिर - मजबूर
मख़सूस - ख़ास कर
मुन्तक़िल - जगह बदलना
गोया - बोले तो
मुहाफ़िज़ - सुरक्षा करने वाला
ख़्वाहां - चाहने वाला
क़नाअत - सब्र करना
वफ़्द - गिरोह
मुतालबा - मांग
मशरिक़ी - पूरबी
अक़ल्लीयत - अल्पसंख्यक
क़्याम - ठहरना
तज़ाद - टकराव
मसनून - नाम के साथ
मग़्रिबी - पश्चिमी
मनसूख़ - रद करना

●●●